經濟學基礎
(第二版)
包含美中貿易衝突案例解析

主　　編 ○ 吳伶
副主編 ○ 劉恆、周曉、陳琸

崧燁文化

前　言

　　近年來，由於社會經濟現實的需要。經濟學基礎是一門純理論課程，在傳統的本科教學中，主要是培養學生的經濟學素養，通過學習完整的經濟學理論體系，為進一步的學習和理論研究打下基礎。根據教育的需要，同時結合學生的特點，經濟學基礎課程應當更重視實用性、趣味性，尤其在引入理論的過程中要盡量結合實際案例分析，使學生能夠切實感受到經濟學的魅力，這樣才能更好地調動學生的學習熱情和積極性。

　　本書在理論體系和框架結構上仍然以主流經濟學體系為參照，包括微觀經濟學和宏觀經濟學兩個主要部分。全書共十四章，其中：第一章為導論，概括介紹經濟學這門學科的研究對象和發展歷程；第二章至第九章介紹微觀經濟學的主要內容，包括供求、價格、市場理論等，研究個體經濟行為；第十章至第十四章是宏觀經濟學部分，介紹均衡國民收入的決定、經濟增長問題和經濟政策，以及開放經濟的基礎概念。

　　本教材主要有以下幾個特點：

　　1. 定位準確。本書在理論深度上以必需、夠用為原則，著眼於應用型人才的培養，力求培養學生的經濟學思維，使學生能夠運用基本的原理分析經濟現象，理解經
濟政策，認識經濟規律。

　　2. 立足現實，通俗適用。為了突出高職教學的實用性，引發學生的學習興趣，由國家經濟政策和生活中的經濟現象引入，深入淺出地介紹經濟學的基本原理，力求通俗易懂，為學生打下良好的經濟學基礎。

　　為了適應學生的知識結構，本書編寫過程中盡量減少純理論過程的推導和數學分析，降低理解難度；大量採用案例分析，從
直觀的感性認識出發，力圖提高學生的學習興趣並激發他們的探索慾望。

前　言

　　本書力爭實現理論與實踐的高度結合，既可用於高職高專財經、管理類專業的經濟學教學，也可作為一般經濟學愛好者的閱讀參考書。

　　在編寫過程中，我們廣泛參閱了國內外的相關教材和專著，在此向這些作者致以誠摯的謝意！

　　由於編者水準所限，書中難免存在疏漏，敬請廣大讀者批評指正。

編者

目錄

第一章 經濟學的研究對象和基本問題 (1)
- 第一節 經濟學的研究對象 (1)
- 第二節 經濟學的產生與發展 (6)
- 第三節 經濟學的理論體系和基本問題 (14)
- 第四節 經濟學的研究方法 (17)

第二章 市場供求與均衡價格 (25)
- 第一節 市場需求理論 (25)
- 第二節 市場供給理論 (34)
- 第三節 市場均衡和價格政策 (39)
- 第四節 市場需求彈性及其應用 (47)

第三章 消費者行為理論 (61)
- 第一節 效用理論 (62)
- 第二節 基數效用理論——邊際效用分析 (63)
- 第三節 序數效用理論——無差異曲線分析 (70)
- 第四節 現實世界中的邊際效用 (76)

第四章 企業理論 (82)
- 第一節 企業的性質 (83)
- 第二節 生產理論 (92)
- 第三節 成本理論 (104)

第五章 完全競爭市場 (115)
- 第一節 完全競爭市場概述 (116)
- 第二節 企業的生產經營決策 (119)
- 第三節 競爭市場的效率分析 (127)

第六章 完全壟斷市場 (130)
- 第一節 壟斷的形成 (130)
- 第二節 壟斷者的決策 (133)
- 第三節 壟斷市場的效率分析 (137)
- 第四節 關於壟斷的公共政策 (139)

目　錄

第七章　寡頭和壟斷競爭 ……………………………………（144）
　　第一節　寡頭市場 ………………………………………（145）
　　第二節　壟斷競爭市場 …………………………………（147）
　　第三節　博弈論 …………………………………………（151）

第八章　收入分配與平等 ……………………………………（156）
　　第一節　要素價格與收入 ………………………………（156）
　　第二節　勞動收入差別 …………………………………（164）
　　第三節　效率與平等 ……………………………………（167）

第九章　市場失靈與微觀經濟政策 …………………………（174）
　　第一節　不完全競爭與市場失靈 ………………………（175）
　　第二節　信息不對稱與市場失靈 ………………………（175）
　　第三節　外部效應與市場失靈 …………………………（178）
　　第四節　公共物品與市場失靈 …………………………（181）
　　第五節　政府失靈 ………………………………………（183）

第十章　宏觀經濟基本問題及國民收入核算 ………………（187）
　　第一節　宏觀經濟基本問題 ……………………………（187）
　　第二節　國民收入總量及其核算 ………………………（193）

第十一章　總需求與宏觀經濟政策 …………………………（202）
　　第一節　總需求量及其構成 ……………………………（204）
　　第二節　貨幣政策與總需求 ……………………………（206）
　　第三節　財政政策與總需求 ……………………………（220）

第十二章　總供給與經濟增長 ………………………………（227）
　　第一節　總供給量與 GDP ………………………………（228）
　　第二節　經濟增長 ………………………………………（234）
　　第三節　經濟增長理論 …………………………………（242）

目 錄

第十三章　失業和通貨膨脹 …………………………………（246）
　　第一節　失業與奧肯定律 ………………………………（246）
　　第二節　通貨膨脹現象 …………………………………（254）
　　第三節　菲利普斯曲線 …………………………………（263）

第十四章　開放經濟 ………………………………………（267）
　　第一節　國際貿易理論 …………………………………（267）
　　第二節　國際金融理論 …………………………………（277）
　　第三節　經濟全球化 ……………………………………（281）

第一章
經濟學的研究對象和基本問題

> 經濟學理論並沒有提供一整套立即可用的完整結論。它不是一種教條，只是一種方法、一種心靈的容器、一種思維的技巧，幫助擁有它的人得出正確結論。
>
> ——約翰·梅納德·凱恩斯

內容提要：

本章首先介紹經濟學的研究對象及其理論前提，然後通過對學科發展歷程的簡單梳理歸納出現代經濟學研究的理論框架和基本問題，最後簡單普及研究方法的內容，為培養經濟學思維方式打下基礎。

重點掌握：

1. 經濟學的研究對象；
2. 現代經濟學的理論框架和基本問題；
3. 經濟學的主要研究方法。

第一節 經濟學的研究對象

經濟這個詞來源於希臘語，意思是「管理一個家庭的人」，這就說明家庭管理和經濟有著莫大關係。而中國素來有「經世濟民」「經邦濟世」這一類說法，說明經濟學也解決國家經濟管理的問題。所以，無論是作為家庭成員，還是作為社會的一員，都需要掌握必備的經濟理論。

一、經濟學是一門關於選擇的學問

（一）生活中的經濟問題

我們每個人都會遇到經濟問題，而且它們有一個共同點就是都需要做出選擇——讀書或是工作，投資或者消費……所以，從這個意義上說，經濟學就是關於選擇的學問。

對於大學生而言，是選擇將課餘時間和精力用在專業學習、學生組織工作上面，還是兼職打工呢？對於一個可以獨立選擇的成年人而言，是讀書深造有益，還是打工或者創業更合適？對於一個國家而言，需要選擇在宏觀政策方面是減稅還是加稅，要不要為低收入人群提供更高的生活補貼？小到個人選擇去食堂吃飯還是叫外賣，大到政府決定是開戰還是求和，都是無法迴避的選擇問題。

對於大多數的普通人而言，專業的經濟思維訓練比「直覺」更能幫助我們做出正確的選擇。美國人幾乎幹什麼都會通過經濟模型的計算來幫助決策，比如是否要開超市或者快餐店，投入多少資本多少人力，老闆肯定會找人去建立模型，然後按照模型去經營，因為他們相信這個是最科學、最優化的。而我們國內許多人開店都是憑自己的經驗和感覺，結果常常沒多久就經營困難轉讓店面了。經濟模型還可以進行日常生活中的決策，比如買手機，可以根據當時的利率、不同營運商的通信費價格、手機的價格隨時間變動的規律建立一套模型，算出什麼時候購買、配置哪個營運商的資費是最優的選擇。

（二）經濟學思維方式

學習經濟學並不意味著成為以此為職業的經濟學家，也不一定能獲得賺錢的訣竅，而是瞭解並掌握經濟學的思維方式，能夠在現代社會中「像經濟學家一樣思考問題」，盡量做出正確的選擇。

當人們去吃自助餐的時候，可能面臨更多的選擇問題，比如多拿一點海鮮，還是多拿一點蔬菜？要不要多喝一點飲料或者啤酒？感覺吃得差不多了，還要不要再煮一份小菜吃下去？如果我們仔細思考之後慎重地做出選擇，就已經屬於經濟學思維的初級運用了。

1. 權衡取捨是最基本的經濟學思維之一

雖然人們常說「天下沒有免費的午餐」，但很多人卻不以為然，甚至心存僥幸，對一切「免費」的東西趨之若鶩。按照經濟學的解釋，這句話的含義是無論做什麼選擇，都是有得有失的，也就是所有的「獲得」都有其「代價」，當然這裡的「代價」不一定是花錢。人們做出選擇的主要依據是將「獲得」與「代價」進行比較，權衡之後進行取捨，最終做出有利的決策。在吃自助餐的時候，胃口有限，選擇多吃一點牛肉，就必須放棄一些別的食物——這就是「代價」。

任何選擇都有代價，而當人們做出選擇時，為了獲得某種收益而放棄掉的其他可能收益當中最高的那一個，就叫作機會成本。比如選擇用一個小時認真學習，就放棄掉了玩游戲、看電視劇、逛街或者睡覺等其他選擇，假如所有放棄掉的選擇中，收益最高的是玩游戲，那麼認真學習的機會成本就是玩游戲所能帶來的收益，越是覺得游戲好玩，就越是覺得學習的代價高，越是痛苦。

2. 約束條件下的利益最大化

經濟學研究個人、企業或者社會的選擇問題，其核心在於通過選擇獲得利益最大化的結果。一個人花錢買東西，希望通過選擇正確的商品獲得最大程度的滿足；企業決定生產決策時，希望通過選擇使有限的成本帶來最大的利潤。

所有的選擇都有著約束條件，比如買東西的時候，能夠花的錢總量可能是固定的，商品的價格、消費者的個人偏好在一段時間內也保持不變。離開約束條件討論選擇沒

有太大的意義。如果你詢問「購買什麼樣的手機最合適」，從小米、VIVO、OPPO 到華為、蘋果不同品牌的手機到各品牌的不同系列型號，會有無數答案，並且每一個都聽起來很合理。但如果問題是在 1,000～2,000 元支出中，購買哪一款手機最划算，也許就會有更加明確的答案。約束條件通常可以縮小選擇範圍，使選擇更加明確。

經濟活動中主要的約束條件有預算約束、偏好約束、技術約束、成本約束和規則制度的約束等。

3. 選擇的三種類型：價格、數量和制度

市場主體包括家庭（個人）、企業和政府，經濟活動紛繁複雜，但其選擇活動的類型歸納起來主要包括三種類型：價格決策、數量決策和制度選擇。

價格決策是一種最基本的經濟選擇活動。在餐廳，消費者要決定以什麼價格吃一頓自助餐，企業要決定以什麼價格來出售不同種類的食品。政府也要決定公務員的工資水準、國有土地轉讓價格以及高速收費、稅收等公共產品的價格。

與價格決策緊密相連的是數量決策，在一定的價格水準下，消費者決定購買多少數量的產品，企業決定銷售數量。政府也要決定公務員的數量和教育、醫療衛生等公共產品的提供數量。

經濟活動圍繞著資源的配置和使用以及最終產品的分配等問題而展開，不同主體的活動受到一系列規則的約束：法律、道德、習慣和文化傳統等，這些規則就是人們通常所說的制度，不同的制度安排可能對經濟主體的選擇行為產生巨大的影響。以產權制度的改變為例，私有產權和公有產權這兩種不同的制度安排，在生產效率、分配模式和消費模式上，產生了截然不同的後果。在現代社會保障制度逐漸建立並完善的過程中，家庭的功能、結構都發生了巨大的變化：由生產、消費、教育、保障集中的集合體，轉變為相對獨立的消費組織。

二、資源的稀缺性是經濟學的出發點

要理解經濟問題如何產生、人們如何解決，首先就要從經濟學產生的根源談起。人類社會的基本問題就是生存和發展，在這樣的前提下產生了各種需要：一方面，吃飽穿暖的需要、安全和保障的需要、受教育的需要等，人類慾望是無限的；另一方面，人類的各種需要通過資源的耗費來實現，而資源是有限的。因此，我們就需要在資源的各種用途上進行選擇，以期獲得最大的收益。

為了分析資源稀缺性以及與之相關的生產可能性邊界和機會成本，我們假設一個情景，某人只能通過打獵和採集生活，並且為了簡化，我們假設打獵只能打到兔子，採集是獲得野果。在打獵和採集的過程中，技術水準保持不變（包括熟練度也不變），能夠使用的工具不變，自然界的資源總量仍然保持充足。

這個人能夠獲得的物品數量通過表 1.1 表示出來。組合 A 表示這個人全部的精力都用於打獵，最多能夠獲得 5 只兔子，沒有野果；組合 B 表示這個人少打一只兔子，剩下的時間用於採集，可以獲得 100 個野果；以此類推。

表 1.1　　　　　　　　　　　獲得物品的數量

組合＼種類	兔子 數量（只）	野果 數量（個）
A	5	0
B	4	50
C	3	90
D	2	120
E	1	140
F	0	150

（一）資源的稀缺性

1. 經濟資源總量有限

所謂資源，就是能夠直接或間接地滿足人類需要的物品。有的物品需要花費一定代價才能獲得，叫作經濟資源，比如超市出售的麵包、外套等；還有一些物品對人有用但是並不需要花費代價去購買，就叫作非經濟資源或者自由取用的資源，比如陽光、空氣。經濟學中的「資源」專指經濟資源。

資源的總量是有限的，這就決定了由它們生產出來的經濟物品的總量也是有限的，即無論是大自然中的兔子、野果，人們的勞動力、思想，還是生活中精緻的衣服、漂亮的房屋、一流的教育環境，其總量是有限的。

2. 慾望的無限性

渴了要喝水，餓了要吃飯，所有吃、穿、住、行等各種慾望的滿足都需要消耗經濟資源或者經濟物品來獲得滿足。在我們前文假設的情境中，這個人要獲得蛋白質補充能量，就需要耗費時間、精力和工具去抓兔子；想要更多的維生素，同樣需要花費時間和精力去採集野果。

3. 人的慾望是無窮的

2012 年，中央電視臺《你幸福嗎》調查欄目引起了廣泛的熱議，人們其實一直在思考一個問題：為什麼有些人擁有很多的東西卻並不感到「幸福」？一個重要的原因，恐怕就在於人的慾望是無窮的，幾乎不可能得到真正的滿足，也就難以長久地感到幸福。

俗話說「人心不足蛇吞象」，一個慾望得到滿足，又會產生新的慾望。美國心理學家亞伯拉罕·馬斯洛（Abraham Maslow）就提出了需要層次理論，認為人類的需要可分為 5 個高低不同的層次：

（1）基本的生理需要，即生存需要；
（2）安全需要，即希望未來生活有保障；
（3）社會的需要，即情感方面的需要，如愛與被愛的需要、歸屬感的需要；
（4）尊重的需要，人都有自尊心，需要受到別人的尊重；
（5）自我實現的需要，即出於對人生的看法，需要實現自己的理想，這是最高層次的需要。

上述 5 種慾望或需要中，第 1 種是最基本的需要，後 4 種統稱為心理需要。當低層

次的慾望或需要得到滿足或部分滿足後，緊接著就會或者應該產生較高層次的慾望或需要。一個人在狩獵兔子的時候，起初是為了每天吃一只滿足生存需要，然後多抓幾只可以圈養起來以備不時之需，再後來有可能把抓到的兔子當作寵物陪伴自己。因此，慾望或需要是無窮無盡的，就像下面這首打油詩裡面描述的情景。

不知足

  終日奔波只為饑，方才一飽便思衣。衣食兩般皆具全，又想嬌容美貌妻。
  娶得美妻生下子，恨無天地少根基。買到田園多廣闊，出入無船少馬騎。
  槽頭栓了船和馬，嘆無官職被人欺。縣丞主簿還嫌小，又要朝中掛紫衣。
  做了皇帝求仙術，更想登天把鶴騎。若要世人心裡足，除非南柯一夢西！

4. 資源的稀缺性

資源的稀缺性意味著經濟資源總是不足的，不能滿足所有慾望的需要，這是有限資源與無窮慾望之間的矛盾，也是經濟學這門學科之所以存在的根本原因。

資源的稀缺性一方面是絕對的，因為資源稀缺性存在於一切時代和一切社會；另一方面資源稀缺性又是相對的，這是因為資源數量相對於人類慾望的無限性來說，總是不足的。

稀缺性決定了個人和社會都必須做出選擇，力爭用既定的資源獲得最大的滿足。

(二) 生產可能性邊界

根據表1.1中某人打獵和採集所能獲得的產物組合，我們可以據此得到一個圖形。用橫軸表示野果的數量，縱軸表示兔子的數量，將表格中的數據對應的點在坐標圖中標示出來，然後用一條平滑曲線連接所有的點，可以得到圖1.1所示情形。

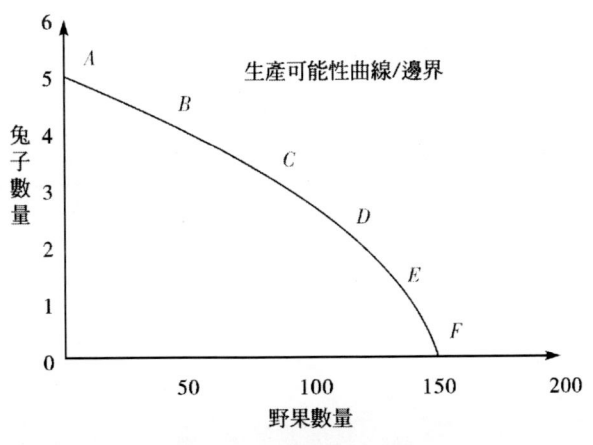

圖1.1　獲得物品的數量

生產可能性曲線表示經濟社會在既定資源和技術條件下所能生產的各種商品最大數量的組合，反應了資源稀缺性與選擇性的經濟學特徵。它代表著生產中所能得到產品數量的最大組合，因此也被稱為生產可能性邊界。

對於這個人來說，他在約束條件下，能夠獲得的最大數量的產品組合分別為 A、B、C、D、E、F 這六種情況，需要在其中做出選擇。如果他是一個素食主義者，將會選擇 F 這種情況，兔子數量為0，野果數量最大為150個。

(三) 機會成本

在資源稀缺的條件下，資源有多種用途，並且用於其中一種用途就不能用於其他。上面例子中的一個人的時間、精力有兩種不同的用途：打獵和採集。二者只能選擇其一，選擇了一種就意味著放棄了其他選擇。

這時我們如何衡量他的得失？比如偏好素食的他發現必須獲得一些蛋白質來增加能量，選擇從組合 F（野果 150 個，兔子 0 只）轉變為組合 E（野果 140 個，兔子 1 只），他得到了 1 只兔子，放棄了採集 10 個野果的機會。

我們把這種為了得到某種東西而不得不放棄的其他可能收益，叫作機會成本。只要資源用途不是唯一的，選擇一種用途就放棄了其他用途的可能收益，必然產生機會成本，所以可以說機會成本無處不在。俗話說「天下沒有白吃的午餐」，我們決策時應該深深記住這句話，凡是獲得某種東西就必然付出一些代價。「有得就有失」「魚與熊掌不可兼得」說的就是這個道理。

當這個人進一步放棄野果換取狩獵兔子的機會時，他會發現機會成本不斷上升。從組合 F 到組合 E，1 只兔子的機會成本是 10 個野果；從組合 E 到組合 D，1 只兔子的機會成本是 20 個野果；從組合 D 到組合 C，再到組合 B、組合 A，1 只兔子的機會成本分別變為 30、40、50 個野果。雖然具體數字是虛擬的，但這代表著資源稟賦和技術條件保持不變時，獲得某種產品的代價越來越高。

三、經濟學的研究對象

經濟學是一門研究人類行為以及如何將稀缺資源進行合理配置的社會科學。

經濟學不僅僅研究資源的配置和利用問題，而且還研究人類行為，主要是人類如何進行選擇，包括個人的選擇和群體的選擇。

經濟學研究人和社會如何進行最終選擇，在使用或者不使用貨幣的情況下，使用可以有其他用途的稀缺的生產性資源，在現在或者將來生產各種商品，並把商品分配給社會的各個成員或集團以供消費之用。它用於分析改善資源配置形式所需的代價和可能得到的收益。

——保羅·薩繆爾森《經濟學》

第二節　經濟學的產生與發展

經濟學作為一門獨立的科學，是在資本主義產生和發展的過程中形成的。在此之前，我們對一些經濟現象和經濟問題形成了某種經濟思想，但是並沒有形成系統。

我們可以分別從西方和中國的文化中找到一些例子。

一、早期的經濟思想

(一) 西方早期經濟思想

1. 古希臘西方經濟思想的源泉

西方經濟思想主要起源於古希臘。經濟學的英語 Economics 是由希臘文 οἶκος [oikos] 而來，意思是家庭管理。在荷馬史詩中，就描述了當時的經濟活動，比如財富

的轉移和交換；在赫色阿多的《工作與日曆》中，該書強調經濟生活的倫理秩序，反對不正當的掠奪手段，同時對資源的稀少問題也表示關注。

作為西方文明的搖籃和發源地，古希臘在經濟思想方面有著主要貢獻的學者有三位：色諾芬、柏拉圖和亞里士多德。

在公元前 387—前 371 年，古希臘哲學家、歷史學家和作家色諾芬發表了《經濟論》，第一次使用了「經濟」這個詞，以蘇格拉底和一位貴族談話的形式表達，主要研究奴隸主如何管理自己的田地和房產，使自己的財富盡快增加。

和色諾芬一樣，另一位古希臘哲學家、倫理學家和政治家柏拉圖也是蘇格拉底的學生，他一生著作甚多，與經濟相關的有《理想國》，闡述了分工思想、國家的起源與構成、公有財產和貨幣與利息理論。

柏拉圖的學生亞里士多德是古希臘集大成的思想家，對經濟現象的研究比前人更加豐富而系統，主要反應在《政治學》和《倫理學》中。亞里士多德提出物品具有兩種用途：供直接使用和交換。同時，他還是歷史上第一個分析價值形式的人，他說：「5 張床＝1 間屋，無異於：5 張床＝若干貨幣」，並且提出交換的基礎必須是兩者具有同質的東西。馬克思說：「亞里士多德在商品的價值表現中發現了等同關係，正是在這裡閃耀出他的天才的光輝。」

2. 古羅馬關注商品交換

古羅馬對經濟思想的貢獻，主要是羅馬法中關於財產、契約和自然法則的思想，在十二銅表法、市民法、萬民法等法律中，對於財產權、契約關係以及與此相聯繫的買賣、借貸、債務等關係都有明確的解釋。

3. 西歐中世紀的義利爭辯

西歐中世紀的學術思想為教會所壟斷，形成所謂經院學派。由於商品經濟的發展和城市的興起，教會不得不回答當時社會上出現的兩個重要問題：一是貸款利息是否正當，二是交換價格如何公正確定。貸款收取利息與教義抵觸，教會曾一再明令禁止，但無法改變現實中大量流行的貸款取息。在中世紀神學家中較早論述公平價格的是大阿爾伯特，他認為公平價格是和成本相等的價格，市場價格不能長期低於成本。對這兩個問題，在中世紀並未形成有說服力的觀點，但為以後的經濟學家提出了研究的課題。

（二）中國古代經濟思想

與西方相比，中國古代的經濟思想除了在重視農業生產、社會分工思想等方面有些共同之處外，也有它自己的特點，更為關注宏觀經濟尤其是國家財政問題，對於商業流通領域的研究並未占據主流。中國古代突出的經濟思想主要有義利思想、富國思想、平價思想、奢儉思想等。

所謂義利思想是關於人們追逐經濟利益的活動與道德規範之間相互關係的理論。儒家重義輕利，妨礙了人們對求利、求富問題的探討和論證，也在一定程度上影響了商品經濟在中國的發展。

此外，由於對農耕、民生的關注，戰國時代，李悝、範蠡都提出了平價思想，即關於穩定物價的思想：谷價大起大落對農民和工商業者都不利，他們提出的「平糴」「平糶」政策，使糧價只在一定範圍內漲落，這一原則也被用於國家儲備糧食的常平倉制度和救濟貧民的義倉制度中。

另外，消費應提倡「節儉」還是「奢侈」，也是中國古代思想家經常論述的一個問題。一般來說，崇尚簡樸是占支配地位的經濟思想。但在中國漫長的封建社會裡，也出現過一些相反的觀點。如《管子》一書的《侈靡》篇，就論述過富有者衣食、宮室、墓葬等方面的奢侈開支，可以使女工、瓦工、農夫有工作可做，有利於平民得到就業和生活的門路，也可使商業活躍起來。它從經濟活動各方面的相互聯繫來考察消費問題，提出了消費對生產的反作用的卓越見解，這在當時確是一個頗不尋常的觀點。

管仲的富國、富民之策

　　管仲因為輔佐齊桓公成為春秋霸主而留名史冊，與其他政治人物不同的是，他常常能通過各種經濟手段實現不戰而屈人之兵的目的，達到國家利益的最大化。《管子》一書裡介紹了管仲很多神奇的故事，不過今天，我們只是來簡單談談，管仲打貿易戰所用到的兩大招式，一是「輕重之術」，二是「平準之策」。

　　在《管子》這本書裡專門有一整篇，叫「輕重篇」，共有十七章，來講述「輕重之術」。運用輕重之術的三樣武器指的是糧食、貨幣和其他商品，糧食是百姓的命脈所在；貨幣是貿易的主要手段，也很重要；其他商品是除了糧食、貨幣之外的一切商品，比如鐵器、食鹽等等，雖然不像糧食那樣重要，但是一旦缺少也會非常不方便。

　　管仲認為，糧食與其他商品之間價格互相對立，如果糧食的價格上漲，那麼其他商品的價格必然下跌；如果糧食的價格下跌，那麼其他商品的價格必然上漲，永遠不可能處於平衡。同樣，貨幣與其他商品之間也存在價格互相對立的關係。

　　那麼，如果能夠影響糧食，就能影響其他商品，如果能夠影響貨幣，也能影響其他商品。反過來，道理是一樣的。所以，只要國家正確發號施令，就能操縱各種物資的流通，控制糧食、貨幣和萬物，影響市場的價格，從而獲得巨大的利益。這就是「輕重之術」。

　　此處用一個管仲曾經實踐的案例來驗證吧。大家都知道，齊國這個地方，也就是今天的山東一帶，靠近海濱，歷來盛產食鹽。有一次，齊桓公就問管仲，說：咱們齊國每年都產這麼多食鹽，能不能利用你的輕重之術，從食鹽上賺到更多的收入呢？

　　管仲回答說，可以啊。然後，管仲就把方法告訴了齊桓公。

　　首先，他讓齊桓公下令，鼓勵百姓砍柴煮鹽，同時在齊國境內大肆收購食鹽，從十月份一直到次年的正月，一共收集了三萬六千鐘食鹽。然後，又下令，說春耕快到了，要讓百姓專心於農事，以後不準修繕墳墓，修理房屋，各地官府不得新建臺榭，建築牆垣，沿海的商人也不得再雇人或者自己砍柴煮鹽。

　　這樣，市場上不再有食鹽產生，鹽價開始上漲。齊國的鹽價都上漲了，其他不產鹽的周邊國家鹽價也隨之大漲。這時候，管仲讓齊桓公派人把囤積的食鹽運到這些地區，高價出售，獲利十倍不止。

　　食鹽出售以後，一下子獲得了大量的黃金貨幣。於是，管仲又讓齊桓公下令，凡是來齊國做生意、獻禮、交納稅收等，必須使用黃金做貨幣。結果，黃金的價格飛漲，而其他商品的價格卻不斷下跌。最後，管仲讓人利用手中高價的黃金，大量收購齊國所需要的各種商品。一下子，各種商品像流水一樣，湧入齊國，齊桓公的府庫差點都裝不下了。

　　管仲輕重之術的成功實踐還包括魯國買縞、楚國買鹿、衡山之謀等。

　　平準之策，本質上其實也是輕重之術，只是它的應用領域主要專注於調節國內的

經濟，比輕重之術的應用範圍小得多。主要包括國家掌握鑄幣權平抑物價、在山林礦產方面建立准許准入制度等。

二、資產階級經濟學

隨著資本主義生產方式的產生和發展，在西歐各國逐漸形成了資產階級經濟學，首先是產生於西歐原始資本累積時期的重商主義。

（一）重商主義政治經濟學的出現

西歐封建社會末期，隨著商品經濟的發展，需要更多的貨幣投入流通，因此經濟理論發展的重心也轉到貨幣累積上面，出現了被稱為「重商主義」的鬆散體系。在16—17世紀，伴隨著封建制度解體和資本主義生產方式的產生，商業支配產業，流通支配生產，商業資本的力量大大超過了產業資本，這就產生了代表商業資本利益、以流通過程為研究中心的理論體系——重商主義。

1615年，法國重商主義者蒙克萊田發表《獻給國王和王後的政治經濟學》，第一次使用了「政治經濟學」這個詞語替代原來的「經濟學」，主要是考慮該書討論的商業、工場手工業、航海業和國王的政策這些問題已經超出了家庭管理的範疇。蒙克萊田認為商業是國家活動的基礎，強調政府的主要任務就是使國家獲得榮譽和不斷致富，因此應該執行有利於本國商人的政策。

重商主義學說都是以流通過程為中心，以商業資本的運動為研究對象，以維護商業資產階級的利益和增加金銀貨幣為目的。它認為金銀貨幣是社會財富的唯一形態，財富的直接來源除了開採金銀礦以外，就是流通領域的低買高賣和對外貿易的少買多賣，主張國家積極干預經濟生活，保護本國商業和工業，促進對外貿易的發展。重商主義思想引導英國在工業革命後依靠發達的紡織業以及遠洋貿易，成為鼎鼎大名的「日不落帝國」。

（二）古典經濟學——第一次革命

直到17世紀中葉以後，首先在英國，然後在法國，工場手工業逐漸發展成為工業生產的主要形式，為了探討財富生產和分配的規律，論證資本主義生產的優越性，經濟學的研究由流通過程進入生產過程，產生了資產階級古典經濟學。這被稱為經濟學發展歷程中的第一次革命，即古典經濟學對重商主義學說的革命。

亞當‧斯密是英國古典經濟學的傑出代表和理論體系的創立者，被稱為「現代經濟學之父」，他所著的《國民財富的性質和原因的研究》一書（簡稱《國富論》）於1776年出版，標誌著現代經濟學的產生。斯密在《國富論》中批判了重商主義只把對外貿易作為財富源泉的錯誤觀點，並把經濟研究從流通領域轉到生產領域；他克服了重農學派認為只有農業才創造財富的片面觀點，指出一切物質生產部門都創造財富。他分析了國民財富增長的條件以及促進或阻礙國民財富增長的原因，分析了自由競爭的市場機制，把它看作是一隻「看不見的手」支配著社會經濟活動，他反對國家干預經濟生活，提出自由放任原則。

許多人知道亞當‧斯密是從「看不見的手」這句話開始的。不論是馬克思還是西方經濟學界都毫不懷疑地認為亞當‧斯密是古典經濟學最傑出的代表。馬克思說：「在亞當‧斯密那裡，政治經濟學已發展成為某種整體，它所包括的範圍在一定程度上已經形成。」當代美國最著名的經濟學家保羅‧薩繆爾森說：「我們可以把亞當‧斯密出

版《國民財富的性質和原因的研究》（簡稱《國富論》）的那年看作是現在所學的經濟學的誕生之年。」英國英格蘭銀行在 2007 年發行了新版的 20 英鎊的紙幣，正面印有英國女王像，背面則是經濟學家亞當・斯密的頭像，這也是英格蘭銀行發行的英鎊紙幣第一次印上蘇格蘭人的頭像。

《國富論》出版於 1776 年，《獨立宣言》也發表於這一年，全面地考慮，很難說清楚哪一部文獻具有更重要的歷史地位。《獨立宣言》向社會發出了一個全新的呼籲，呼喚社會致力於生活、自由和快樂的追求，而《國富論》則解釋了這樣的社會是如何運行的。斯密最偉大的貢獻在於他發現了自行調節的自然秩序（也叫自由市場機制）。對此斯密有一段精闢的話語：「每個人並不企圖增進公共福利，他所追求的僅僅是他個人的利益，而且，在這樣做時正像在許多其他場合一樣，他被一隻看不見的手引導到去促進一種目標，而這種目標絕不是他所刻意追求的東西。由於追逐他自己的利益，他經常促進了社會利益，其效果要比他真正想促進社會利益時所得到的效果大得多。」——這就是著名的「看不見的手」。

（三）微觀經濟學與數理分析——邊際革命

19 世紀 70 年代至 20 世紀 30 年代，西方經濟學發展的主要特徵是邊際效用學派的經濟思想占統治地位，以效用價值論為理論基礎，標誌著現代經濟分析的開始，代表人物有英國的杰文斯、奧地利的門格爾和瑞士的瓦爾拉斯。

效用價值論是勞動價值論的對立物，亞里士多德是最早主張這個觀點的人。效用價值論認為物品的價值取決於該物品所滿足的需要的重要性，這種能夠滿足某種需要的特性就叫作物品的效用。同時，這種效用決定於滿足需要的不同程度。同樣是對糧食的需要，救命、解除饑餓感和飼養寵物，顯然具有不同的重要性。

在研究內容上，邊際主義與傳統經濟學顯然不同：傳統經濟學主要研究勞動價值論和經濟增長等方面的問題；而隨著邊際學派的興起，勞動價值論被以邊際原理為原則的消費者理論和廠商理論所代替。經濟學的核心問題變成了在資源既定的條件下如何實現消費者效用最大化或者廠商總收益最大化的均衡問題，而國民收入的決定、增長與發展等宏觀問題就不在討論之列了。

在研究方法上，經濟學開始廣泛引進數學，用方程組來表示需求和供給，使用微積分作為分析的有力工具，通過較為嚴格的數學推理來解決最優化問題。

邊際學派的發展只是將研究重點放在了古典經濟學比較忽視的微觀問題上，理論上主要吸收和發展了前人關於效用論的思想，政策傾向上對古典經濟學更多的是繼承而不是決裂。

在繼承古典經濟學理論和吸收邊際學派分析方法的基礎上，劍橋學派的創始人阿爾弗雷德・馬歇爾（1842—1924）完成了經濟學理論的第二次整合。他一方面繼承了古典經濟學關於國民財富的生產和經濟增長的理論，另一方面吸收了邊際效用學派需求理論等其他學派的內容，完成了《經濟學原理》一書。該書成為與亞當・斯密的《國富論》、李嘉圖的《政治經濟學及賦稅原理》等齊名的劃時代的著作。馬歇爾的理論是古典經濟學的供給分析與以效用為中心的需求分析的綜合，並在此基礎上形成了以供求價格理論為中心的微觀經濟學研究體系。

（四）宏觀經濟學——凱恩斯革命

1929—1933 年資本主義世界經濟遭受了空前的經濟危機，以馬歇爾新古典主義為

代表的傳統經濟學對此既無法解釋，也無法給出有效的政策建議，使得人們對傳統理論陷入懷疑，於是凱恩斯經濟學應運而生。

1. 凱恩斯革命的產生背景

在凱恩斯開創宏觀經濟學時代之前，古典經濟學派一直在經濟學領域中居於統治地位，其基本思想就是資本主義總是處於充分就業狀態，並且不會出現生產過剩的危機。古典經濟學的代表人物讓‧巴蒂斯特‧薩伊就認為，生產創造了足以購買所生產的每一件東西的收入，即供給創造自己的需求，這就是後來被稱為薩伊定律的內容。假如人們生產了價值 500 元的牛奶，那麼他同時也形成了對其他商品的需求，比如勞動、牧草、食品等，所以生產 500 元牛奶的行為也創造了價值 500 元的需求。

照此推理，政府在國民經濟中應當無所作為，唯一的任務是保護產權，即充當「守夜人」的角色，整個社會應當是一種自由放任的狀態。

然而在產業革命時期，技術進步使得大量機器被引入工廠，消除了一些工人的工作機會，並使得生產能力大幅度提高，人們開始懷疑經濟能否創造足夠的工作崗位和足以購買全部產品的需求。

1776 年，英國紡紗工珍尼‧哈格里夫斯（James Hargreaves）發明了一種稱為珍尼紡紗機的簡單人工操作機器。使用這種機器，每個人可以一次紡 80 錠紗（原來的機器每次只能紡 1 根線），結果就是數以千計的工人失去了工作，被稱為「機器吃人」。雖然後來也有一部分人在新的工廠裡找到了工作，但每次新機器的使用使過去需要手工完成的工作自動化時，人們都會失去自己的工作。

產業革命引起的工作減少和生產過剩在 1929—1933 年大蕭條期間顯得尤為突出，薩伊定律看來越來越不適用了，於是約翰‧梅納德‧凱恩斯通過推翻薩伊定律而對宏觀經濟思想進行了一場革命。

2. 凱恩斯的主要理論成果

凱恩斯（1883—1946）師出名門，他的父親是劍橋大學的邏輯學家和經濟學家，而他本人的天賦得到了經濟學泰鬥馬歇爾的賞識。同時，凱恩斯一直致力於經濟理論和實踐的結合，曾策劃建立了「國際貨幣基金組織」和「國際復興開發銀行」，還經營了一家大型保險公司，創辦過國家投資公司，做過外匯投機和一些商品投機生意，家產甚豐。他與李嘉圖一起被認為是僅有的善於經營並取得成功的兩個經濟學家。

凱恩斯是一個擅長寫作並富有才華的經濟學家。他一生著作很多，英國皇家經濟學會將他的主要作品選編成《凱恩斯選集》，有 30 大卷，而李嘉圖的《全集》也不過 9 卷。凱恩斯 1936 年發表了《就業、利息與貨幣通論》（簡稱《通論》），該書是他最主要的著作，也是代表作。在《通論》中，針對當時困擾人們的經濟危機、失業等現象，凱恩斯提出「邊際消費傾向遞減」「資本邊際效率遞減」和「流動性陷阱」三個心理規律，提出「有效需求不足」是產生經濟危機主要原因的觀點，因此其政策主張是政府實行需求管理方案。

凱恩斯提出的國家干預主張標誌著現代宏觀經濟學的產生，甚至有人認為凱恩斯在經濟學上的貢獻是和哥白尼在天文學上、達爾文在生物學上、愛因斯坦在物理學上一樣的「革命」。

凱恩斯革命主要表現在三個方面：

(1) 有效需求不足理論

與薩伊提出的供給自動創造需求不同，凱恩斯認為生產依賴於有效需求，即生產取決於人們願意和能夠購買多少。

有效需求包括個人消費和企業投資兩個部分，主要取決於三個因素，包括人們的消費傾向（消費在收入中所占的比例）、對資本未來收益的預期和貨幣的流動性偏好。人們不會把所有的收入都用於支出，即生產牛奶並取得了 500 元收入之後，他只願意支出（消費加投資）其中的一部分，比如 450 元，那麼他對社會的需求就不是與供給相等的 500 元，而是 450 元。

在需求小於供給的情況下，有一部分資源得不到充分利用。凱恩斯進一步從有效需求不足理論出發，得出消費不足和投資不足的結論，他認為資本主義經濟社會無法避免兩個問題：一是無法實現充分就業，二是收入分配不均。當然，與二戰後一度流行的對社會主義制度的追捧不同，凱恩斯提出了在資本主義制度框架內解決問題的辦法——政府干預。

(2) 工資剛性

古典經濟學認為經濟總是處於充分就業的狀態下，是因為一旦勞動力市場上供求不平衡，那麼工資就會迅速變化——通過工資調整，供求會重新平衡。而凱恩斯認為，工資並不完全是工人和資本家談判的結果，工會代表工人與資本家談判，而工會的力量會抵抗工資下降，因此工資不能夠靈活變動。當勞動力需求下降時，工資卻不能相應降低，結果就是產生了失業。

(3) 主張國家干預

正是因為資本主義社會無法解決失業和生產過剩的問題，凱恩斯認為必須依靠政府的力量干預經濟，提高社會的消費傾向和加強投資引誘，以擴大社會有效需求。

在刺激消費方面，凱恩斯的政策主張主要包括兩方面：

第一，主張擴大消費支出。凱恩斯認為，一個國家如果喜歡揮霍性消費，它的生產發展和文化程度一定很高。為了鼓勵人們高消費，凱恩斯抨擊了自亞當·斯密以來傳統經濟學所標榜的「節儉的美德」，認為高消費和高投資並存，是值得鼓勵的。

思考一下：

2013 年，習近平總書記在新華社一份《網民呼籲遏制餐飲環節「舌尖上的浪費」》的材料上做出批示，要求大力弘揚中華民族勤儉節約的優秀傳統，使厲行節約、反對浪費在全社會蔚然成風。倡導節儉，對於經濟發展會有不利影響嗎？

第二，主張縮小收入分配差距。凱恩斯認為，高收入者邊際消費傾向低，而低收入者邊際消費傾向高，如果收入大多數集中在少數人手中，那麼富人有錢卻不願意消費，同時窮人有消費願望卻沒有能力，結果就使得整個社會的消費傾向低。

在刺激投資方面，凱恩斯一方面主張國家採取措施提高資本邊際效率（提高資本的預期收益率），以刺激私人投資的積極性；另一方面主張投資社會化，由國家組織直接投資。凱恩斯強調擴大政府職能，加強政府對投資的控制。為了提高投資引誘，政府可以採取措施降低實際工資（名義工資與物價水準之比），或者降低利率，從而使企業成本降低，增加投資積極性。基於這種信念，凱恩斯倡議溫和的通貨膨脹。

凱恩斯指出，消費傾向在短期內是相對穩定的，因而要擴大有效需求、實現充分就業，就必須從增加投資需求入手，一個直接的做法就是政府直接投資。比如，政府

財政支出 500 億元投資修建鐵路，那麼對於鐵路工人勞動、鋼鐵原材料、機器設備等的需求就增加 500 億元；而鐵路工人的工資總額增加（假定為 200 億元）之後，將會增加他們對於家電、旅遊服務等產品的需求；這部分需求（假定為 160 億元）又增加了家電、旅遊服務等行業的工人的收入……如此循環下去，政府投資 500 億元，全社會的收入和產出可能會成倍增加——這就是乘數效應。因而，凱恩斯更主張政府投資，以促使國民收入成倍地增加。

凱恩斯經濟政策的本質之處是主張要依靠國家來調節經濟，積極干預經濟生活，加強國家壟斷資本主義。他認為只有這樣，才能避免資本主義制度的滅亡。但凱恩斯也提出，反蕭條的經濟政策（增加政府支出等）可能觸發通貨膨脹，並降低長期的生產增長率——非常不幸，在 20 世紀 60 年代末，這種猜想變成了現實，許多國家通貨膨脹率上升，同時經濟增長放慢，通貨膨脹和經濟停滯同時並存，即「滯脹」危機。

3. 凱恩斯主義的衰落

以國家干預為代表的凱恩斯主義一度成為主流經濟學理論，領導了戰後西方各國的宏觀經濟政策，但是 20 世紀 70 年代普遍出現了「滯脹」現象，使得該學派的影響力逐漸衰落下去。到了 20 世紀 80 年代，以新古典宏觀經濟學為代表的新自由主義一度興盛，與堅持原凱恩斯主義基本信條、反對經濟自由主義潮流的新凱恩斯主義經濟學形成了兩大陣營，另外還有一些人試圖把新古典主義的微觀分析和凱恩斯主義的宏觀理論結合起來，形成了新古典綜合派。

凱恩斯主義的理論和政策陷於困境，受到各式新經濟自由主義流派的挑戰。西方資本主義國家 80 年代的私有化浪潮、俄羅斯的「休克療法」以及拉美國家進行的以「華盛頓共識」為基礎的經濟改革，都是新自由主義經濟學的「經典之作」。

狹義新自由主義主要是指以哈耶克為代表的新自由主義；廣義新自由主義，除了以哈耶克為代表的倫敦學派和新奧地利學派外，還包括以哈耶克、弗里德曼、斯蒂格勒、科斯等為主要成員的芝加哥學派、以弗里德曼為代表的貨幣主義、以盧卡斯和巴羅為代表的理性預期學派、以科斯為代表的新制度學派、以布坎南為代表的公共選擇學派和以拉弗、費爾德斯坦為代表的供給學派等，其中影響最大的是倫敦學派、貨幣主義和理性預期學派。

諾貝爾經濟學獎獲得者小羅伯特·盧卡斯建立了以「理性預期」為基礎的新宏觀經濟學，掀起了另一場革命。如果政府實行擴張的貨幣政策，比如降低利率以鼓勵私人投資和消費，人們會如何應對呢？盧卡斯認為，個人和企業根據理性預期進行決策，即人們用所有可以得到的信息做出經濟預測，這些信息包括政府的政策。因此，如果政府降低利率，那麼個人和企業可能做出經濟衰退或將要衰退的判斷，結果就是減少消費減少投資——與政策目標相反。這就是說，存在理性預期的情況下，政策可能是無效的。於是盧卡斯說：「我不想管理美國經濟，而且，我也不認為其他任何人應該進行這項工作。」

因此，經濟學家對於政府應當行使什麼樣的經濟職能、如何改善市場結果這樣的問題，一直存在分歧。用斯蒂格利茨的話來說，「在美國，由個人做出主要決策，反應經濟學家的信念，這對於保持經濟的效率是必要的；但是經濟學家同時也認為：政府進行某些干預也是需要的。找到公共部門與私人部門在經濟上的適度平衡是經濟分析的中心問題之一。」

三、當代中國經濟學的發展

在中國，制度約束和環境與西方資本主義國家有很大不同，理論研究方面相對來說比較落後，但近年來不斷總結經濟發展的實踐經驗，也形成了一些具有中國特色的理論，比如新供給主義、新結構主義、新宏觀主義等。

1. 新供給主義

滕泰的新供給經濟學從供給角度重新定義了經濟週期，認為週期性經濟衰退的原因是經濟供給結構老化，因此，重啓經濟增長新週期的出路，也在於以「刺激新供給，創造新需求」為特徵的經濟結構調整措施。

新供給主義經濟學認為，技術和產業的演進、供給和需求結構的變化以及供給與需求循環往復的交互作用是形成經濟週期波動的主要力量。供給與需求動態均衡的打破屬於經濟增長過程中的階段性、局部性問題，技術擴散和產業生命週期密不可分。生產過剩是相對的，階段性和局部的供需矛盾可以隨著資源逐步向新產業領域配置而消解。

2. 新結構主義

2015年12月26日經濟觀察網將林毅夫在「新結構經濟學專題研討會（冬令營）會議」上的要點總結為：用新古典的方法來研究在經濟發展過程當中，結構和結構演變的決定因素，才叫新結構經濟學，主張從要素稟賦作為切入點來內生化的產業結構，推動結構的變遷。

供給側結構性改革即為新供給主義加新結構主義。

3. 新宏觀主義

新宏觀主義認為上述理論都存在著致命的經濟哲學缺陷：沒有區分微觀與宏觀的不同性質，導致了它們的視野都局限於微觀而無法識大體；沒有進行實物循環與貨幣循環的劃分，使經濟分析實質停留在實物循環中，這導致了陷入均衡陷阱而不能自拔。

新宏觀主義通過對傳統經濟學進行諸多批判吸收後提出，經濟學的所有爭論都可以劃分為兩大陣營：重農主義與重商主義，前者主張經濟增長即為實物的增值，也就是實物利潤，堅持勞動價值論，它發端於自然經濟；後者強調生產的目的就是貨幣的增值，也就是貨幣利潤，篤信拜金主義，它發端於商品經濟初期。在當代經濟中，自然經濟成分與商品經濟成分同在，同時自然經濟處於從屬地位，這是經濟學爭論的實踐基礎。

第三節　經濟學的理論體系和基本問題

我們來看下面幾個問題：

1. 暑假期間尋求兼職工作的大學生人數增加，類似產品銷售、發傳單這樣的兼職工作工資水準會有變化嗎？

2. 當美國政府對中國部分出口產品徵收更高的關稅時，對中國的老百姓來說產生哪些方面的影響？

3. 市區商品房價格上漲/下降對市場成交量會產生什麼影響？

上述問題屬於哪一類經濟問題呢？人們會怎樣分析這些問題？這就需要首先對經濟學的理論體系和基本問題有所瞭解。

經濟學理論體系一般包括兩大部分：微觀經濟學和宏觀經濟學。

一、微觀經濟學

微觀經濟學是研究個別經濟單位的行為，這些經濟單位包括個人（或者家庭）、企業和其他參與經濟的實體，核心問題是資源如何實現優化配置。

（一）主要內容

微觀經濟學一方面主要闡述個體如何做出決策。比如：作為消費者，收入增加時你會增加還是減少對土豆的消費？豬肉價格上升會不會影響你對牛肉的消費？作為要素所有者，最低工資水準的提高會不會影響你的工作時間？作為廠商，你決定這個月生產多少產品，提價還是降價？

微觀經濟學的另一個方面則涉及經濟個體之間的相互作用從而形成更大的經濟單位——市場和行業。它告訴我們電信行業為什麼是現在這樣的格局，其格局對於廠商和消費者的相互作用有何影響。為什麼學校小賣部的商品價格總是比市場平均水準更高一些？如果增加三五家出售類似產品的超市，他們的價格會不會發生變化？

微觀經濟學的主要內容包括：均衡價格理論、消費者行為理論、生產理論、分配理論、一般均衡理論與福利問題、市場失靈與微觀經濟政策等。微觀經濟學的中心理論是價格理論，包括價格的決定以及均衡價格的變動。

（二）基本問題

微觀經濟學集中分析稀缺資源的配置問題，也就是如何使用資源獲得最大的效率。

1. 生產什麼

微觀經濟學主要著眼於研究個體，也就是個人或者企業所面臨的經濟問題。第一個問題就是生產什麼、生產多少。一個農民有一塊土地，是用來種小麥，還是種玉米？他是在家務農，還是外出打工？一個企業是投資生產手機，還是生產汽車？因為個體擁有的資源數量，包括勞動力、資本、自然資源，都是有限的，必須在不同的生產方向上做出選擇，正確的選擇能夠實現資源的最優配置。

2. 如何生產

微觀經濟學研究的第二個問題是如何生產。比如一個企業決定生產手機，是多投入勞動力，還是多投入資本去購買先進設備，以實現自動化、智能化生產呢？通常而言，這取決於生產要素的價格，勞動力價格高，就多用機器，比如歐美國家廣泛使用洗碗機；反之，在勞動力價格相對低廉的亞洲則更多地投入勞動力，因為機器設備價格昂貴。要素價格在一個充分競爭的市場上，恰好反應了資源的稀缺程度——價格高昂意味著稀缺性強，只有在關鍵的生產環節才被使用，這也是資源優化配置的要求。

採用機械化生產最直接明顯的優勢就是將大大提高生產過程中的效率，京東某無人分揀中心1小時分揀9,000件，與傳統模式相比節省180個人力。那麼其他快遞公司，或者在其他地點的分揀中心，如果貨運吞吐量不大，一天也差不多10,000件的包裹量，應用這樣的智能系統，顯然大量時間就會處於閒置，增加成本。目前人們在智能機器人取代流水線工人方面已經大量開啓了新的論證和實踐。

3. 為誰生產

微觀經濟學研究的第三個問題是產品如何分配，也就是為誰生產。有一個著名的博弈模型叫作「海盜分金」。有5個海盜，合夥搶劫到100枚金幣，如何分配戰利品呢？假設100枚金幣都是同樣價值的，海盜們決定採取一個「少數服從多數」的原則公開表決，決定分配方案：第一步，抽籤決定1、2、3、4、5順序；第二步，由1號海盜提出分配方案；第三步，5名海盜共同表決，如果有超過半數的人同意，那麼方案通過，按照方案進行分配；如果支持者沒有超過半數，則分配失敗，作為懲罰，提出方案的1號海盜將被扔進大海喂鯊魚，然後由2號海盜提出分配方案。以此類推。

為了讓人們的行為更加可以預測，我們假設海盜的本性是聰明、貪婪而凶殘的，聰明體現在於每個海盜都會在限制條件下做出最有利於自己的選擇，貪婪在於每個人都想讓自己得到的金幣盡可能多，凶殘則體現在如果自己得到的金幣數量不受影響，更加樂於看到別人被丟進大海喂鯊魚。那麼，最終的分配結果會如何呢？

現實當中的分配情況當然沒有海盜們這樣極端，往往通過「多勞多得」鼓勵能者多勞，再以稅收、轉移支付等手段進行再分配，促進社會公平。在統計上，基尼系數是一個常用的衡量社會分配是否兩極分化的指標。

4. 如何決策

稀缺問題在一切制度下都會存在，但不同的經濟制度以不同的方式來解決問題。市場經濟體制主要依靠市場的力量來自由決定，而計劃經濟則以國家行政命令的方式替代個人決策——當然，目前大多數國家都是一種「混合經濟」體制，既有市場的個體決策，也有國家的宏觀調控，爭取在效率、平等和穩定之間實現均衡。

二、宏觀經濟學

宏觀經濟學著眼於對經濟總量的研究，比如國內生產總值、失業率、通貨膨脹率等。它的主要任務是解決資源合理利用的問題。

（一）主要內容

宏觀經濟學主要關注經濟整體的運行，研究社會總體的經濟行為及其後果。為什麼韓國、新加坡等可以在20世紀的幾十年間發展成為人均收入較高的國家，而非洲多數國家整整一個世紀都掙扎在貧困的深淵？為什麼經濟會發生時而高漲、時而蕭條的週期性波動？為什麼20世紀30年代危機期間美國的失業率高達25%？

宏觀經濟學的核心理論是國民收入決定理論，討論如何能夠實現資源的合理利用，分析經濟週期的原因和決定經濟增長的主要因素，實現經濟的長期穩定增長。主要內容包括：國民收入決定理論、失業與通貨膨脹理論、經濟週期理論、經濟增長理論、開放經濟理論和宏觀經濟政策。

（二）基本問題

宏觀經濟學是從經濟整體運行的角度研究資源是否得到了充分利用，主要的問題包括以下三個：一是就業狀況，二是經濟週期與經濟增長，三是物價水準。

1. 就業

為了考察勞動力這一生產要素是否得到了充分利用，人們非常關注失業率這一指標。一般而言，失業率核算失業人口占總勞動人口的比重，4%是公認的自然失業率水準，高於4%則認為勞動力資源沒有得到充分利用。

奧肯定律研究表明，失業率超過自然失業率之後，每上升1%，實際GDP就將比潛在GDP低2%。

2. 經濟週期與經濟增長

經濟波動不可避免，通過觀察分析經濟運行狀況，人們研究經濟週期的四個階段：復甦、繁榮、蕭條、衰退，如何實現經濟持續而穩定的增長是各國政府面臨的首要經濟問題。

3. 物價水準

物價水準不僅是宏觀經濟學關心的問題，也與我們的生活息息相關。統計上用通貨膨脹率、消費者價格指數CPI等指標來衡量物價水準。

通貨膨脹率表示一般物價水準的上升幅度。以P_1為現今物價平均水準，P_0為去年的物價水準，年度通貨膨脹率可測量如下：通貨膨脹率 = $(P_1 - P_0) / P_0$。事實上，計算所有商品的平均價格指數是很困難的，所以多數時候我們用特定商品的價格指數來代表它，比如消費者價格指數。

消費者價格指數，簡稱CPI，考察日常生活所需的食物、衣服、交通等「一籃子物品」的價格水準變化情況，如果我們去年買這些商品的價格是100元，今年需要105元，那麼CPI就是（105-100)÷100 = 5%。它與老百姓的生活密切相關，在整個國民經濟價格體系中也具有重要的地位，是進行經濟分析和決策、價格總水準監測和調控以及國民經濟核算的重要指標。

三、微觀經濟學和宏觀經濟學密切相關

儘管微觀經濟學和宏觀經濟學著眼於不同的研究領域，他們之間也存在著固有的聯繫，並且從現代經濟學發展歷程來看，二者之間的界限正在逐漸模糊。

宏觀經濟學研究總體行為，而總體正是由無數個體決策形成的，所以，不考慮相關的微觀基礎是很難理解宏觀的發展的。比如考慮失業率水準的變化，我們就必須分析個體勞動者的勞動供給決策和廠商的勞動需求決策發生了什麼樣的變化。要分析債券市場的總需求和總供給，就離不開對投資者個人的行為分析。

本書沿用經典的經濟學理論框架，分為微觀和宏觀兩大部分，其中微觀部分主要是均衡價格理論、消費者行為理論和廠商理論，探討市場價格的形成和變動以及作為個體經濟單位的家庭和廠商如何決策；宏觀經濟部分則主要探討國民收入的決定和增長以及宏觀經濟問題，比如失業和通貨膨脹。

第四節　經濟學的研究方法

在深入探討經濟學的本質和細節之前，我們不妨先瞭解一下經濟學家是如何研究這個世界的。供給、需求、彈性、消費者剩餘、通貨膨脹率、失業等，都是經濟學家的常用語言，與數學的積分、向量、面積等名詞一樣，主要表現該學科的研究領域，是經濟學這門學科區別於其他學科的特徵之一。

乍一看，經濟學並不顯得特別高明——沒有學習經濟學的農民，也知道豐收年份的糧食價格會下降。的確，經驗可以是知識的重要來源，但理論素養可以使你認識得

深刻、預測更精確。如果歷史數據表明，在某一價格水準下，空調的需求價格彈性為2，那麼我們可以推測提價會使總收益減少，如果給定價格水準和提價幅度，我們還能夠大略估算總收益會減少多少；而如果商品變成大米，漲價卻會使總收益增加——因為大米一般來說是缺乏需求價格彈性的。很重要的一點是，經驗知識來源於生活經歷，並且往往具有偶然性，難以一般化推廣，而理論學習則試圖找到現象背後的規律，形成指導行為的有用知識。

當然，你不可能一週之內成為高明的棋手，也很難在一年之內成為數學家或者哲學家，經濟學也是如此。雖然很多時候經濟學理論是在講述抽象的道理，對你的幫助也不是那麼立竿見影，但是掌握必要的經濟理論對我們的生活——尤其是決策，絕對是大有神益的。

一、經濟學與科學

經濟學是科學嗎？

不管你承認與否，這是現代經濟學家努力的方向——讓經濟學研究與數學、物理等其他學科一樣，通過精密的推導獲得精確的結論。尤其在邊際學派之後，經濟學大量引進數學分析工具，建立了很多模型，使得推導和結論都更加容易驗證。

（一）科學的本質是科學方法

愛因斯坦說：「全部科學不過是日常生活的精煉而已。」重要的是這個從具體生活現象到一般理論的精煉過程：觀察生活（或者現象）—初步提出觀點—邏輯驗證，經過驗證當然有兩種可能，一種是通過驗證，那麼就可以應用於實踐去檢驗；另一種是不能通過驗證，那麼就得回頭重新考慮原來的觀點是否合適。

牛頓觀察到蘋果落地，引發了好奇心和思考，經過邏輯推導之後，提出萬有引力定律，然後經過實驗，發現可以應用於絕大多數情況。

「觀察—理論—觀察」這樣的方法也適用於經濟領域，雖然我們很多人並不習慣用科學的眼光去觀察社會或者人的行為。如果食堂門口有一個人在那裡倒立，我們怎麼解釋這一現象？他可能和朋友打賭來證明自己的勇氣，或許因為他相信餐後倒立是一種有效的鍛煉方法——提出假想是容易的，困難的是如何驗證。

（二）提出的理論應該是「可證偽的」

我們經常說「實踐出真知」，因此驗證過程是科學研究中必不可少的一環。既然要驗證，那麼結果就只能是兩個：被證明是對的，或者被證明是錯的。「可證偽的」就是說有可能被事實推翻，證明是錯的。如果一個理論無論如何不可能錯，那麼我們就沒法驗證。

1. 定義式的結論

比如說：人是直立行走的哺乳動物。這種直接的描述一般來說就是不可能錯的。

2. 包含了所有可能性的結論

如果新聞報導說醫學專家發現食用某種蘑菇會在一定程度上影響人的腦神經，那麼菜市場上該蘑菇的需求會受到什麼影響，價格會怎麼樣？

我告訴你價格「可能上升，可能下降，也可能不變」，這有什麼意義嗎？無論價格如何變化，我的答案都是不可能錯的，但也沒什麼用處。

(三) 經濟理論論證的困難

如果我們要證明「摩擦起電」，可以用兩個物體來相互摩擦，或者換一些物品來反覆證明。但是經濟理論很難通過反覆試驗來證明，尤其是宏觀經濟問題。

比如我們試圖研究人口增長對經濟增長的影響，就沒有辦法通過提高或者降低人口增長率的辦法，來觀察實際經濟增長率的影響。或者我們想要研究利率究竟在多大程度上影響人們的消費，也很難為此而特意提高或者降低利率水準。

不僅如此，很多經濟指標難以量化，用模型和數學推導的辦法來論證總是比較困難。比如人們常說「科學技術是第一生產力」，那麼應該如何把「科學技術」量化進產出函數中？電力的發明和廣泛應用、發動機的改進……很難準確量化它們對於最終產出水準的影響，也就難以建立可靠的經濟模型。

因此，由於經濟學研究對象是人和社會的行為，我們很難用純數學的辦法來研究經濟學，更多的時候數學只是作為我們推導的輔助工具，更重要的是思維和邏輯演繹。

二、經濟學的理論假設

電影票價下降50%，你會將一個月看一場電影改為每週一次麼？事實上，影響你看電影的因素是如此之多：收入、電影院的環境、女朋友（男朋友）的愛好、最近是否有好的片子……

(一) 簡化現實

蝴蝶扇動翅膀都能引起遠方的海嘯，表明生活中相互影響的因素太多，因此我們很難同時研究所有的因素。回到看電影的問題，通常我們會假設其他因素不變——也就是說老闆沒有給你加薪，你也不用為了寵物狗生病而臨時增加一筆開支，或者電影院也沒有搬到更遠的地方去，現在也不是春節沒有許多上映的大片——在這樣的假設之下，我們來討論電影票價下降對看電影頻率的影響，就更加容易和可靠。

所以假設的作用主要是簡化現實，使理論推導更加可行。比如物理學討論慣性的時候，會假設平面光滑、摩擦力為零——這並不真實，但卻是有用的簡化。

當然，對現實的簡化不能隨意進行，科學思考的藝術就體現在提出什麼樣的假設上。如果討論石塊在空中下落的速度，我們可以假設這是真空，但如果討論的是羽毛的下落，還能這樣假設嗎？同樣，短期分析中，我們在收入不變的假設下討論影響消費的因素，但如果涉及50年的消費變化，顯然不能繼續假設收入水準不變。

(二) 約定相同的起點

任何討論都有一個起點，起點不同，也就無法討論。

甲說：空調的價格上升，人們的購買量就會下降。

乙說：你錯了，在夏天，空調價格上升人們仍然爭先恐後地跑去購買空調。

誰對？誰錯？

其實甲乙兩人的爭論沒有太大的意義，因為他們明顯不是在一個起點上討論問題。首先，甲所說的價格上升導致需求量下降，應該是建立在其他因素（比如天氣、人們的收入水準等）不變的基礎之上；而乙的結論建立在氣溫越來越高的基礎之上。

經濟學的基本假定沒有完全一致的結論，但是受到普遍重視的有兩個：理性人假定、資源稀缺假定。有的經濟學家也認為應該對市場有所規定，即競爭性市場假定。

1. 理性人

「個人」是所有經濟分析的基本單位，我們不會首先分析一群人、一個集體的行為，因為群體或者集體的行為也是由個人決策組成的。

經濟學假定「個人」都是理性的，總是在約束條件下為自己爭取最大的利益，勤奮工作、偷懶耍滑、欺騙他人、與人為善……都是以追求個人利益最大為出發點。就這一點而言，我們可以把理性人假定簡單概括為「人都是自私的」。

一方面，需要解釋的是，「自私」在這裡並不含貶義，強調的是人總是在約束條件下追求個人利益的最大化，這樣人們的行為才有規律可循。亞當·斯密在《國富論》裡面提到：「很多時候，一個人會需要兄弟朋友的幫助，但假如他真的要依靠他們的仁慈之心，他將會失望。倘若在需求中他能引起對方的利己之心，從而證明幫助他人是對自己有益的事，那麼這個人的成功機會較大。任何人向他人提出任何形式的交易建議，都是這樣想：給我所需要的，我就會給你所需要的——這是每一個交易建議的含義；而我們從這種互利的辦法中，所收穫的會比我們所需的更多。我們的晚餐可不是得自屠夫、釀酒商人，或麵包師傅的仁慈之心，而是因為他們對自己的利益特別關注。我們認為他們給我們供應，並非行善，而是為了他們的自利。」①

另一方面，我們不否認現實中有無私幫助他人的行為，但在經濟分析時，需要把「自私」作為一個辯證的基礎假設，在這個起點上不容有所爭議。我們不能說人有時自私，有時不自私，以致在邏輯上我們無法推出任何可能被事實推翻的含意。比如慈善捐款，我們不管他的行為本身是否「自私」，但是可以從假設「人都是自私的」得出一些有用結論，比如說對遺產徵收高比例的稅可能鼓勵人們捐款，或者給慈善家正面宣傳的機會也可能鼓勵人們捐款。

思考一下：

巴菲特、比爾蓋茨等國外富翁積極倡導慈善，國內富豪卻大多數不予回應，是人品高低不同，還是制度不同導致的差別呢？

2. 資源相對稀缺

這一點我們在前面已經講過，資源稀缺性是經濟學產生的根源——如果沒有稀缺性假定，我們也就沒有必要討論經濟問題。

凡是「多比少好」「有比沒有好」的物品，都是稀缺資源。比如安定的社會環境、美麗的相貌、婉轉的歌聲、溫馨的回憶……他們有時候表現為價格大於零的物品，有時候表現為能夠帶來正效用的物品。

資源的稀缺性必須結合供給和需求兩方面來看，人們對「壞掉的雞蛋」缺乏需求，即使供給量只有一個也顯得太多；春節的火車座位需求量非常大，每天提供千萬個仍然不足。

3. 競爭性市場

在現實的經濟生活中，無論消費者還是生產者，常常面臨著競爭——很多廠家都生產奶粉，同樣，奶粉的消費者也成千上萬。很容易想到，競爭市場和壟斷市場正好是兩個對立面。

在競爭性市場上，生產者和消費者對產品價格都沒有太大的影響力——如果你決

---

① 張五常. 經濟解釋 [M]. 香港：香港花千樹出版有限公司，2003：25.

定將本店的麵包每個提高 0.5 元出售，那麼可能的後果是消費者都轉而光顧你的競爭對手；如果你不願意為乘坐公共汽車支付 2 元錢，你會發現別人迅速上車占領了座位。所以，無論是生產者還是消費者，都只能作為價格的接受者。

在圍棋比賽中，以所占實利決定勝負；游泳比賽裡面，以速度決定勝負。那麼在市場競爭當中，如何判斷輸贏？在自由市場上，價高者得，因此價格就是勝負的關鍵。如果沒有市場，競爭也是存在的：弱肉強食、論資排輩、權力鬥爭等。競爭市場上人們通過自願交換獲得自己想要的物品，可以使得交易雙方的狀況都更好一些——這就是「雙贏」。你花 6 元在食堂買一份早餐，獲得了滿足，同時食堂經營者也因此得到了滿意的收入，雙方的狀況都更好了。因此市場是組織交換的一種有效方式。

為了維護良好的競爭環境，市場經濟需要和明確的產權制度聯繫在一起，也就是保護私有產權。

2004 年 3 月召開的十屆全國人大二次會議上，「公民的合法的私有財產不受侵犯」這一條款首次寫入了憲法修正案；2007 年 3 月 16 日第十屆全國人民代表大會第五次會議通過了《中華人民共和國物權法》，表明中國私有財產法律保護制度逐步走向完善。

保護私有財產有何意義？小區的出路口被堵怎麼解決？房屋預售中的「一房二買」現象如何解決？住宅樓底層房屋改作商用，你不同意行嗎？別人家空調滴水影響到你，你能不能討個「說法」？新建的樓房嚴重影響自己家的通風采光時，如何維權？東西被別人撿到怎麼才能要回來？生活中許多看似講不清道理的事情，最終要到法律當中找答案。

「物權法運用法律制度對私有財產進行有效保護，可以充分調動人們創業的積極性。完善的物權法律制度，對市場經濟、對企業的活動、對各類主體的經營和產權保護非常重要。」全國人大常委會委員沈春耀說：「產權關係如果不牢固、不清晰、不健全，那麼社會主義市場經濟很難健康、良好地發展。」

改革開放以來，非公經濟從「小荷才露尖尖角」逐漸形成蓬勃發展之勢。「有恆產才能有恆心，國家制定法律全面落實保護私有財產權，這讓人們吃上了定心丸。」一直以來從事高科技創業的企業家王晶如此表示：「保護私有財產，將增強人們對擁有財富的安全感，有利於充分啟動民間投資，充分調動人們創業的積極性，惠及長遠。」

——摘引自人民網「新華視點」欄目

三、實證分析和規範分析

經濟學是一門社會科學，為了理解經濟世界的運行，人們提出兩種問題：①是什麼；②應該是什麼。

中國政府提出國內成品油市場進行改革，一是將國內油價與國際油價實行接軌，即逐步放開成品油的價格管制；另一項政策是對成品油徵收燃油稅，同時逐漸廢除養路費等相關費用。問：

(1) 該政策對國內成品油價格有何影響？對石油企業有何影響？對消費者有何影響？對汽車市場有何影響？

(2) 該項改革符合公共利益嗎？是否應該進行這樣的改革？

(一) 實證分析

關於「是什麼」的表述被稱為實證表述。經濟學理論主要的任務是認識世界，解

釋經濟現實，這是實證分析的範疇。

實證問題首先基於對世界的描述，觀察經濟是怎樣運行的——類似於「人們相互之間如何分工、如何交易」這樣的問題。

實證分析還試圖解釋經濟現象背後的原因，回答經濟為什麼會出現某種結果——為什麼外科醫生的收入水準遠遠高於郵遞員？為什麼商品房的價格上漲如此之快，以至於收入增長速度遠遠不能滿足購買住房的需要？

當然，經濟學還有一個重要的用途就是對經濟運行做出預測——美國發動貿易戰會使得中國的產品出口如何變化？2019年大學畢業生的就業形勢是更好還是更壞一些？資本市場發展趨勢如何，現在是購買股票或者債券的好時機嗎？

（二）規範分析

很多時候我們並不滿足於對現象的解釋和對未來的預測，還會進一步提出「什麼才是最好的」這類問題，這就涉及價值判斷，屬於規範分析的範疇，它回答「應該是什麼」的問題。

由於世界觀、價值觀以及個人立場的不同，價值判斷有很強的主觀性，因此很難確定一個得到公認的評判標準，這是經濟學家在制定政策上發生分歧的主要原因之一。比如，某甲和某乙兩個人，某甲月收入8,000元，每個月交稅800元；某乙月收入2,000元，交稅額為0。這公平嗎？政府是否應該對高收入者徵收更多的稅？「應該不應該」的判斷往往屬於價值觀的內容，人們對此很難達成一致。

規範分析不僅涉及價值判斷，而且直接影響政策傾向。在確定對奢侈品徵稅的時候，首先是考慮能夠增加的稅收額，然後是它對富人的影響、對奢侈品廠商的影響、對工人就業的影響，最後來判斷是否應該實行。

涉及「好不好」這類問題的時候，經濟學往往不能直接給我們答案，還要綜合考慮倫理、宗教和政治哲學的看法，但是規範分析可以比較明確地指出各種可能的後果，幫助我們判斷。

（三）實證分析和規範分析的聯繫和區別

首先，實證分析和規範分析是相關的，規範分析做出的判斷往往依賴於對現實的實證分析，比如為了判斷奢侈品稅是否合理，我們就可以比較奢侈品稅帶來的稅收增加與對奢侈品行業的不利影響，而這個比較過程就是實證分析。

實證分析和規範分析的區別主要體現在我們如何證實或者推翻它的結論——對於實證分析，我們主要通過數據檢驗來確認或者否定它的結論，實證分析是可能被推翻的；而對於規範分析，我們光有數據檢驗還不夠，要進一步考慮價值觀，通常是不能推翻的。

比如，我們說外科醫生比郵遞員收入高是因為外科醫生接受了更多的專業教育，如果數據表明學歷（或者專業技術教育年限）不同的人平均收入水準差距不大，那麼我們就有理由推翻這個結論。

如果是規範問題，比如最低工資法提高了失業率，所以政府不應該提高最低工資水準。那麼即使我們找到證據證明最低工資法的實施提高了失業率，也不能證明該政策就是好的。當然，如果有證據表明最低工資法沒有提高失業率，我們則可以說「政府不應該提高最低工資水準」這一判斷缺乏依據。

四、經濟學思維方式

經濟學家不僅常常制定個人決策，而且也經常作為政府顧問直接影響公共政策——國有企業改革、房地產市場的引導、對股市的關注、制定稅收計劃或者公共投資等，甚至他們的著作或者理論研究會間接地成為政策依據——比如凱恩斯的理論就引導了戰後許多西方國家的干預政策。

普通人依靠直覺和經驗來決策，而經濟學家的辦法似乎要高明一些。當然我們不可能掌握所有經濟問題的答案，重要的是掌握方法和工具，通過對經濟現實的分析幫助決策。

（一）機會成本

周丁家裡有塊土地，每年種小麥的話收入 1,500 元，其中種子肥料等耗費 200 元；如果用來種棉花，每年可以收入 1,800 元，種子肥料等耗費 600 元；如果轉讓給鄉裡的木料加工廠，每年可以獲得租金 2,000 元。他應該怎麼使用這塊地？經濟學上如何看待他的得失呢？

機會成本是決策的重要依據。也就是說，我們在決策的時候就是把所有選擇可能的收益進行排序，尋找收益最高的那一個作為最終選擇，或者也可以說是選擇機會成本最小的那一個。

考慮周丁家裡的土地收益，種小麥可以賺 1,300 元，種棉花賺 1,200 元，租出去賺 2,000 元，顯然應該選擇第三項，也就是租出去，收益最高。但在核算經濟學意義上的利潤時，選擇租出去就放棄了種小麥和種棉花，其中種小麥收益比較高，那麼它對應的收益 1,300 元就是把土地租出去的機會成本。

（二）邊際分析

生活中的決策有時候涉及對原計劃進行一個微小的變動，這就叫作邊際變動。邊際分析有助於我們做出最優決策。

假設一輛長途客車上有 30 個座位，每開一趟的成本是 2,400 元，平均每個座位的成本是 80 元錢，定價為每位乘客 120 元。不幸現在是淡季，離發車時間還有 1 分鐘，車上卻還有 10 個空位，有人告訴你他願意付 60 元錢買一張票，你願意賣給他嗎？（不考慮其他乘客的反應）

如果從平均成本的角度出發，乘客出價低於平均成本，不應該賣給他。但事實上增加這位乘客可以引起總收益的增加，因此應該賣票給他——因為增加一名乘客所導致的成本增加是微乎其微的，在這裡表現為無論接受這位乘客與否，該次營運的成本都是 2,400 元。

運用邊際分析的方法可以幫助廠商更好地定價——重要的不是平均量，而是邊際量。我們也可以運用這一點來幫助理解航空公司的機票打折等經濟現象。

（三）沉沒成本帶來的困擾

週末最新上映電影《007 之星際作戰》，鋪天蓋地的宣傳和好評使你覺得它帶來的愉悅值 80 元，於是看到電影院的標價為 50 元時，你興衝衝買下了一張票。然而到了進場前，你發現電影票丟了！這時，你是一邊自嘆倒霉一邊回家，還是再買張票去欣賞電影？

考慮到這種情況，很多人都會毫不猶豫地選擇回家。但這並不是一個理性的選擇。

我們仔細思考一下，現在面臨的兩個選擇分別意味著什麼：回家，損失50元，收益為0；再買一張票，損失50元，看電影獲得消費者剩餘30元（獲得的滿足減去電影票的價格）。這樣我們就不難做出選擇了——再買一張票！這裡丟掉的電影票（價值50元）就是我們說的沉沒成本，決策時不應考慮。

　　所謂沉沒成本，就是已經付出，並且無論如何無法收回的成本。生活中常說的「覆水難收」就是這個道理。

　　沉沒成本不應該影響決策，對於很多投入了固定資產的企業來說有著重要意義。比如在旅遊淡季，航空公司常常是虧本運行——每次運送旅客的收益，還不能抵消飛行一次耗費的汽油、人工等成本。那麼為什麼不乾脆關門停業呢？這是因為航空公司的投入——購買的飛機（如果不能輕易轉賣）、經營權的獲得等，都是一旦付出就無法在短期內收回的，就「沉沒」了，即使停業仍然無法收回。

結論

　　經濟學包含的內容十分豐富，不幸的是很多人認為經濟學是抽象的、枯燥的。的確，如果總是使用數學公式和數學推導，或許會讓人望而卻步。但本書試圖讓經濟學理論迴歸現實，從生活現實的現象、問題出發掌握基本理論。

第二章
市場供求與均衡價格

> 培養一個經濟學家是容易的，只要像教一只鸚鵡那樣讓他學會說「需求」和「供給」就可以了。
>
> ——托馬斯·卡萊爾

內容提要：

本章主要介紹市場經濟運行的價格機制，通過需求理論、供給理論以及彈性理論的介紹，闡述商品或勞務均衡價格的形成以及價格變動的影響。

重點掌握：

1. 需求、需求量、供給、供給量的含義；
2. 需求規律、供給規律、供求定理的內容及其應用；
3. 均衡價格的形成、變動以及價格管制；
4. 需求價格彈性及其計算。

「供給」與「需求」這兩個術語是指人們在市場上相互交易時的行為。市場上聚集了某種物品或勞務的一群買者與賣者。買方作為消費者決定了一種物品的需求，而賣方作為生產者決定了一種物品的供給。價格是市場經濟中影響資源配置的關鍵因素——買者和賣者都根據價格信號來做出自己的消費和生產決策，而價格的決定和變化則由商品的需求和供給共同作用而形成。對需求、供給以及均衡價格的分析，是西方經濟學分析市場經濟如何運行的起點。

我們首先來看看需求理論的內容，考察買者的行為與商品價格之間的聯繫。

第一節　市場需求理論

當你走進超市準備為晚餐購買一些材料時，你決定購買牛肉、胡蘿卜、芹菜，當然買一些調和油也是必要的。這時，你就是消費者，你的購買行為組成了牛肉、胡蘿卜、芹菜的市場需求的一部分。

一、需求的基本內涵

所謂需求，指的就是消費者（家庭或個人）在某一特定時期內，在每一個價格水準上，願意並且能夠購買的商品數量。

當蘋果價格為 5 元/千克時，你每週大概要購買 3 千克，即需求量為 3 千克；當價格為 4 元/千克時，你可能願意多買一點，於是購買 4 千克；如果價格上升到 6 元/千克，你或者會覺得太貴了，因此只買 2 千克⋯⋯這種與不同價格水準聯繫在一起的購買數量，就代表著你個人對蘋果的需求。

當然，需求的含義並不像字面上那麼簡單，還有幾點需要注意。

（一）需求是購買慾望和支付能力的結合

例 1：英國商人的失算——消費慾望與需求

鴉片戰爭以後，英國商人為打開了中國這個廣闊的市場而欣喜若狂。當時英國棉紡織業中心曼徹斯特的商人估計，中國有 4 億人，假如有 1 億人晚上戴睡帽，每人每年用兩頂，整個曼徹斯特的棉紡廠日夜加班也不夠，何況還要做衣服呢！於是他們把大量的洋布運到中國。但結果呢？中國人沒有戴睡帽的習慣，衣服也多用自產的絲綢或土布——缺乏購買洋布的慾望，洋布根本賣不出去。

例 2：房地產市場低迷——支付能力與需求

中國處於快速城市化進程中，大量勞動力從農村湧入城市，城市適婚年齡人口在不斷增加，子女教育也可能要求購買新的住房，因此有人提出樓市的「剛性需求」——住房對人們而言是必不可少的。但是從 2008 年 8 月開始，深圳樓市持續下跌，「十一」期間舉辦的秋季住房交易會也慘淡收場。最主要的原因在於房價過高超過了人們的支付能力——2007 年深圳人均收入 24,870 元，而 2008 年 8 月深圳新建商品房均價為 14,449 元/平方米。

由此可見，需求是購買慾望和支付能力的統一，兩者缺一不可。

（二）需求不是一個現實的數量

需求是消費者可以或者打算購買的數量，是理論上存在的概念，並不一定表現為實際的購買行為。

但是需求概念仍然是有意義的，它可以在很大程度上代表著趨勢，即如果人們的需求增加，那麼實際購買量也傾向於增加。因此，在實際討論中，我們常常用商品的銷售量（或購買量）來代表需求量。

（三）需求與需求量是不同的概念

需求表示不同價格水準下，消費者願意並且能夠購買的數量不同，它是一系列價格與數量的對應關係。比如價格 $P_1=2$，對應數量 $Q_1=10$；價格 $P_2=3$，對應數量 $Q_2=8$；價格 $P_3=4$，對應數量 $Q_3=6$⋯⋯

而需求量表示一個確定的價格水準下，消費者願意並且能夠購買的商品的數量，即價格 $P_1=2$ 時，需求量為 $Q_1=10$。

（四）需求的種類

我們每個消費者的購買決策代表著個人需求，即個人對某種產品或勞務的需求；擴大到整個市場範圍，所有個人對某種產品或勞務的需求總和就叫作市場需求。

假設市場上只有甲、乙兩個人，他們對產品 A 的需求與市場需求的關係就可以用

表 2.1 來表示：

表 2.1　　　　　　　　　　　　產品 A 的需求

價格	甲的需求量	乙的需求量	市場需求量
1	20	30	50
2	18	25	43
3	16	20	36
4	14	15	29
5	12	10	22

簡單地說，市場需求量就是在該價格水準下，所有個人的需求量加總求和而得。影響個人需求的因素也會相應影響市場需求。

二、需求的表達方式

如前所述，我們可以用「價格 $P_1=2$，對應數量 $Q_1=10$；價格 $P_2=3$，對應數量 $Q_2=8$；價格 $P_3=4$，對應數量 $Q_3=6$……」這樣的文字描述來表示需求，但是十分繁瑣。在討論問題的時候我們常常用圖表來表示需求。

（一）需求表

我們可以用表格來表示「價格 $P_1=2$，對應數量 $Q_1=10$；價格 $P_2=3$，對應數量 $Q_2=8$；價格 $P_3=4$，對應數量 $Q_3=6$……」。這個表格就叫作需求表（見表 2.2），它可以直觀地表示不同價格水準和數量之間的一一對應關係。

表 2.2　　　　　　　　　　　　需求表

組合	價格（元/千克）	數量（千克）
A	2	10
B	3	8
C	4	6
D	5	4
E	6	2

（二）需求曲線

根據需求表中的組合，我們可以將組合點連貫起來畫出一條表示需求的曲線，這就是需求曲線。它表示價格與需求量之間的關係（見圖 2.1）。

習慣上，我們用橫軸表示需求量，縱軸表示價格，需求曲線一般記為 Demand。

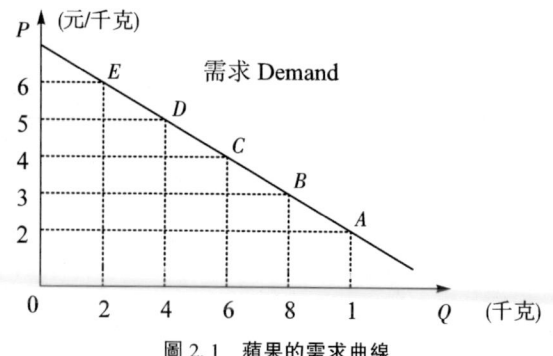

圖 2.1　蘋果的需求曲線

注意，我們這裡開始接觸到圖形——如果你覺得自己對圖形不甚瞭解，或者心懷恐懼，不妨看看下文的知識鏈接——如何認識圖形。

（三）需求函數

需求函數是表示商品需求量與它的影響因素之間相互關係的函數。如果僅僅考慮價格對需求量的影響，用 P 表示價格、Q 表示需求量，那麼有：

$Q=f(P)$

其中，價格 P 是自變量，需求量 Q 為因變量。根據表 2.2 需求表中的數據，蘋果的需求函數為 $Q=14-2P$。

三、需求規律

從前面舉例數據（需求表 2.1）可以看出，當某件商品的價格不斷上升時，其需求量不斷減少。這就是需求規律——在其他條件不變的情況下，一種物品的價格越高，需求量越小。

如果用圖形來表示，那麼需求規律就表現為一條向右下方傾斜的需求曲線（如圖 2.1 所示）。

關於需求規律的理解，有三點需要注意：

（一）需求規律的前提——其他條件不變

我們有時候會發現不符合需求規律的現象：比如醫藥保健品價格不斷上升，同時人們的購買量也在增加。一部分原因在於人們的收入增加了，有更多的錢可以花在購買保健品上面；另一個可能的原因是廠商通過廣告宣傳，影響了人們對於保健品的偏好，比如「送禮送健康」。

因此，在考慮商品價格和需求量的反向變動時，需要堅持「其他條件不變」這個前提。

（二）需求規律存在的原因

為什麼商品價格上升就會使得需求量減少？這是由於以下兩個原因：

1. 替代效應

儘管商品各有不同，但一般都有替代品——可以用來代替它的其他商品。比如，同樣作為水果，梨或者橘子可以在一定程度上替代蘋果，或者蘋果汁、蘋果飲料也能替代蘋果。因此，如果蘋果漲價而其他商品價格不變，那麼相對而言，蘋果就更貴了，人們會傾向於選擇它的替代品。

這就是替代效應，即當一種商品價格上升時，人們會更多地購買它的替代品，而減少對該商品的需求量。

2. 收入效應

當其他因素不變，只有商品本身價格上升時，同樣的收入水準下，能夠購買的商品數量更少了。原來蘋果價格為 4 元/千克的時候，10 元錢能夠購買 2.5 千克，現在價格上升到 5 元/千克，同樣 10 元錢就只能買到 2 千克。

因為價格變化而影響到實際購買力，從而改變商品的需求量，就叫作收入效應。

(三) 需求規律的例外

需求規律是一般商品的規律，而某些特殊的商品並不滿足這一規律。

1. 炫耀性商品

某些商品本身就是用來表示身分地位，而只有高價才能體現出這一作用。如果該商品價格下降，那麼就會失去顯示身分地位的作用，需求量將下降。

針對這一現象，美國著名社會學家、經濟學家凡勃倫於 1899 年出版了《有閒階級論——關於制度的經濟研究》一書，描述美國經濟高速發展時期出現的「暴發戶」的行為，他們在曼哈頓大街構築豪宅，瘋狂追逐時髦消費品。越是高價的商品越是受到歡迎，需求量越大，因此被叫作「炫耀性商品」。當這樣的商品價格上升時，其需求量不一定會減少。

2. 吉芬商品

吉芬商品指的是價格上升引起需求量增加的物品。

英國統計學家羅伯特・吉芬最早發現，1845 年愛爾蘭發生災荒，土豆價格上升，但是土豆需求量反而增加了。這一現象在當時被稱為「吉芬難題」。

吉芬商品與其說是一種商品，不如說是一種現象。對於當時的愛爾蘭人來說，土豆是一種廉價的主食，當土豆和其他食物（比如牛肉）的價格恒定的時候，窮人消費土豆的量是一定的。但是一旦土豆價格上升，購買力下降，那麼只好少買肉省下錢來買更多的土豆。比如，原來一天吃 10 個土豆 2 塊牛肉正好，現在因為饑荒土豆漲價，只能買 8 個土豆 2 塊牛肉，但這就得餓肚子，於是只好以填飽肚子為第一目標，買 12 個土豆 1 塊牛肉。於是，我們看到的就是土豆價格上升，而購買量反而增加的現象。

當然，需求規律的例外並不太多，但瞭解這一點有助於我們理解現實問題。

四、影響需求量的因素

在現實生活中，影響需求量的因素非常多。以酸奶為例，考慮一下哪些因素會導致它的需求量改變。

(一) 商品自身的價格

如果每瓶酸奶的價格上升 0.5 元，你大概會覺得買純牛奶更合算，從而減少對酸奶的購買；如果酸奶的價格下降 0.5 元，你或許會選擇每天多喝一瓶。

一般情況下，當商品自身價格上升時，對應的需求量會減少；反之，當商品自身價格下降時，對應的需求量會增加。

(二) 相關商品的價格

早餐的時候你可以喝酸奶，也可以喝純牛奶，那麼純牛奶就被稱為酸奶的替代品。現在出於某種原因，純牛奶的價格下降，而酸奶價格不變，那麼你會多購買純牛奶而

少購買酸奶——因為酸奶相對而言變貴了。也就是說，替代品（純牛奶）的價格上升，會導致商品（酸奶）的需求增加；反之，替代品（純牛奶）的價格下降，會導致商品（酸奶）的需求減少。

如果早餐的時候你同時吃麵包、喝酸奶，那麼麵包和酸奶這樣共同使用的物品就是互補品。類似的例子還有牙膏和牙刷、汽車和汽油等等。如果互補品（汽油）價格上升，而商品（汽車）的價格不變，會導致商品（汽車）的需求減少。

（三）收入

除了比爾・蓋茨等超級富豪，我們絕大多數人的購買決策都會受到收入的影響。收入增加時，消費者通常購買更多的商品；而當收入減少時，人們通常削減購買量。鮮果酸奶5元/盒，月收入只有500元（主要是父母給的生活費）的時候，你大概要一週才買一兩盒來品嘗；現在意外得到300元收入，你可能就每天都買一盒。

通常，收入增加引起商品需求增加，這樣的商品是正常物品，比如衣服、旅遊等等。當然，收入增加也可能引起某種商品需求量的減少，這樣的商品叫作低檔物品。比如火車硬座，隨著收入增加，人們對它的需求會減少。

（四）商品的預期價格

如果在超市看到酸奶正在降價促銷，明天價格會上升5%，那麼今天就可能多買一些回家——現在對酸奶的需求增加了。如果預期一種商品的價格在未來會上升，並且這種物品可以儲藏，那麼，該商品當前的需求會增加。

反過來，如果預期一種物品的價格在未來下降，當前的需求就會減少——人們會持幣待購，等價格確實下降了再買。

（五）偏好

偏好是個人對物品與勞務的態度，在很大程度上影響著一個人的商品需求。如果你喜歡喝酸奶，那麼就會買得多一些。通常經濟學並不解釋偏好，因為它基於歷史或者生理因素，超越了經濟學的解釋範圍——要解釋一個人為什麼喜歡紅色討厭綠色確實很難。但是我們也要討論當偏好發生改變的時候，人們的消費決策會發生什麼變化。

如果有研究表明，多喝酸奶有助於皮膚美白，也許會加深你對酸奶的好感；反過來，如果研究表明多喝酸奶對人的腸胃有不好的影響，那麼也許你會減少對酸奶的需求。

五、需求量的變動與需求的變動

當價格、收入等因素發生變化時，人們的購買決策就會發生變化，但不同因素的變動產生的影響也是不同的。

（一）需求量的變動

在其他因素不變的條件下，當某種商品自身價格變動時，會引起需求量的變動，表現為從需求曲線上的一點移動到另一點。如圖2.2所示，當蘋果的價格從2元/千克上升到4元/千克時，它的需求量從20千克減少到12千克，相應的購買決策也從原來的A點移動到B點。

图 2.2　需求量的變動

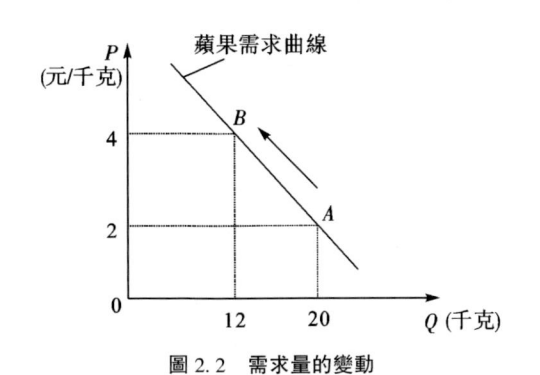

(二) 需求的變動

當商品自身價格不變，其他因素發生變化時，會導致需求的變動，表現為需求曲線的移動。

我們同時考慮價格和收入對蘋果的購買量的影響（如表 2.3 和表 2.4 所示）。

表 2.3　　　　　　　　　　收入為 300 元時，蘋果的需求表

購買決策	價格（元/千克）	需求量（千克）
A	2	20
B	4	12

表 2.4　　　　　　　　　　收入為 500 元時，蘋果的需求表

購買決策	價格（元/千克）	需求量（千克）
M	2	30
N	4	18

在同樣的價格水準下，當收入增加時，人們傾向於購買更多的蘋果。如果用圖形來表示，我們發現整個需求曲線向右移動了（如圖 2.3 所示）。

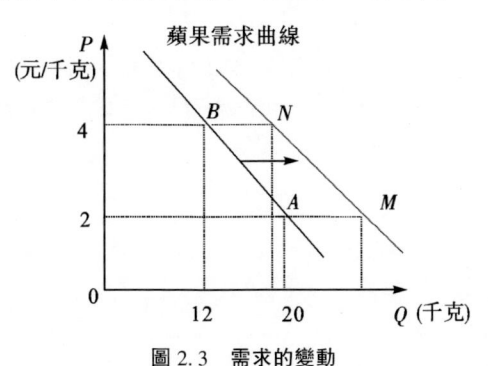

圖 2.3　需求的變動

需求的增加意味著針對原來的每一個價格水準，消費者都願意並且能夠購買更多

的數量，因此表現為需求曲線向右移動；反過來，需求的減少意味著針對原來的每一個價格水準，消費者只願意或者能夠購買更少的數量，表現為需求曲線向左移動。

在此，我們總結一下需求量的決定因素變動所產生的影響（見表2.5）。

表 2.5　　　　　　　　需求和需求量的變動

因素		變動方向	影響	表現
商品本身的價格		上升	需求量減少	沿著需求曲線左移
		下降	需求量增加	沿著需求曲線右移
相關商品的價格	替代品價格	上升	需求增加	需求曲線→
		下降	需求減少	需求曲線←
	互補品價格	上升	需求減少	需求曲線←
		下降	需求增加	需求曲線→
收入（正常物品）		上升	需求增加	需求曲線→
		下降	需求減少	需求曲線←
商品的預期價格		上升	需求增加	需求曲線→
		下降	需求減少	需求曲線←
偏好		上升	需求增加	需求曲線→
		下降	需求減少	需求曲線←

思考一下：

考慮一下你對食堂麵包的購買情況。你每週購買多少個麵包？主要取決於什麼因素？如果情況發生了變化（父母決定增加你的生活費、牛奶漲價了），你會怎樣調整你的購買量？

┌──────────┐
│ 知識鏈接 │
└──────────┘

如何認識圖形

經濟學中常常用到圖形，它的優點是以簡練的方式集中體現大量資料（如圖2.2需求曲線就體現了需求量和價格之間的相關關係）。事實上，生活中我們也大量使用圖形——股市K線圖、企業或者部門的銷售業績圖……因此，掌握一些看圖的基本知識是非常必要的。

圖形主要用來展示兩個或者多個變量之間存在的相互關係，如表2.2中，價格和需求量有不同的組合 A、B、C、D、E，而圖2.1以曲線的形式說明了同樣的內容。當然，仔細分析的話，圖2.1的內容顯然更豐富一些——不僅僅包括表2.2中列出來的 A、B、C、D、E，還包括沒有列出來的可能的組合。

習慣上，我們在一個二維平面上作圖，用橫軸代表一個變量，縱軸代表另一個變量，考察兩個變量之間的相互關係——認識圖形的第一步就在於瞭解兩個軸分別代表什麼（如圖2.1中，橫軸代表需求量，縱軸代表價格水準）。

第二步，清楚掌握兩個軸上的刻度、單位等具體信息。比如在圖2.1中，橫軸單位是千克，每一刻度表示2千克；縱軸單位為元，每一刻度表示1元。

第三步，我們要知道變量之間到底存在著什麼樣的關係，是正相關，還是負相關。

從圖 2.1 中我們可以看到，需求量和價格之間存在著負相關關係——價格上升，需求量減少，是反向變動的。

當然，我們還要用到一些其他形式的圖形，比如散點圖（如圖①）、時間序列圖（如圖②）、多重曲線圖（如圖③）等等。

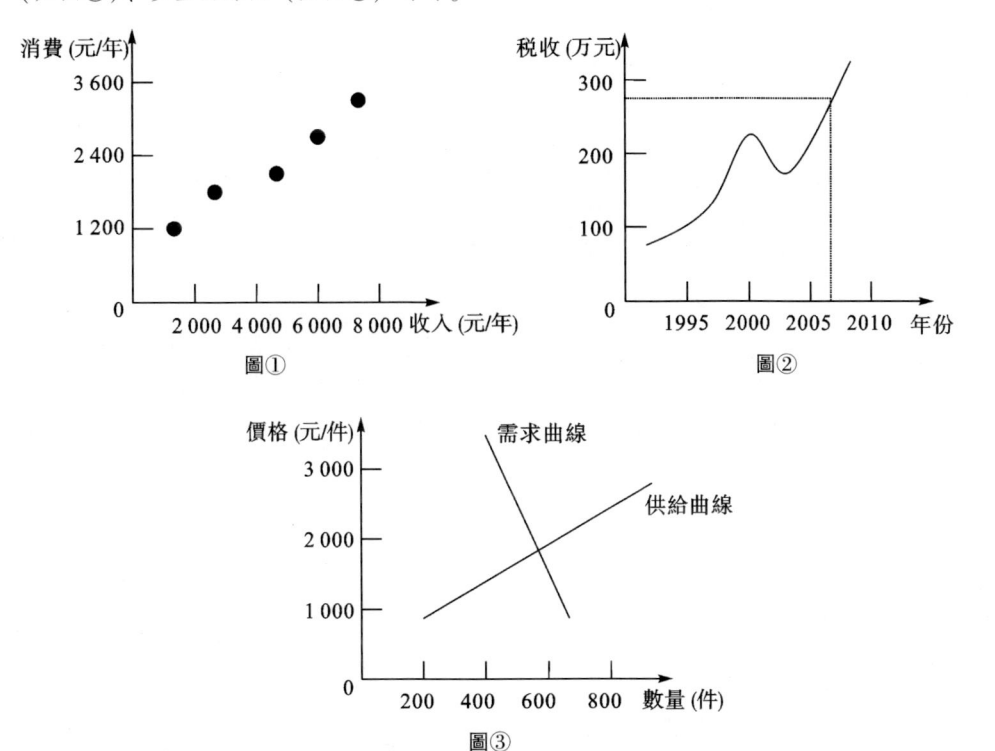

圖①

圖②

圖③

思考一下：

1. 假設你每天有 12 小時可以用來學習或者娛樂，用橫軸表示學習時間，用縱軸表示娛樂時間，你能夠作圖描繪所有可能的組合嗎？

2. 根據你每週的收入（從父母那裡取得的生活費）和支出，作圖描繪它們之間存在的關係。

3. 給出下面這樣一個圖形（圖④），你能夠得到什麼樣的信息？

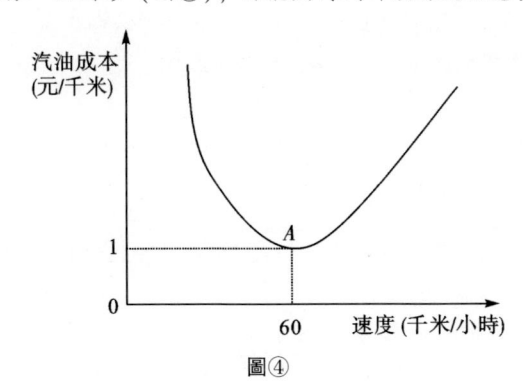

圖④

第二節　市場供給理論

市場交易是雙方的行為——買方和賣方，或者消費者和生產者。我們已經瞭解了關於消費者的需求理論，現在轉向另一方面，考察生產者的行為。

一、供給的基本內涵

與需求相對，供給描述生產者的行為。供給就是在某個特定時期內，在每一個價格水準下，生產者願意並且能夠供應的商品的數量。

（一）供給是生產能力和生產慾望的結合

1. 生產能力

上海大眾汽車有限公司能夠生產轎車，意味著它具備相應的資源與技術——有一些廠房和流水線，雇用了工人，購買了原材料，擁有生產技術……只有滿足這樣一些條件，才能夠提供相應的商品。

資源與技術限制著生產能力，早期經濟學就重點研究這個問題，比如斯密的《國富論》就曾集中討論如何提高生產能力，特別強調了分工與專業化的作用。

但是具備生產能力並不意味著一定會提供產品，還要考慮到生產者的意願。

2. 生產慾望

司馬遷的《史記·貨殖列傳》中有這樣的描述：「天下熙熙，皆為利來；天下攘攘，皆為利往」，意思是說芸芸眾生為了自己的利益而勞累奔波。例如，廚師製作美味的食品、保潔員清掃環境，主觀上都是因為這樣有利可圖，調動了生產者的積極性。

當蘋果價格為 2 元/千克時，利潤很低，生產者只願意提供 5 千克；蘋果價格上升到 10 元/千克時，利潤很高，但生產能力有限，或許只能提供 10 千克。因此，供給是生產能力和生產慾望的統一，兩者缺一不可。

（二）供給量不一定等於購買量

一種物品或勞務的供給量是生產者在某一既定時期內在某種價格水準上計劃出售的數量，表現為廠商的產量，也有可能通過存貨調整計劃。在實際銷售過程中，有時候供給量大於需求量，一些產品賣不出去，因此，購買量一般小於供給量。

（三）供給與供給量是不同的概念

供給是不同價格與商品數量的對應關係，而供給量是在確定的一個價格水準下，生產者願意並且能夠提供的數量。

提示：回顧上一節關於需求與需求量的描述。

（四）供給的種類

供給分為個別供給和市場供給。正如市場需求是所有買者需求的總和一樣，市場供給也是所有賣者供給的總和。

假設蘋果市場上只有張文和李武兩個生產者，他們的個別供給情況和蘋果的市場供給如表 2.6 所示。

表 2.6　　　　　　　　　　　蘋果的供給

價格（元/千克）	張文的供給量（千克）	李武的供給量（千克）	市場供給量（千克）
1	5	10	15
2	10	15	25
3	15	20	35
4	20	25	45
5	25	30	55

二、供給的表達方式

為了簡明，我們通常用表格、曲線和函數三種方式表示供給。

（一）供給表

在表 2.6 中，其他條件不變的時候，張文提供蘋果的數量隨著價格上升而不斷增加，這樣的表格就被稱為供給表（如表 2.7）。

表 2.7　　　　　　　　　　　張文的供給表

價格（元/千克）	數量（千克）
1	5
2	10
3	15
4	20
5	25

（二）供給曲線

根據供給表中的組合，我們可以將組合點連貫起來作一條表示供給的曲線，這就是供給曲線。它表示價格與供給量之間的關係（見圖 2.4），同時也表明在每個產量水準上，生產者願意接受的最低價格。

習慣上，我們用橫軸表示供給量 Q，縱軸表示價格 P，供給曲線一般記為 S（Supply）。

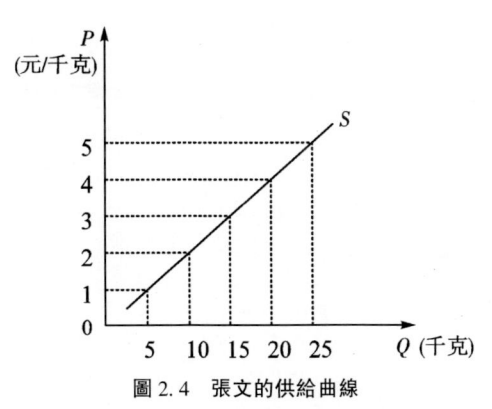

圖 2.4　張文的供給曲線

(三) 供給函數

供給函數是表示商品供給量與它的影響因素之間相互關係的函數。如果僅僅考慮價格對供給量的影響，用 P 表示價格，Q 表示供給量，那麼有：

$$Q=f(P)$$

其中，價格 P 是自變量，供給量 Q 為因變量。根據表 2.7 中的數據，我們就可以得出蘋果的供給函數為 $Q=5P$。

三、供給規律

在其他條件（要素價格、技術條件等）不變的情況下，商品價格上升，供給量就會相應增加，這就是供給規律。

如果用圖形來表示，供給曲線向右上方傾斜，表示供給量和商品價格是同方向變化的（見圖 2.4）。

大多數商品的供給都符合規律，但也有幾類商品例外。

1. 無法增加供給量的商品

和很多藝術家一樣，梵高一生窮困潦倒，但在他去世之後，他的作品價格一路攀升。這是一種偶然嗎？除了藝術作品的價值需要經過時間檢驗以外，我們不難發現另一個關鍵因素：無論如何，不能再增加這些作品的產量。本著「物以稀為貴」的原則，其價格自然越來越高。

大多數古董、已故藝術家的作品都符合這樣的特點，另外還有土地等要素也是屬於總供給量固定的物品，它們的供給曲線表現為一條垂直於橫軸的直線（如圖 2.5 所示）。

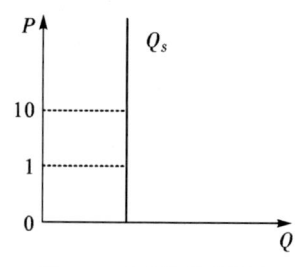

圖 2.5　垂直的供給曲線

無論價格是 1 還是 10，市場上該產品的供給總量都是 100 不變。

2. 勞動力

假設工資水準為 10 元/小時，你願意每天工作 5 小時；如果工資水準上升，漲到 15 元/小時，你也許願意工作更多的時間（出售更多的勞動時間），比如工作 8 小時。假如工資水準非常高，到了 50 元/小時，你是否會全天不休地工作？通過調查歷史數據，人們發現勞動力的供給量並不總是隨著價格（工資水準）上升而增加，而是表現為一條反「S」曲線，即隨著工資水準的上升，人們的工作時間是先減少，後增加，再減少（如圖 2.6 所示）。

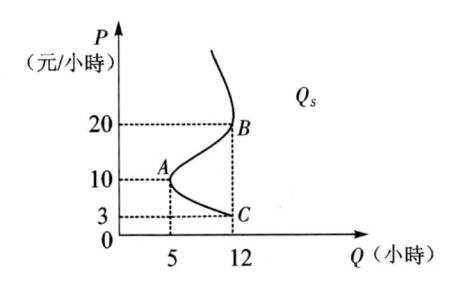

圖 2.6　勞動力的供給曲線

　　勞動力的供給曲線之所以具有如此特殊的形狀，主要是因為人們工作是為了取得收入，並且通過消費來獲得各種滿足。而消費（購物、娛樂、旅遊等）、休息也需要花時間，這部分時間我們把它叫作閒暇時間，它和工作時間是此消彼長的——每天只有 24 小時，如果工作 8 小時，閒暇時間總共為 16 小時；工作 12 小時，閒暇時間就只有 12 小時了。因此，人每天的工作時間存在極限，需要保留一定時間以滿足休息、娛樂、人際交往的需要。這時，工資水準上升意味著可以用更少的時間賺得相同的收入，人們反而會減少工作時間；當工資水準從 20 元/小時繼續上升時，人們的勞動時間從 12 小時逐漸減少。

　　AB 之間的供給曲線是普遍存在的情況——工資與勞動時間同方向變動，當工資從 10 元/小時增加到 20 元/小時，勞動時間從 5 小時增加到 12 小時。而從 A 到 C 這段供給曲線表明，工資水準下降（從 10 元/小時降低到 3 元/小時），人們的勞動時間反而增加（從 5 小時增加到 12 小時）。這主要是因為在工資水準很低的時候，為了取得足夠的維持生活的收入，人們不得不延長勞動時間。

四、影響供給量的因素

　　如果你是果園的經營者，有哪些因素會影響你的生產計劃？

（一）商品自身的價格

　　在其他條件不變的時候，商品價格上升意味著更高的利潤水準，從而促使生產者提供更多的產品。例如，由於某種原因導致蘋果價格突然從 3 元/千克上升到 5 元/千克，而你的生產成本等因素都不變，那麼每單位蘋果給你帶來的利潤就更多，在可能的情況下你當然會提供更多的蘋果，增加供給量。

（二）投入生產要素的價格

　　為了生產蘋果，你需要投入各種要素，如肥料、人工等等。如果要素價格上升，比如工人的工資從每月 1,800 元增加到 3,000 元，而其他因素（蘋果的價格等）不變，那麼生產蘋果的成本上升，導致單位產品帶來的利潤更少了。這時從事蘋果生產這件事情就不那麼有利可圖，會降低生產者的積極性，從而減少市場供給。

　　反之，如果投入生產要素的價格下降而商品自身價格不變，供給會增加。

（三）生產技術

　　各種投入要素（土地、原料、人工等）轉變為產品的技術也會影響供給。技術進步意味著同樣數量的要素投入能夠生產出更多產品。

　　例如，採用更先進的嫁接技術，使得投入要素不變的情況下，蘋果的產量提高，

單位產品的成本也就下降了。如果其他條件不變，那麼出售每單位蘋果的收益將會增加，生產者傾向於提供更多的產品。

（四）商品的預期價格

在產品可儲存的情況下，預期將會影響到產品的供給。

如果預期一週後蘋果的價格將會上升，那麼理性的做法就是把現在採摘的蘋果儲存起來，留待一週後漲價了再賣，這就減少了當前蘋果市場的供給。所謂「囤積居奇」就是這個意思。

5. 生產相關商品的價格

豬肉和排骨是必須同時生產的物品——互補品。如果排骨價格上升，那麼即使豬肉本身價格不變，豬肉的供給量也會增加。

相反，替代品價格上升會減少商品的供給。黃豆既可以用來做豆腐，也可以用來製作豆干，那麼豆腐和豆干就是替代品。如果豆干的價格上升，生產豆干就更加有利可圖，因此生產者會多生產豆干，從而減少豆腐的供給。

6. 供給者的數量

考慮到整個市場的供給，生產者的數量也會影響供給。生產一種物品的廠商數量越多，該商品的供給越多。如果在有條件的地區推廣優質蘋果的栽種，越來越多的人開始生產蘋果，結果就是市場上蘋果的供給也就越來越多。

五、供給量的變動與供給的變動

資源、技術等因素會影響生產者的生產決策，但不同因素的變動會產生不同的影響。

（一）供給量的變動

在其他因素不變的條件下，當某種商品自身價格變動時，就會引起供給量的變動，表現為從供給曲線上的一點移動到另一點。如圖 2.6 所示，當工資水準從每小時 10 元上升到 20 元時，勞動時間就從 5 小時增加到 12 小時，相應的生產決策也從原來的 A 點移動到 B 點。

（二）供給的變動

當商品本身價格以外的因素發生變化時，會導致供給的變動，表現為供給曲線的移動。

我們同時考慮嫁接技術和價格對蘋果的供給量的影響。在同樣的價格水準下，當嫁接技術進步時，人們傾向於生產更多的蘋果。如果用圖形來表示，我們發現整個供給曲線向右移動了（如圖 2.7 所示）。

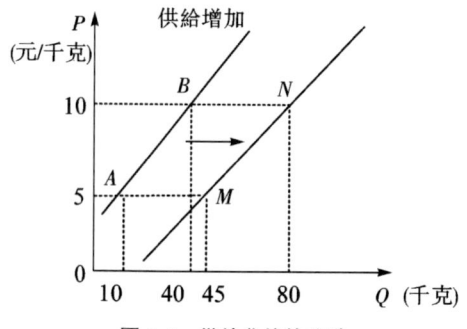

圖 2.7　供給曲線的移動

供給的增加意味著針對原來的每一個價格水準，生產者都願意並且能夠提供更多的產品，表現為供給曲線向右移動；反過來，供給的減少意味著針對原來的每一個價格水準，生產者只願意或者能夠提供更少的數量，表現為供給曲線向左移動。

在此，我們總結一下需求的決定因素變動所產生的影響（見表2.8）。

表2.8　　　　　　　　　　　供給和供給量的變動

因素		變動方向	影響	表現
商品本身的價格		上升	供給量增加	沿著供給曲線右移
		下降	供給量減少	沿著供給曲線左移
相關商品的價格	替代品	上升	供給減少	供給曲線←
		下降	供給增加	供給曲線→
	互補品	上升	供給增加	供給曲線→
		下降	供給減少	供給曲線←
投入要素的價格		上升	供給減少	供給曲線←
		下降	供給增加	供給曲線→
商品的預期價格		上升	供給減少	供給曲線←
		下降	供給增加	供給曲線→
生產技術水準		提高	供給增加	供給曲線→
		降低	供給減少	供給曲線←
生產者數量		增加	供給增加	供給曲線→
		減少	供給減少	供給曲線←

第三節　市場均衡和價格政策

我們已經初步瞭解到價格與消費者、生產者之間的關係，原來亞當·斯密所說的「看不見的手」就是價格機制，它協調著生產者和消費者的決策。當價格上升時，消費者買得更少而生產者生產更多；反之，價格下降時，消費者決定多買一些而生產者決定少提供一些產品。當消費者和生產者達成一致意見時，市場就處於均衡狀態。

一、市場均衡

當消費者和生產者的計劃一致時，即在某一個價格水準下，生產者供給量 Q_S 與消費者需求量 Q_D 相等，市場就處於均衡狀態，此時的價格和數量就被叫作均衡價格和均衡數量。

當市場處於均衡時，產品的需求量恰好等於供給量，生產的所有產品都能夠賣出去，同時所有需求量都能得到滿足，市場處於「出清」狀態（見圖2.8）。

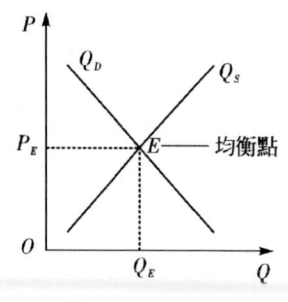

圖 2.8　市場均衡

如果市場處於非均衡狀態——存在過剩或者短缺，那麼價格會促使生產者或消費者調整計劃，從而最終實現均衡。

（一）過剩及其調整

過剩指的是市場上有產品生產出來但是沒能賣出去，即市場供給量大於需求量。如圖 2.9 所示，當市場價格為 P_0 時，供給量為 Q_1，需求量為 Q_2，且 $Q_1 > Q_2$。這時市場上該產品的供求就出現了一個「缺口」，由於供給量大於需求量出現了過剩（$Q_1 - Q_2$）。

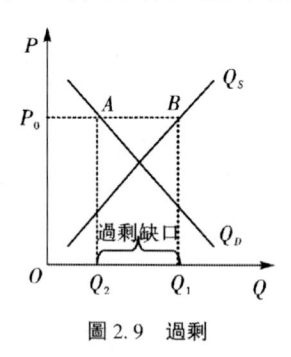

圖 2.9　過剩

市場上產品過剩的狀態會長期持續嗎？當然不會。在過剩狀態下，生產者的大量產品賣不出去，庫存積壓，自然會採取各種措施促銷——比如降價，或者減產。當產品價格降低後，消費者也會調整自己的購買決策，決定多買一些產品。於是一方面產品的供給量減少，另一方面需求量增加，經過調整之後就有可能出現相等的情況——新的均衡價格和均衡數量出現了。如圖 2.10 所示，價格從 P_0 下降到 P_E，供給量從 Q_1 減少到 Q_E，而需求量從 Q_2 增加到 Q_E，實現了新的均衡。

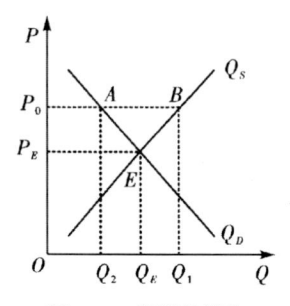

圖 2.10　過剩的調整

(二) 短缺及其調整

短缺是另一種非均衡狀態，當市場價格低於均衡價格的時候，生產者缺乏積極性，供給量少；而消費者因為低價決定購買更多的產品，結果就是產品供不應求（如圖2.11 所示），供給量 Q_1<需求量 Q_2，出現短缺（Q_1-Q_2）。

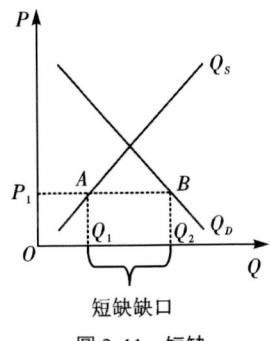

圖 2.11　短缺

當市場上產品供不應求時，有一些人想買而買不到，就有可能出高價競爭產品，導致市場價格上升。價格上升又會刺激買賣雙方：一方面生產者積極性提高，增加供給量；另一方面一些消費者退出市場，決定不再購買，使需求量減少——最終供給量和需求量相等，形成新的均衡。

(三) 均衡的形成

市場均衡由買賣雙方共同決定，它們就像剪刀的兩邊一樣相互作用。如果市場上出現了短暫的非均衡狀態，那麼買賣雙方將會重新協調，調整自己的生產決策或者購買決策，改變市場供給量和需求量，直到實現新的均衡。

二、均衡的變動

我們談論的商品價格通常是指均衡價格，這個價格並不是固定不變的。

既然市場均衡由供求雙方共同決定，那麼很容易理解供給或者需求的變動將會引起均衡的變動（包括均衡價格和均衡數量兩個方面）。由於圖形具有的不可替代的直觀、簡便性，我們這裡主要使用圖形來進行分析。

(一) 如何判斷市場均衡的變動

分析某個因素變動對均衡的影響需要考慮三個步驟：

1. 確定直接的影響對象

某個因素變動之後是影響供求的哪個方面呢？比如收入增加或減少，將會直接影響消費者的需求。所以，首先要確定該因素變動是影響需求量、供給量——供求曲線不動，還是影響供給或需求中的一方，或者同時影響供給和需求——供求曲線同時變動。

2. 確定影響的後果

如果確定了收入變化影響消費者的需求，那麼第二步就是要確定它是使得需求增加還是減少，需求曲線是向左還是向右移動。

3. 考察均衡價格和均衡數量的變化

經過前面兩步確定供求曲線的移動之後，我們就可以找到新的均衡點（供給曲線

和需求曲線的交點），從而判斷均衡價格和均衡數量的變化。

（二）案例分析

2008年下半年，由於金融危機的影響，各大汽車製造商陷入困境，資金緊張。為了盡快消化庫存獲得資金，日本豐田汽車公司決定在中國市場上對該公司轎車進行降價促銷。同時，由於經濟形勢嚴峻、需求疲軟等原因，轎車的原材料——鋼材的價格大幅度下降。綜合考慮這兩個因素，中國國產轎車市場會受到什麼樣的影響？

為了回答這個問題，我們按照前面的三個步驟來分析。

1. 確定影響對象

豐田轎車（進口車）是國產轎車的替代品，它的價格變化直接影響消費者的需求；鋼材是國產轎車的生產要素之一，它的價格變化直接影響生產者的供給。

因此，綜合起來考慮，國產轎車市場的供給和需求兩方面都受到了影響。

2. 判斷影響的後果

從需求方面來看，替代品價格下降會導致國產轎車的需求減少——既然進口車相對而言更便宜了，那麼人們會傾向於選擇進口車，從而減少對國產轎車的購買。因此，需求曲線從 Q_{D1} 向左移動到 Q_{D2}（如圖2.12所示）。

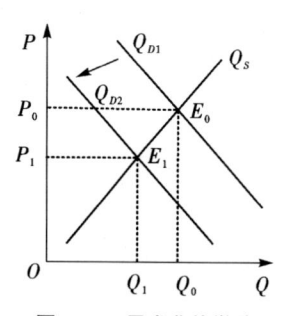

圖2.12 需求曲線變動

從供給方面來看，原材料價格下降使得生產成本降低，生產者傾向於提供更多的產品，於是供給曲線從 Q_{S1} 向右移動到 Q_{S2}（如圖2.13所示）。

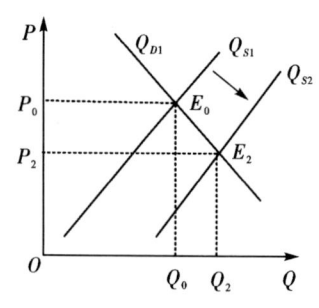

圖2.13 供給曲線變動

3. 考察均衡的變動

市場均衡始終是由供給和需求雙方共同決定的，因此考察均衡的變動就要看供給曲線和需求曲線變動之後如何形成新的均衡。

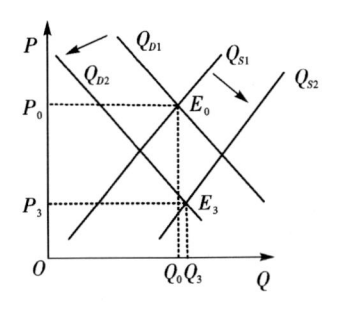

圖 2.14 均衡變動

由於替代品降價使得國產轎車的需求曲線從 Q_{D1} 向左移動到 Q_{D2}，同時原材料降價使得供給曲線從 Q_{S1} 向右移動到 Q_{S2}，因此新的均衡點為 Q_{D2} 與 Q_{S2} 的交點 E_3（如圖 2.14 所示）。

一方面，需求曲線的變動（圖 2.12）使得均衡價格下降（$P_1<P_0$），均衡數量減少（$Q_1<Q_0$）；另一方面，供給曲線的變動（圖 2.13）使得均衡價格下降（$P_2<P_0$），均衡數量增加（$Q_2>Q_0$）。

綜合起來看，均衡價格下降（$P_3<P_0$），而均衡數量的變化不能確定。

三、價格政策

市場是一種重要的資源配置方式，通過價格協調市場參與者的利益。在市場上，消費者決定市場需求，生產者決定市場供給。供求雙方共同決定市場價格，而價格反過來又指導消費者和生產者的行為。因此，價格是交易能夠進行的基礎，也是資源配置的信號。

在自由市場上，價格在供求雙方的作用下自由波動，自動調節市場均衡。但市場自由形成的價格未必符合我們的期望：如果生活必需品（大米、麵粉等）的價格很高，會有很多人因為買不起而無法生活；如果工資水準太低，對工人或許就是不公平的。因此，如果決策者認為一種商品的價格對買者或賣者不公平，或是為了滿足臨時需要（比如戰爭），就有可能實行價格政策，對價格進行管制。

我們將分別討論直接的價格控制——最低工資法、房租上限管制，以及間接的價格政策——稅收的影響。

(一) 最低工資法

在沒有管制的勞動市場上（如圖 2.15 所示），工人決定勞動供給，企業決定勞動需求，工資的調整使勞動市場趨於均衡（供給量恰好等於需求量）。

現在假設自由市場上的均衡工資水準為 5 元/小時，而政府認為這個工資水準對工人不公平，於是通過法律規定最低工資不能低於 10 元/小時，這時勞動市場上的供求將會發生變化。

由於勞動的價格——工資水準上升（如圖 2.16 所示），企業減少雇傭工人，而願意工作的人更多，勞動市場上出現了過剩（$Q_d<Q_s$），這就意味著有更多的人失業。所以，最低工資法一個直接的後果是增加了有工作工人的收入，而另一個後果是增加了失業。

圖 2.15　沒有管制的勞動市場

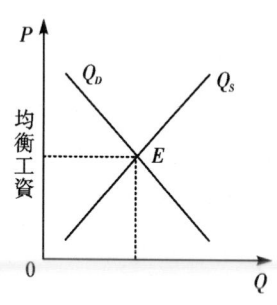

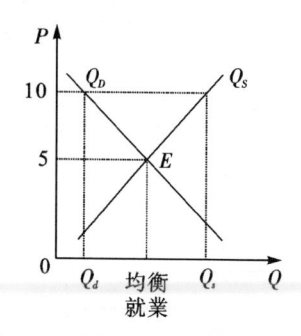

圖 2.16　有最低工資法的勞動市場

更進一步分析，我們發現最低工資法對不同工人有著不同影響。對於技術高而熟練的工人來說，最低工資法沒有太大影響——這類工人往往拿著遠遠高於最低工資水準的工資，企業要減少雇傭工人也不會從他們開始；但對於非熟練工人（比如初次求職者、青少年），最低工資的影響非常大——因為這些人往往願意接受更低的待遇換取工作經驗以及在職培訓。

因此，從需求方面來說，最低工資法減少企業雇傭非熟練工人的數量。美國的一些調查發現，最低工資水準提高 10%，會使青少年的就業減少 1%~3%。

從供給方面來說，最低工資法的實施增加了青少年參加工作的收入。因此，會鼓勵更多的青少年選擇尋找工作，從而增加了尋找工作、等待就業的時間，導致勞動的浪費。

關於最低工資就形成了兩種政策主張。支持者認為工資水準太低導致貧窮，使一些人的收入遠遠低於平均水準，提高工資水準有利於增加他們的收入；反對者認為最低工資的實施一方面增加了失業和尋找工作的勞動浪費，另一方面並不能很好地解決貧困問題——拿最低工資的人並不都是貧窮家庭的家長，可能是中產階級家庭為了賺取零花錢的青少年。

（二）房租上限管制

一個常見的價格上限管制的例子是房屋租金控制。在許多城市，為了讓窮人租得起房，地方政府都規定房東向房客收取的租金上限。經濟學家經常批評租金控制，諾貝爾經濟學獎委員會主席林德貝克甚至稱之為「摧毀一個城市最有效的手段，比氫彈還有效」。

我們通過直觀的圖形來對比一下有無租金控制的市場結果。

在沒有管制的住房市場上（如圖 2.17 所示），租房者和房東雙方自願交易，共同決定了住房市場的均衡（E 點）。此時，房租水準為 400 元/套，市場上有 20 萬套住房被租住。

現在假設政府覺得 400 元/套的房租水準會讓很多窮人無力支付，從而規定該地區房租不能超過 200 元/套（如圖 2.18 所示）。既然價格降低，那麼生產者當然會減少提供產品的數量，房屋的供給量降到 12 萬套——一些人把原來租出去的房子改為自用；而另一方面，更多人決定租房子，房屋的需求量增加到 35 萬套——原來租不起的人現在能租房了，本來可以租一套的現在決定租兩套。市場上供給量小於需求量，於是產生了短缺，這時必須要有其他的安排使得 12 萬套住房在需要 35 萬套住房的人中間進行分配。

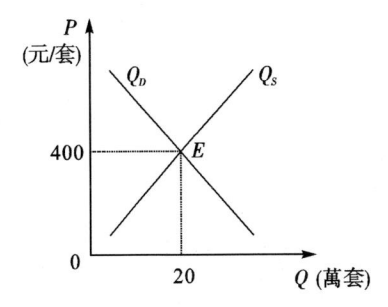

圖 2.17　沒有管制的住房市場 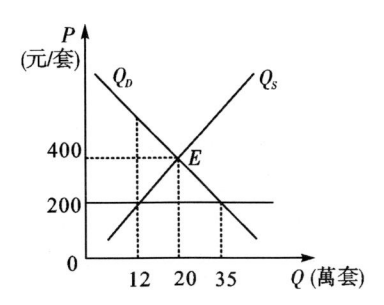　　　圖 2.18　有房租上限的住房市場

房租上限管制對於租房者來說是一件好事嗎？

1. 租房成本上升

住房短缺的一個直接反應就是租房子更加困難了，於是租房者不得不花費大量的時間來尋找房子、關注房屋信息，這就增加了租房的成本。

房租上限能夠控制的只是租房成本的一部分，而尋找和等待所花費的時間是另一部分。當租房變得很困難時，尋找和等待的花費就越多，機會成本上升。

2. 黑市交易

當市場上只有 12 萬套住房時，一部分租房者願意支付更高的價格以租到房子，而房東當然也很樂意，這就可能導致黑市交易。黑市是指當價格超過法律規定的上限時的非法市場，因為買賣雙方共同的需要而存在。中國春運時期的火車票市場以及大型文體活動門票等市場上，都曾經因為短缺而存在黑市交易。

在住房市場上，監管者或許能夠懲罰一部分黑市交易，但其本身代價也不低。房東和租房者還可能採取一些變通手段實際提高房租，比如置辦一些不值錢的家具要求租房者支付高價，或者簽訂更加苛刻的租房合同。

3. 住房質量降低

由於房租水準低，房東缺乏改善住房的積極性，許多年久失修的住房也可能成為搶手貨，既不利於城市發展，也可能存在安全隱患。

由此可見，房租上限管制並不是一個改善市場結果的好辦法。在自由競爭的市場上，價格按照人們的支付意願和支付能力來配置稀缺的住房資源，而管制則扭曲了這種資源配置方式。

(三) 稅收歸宿

每個政府的運轉都需要經費，還需要運用稅收手段調節經濟，因此稅收對經濟有重要影響。這也是人們經常討論的話題之一。

如果政府決定對汽油徵收燃油附加稅，這筆稅收最終由誰來承擔？它會對市場均衡產生什麼影響？

當政府對一種物品徵稅時，誰來承擔稅收負擔？是購買此物品的人（消費者），還是出售此物品的人（生產者）？經濟學家用「稅收歸宿」這個術語來特指這些關於稅收負擔分配的問題。稅收歸宿並不是表面上由誰交稅的問題，而是討論稅收負擔最終歸宿在哪裡。比如我們向生產者徵收的一些稅種如增值稅，雖然表面上是由生產者交給政府，但他完全可以通過提高價格的辦法把這部分稅收轉嫁到消費者身上，因此增

值稅最終還是由消費者承擔。

假定在沒有稅收的汽油市場上（如圖 2.19 所示），生產者與消費者在價格為 5 元/升時達成一致意見，市場均衡交易量為 200 萬升。

1. 向買者徵稅

現在政府決定向每個購買汽油的人徵收 1 元/升的燃油附加稅，它直接影響消費者的需求（如圖 2.20 所示）——原來每升汽油價格為 5 元，現在需要花費 6 元才能消費，因此需求曲線從 Q_{D1} 移動到 Q_{D2}，移動的垂直距離正好就是 1 元。新的需求曲線與原來的供給曲線形成新的均衡點 E_1，對應的價格水準為 4.6 元/升，均衡數量為 180 萬升。

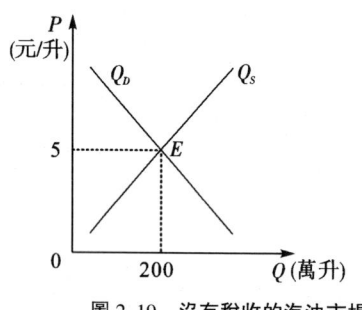

圖 2.19　沒有稅收的汽油市場

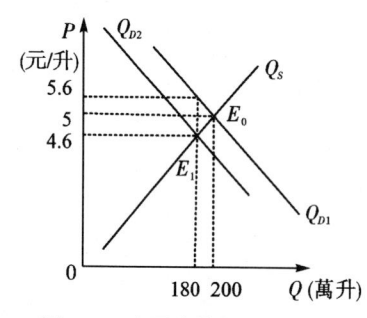

圖 2.20　向買者徵稅

比較徵稅前後的市場均衡，我們發現消費者支付得更多、買得更少——原來每升 5 元，消費 200 萬升，現在每升支付 5.6 元，消費 180 萬升；由於消費者買得少，生產者當然也就賣得少了——原來以 5 元的價格賣掉 200 萬升，現在以 4.6 元的價格賣掉 180 萬升。

從市場均衡的變化可以看到，稅收會抑制市場活動。當政府對某種產品徵稅時，該產品在新的均衡點的銷售量減少了，生產規模也會縮小。

另一方面，雖然燃油附加稅由消費者支付，但它是由生產者和消費者共同承擔的，買賣雙方的狀況都會因為稅收而變得更差一些。

2. 向賣者徵稅

如果政府不是向購買汽油的人徵稅，而是向生產者徵稅，結果會有什麼不同？

同樣，如果政府決定向生產者徵收 1 元/升的燃油附加稅，那麼供給曲線會向左移動（如圖 2.21）——原來出售 1 升汽油可以獲得 5 元，現在只能得到 4 元，生產積極性當然會降低。供給曲線從 Q_{S1} 移動到 Q_{S2}，垂直距離仍然恰好等於稅收——1 元/升。

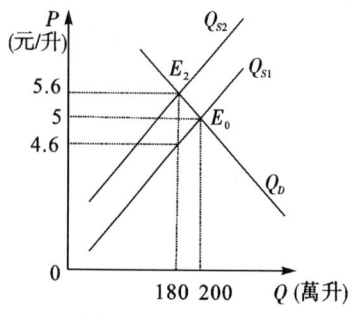

圖 2.21　向賣者徵稅

在新的市場均衡點 E_2 水準上，消費者為每升汽油支付 5.6 元，而生產者只能得到其中的 4.6 元，還有 1 元作為稅收由政府得到。

比較圖 2.20 和圖 2.21，很容易發現一個令人驚奇的結論——對買者徵稅和對賣者徵稅產生了相同的結果！

無論向生產者還是向消費者徵稅，稅收都抑制了汽油市場的消費——銷售量從 200 萬升降低到了 180 萬升。在徵稅之後新的均衡點上，買賣雙方共同承擔稅負。

其實這個問題也很容易理解，我們可以假設在銷售汽油的同時放一個箱子專門收稅。那麼，向買者徵稅的時候，消費者每購買 1 升汽油，就向箱子裡扔 1 元錢；而向賣者徵稅的時候，就由生產者把這 1 元錢扔進箱子。無論這 1 元錢是直接由消費者扔進箱子，還是間接由消費者支付，其影響都是一樣的，買賣雙方共同承擔稅負。

第四節　市場需求彈性及其應用

導入：

1. 假設你是山東一個種小麥的農民，你所有的收入都依靠出售小麥獲得。為了生活得更好，你盡最大的努力提高小麥的產量——辛勤勞作、精心管理、關注天氣情況等等。今年，有消息說農業科學家發明了一種新的雜交技術，可以使小麥的產量平均提高 20% 以上。這個消息對你來說是好事嗎？

2. 某電子產品因為銷售困難，庫存積壓，公司領導反覆商議之後忍痛決定平均降價 19%，估計損失 100 萬元。結果年底結算發現收入反而增加 50 萬元，不由喜出望外。這個結果是偶然的還是存在某種必然性呢？

我們知道，無論是小麥還是電子產品，大多數商品的需求都滿足需求規律——價格越高，需求量越少。而出售產品的總收益取決於需求量和價格兩個因素，價格上升之後，我們不僅要能夠定性判斷需求量是減少的，還要定量分析需求量減少多少，才能夠考察總收益的變動趨勢。

前面討論需求的變動的時候都只是判斷它的變動方向，現在要進一步討論需求變動的大小，為此我們需要引入一個概念——彈性。

一、彈性的基本概念

當小麥的均衡價格下降時，我們知道均衡數量會增加。那麼，是價格下降得多還是數量增加得多呢？這就涉及需求量對價格變動的反應程度大小。

衡量反應程度一般用相對變動來表示，也就是變動的百分比。如果原來的價格為 4，新的價格為 6，那麼價格提高了 50%；對應的需求量從 100 減少到 80，那麼需求量減少了 20%。這就是需求量的反應程度。

所謂彈性，就是需求量或者供給量對某種因素的變動——價格上升、收入增加等反應程度大小的衡量。

常用的彈性概念有需求價格彈性、需求收入彈性、需求交叉彈性和供給價格彈性等。

1. 需求價格彈性

在其他因素不變的條件下，需求規律表明需求量與價格反向變動。需求價格彈性就是一種物品需求量對價格變動反應程度的衡量，用需求量變動百分比除以價格變動百分比來計算。

需求價格彈性應用廣泛，我們後面將有更加詳細的說明。

2. 需求收入彈性

需求收入彈性是用來衡量在其他因素不變的條件下，需求量對收入變動的反應程度，用需求量變動百分比除以收入變動百分比進行計算。

$$E_Y = \frac{\triangle Q/Q}{\triangle Y/Y}$$

其中 E_Y 就是需求收入彈性，$\triangle Q$ 表示需求量變動的絕對量，$\triangle Y$ 表示收入變動的絕對量。

比如收入水準上升10%，導致汽車需求量增加15%（其他因素不變），那麼汽車的需求收入彈性就等於1.5。

不同商品的需求量對收入變動的反應程度不同。比如電腦、衣服、住房等商品，收入增加一般導致需求量增加，需求量與收入同方向變動（需求收入彈性大於零），這樣的商品就是正常物品。在正常物品中，有一部分物品需求變動大於收入變動的幅度，即需求收入彈性大於1，比如豪華遊艇、歐洲旅遊等等，這類物品通常被叫作奢侈品。另一部分如大米、麵包這類生活必需品，需求量變動小於收入變動，需求收入彈性在0和1之間。

與正常物品相對，有一些物品的需求量與收入反向變動（比如搭乘公共汽車、坐火車硬座），收入水準提高的話，人們傾向於減少這類物品的消費，需求量減少，因此需求收入彈性小於零。這類物品叫作低檔物品。

當然，生活必需品、奢侈品、低檔物品的區分並不是固定不變的。在收入水準很低的時候，比如在中國的20世紀60年代，大米、白面也屬於奢侈品；而現在，即使是豬肉、雞鴨魚等肉類也屬於生活必需品，需求缺乏彈性。

表 2.9　　　　　　　　　　不同種類物品的需求收入彈性

物品種類		彈性大小
正常物品	奢侈品	$E_Y>1$
	生活必需品	$0 \leq E_Y \leq 1$
低檔物品		$E_Y<0$

3. 需求交叉彈性

需求交叉彈性用來衡量相關商品價格變動的影響。假設有商品 X、Y 存在一定的相互影響，那麼 X 商品對 Y 商品的交叉彈性 E_{XY} 就用來表示 X 商品的需求量對 Y 商品的價格變動的反應程度，用 X 商品的需求量變動百分比除以 Y 商品價格變動百分比進行計算。

假設汽油（Y 商品）的價格從 P_1 變為 P_2，導致汽車（X 商品）的需求量從 Q_1 變為 Q_2，這時汽車需求量對汽油的交叉彈性為：

$$E_{XY} = \frac{(Q_2-Q_1)/Q_1}{(P_2-P_1)/P_1}$$

需要注意的是，這裡的價格和需求量並不是針對同一種商品，而是分別屬於不同商品的需求量和價格。

由於汽油是汽車的互補品，汽油價格上升，則汽車的需求會減少，因此汽車對汽油的交叉彈性小於零，是一個負數。

相對地，如果 X 商品和 Y 商品是替代品，那麼 Y 商品價格上升會導致 X 商品需求增加，兩者同方向變動，其交叉彈性大於零，是一個正數。

4. 供給價格彈性

與需求類似，物品的供給量對價格變動也會有所反應，我們用供給價格彈性來表示反應程度的大小。

供給價格彈性表示在其他因素不變的條件下，商品的供給量對價格變動的反應程度，用供給量的變動百分比除以價格變動百分比進行計算。

$$E_S = \frac{\triangle Q/Q}{\triangle P/P}$$

E_S 表示供給的價格彈性，$\triangle Q$ 表示供給量變動的絕對量，$\triangle P$ 表示價格變動的絕對量。

比如價格水準上升 10%，導致汽車供給量增加 20%（其他因素不變），那麼汽車的供給價格彈性就等於 2。

如果供給量對價格變動的反應程度大，就是富有彈性的；如果供給量對價格變動反應程度小或者幾乎不變，就是缺乏彈性的。

供給量的變動大小與時間長短緊密相關——時間越短，調整供給量越困難。如果要在 2 小時內增加 10 輛汽車的供給量，只能依靠存貨來調整；如果時間延長到 2 個月，那麼可以購買原料增加生產；如果時間更長一些，就有可能新建工廠進行生產。因此，時間越短，供給的價格彈性越小，因為供給量的相對變動很小。

影響供給彈性的另一個重要因素是生產規模的伸縮性——改變產量是否容易實現。一個極端的例子是完全無法增加供給的物品，比如市區中心的土地，它的供給量幾乎不因價格變動而變化，供給價格彈性很小。而常見的商品，比如電腦、汽車等物品的生產規模是容易調整的，因此供給量會對價格做出更明確的反應。

二、需求價格彈性

當橘子價格為 2 元/千克時，人們決定購買 100 千克；如果橘子價格降低為 1.5 元/千克，市場需求量增加為 150 千克。怎樣用彈性來表示需求量對價格變動的反應程度呢？

（一）需求價格彈性的計算

需求價格彈性衡量物品的需求量對價格變動的反應程度，通過需求量變動百分比除以價格變動百分比進行計算。

1. 計算公式

用 E_D 表示需求價格彈性，原來的價格為 P_1，對應的需求量為 Q_1，新的價格為 P_2，對應的需求量為 Q_2，那麼需求價格彈性的計算公式為：

$$E_D = \frac{(Q_2-Q_1)/Q_1}{(P_2-P_1)/P_1}$$

$$= \frac{\triangle Q}{\triangle P} \times \frac{P}{Q}$$

回到上面的例子，我們很容易計算出橘子的需求價格彈性：

$$E_D = \frac{(Q_2-Q_1)/Q_1}{(P_2-P_1)/P_1}$$

$$= \frac{(150-100) \div 100}{(1.5-2) \div 2}$$

$$= \frac{50\%}{-25\%}$$

$$= -2$$

（1）需求價格彈性絕對值為2，表示需求量變動百分比是價格變動百分比的兩倍。

（2）大多數物品的需求變動與價格變動都是反方向的，需求價格彈性為負數，因此習慣上我們用需求價格彈性的絕對值來表示彈性大小。在這個例子中，我們就說橘子的需求價格彈性為2。從這個意義上說，彈性越大，事實上是需求價格彈性的絕對值越大，意味著需求量對價格越敏感。

2. 更進一步的學習：中點公式

更仔細地考察橘子的需求價格彈性，我們會發現一個有意思的現象：同樣的變動（如圖2.22所示，需求曲線的 AB 段），降價和漲價會得出不同的需求彈性。

（1）降價（從需求曲線上的 A 點移動到 B 點）

價格從2元降低到1.5元，我們得到的需求價格彈性是 $E_{D1}=-2$。

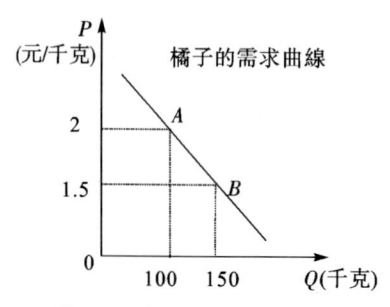

圖 2.22　橘子的需求價格彈性

（2）漲價（從需求曲線上的 B 點移動到 A 點）

價格從1.5元漲到2元，對應的需求量從150千克減少到100千克，則需求價格彈性為：

$$E_{D2} = \frac{需求量變動百分比}{價格變動百分比}$$

$$= \frac{(Q_1-Q_2)/Q_2}{(P_1-P_2)/P_2}$$

$$= \frac{(100-150)/150}{(2-1.5)/1.5} = \frac{-33.3\%}{33.3\%}$$

$$= -1$$

避免這個問題的一個簡單辦法是採用中點法計算彈性。中點法不是用變動量除以原先的水準計算變動的百分比,而是用變動量除以平均水準——兩點之間的中點來計算變動的百分比。

因此,用中點公式計算的話,不論是從 A 點到 B 點,還是從 B 點到 A 點,需求的價格彈性大小為:

$$E_D = \frac{需求量變動百分比}{價格變動百分比}$$

$$= \frac{(Q_2-Q_1)/\frac{Q_1+Q_2}{2}}{(P_2-P_1)/\frac{P_1+P_2}{2}} = \frac{\triangle Q}{\triangle P} \times \frac{P_1+P_2}{Q_1+Q_2}$$

$$= \frac{50}{-0.5} \times \frac{2+1.5}{100+150}$$

$$= -1.4$$

需求價格彈性絕對值為 1.4,意味著需求量對價格變動的反應程度較大,是價格變動百分比的 1.4 倍。

如果要計算彈性,尤其是價格變動明顯時,最好使用中點公式,無論是計算需求價格彈性還是收入彈性,都是如此。

(二)需求價格彈性的種類

如果一種物品需求量對價格變動反應程度小,可以說它缺乏彈性;反過來,如果需求量對價格變動反應程度大,則說它富有彈性。

不同商品具有不同的需求價格彈性,表現出不同的需求曲線。

1. 富有彈性的需求曲線(見圖 2.23)

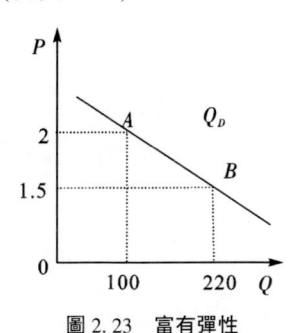

圖 2.23 富有彈性

如果物品富有彈性,意味著需求變動百分比大於價格變動百分比,需求價格彈性大於 1,那麼需求曲線也比較平坦。

2. 缺乏彈性的需求曲線(見圖 2.24)

如果物品缺乏彈性,意味著需求變動百分比小於價格變動百分比,需求價格彈性小於 1,那麼需求曲線也比較陡峭。

图 2.24　缺乏弹性

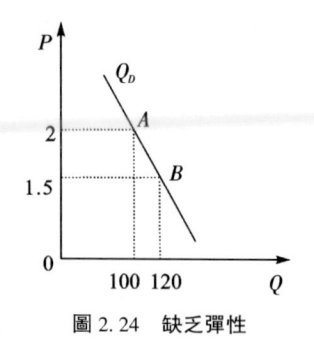

3. 單位彈性（見圖 2.25）

如果物品的需求變動百分比與價格變動百分比相當，需求價格彈性等於 1，這就叫作單位彈性。

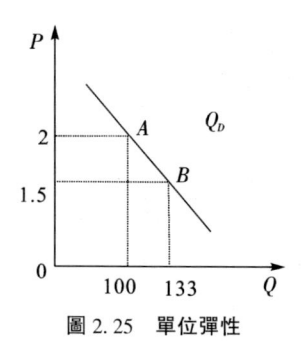

圖 2.25　單位彈性

4. 完全無彈性

理論上存在一個極端，即需求量完全不因價格變動而變動，需求價格彈性為 0，這種情況叫作完全無彈性。

完全無彈性物品的需求曲線是一條垂直的線（如圖 2.26 所示）。

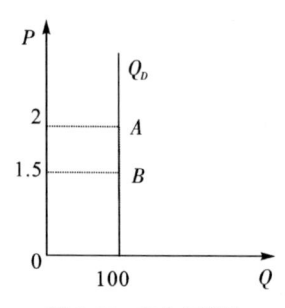

圖 2.26　完全無彈性

5. 完全彈性

另一個極端是完全彈性的物品，其需求價格彈性為無窮大，需求曲線表現為一條平行於橫軸的曲線（如圖 2.27 所示）。

圖 2.27 完全彈性

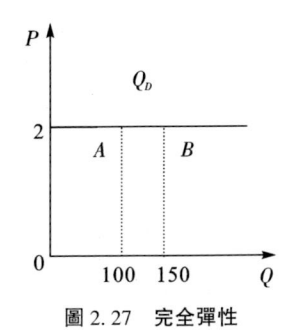

　　完全彈性的情況意味著價格微小的變動都會引起需求量的極大變動。比如，兩臺完全一樣的飲料販賣機同時出售同樣種類的飲料，如果價格相同，每天各自大概能賣出 100 罐飲料。現在其中一臺販賣機裡面的飲料漲價 1 分錢，變化了 0.2%（理論上我們還可以假設這個比率更小，接近於 0），結果就是不會有人去價格更高的那臺販賣機購買飲料，需求量變為 0，變動了 100%。

（三）需求價格彈性的影響因素

　　如果大米等糧油食品的價格都上升 20%，估計一下你對這些商品的需求量會減少多少？

　　如果飛機票漲價 20%，你的需求量大概會如何變化？反應程度大於、等於還是小於價格變化的幅度？

　　需求的決定受到很多因素的影響，因此需求的價格彈性取決於許多形成個人慾望的經濟、社會和心理因素，但是我們從生活經驗中可以發現大米的需求價格彈性小，而飛機票的需求價格彈性大。

　　需求價格彈性的大小主要受到下列因素的影響：

1. 生活必需程度

　　要生活首先就要滿足生存需要，食品等物品是生活中不可或缺的，即使價格上升，其需求量也不會大幅度減少。越是生活必需的物品，越是缺乏需求彈性。即使大米價格上升 20%，人們也會購買大致相同的糧食以滿足需要。同樣，醫療服務、藥品也是這樣，即使價格上升，也不太會導致看病次數大幅度下降。

　　但奢侈品就不是生活必需的，其價格變動會大幅度影響人們的需求量，是富有彈性的。比如去歐洲旅遊，或者豪華轎車，如果價格上升，它們的需求量就會大幅度減少——旅遊或者私家車並不是必需品，即使同樣滿足旅遊的需要，也可以選擇國內旅遊、周邊旅遊。

　　當然，一種物品屬於必需品還是奢侈品並不完全取決於物品本身，還要結合個人偏好來看。如果是一個熱愛旅遊而不太關心健康的人來說，也許去歐洲旅遊是缺乏彈性的必需品，而醫療是富有彈性的奢侈品。

2. 獲得替代品的難易程度

　　比較一下電力和牛肉：電力作為一種廣泛使用的動力很難找到相似的替代品，因此其價格變化對需求量影響較小，需求彈性小；而牛肉作為肉食品很容易被羊肉、雞肉、豬肉等產品替代，因此其價格變化會引起需求量大幅度變動，需求彈性大。

　　當然，獲得替代品的難易程度還取決於所討論市場範圍的大小。比如電力是一個

廣泛的範疇，缺乏彈性。但如果縮小市場範圍，只是討論火力發電或者水電，那麼就比較容易找到替代品。因此，儘管總體來說電力是缺乏彈性的，但火電則較富有彈性。同樣，牛肉是富有彈性的，但食物作為更廣泛的範疇卻是缺乏彈性的。

3. 該物品支出占收入的比例

如果口香糖價格變動10%，你會在多大程度上改變購買量？如果汽油價格變動10%，其影響會不會有所差別呢？

通常，口香糖在你每個月的總支出中所占比例非常小，大概不到1%；但汽油就不同了，在總支出中大概占到20%（對擁有轎車的家庭）。對工薪家庭而言，同樣是價格變動10%，口香糖的影響顯然非常小，也許你根本就不會注意到，還會購買幾乎相同的數量；但汽油價格上升則會讓你的預算緊張，你會做出較大的調整。

因此，物品的消費在總支出中所占的比例越大，需求價格彈性就越大，所占比例越小，則彈性越小。比如，坦桑尼亞人的食物支出占總支出的62%，食物需求的價格彈性是0.77；與此相比，美國人食物支出為總支出的12%，其食物需求的價格彈性是0.12。

4. 調整時間的長短

假如你每天都在學校食堂買2個饅頭作為早餐，今天早晨也一樣。但是到了食堂才發現每個饅頭漲了0.5元，而包子、麵包等都已經賣完了。或許你會一邊抱怨一邊無可奈何地買下2個饅頭——買1個不夠吃，也來不及去其他地方購買。

如果價格變化後，給消費者的調整時間很短，那麼消費者往往購買相近數量的商品，需求缺乏彈性。隨著時間流逝，消費者就有可能尋找既可接受也更便宜的替代品，逐漸改變原來商品的消費量，需求變得富有彈性。

比如汽油價格上升，短期內消費者可能仍然購買原來的消費量，但是時間越長，人們就有可能改變消費量——改乘公共汽車、改用天然氣、購買更省油的汽車、搬到離工作地點更近的地方居住……只要時間足夠長，汽油的需求量就會大幅度減少。

（四）需求價格彈性的應用——總收益與價格變動

經常困擾人們的一個問題是：如果要使總收益增加，到底是漲價好還是降價好，尤其是對管理者和經營者而言。這是一個非常關鍵的問題。

總收益是某種物品價格與銷售量的乘積，用 TR 來表示。對於消費者來說，TR 是支付的總量；對於生產者來說，TR 是得到的總量。賣者尤其關心總收益問題。

比如，一條高速公路建成後，究竟應該按照多高的價格收費：收費太高，更多的司機就會選擇繞行，需求量減少；收費過低，數量增加，但並不一定意味著總收益增加，還有可能導致擁擠。同樣，遊樂園、旅遊景區等門票價格的制定也是一個高深的問題。

因此，考察總收益的變動需要綜合考慮價格的變動以及需求量的反應程度。如果價格上升10%，需求量減少，那麼只要能夠判斷需求量減少的程度是大於10%還是小於10%，我們就可以判斷總收益是減少還是增加，這就需要用到需求價格彈性來幫助分析。

從前面的內容我們可以瞭解到，當物品的需求富有彈性時，需求量的變動程度大於價格變動的幅度，那麼價格上升使得需求量減少更多，總收益會減少；缺乏彈性時，需求量的變動程度小於價格變動的幅度，價格上升使得需求量減少的幅度較小，那麼

總收益就會增加。

1. 需求曲線上某點的彈性

例：假設某種商品的需求滿足函數關係 $Q=180-4P$，其需求曲線如圖2.28所示，我們來考察一下需求曲線上各點的彈性大小。

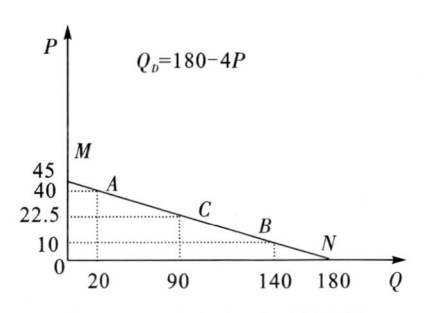

圖2.28 需求曲線上各點的彈性

我們首先在這條直線型需求曲線上找到一些特殊的點，$M(0, 45)$ 是需求曲線與縱軸的交點，表示當價格 $P=45$ 時，需求量 $Q=0$；$N(180, 0)$ 是需求曲線與橫軸的交點；$C(90, 22.5)$ 是需求曲線上 MN 之間的中點；而 $A(20, 40)$ 在 CM 之間；$B(140, 10)$ 在 CN 之間。

現在我們分別計算各點的彈性大小。由於每一點的彈性可以看作價格變動極其微小的結果，因此計算每一點的彈性公式與前面一段弧的中點公式有所不同。假設有一點 E，對應價格水準 P，需求量為 Q，則 E 點的需求價格彈性大小為：

$$E_D = \lim_{\triangle P \to 0} \frac{\triangle Q}{\triangle P} \times \frac{P}{Q} = \frac{\mathrm{d}Q}{\mathrm{d}P} \times \frac{P}{Q}$$

這裡用到了數學裡的極限概念，接下來我們通過這個實例來熟悉計算。

（1）$M(0, 45)$ 的彈性大小為：

$$E_M = \lim_{\triangle P \to 0} \frac{\triangle Q}{\triangle P} \times \frac{P_M}{Q_M}$$

由於該物品需求滿足 $Q=180-4P$，因此 $\lim\limits_{\triangle P \to 0}\dfrac{\triangle Q}{\triangle P}=-4$（需求函數 Q 對自變量 P 求導）。考慮到需求的價格彈性一般取絕對值，因此：

$$E_M = \lim_{\triangle P \to 0} \frac{\triangle Q}{\triangle P} \times \frac{P_M}{Q_M}$$
$$= 4 \times \frac{45}{0} = \infty$$

（2）$A(20, 40)$ 的彈性大小為：

$$E_A = \lim_{\triangle P \to 0} \frac{\triangle Q}{\triangle P} \times \frac{P_A}{Q_A}$$
$$= 4 \times \frac{40}{20} = 8$$

（3）$C(90, 22.5)$ 的彈性大小為：

$$E_C = \lim_{\triangle P \to 0} \frac{\triangle Q}{\triangle P} \times \frac{P_C}{Q_C}$$

$$= 4 \times \frac{22.5}{90} = 1$$

（4）B（140，10）的彈性大小為：

$$E_B = \lim_{\triangle P \to 0} \frac{\triangle Q}{\triangle P} \times \frac{P_B}{Q_B}$$

$$= 4 \times \frac{10}{140} \approx 0.29$$

（5）N（180，0）的彈性大小為：

$$E_N = \lim_{\triangle P \to 0} \frac{\triangle Q}{\triangle P} \times \frac{P_N}{Q_N}$$

$$= 4 \times \frac{0}{180} = 0$$

2. 直線型需求曲線上各點彈性大小的規律

考察各點的彈性，我們發現同一條需求曲線上，不同高度（縱坐標）的點的需求價格彈性大小不同，並且存在著普遍規律：

（1）需求曲線上，點的位置越高（價格越高），需求價格彈性越大，在需求曲線與縱軸交點（圖2.28中M點）處趨於無窮大；點的位置越低，需求價格彈性越小，在需求曲線與橫軸交點（圖2.28中N點）處變為0；

（2）需求曲線線段中點處（圖2.28中的C點），需求價格彈性為1；

（3）需求曲線上，位置高於中點的各點（如圖2.28中A點），需求價格彈性大於1，是富於彈性的部分；

（4）需求曲線上，位置低於中點的各點（如圖2.28中B點），需求價格彈性小於1，是缺乏彈性的部分。

因此，在一般意義上，如果假定需求曲線是一條直線，那麼該需求曲線上各點的彈性大小並不相等。即使同一種物品，有著同樣的線性需求曲線，價格變動的影響也是不同的。在前面例子中，如果價格為30（高於中點C的價格22.5），那麼就處於富有彈性範圍；如果漲價，需求量減少幅度比價格上升幅度更大，總收益因此減少。

3. 總收益與需求價格彈性之間的關係

仍然採用前面的例子，某物品的需求滿足$Q = 180 - 4P$，其中點價格為$P = 22.5$。

（1）當價格高於22.5，在富有彈性階段（CM範圍）變化時，比如在A點處，$P_1 = 40$，$Q_1 = 20$。考察價格降低10%的影響：

降價前，總收益$TR_1 = P_1 Q_1 = 40 \times 20 = 800$

降價後，價格變為$P_2 = P_1 \times (1-10\%) = 40 \times (1-10\%) = 36$

　　　　需求量變為$Q_2 = 180 - 4 \times P_2 = 36$

　　　　總收益變為$TR_2 = P_2 Q_2 = 36 \times 36 = 1,296$

$TR_2 > TR_1$，總收益增加。

（2）在缺乏彈性階段（CN範圍）內，比如在B點處，$P_0 = 10$，$Q_0 = 140$。考察價格降低10%的影響：

降價前，總收益 $TR_0 = P_0Q_0 = 10 \times 140 = 1,400$
降價後，價格變為 $P_3 = P_0 \times (1-10\%) = 10 \times (1-10\%) = 9$
　　　　需求量變為 $Q_3 = 180 - 4 \times P_3 = 144$
　　　　總收益變為 $TR_3 = P_3Q_3 = 9 \times 144 = 1,296$
$TR_3 < TR_0$，總收益減少。

（3）在單位彈性處，C 點的價格為 22.5，需求量為 90，總收益 $TR = 2,025$。如果價格降低 10%，變為 20.25，需求量變為 99，則總收益變為 2,004.75，變化非常小。

因此，當需求價格彈性大於 1（富有彈性）時，漲價使總收益減少，而降價使總收益增加；當需求價格彈性小於 1（缺乏彈性）時，漲價使總收益增加，而降價使總收益減少；當需求價格彈性等於 1（單位彈性）時，價格變動幾乎不影響總收益。

三、供求與彈性理論的典型案例

儘管現實中的經濟現象紛繁複雜，我們很難準確把握所有的現象和規律，但供求理論是分析具體經濟問題時最有力的工具，可以幫助我們認識和瞭解市場運行情況。彈性理論可以幫助我們看得更加深刻一些。

（一）谷賤傷農

回到本節開頭的問題，如果科學家能夠使小麥產量普遍提高，對農民來說是一個好消息嗎？

要回答這個問題，我們首先需要判斷科學家的發明會如何影響市場。可以按照前面講過的三個步驟來進行分析。

1. 技術進步影響市場供給

更先進的技術會提高小麥的產量，主要影響的是生產者——農民的行為，而並不直接影響消費者的行為，所以科學家的發現使得小麥的供給曲線移動。

2. 小麥的供給曲線向右移動

技術進步使得小麥的畝產量提高，在既定的價格水準下，農民願意提供更多的產品，因此市場供給曲線向右移動（見圖 2.29）。

3. 小麥的均衡價格下降

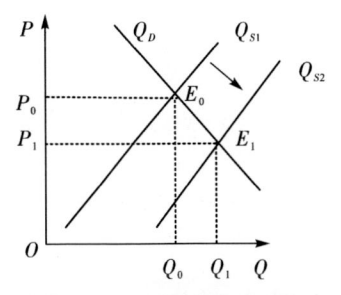

圖 2.29　供給曲線向右移動

由於小麥的供給曲線向右移動而需求曲線不變，所以在新的市場均衡下，小麥的價格降低，而銷售量增加。因此，技術進步對農民的影響是雙重的：一方面小麥產量提高，另一方面小麥價格降低。為了進一步判斷農民的總收益，就要進一步考慮小麥的彈性。

在現實中，小麥這類農產品的需求一般是缺乏彈性的，因為這類產品在消費總支出中所占比例較少，同時也很容易找到替代品。因此，小麥價格降低會使得農民的總收益減少，技術進步對農民來說並不是一件好事。

或者我們會想到，是不是農民就因此不採用先進技術了呢？答案是否定的。因為個人的小麥供給量對於市場來說是微小的——只要其他人採用先進技術，就會導致小麥價格下降——這時個人採用先進技術還能提高產量，不採用先進技術就只能以更低的價格提供原來的產量，總收益更少。

知道了這一點之後，我們可以理解為什麼大多數國家都採取農業保護政策，以確保本國的糧食安全。因為如果放任市場力量決定農產品的價格，那麼農民的利益就會與社會整體的利益發生衝突——技術進步對增加糧食產量是有利的，有利於消費者；但會減少農民的收益，挫傷農民的生產積極性，這就是「谷賤傷農」的含義。

因此，政府一方面會採取措施推廣新技術，增加糧食產量；另一方面會制定農產品支持政策，確保糧食產量增加之後農民的收入不會減少。

很多國家的政府干預農產品市場，典型的是日本和歐盟，當然，美國和中國也有類似政策。常見的做法是：

（1）存貨調整。市場上糧食供給多的時候，政府買進糧食以維持價格；市場上糧食短缺的時候，政府出售糧食以維持價格穩定。

（2）實行支持價格。另一個政策是制定農產品價格下限，其結果就是市場上出現過剩，政府需要花錢買下過剩的這部分產品，長期持有農產品存貨，於是在歐洲就出現了「奶油山」和「酒湖」。此外，大量存貨本身還帶來了倉儲、保管的壓力和成本。

（3）實行生產限制。為了避免出現農產品大量過剩這一問題，歐盟還出抬了生產限制政策，支付津貼鼓勵農場主閒置農場。其好處就是不會生產出更多的過剩農產品，同時保持了土地用於農業生產的可能性。

（二）奢侈品徵稅

1990年，美國國會針對遊艇、私人飛機、皮衣、珠寶和豪華轎車這類物品通過了一項新的奢侈品稅，目的是對那些承擔稅收負擔最輕鬆的人增加稅收。由於只有富人才買得起這類奢華的東西，所以，對奢侈品徵稅看來是向富人徵稅的一種合理方式。事實果然如此嗎？

即使有政府力量的干預——稅收，市場本身的力量仍然不可忽視，需要慎重考慮供給和需求的影響。

透過供給與需求的力量來看，徵收奢侈品稅的市場結果與國會所期望的完全不同。首先，無論是向消費者徵稅還是向生產者徵稅，稅收最終是由兩者共同分擔的；其次，稅收一定會抑制市場的生產，也就是說，徵稅後，奢侈品市場的交易量會減少，那麼稅收總額也可能因為市場規模縮小而達不到預期效果。

考慮奢侈品的特性，其消費需求是富有彈性的，需求曲線較為平坦；而生產在短期內是缺乏彈性的——已有的設備很難用於其他用途，工人改換職業也不是那麼容易，因此供給曲線較為陡峭。徵稅的影響如圖2.30所示。

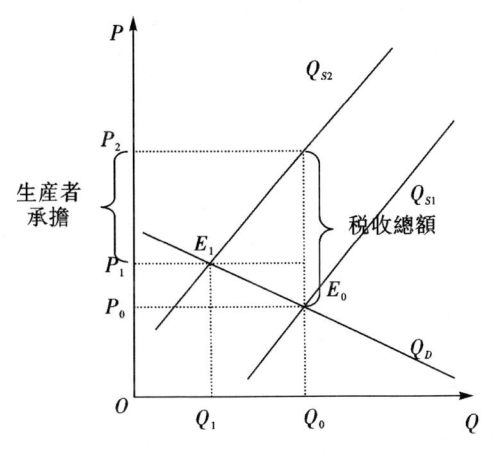

图 2.30　對奢侈品徵稅

　　假設對生產者徵稅，那麼供給曲線會向左移動，移動的垂直距離就是徵稅額（P_2-P_0），均衡點也由 E_0（Q_0, P_0）移動到 E_1（Q_1, P_1）。消費者和生產者共同承擔稅負，其中消費者承擔的部分為（P_1-P_0），生產者承擔的部分為（P_2-P_1）。

　　由於供給缺乏彈性而需求富有彈性，所以我們可以看到生產者承擔的稅額遠遠大於消費者承擔的稅額。也就是說，對遊艇徵稅的主要負擔落在了建造遊艇的企業和工人身上，因為最後是他們的產品價格下降了。但工人並不富裕，因此，奢侈品稅的負擔落在中產階級身上的比落在富人身上的多。

　　另一個後果是富人選擇在其他地區消費，於是巴拿馬的旅遊和遊艇消費迅速增長。

　　事實上，關於奢侈品稅歸宿的錯誤假設（認為主要是向富人徵稅）很快顯現出來。奢侈品生產者使國會議員認識到他們所經歷的經濟困境，因此，美國國會在1993年廢除了大部分奢侈品稅。

（三）非法產品市場——禁毒的作用

　　如果要抑制非法產品市場，比如毒品市場，什麼辦法更好一些？

　　常見的辦法是打擊販毒——從供給方面著手影響毒品市場，但效果似乎並不太好。販毒利潤如此之高，以至於人們選擇冒險。各國花費大量人力物力打擊販毒，但毒品仍然無處不在。

　　如圖2.31所示，打擊販毒使得供給曲線向左移動，導致毒品市場的均衡點從 E_1 移動到 E_2，因此毒品價格上升，而數量減少。

　　由於毒品對於上癮者來說幾乎是不可或缺的，需求彈性極小，因此毒品需求曲線非常陡峭。毒品供給曲線移動之後，需求量的減少幅度比價格上升幅度小（缺乏彈性）。

　　打擊販毒的做法收效甚微還有另外一個原因：毒品的罪惡不僅在於使人上癮，還會使吸毒者為了獲得毒資而偷盜、搶劫或進行相關犯罪。因為政府打擊販毒，使得毒品供給減少，價格上升，由於缺乏彈性，毒品價格上升使得總收益增加，意味著吸毒者總支付額上升。因此，吸毒上癮者為了滿足吸毒需要就必須支付更多的錢，從而增加了與毒品相關的犯罪。

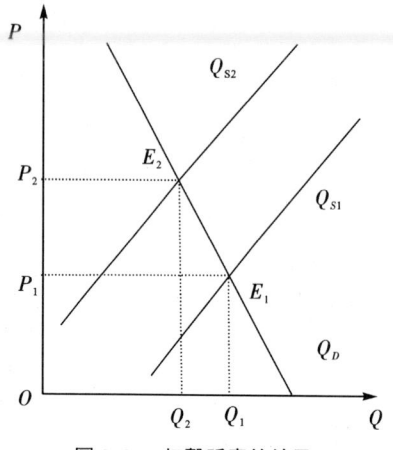

圖 2.31　打擊販毒的結果

　　禁毒政策的支持者對此做出補充，認為短期內毒品需求雖然是缺乏彈性的，但毒品價格高昂可以抑制青少年吸毒的嘗試，長期來看仍然是富有彈性的，因此打擊販毒需要長期堅持。

　　由於打擊販毒短期內會有增加相關犯罪的後果，有人提出對毒品市場放任不管，還有人提出通過反毒品教育（使需求曲線向左移動）來抑制毒品市場。

本章小結

　　市場是配置資源的重要方式，供給和需求就是最重要的市場力量，通過價格指引人們從事經濟活動。

　　本章主要介紹供給和需求的相關理論，使讀者初步瞭解市場價格是如何形成的，它受到哪些因素的影響，會如何發生變動。通過本章的學習，開始學會分析一些常見的經濟現象，以及瞭解政策等干預市場的力量的作用。總之，我們開始初步瞭解市場經濟的運行規律。

第三章
消費者行為理論

內容提要：
　　本章主要介紹基數效用理論和序數效用理論兩種不同方法分析消費者均衡。基數效用以邊際效用為主要工具，而序數效用理論運用無差異曲線分析，最終得出消費者均衡的實現條件。

重點掌握：
　　1. 效用、總效用、邊際效用等基本概念；
　　2. 邊際效用分析法和無差異曲線分析法；
　　3. 消費者均衡的實現條件。

　　導入：
　　1. 人類生活離不開水，而鑽石主要用於裝飾並非必需。為什麼水的價格低廉而鑽石卻非常昂貴？
　　2. 2007年石油價格迅速上升，從40美元/桶上升到130美元/桶，這種變化對人們的生活會產生怎樣的影響？
　　3. 自助餐老板向你收取一個固定的費用，提供牛肉和蔬菜兩種食品。牛肉昂貴而蔬菜便宜，但你不會只吃牛肉不吃蔬菜，為什麼？
　　考察人們的消費行為，需要從兩個方面著手。首先，人們為什麼消費，當然是為了滿足一定的需要。吃穿住行、教育娛樂等需要通過購買食物、衣服、住房等物品來獲得滿足。人類的慾望是無限的，所以我們想要購買的物品通常非常多。但恐怕只有比爾·蓋茨等少數富豪可以隨心所欲地購買想要的物品，我們大多數人的消費還得考慮另一個問題——支付能力。這時我們就會想起經濟學的基本論點之一：人們面臨交替關係，消費者需要在不同物品之間進行取捨——多買牛肉少買啤酒，或者少買牛肉多買啤酒。
　　我們先來討論消費者的偏好問題：人們喜歡什麼，想要購買什麼。

第一節　效用理論

一、效用的內涵

我們購買牛肉，因為它可以解除饑餓；我們購買衣服，因為它可以保暖；我們購買房屋，因為它可以遮蔽風雨……

人們從某種物品或勞務的消費中所獲得的利益或滿足稱為效用（Utility）。效用的概念可以幫助我們描述消費者的偏好。

（一）效用是一個主觀的抽象概念

效用是對慾望的滿足，是人們需要的所有商品的共有特徵。只要物品被人們需要，那它就一定能夠滿足某種慾望。

消費物品給人帶來的滿足是一種主觀感受，同一個物品對不同的人可能有不同的效用——甲之蜜糖，乙之砒霜。對於喜歡辣椒的重慶人來說，麻辣火鍋是美味，效用非常大；對於怕辣的江浙人而言，吃辣椒就是一種折磨，滿足程度很低甚至是不滿。

同一個人對同一個物品的評價可能也會因為時間、地點、環境的不同而改變。在沙漠裡，一瓶純淨水就是生命的希望，或許值得垂死的人用所有財富去交換；在口渴的時候，一瓶純淨水正是所需，值得花錢去購買；在徒步負重旅行的時候，一瓶純淨水是負擔，可能會被丟棄。

因此，效用是一個主觀的、抽象的概念，看不見摸不著。與效用類似的是溫度，這也是一個抽象概念。我們可以感受到冷熱，卻沒法直接觀測到「溫度」。或許聰明的你已經想到，既然我們可以用水銀等物體的膨脹收縮製作溫度計，用來間接觀察溫度，那麼我們應該也能夠找到類似的方法來表示效用。馬歇爾規定效用單位為 util。

（二）效用沒有倫理學含義

效用是一個中性的概念，沒有倫理學的含義，也沒有道德標準，不區分「好的效用」和「不好的效用」。

最好吃的東西

兔子和貓爭論世界上什麼東西最好吃。兔子說：「世界上蘿蔔最好吃。蘿蔔又甜又脆又解渴，我一想起蘿蔔就要流口水。」

貓不同意，說：「世界上最好吃的東西是老鼠。老鼠的肉非常嫩，味道美極了！」

兔子和貓爭論不休、相持不下，跑去請猴子評理。

猴子聽了，不由得大笑起來：「瞧你們這兩個傻瓜蛋，連這點兒常識都不懂。世界上最好吃的東西是什麼？是桃子！桃子不但美味可口，而且長得漂亮。我每天做夢都夢見吃桃子。」

兔子和貓聽了，直搖頭。那麼，世界上到底什麼東西最好吃？

這個故事說明了效用完全是個人的心理感覺。不同的偏好決定了人們對同一種商品效用大小的不同評價。

二、效用理論

效用理論隨著邊際學派的興起而被廣泛應用於經濟分析，但它最初是從數學應用中發展起來的。

1738年瑞士數學家丹尼爾·伯努利（Daniel Bernoulli）觀察到，在賭博的過程中，相繼增加的新財富給人們帶來巨大的滿足感，據此他首先提出了效用的概念。

最早將效用概念引入社會科學的是英國的哲學家吉米·邊沁（Jeremy Bentham），他建議社會應該按著效用原則組織起來。例如，他建議通過嚴厲的處罰增大犯罪者的痛苦，這樣可以阻止犯罪活動。

威廉·斯坦利·杰文斯（William Stanley Jevons）繼續推廣了邊沁的理論，並將其用於解釋消費者行為。他認為人們應以每一件物品所能增添的效用為基礎做出他們的消費決策。

19世紀以前的學者們基本認為效用是可以用基數加以衡量的，這就是基數效用理論；而20世紀以後的經濟學家則普遍認為效用的大小不可衡量，只能進行排序，這就是序數效用理論。

（一）基數效用理論

該理論認為效用的大小可以用1，2，3，4……這樣確定的數字來表示大小。比如1個麵包帶來5個單位的效用，1本書帶來8個單位的效用。馬歇爾規定效用單位為util。

既然每個物品的效用大小可以用確定的數字表示，那麼不同物品的效用就可以進行加總求和，比如1個麵包和1本書的效用之和就是13個單位的效用。

在考察消費者行為時，認為消費者主要根據每增加1單位物品帶來的效用大小制定消費決策，這就是邊際效用分析法。

（二）序數效用理論

雖然基數效用理論的出現為經濟學分析提供了有價值的手段，但對每一種物品的效用進行評價實在是非常困難，也不太實際，於是人們提出了序數效用理論。

該理論認為，效用作為一種主觀的滿意度，很難用具體的數字加以衡量，它只能根據個人喜好進行排序，即按照第一、第二、第三等序數來反應效用的等級。這種理論不再使用邊際效用來分析，而是使用等效用線（或者叫無差異曲線）來研究消費者的最大化問題。

雖然基數效用理論和序數效用理論有不同的前提——基數效用理論認為效用可計數、可加總，而序數效用理論認為效用只能進行排序，分析方法也有所不同——基數效用理論對應著邊際效用分析，而序數效用理論使用無差異曲線進行分析，但它們最後得到的結論都是相同的。

第二節　基數效用理論——邊際效用分析

本節主要介紹基數效用理論的邊際效用分析法，分析消費者均衡如何實現。首先我們要瞭解兩個重要的概念：總效用和邊際效用。

一、基本概念

（一）總效用

如果 1 個麵包帶來 5 個單位的效用，2 個麵包帶來 9 個單位的效用……那麼，我們把消費者從所有物品的消費中得到的滿足叫作總效用。

很顯然，總效用的大小與消費水準（消費物品的數量）有關。看電影的效用可以用表 3.1 表示。

表 3.1　　　　　　　　　　　**看電影的效用**

數量（每週看電影次數）	總效用
0	0
1	50
2	90
3	120
4	140
5	150

一般來說，隨著消費數量的增加，消費者得到的總效用也就越多——如果不看電影，消費數量為 0，那麼不能得到效用；如果看 1 場，得到 50 個單位的效用；如果看 5 場，得到 150 個單位的效用。

（二）邊際效用

1. 定義

每增加 1 單位物品或勞務的消費所引起的總效用的變動叫作邊際效用，這是現代經濟學最重要的分析方法之一——人們更注重考察邊際量。

同樣是看電影帶來的效用，現在我們在表 3.2 中列出邊際效用大小。

表 3.2　　　　　　　　　　　**看電影的效用**

數量（每週看電影次數）	總效用	邊際效用
0	0	
1	50	50
2	90	40
3	120	30
4	140	20
5	150	10

2. 邊際效用遞減規律

與總效用不同，隨著消費數量的增加，看電影帶來的邊際效用是逐漸減少的。第一場電影帶來 50 個單位效用，第二場有 40 個單位效用……第五場只有 10 個單位效用了。這種現象就叫作邊際效用遞減。

在一定時間內，在其他商品的消費量保持不變的情況下，隨著消費者對某種物品消費量的增加，消費者從連續增加的每單位商品中獲得的滿足越來越少，這就是邊際效用遞減規律。正是因為這個原因，自助餐廳的老闆才不會擔心所有人都只吃牛肉，讓他虧本。

為什麼會有邊際效用遞減規律？

（1）生理或心理原因

無論你多麼喜歡吃牛肉，也不太可能在自助餐店裡一頓吃上 5 千克牛肉。從生理上來說，人的胃口是有限的，不可能一直吃下去；從心理上來說，連續吃同樣的食物也會膩味，每一個增加的產品帶來的滿足感（也就是邊際效用）會越來越小。

（2）物品用途的多樣性

一種物品通常有多種用途，並且總是首先用在比較緊急的用途上，發揮出較大的效用，然後逐漸用於比較次要的用途，效用就更小一些。

比如人們用水，首先用來救命（沙漠干旱地區），效用非常大；然後用於解渴，效用比較大；接著可能用於洗漱，效用相對比較小；如果還有很多的水，可能就用作人工噴泉以滿足觀賞需要，效用更小一些。在連續消費同一種商品時，邊際效用越來越低。

3. 容易迷惑的問題

（1）貨幣也滿足邊際效用遞減規律嗎？

（2）如果一套郵票有 8 張，現在搜集到了 7 張，第八張顯得更為重要（表現為你願意為此支付更高的價格），是否就違反了邊際效用遞減規律呢？

通常我們覺得錢越多越好，但是理解這個問題我們要注意，邊際效用遞減規律討論的是每增加 1 單位物品帶來的效用，因此我們不是比較 1,000 元錢與 100 元錢的效用，而是要比較每 1 元錢的效用大小。

如果月底回家的時候，身上只有 2 元錢，這時不小心掉了 1 元錢硬幣到馬路對面，你會去撿嗎？如果月初身上有 1,000 元錢的時候，同樣有 1 元硬幣掉到馬路對面，你會不會去撿呢？很容易發現，隨著數量的增加，每 1 元錢的效用也是逐漸減少的。正是基於這樣的理由，我們認為富人的 1 元錢比窮人的 1 元錢效用更小。從整個社會來看，把富人的一小部分錢給窮人，會提高整個社會的總的滿足程度。因此，政府設計了累進的所得稅制度——對富人徵收更高比率的所得稅，取得稅收之後，以轉移支付等方式補貼窮人，從而提高整個社會的福利水準。

關於第八張郵票的問題，我們可以換一個角度來看。其實集郵者看重的並不是第八張郵票，也不單獨看待其他的任何一張，而是以「整套」為單位來考慮它們的效用。因此，8 張郵票是一個整體，共同構成一個商品單位。同樣，四條腿的桌子缺了任何一條腿都不行，我們不能因此判斷缺掉的那條腿效用最大，而是應當把整張桌子作為一個整體來看待，是一個商品單位。

思考一下：

你是否覺得越來越多的「仙俠奇幻偶像電視劇」吸引力在逐步下降？為什麼會這樣呢？當金庸武俠小說被一次次翻拍時，為什麼人們總是懷念老版、批評新版？

(三) 總效用與邊際效用

好了，現在我們進一步考察物品的總效用與邊際效用的關係。

隨著消費數量的增加，邊際效用逐漸減少，甚至有可能為負值。邊際效用為正數時，每增加 1 單位商品都會帶來總效用的增加；邊際效用為 0 時，商品消費量增加而總效用是不變的；邊際效用小於 0 時，增加商品的消費意味著總效用的減少。

因此，我們可以通過圖形來表示總效用和邊際效用的變化（見圖 3.1），用 TU 表示總效用，用 MU 表示邊際效用。

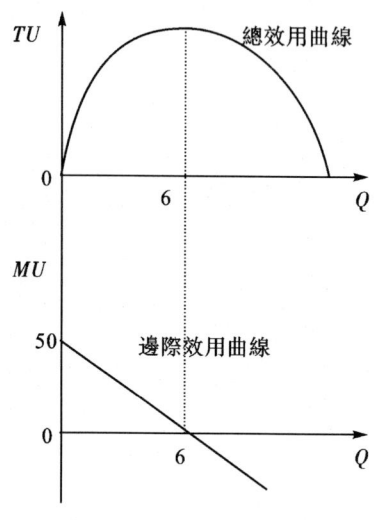

圖 3.1 總效用和邊際效用

考慮前面看電影的例子，每週看 1 場電影，其效用為 50 單位；看 2 場電影，總效用變為 90 單位，而第二場電影的邊際效用為 40……隨著看電影次數的增加，每場電影帶來的滿足程度下降。設想一種極端情況：每時每刻看電影，甚至不睡覺，這時看電影就不再是享受，可能變成了折磨，邊際效用可能為負數。

所以，總效用並不總是增加的，而是先增加後減少，有一個頂點——最大值。什麼時候總效用最大呢？邊際效用為 0 的時候——也就是圖 3.1 中消費第六個單位的時候。在之前，邊際效用為正數，意味著增加消費會引起效用的增加，總效用增加；在第六個單位之後，邊際效用為負數，意味著增加消費會引起效用的減少。因此，在邊際效用為 0 的時候，總效用最大。

二、消費者均衡

消費者的目標只有一個：實現效用最大化。我們的消費行為可以理解為用貨幣去購買效用，家庭收入有限決定了我們只能在預算約束下進行消費，因此要把每一單位貨幣花在效用最高的購買上。當消費者在給定商品價格的條件下，以使自己總效用最大的方式配置所有收入時，就叫作實現了消費者均衡。

(一) 預算約束

一種理想的購物狀態是什麼樣的？應該是毫不考慮物品的價格，可以隨心所欲地購物。而現實是大多數人都必須在眼花繚亂的商品與非常有限的收入之間進行權衡，

香車、豪宅、海邊度假、漂亮的衣服、名牌運動鞋……偏好決定人們想要購買的物品可能非常多，但現實的支付能力則決定了我們很難同時購買所有想要的物品。

個人或家庭的消費決策受到收入和支出水準的約束，也受到所購買物品的價格影響，這就是我們常說的預算約束。

1. 預算約束方程

為了簡化討論，我們假定所有收入 M 都用於支出，只用於購買兩種物品：X 和 Y，其價格分別為 P_X 和 P_Y，並且消費行為本身並不影響物品的價格。同時，我們還假定兩種物品的購買量分別為 Q_X 和 Q_Y。

這時就可以用一個簡單的方程來表示預算約束，我們把它叫作預算約束方程。

$M = P_X Q_X + P_Y Q_Y$

假設一個家庭每月收入 1,500 元，主要用於購買食品和休閒娛樂。為了明確，我們假定這個家庭購買的是牛肉 X 和電影 Y 兩種物品。在牛肉價格為 15 元/千克，電影 50 元/場時，這個家庭能夠消費多少牛肉和電影呢？（如表3.3所示）

表 3.3　　　　　　　　　　　　家庭的預算約束

消費組合	牛肉消費量 Q_X（P_X = 15 元/千克）	電影消費量 Q_Y（P_Y = 50 元/場）
A	100	0
B	50	15
C	20	24
D	0	30

如果全部用來購買牛肉，一共可以購買 100 千克；如果全部用來看電影，一共可以看 30 場。簡單說，如果一種物品的購買量增加，那麼就必然導致能夠購買的另一種物品數量減少。

用方程表示為：

$M = P_X Q_X + P_Y Q_Y = 15 Q_X + 50 Q_Y = 1,500$

變換一下形式，可以表示為：

$Q_Y = 30 - 0.3 Q_X$

用圖形來表示如圖 3.2：

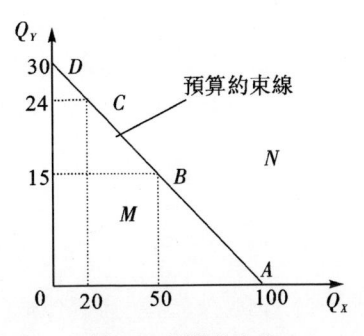

圖 3.2　預算約束線

預算約束線上的每一點都表示消費者恰好能夠購買的最大的商品組合，它決定了消費者能夠購買的極限。曲線內部的點（如點 M）表示購買之後收入還有剩餘，而曲線外部的點（如點 N）表示消費者的收入買不起的組合。

從圖形上面我們也不難發現，兩種物品之間存在替代關係——如果要增加牛肉的購買，就必須減少電影的消費；反之亦然。

2. 預算約束線的變動

前面我們確定的預算約束是在確定收入、確定價格下討論消費者的消費可能。如果收入或者價格變動，人們的消費選擇會發生什麼變化呢？

（1）收入變動

如果用來購買牛肉和電影的支出減少到 1,200 元，那麼能夠購買的最大組合如何變化呢？（如表 3.4 所示）

表 3.4　　　　　　　　　　新的預算約束

消費組合	牛肉消費量 Q_X（$P_X=15$ 元/千克）	電影消費量 Q_Y（$P_Y=50$ 元/場）
E	80	0
F	40	12
G	20	18
H	0	24

$M_1 = P_X Q_X + P_Y Q_Y = 15 Q_X + 50 Q_Y = 1,200$

轉變形式為：$Q_Y = 24 - 0.3 Q_X$

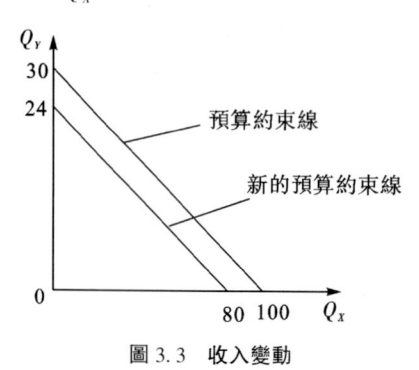

圖 3.3　收入變動

由圖 3.3 可知，收入從 1,500 元減少到 1,200 元時，預算約束線向左平行移動，而斜率不變；反之，如果收入增加，那麼預算約束線將向右平行移動。

（2）價格變動

變化之前，牛肉價格 $P_X=15$ 元/千克，電影價格為 $P_Y=50$ 元/場，預算約束線方程為 $Q_Y=30-0.3Q_X$。現在假設商品價格發生變化，考察預算約束的變動。

①一種商品價格變動

假如牛肉價格漲到 20 元/千克，而收入水準仍然是 1,500 元不變，那麼預算約束方程變為：

$M = 20Q_X + 50Q_Y = 1,500$

即：$Q_Y = 30 - 0.4Q_X$

作圖表示為：

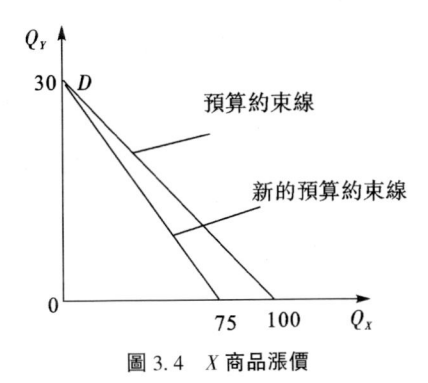

圖 3.4　X 商品漲價

由此可見，牛肉 X 漲價改變的是牛肉的最大購買量（從 100 千克減少到 75 千克），表現為預算約束線以縱軸交點 D 為中心向左旋轉，即橫軸截距縮短。

類似的，如果是電影 Y 價格變動，影響的是電影的最大購買量，表現為預算約束線以橫軸交點為中心旋轉，即改變縱軸截距。

②兩種商品價格同時變動

有可能牛肉和電影的價格同時變動，如果同方向（價格上升或下降）、同比例（變動百分比）變動，那麼會使預算約束線平行移動，不改變斜率；如果不是同方向、同比例變動，那麼會改變相對價格，從而改變預算約束線的斜率。

思考一下：

若收入不變（仍然為 1,500 元），牛肉價格變為 20 元/千克，電影價格變為 40 元/場，做出消費者的預算約束線。

(二) 消費者均衡的條件

現在我們考察收入為 1,500 元時，牛肉 X 和電影 Y 的最大消費組合所代表的效用水準，分別列出總效用、邊際效用，以及每單位貨幣帶來的邊際效用大小。

每單位貨幣購買到的邊際效用可以用邊際效用除以該商品價格獲得，即 $\dfrac{MU_X}{P_X}$ 和 $\dfrac{MU_Y}{P_Y}$。

假定我們可以明確列出消費者從牛肉和電影消費中獲得的滿足程度，分別用 TU、MU 表示總效用和邊際效用，而兩種商品的總效用 $TU = TU_X + TU_Y$。不同消費量下的效用表如表 3.5 所示。

表 3.5　　　　　　　　　預算約束下的消費組合

消費組合	牛肉的消費（$P_X=15$ 元/千克）					電影的消費（$P_Y=50$ 元/場）					總效用
	Q_X	TU_X	MU_X	$\dfrac{MU_X}{P_X}$	Q_Y	TU_Y	MU_Y	$\dfrac{MU_Y}{P_Y}$	(TU_X+TU_Y)
A	100	0	−30	−2	0	0	100	2	0
…									
B	50	750	0	0	15	1,125	50	1	1,875
…									
C	33.3	667	10	0.7	20	1,333	33	0.7	2,000
…									
D	10	270	24	1.6	27	1,485	10	0.2	1,755
…									
E	0	0	30	2	30	1,500	0	0	1,500

從表 3.5 中我們可以看到，隨著牛肉消費量的減少，電影消費量的增加，總效用先增加後減少（從 A 到 C 增加，從 C 到 E 減少）。

在 C（$Q_X=33.3$，$Q_Y=20$）點的消費組合下，總效用最大（$TU=2,000$），消費者實現均衡消費，此時滿足最後一單位貨幣購買到的效用相等，即 $\dfrac{MU_X}{P_X}=\dfrac{MU_Y}{P_Y}$，這就是實現消費者均衡的條件。

從經濟含義來看，消費者在決定購買決策時，事實上就是要解決稀缺資源的配置問題——由於人們的購買慾望超過了支付能力，所以貨幣就是一種稀缺資源，消費者必須在不同的想要購買的商品中做出艱難的選擇，而選擇的依據就是如何使自己從消費中獲得的總效用最大。

因此，消費者均衡的條件就是使每支出的 1 單位貨幣所購買到的邊際效用都相等。如果有多種商品，那麼就要滿足下列條件：

$$\dfrac{MU_1}{P_1}=\dfrac{MU_2}{P_2}=\dfrac{MU_3}{P_3}=\cdots=\dfrac{MU_n}{P_n}=\lambda$$

其中 $P_1X_1+P_2X_2+\cdots+P_nX_n=M$

思考一下：

如果沒有預算約束（收入無限），消費者均衡在什麼時候得以實現？

第三節　序數效用理論——無差異曲線分析

序數效用理論用無差異曲線分析消費者行為。

一、關於偏好的假定

為了對不同商品的效用進行排序，消費者的偏好要滿足一系列假定。

(一) 消費者的偏好具有可比性

對於任何兩種或者兩種以上的物品，消費者總是能夠準確地給出評價，比如對於 A 和 B，人們的偏好只能是 A>B、A=B、A<B 三者中的一個，不存在不能判斷的情況。

(二) 消費者的偏好具有可傳遞性

如果已知對 A、B、C 三種物品的偏好滿足 A>B，以及 B>C，那麼在 A、C 兩種商品的比較中，一定是 A>C。也就是要求消費者的偏好保持一致性。

(三) 消費者的偏好具有不飽和性

不飽和性是指如果兩個商品組合中的區別僅在於其中一種商品的數量不同，那麼消費者總是偏好於數量更多的那個組合，即所有的商品都是「好的」，多比少好，不存在過量導致少比多好的情況。

二、無差異曲線

在面對牛肉和電影的商品組合時，消費者的偏好使他在不同數量的組合之間進行選擇，如果有一些數量不同的組合帶給消費者相同的滿足程度，那麼這些組合對於該消費者而言就是無差異的，或者是等效用的。因此，我們把這種消費者偏好相同的兩種商品的不同數量的各種組合連接起來，就可以得到無差異曲線。

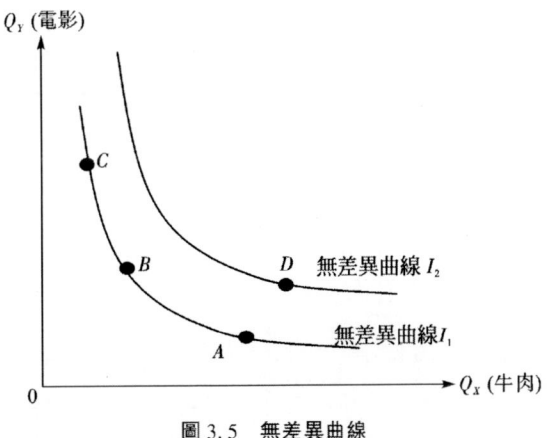

圖 3.5　無差異曲線

(一) 無差異曲線的特徵

在同一個平面上，可以有無數多條無差異曲線。

1. 離原點越遠，代表的滿足程度越高

在圖 3.5 中的無差異曲線 I_1 和 I_2 代表不同的滿足程度，I_2 離原點更遠，表示更高的滿足程度。這是和偏好的不飽和性聯繫在一起的，既然商品多比少好，那麼 I_2 曲線上的點表示更多商品的組合，當然比 I_1 更令人滿意。

2. 同一平面上任意兩條無差異曲線不會相交

如果代表不同滿足程度的兩條無差異曲線存在交點，則違反了偏好的可傳遞性。

3. 無差異曲線向右下方傾斜

無差異曲線的斜率反應了消費者願意用一種物品替代另一種物品的比率。在大多數情況下，消費者兩種物品都喜歡。因此，如果要減少一種物品的量，為了使消費者同樣滿足就必須增加另一種物品的量。由於這個原因，大多數無差異曲線向右下方傾斜。

(二) 商品的邊際替代率

一條無差異曲線上任意一點的斜率等於消費者願意用一種物品替代另一種物品的比率。這個比率稱為商品的邊際替代率（MRS）。

在圖3.5的例子中，邊際替代率衡量為了補償減少1單位牛肉消費導致的滿足程度下降，需要增加多少電影的消費，即 $MRS_{XY} = -\dfrac{\Delta Y}{\Delta X}$。

要注意的是，由於無差異曲線並不是一條直線，所以，在一條既定的無差異曲線上，所有各點的邊際替代率並不相同。消費者願意用一種物品交換另一種物品的比率取決於他已經消費的物品量。比如說在牛肉消費量比較多的A點，消費者願意為減少1單位牛肉要求很少的電影消費量，比如0.1單位；而在牛肉消費量較低的C點，消費者就為減少1單位牛肉消費要求較多的電影作為補償，比如1單位。

在效用水準不變的條件下進行商品交換，其實質是不同商品帶來效用的交換。因此，這兩種商品的效用必然相等，即 $\Delta X \cdot MU_X + \Delta Y \cdot MU_Y = 0$，所以：

$$MRS_{XY} = -\dfrac{\Delta Y}{\Delta X} = \dfrac{MU_X}{MU_Y}$$

通常情況下，消費者願意放棄他們擁有較多的物品，而不願意放棄本身就比較缺乏的物品，所以存在商品的邊際替代率遞減規律。也就是說，在維持滿足程度不變的條件下，隨著一種商品消費數量的連續增加，消費者想要獲得更多的這種商品的願望就不那麼迫切了，為得到一單位這種商品所願意放棄的另一種商品的數量是遞減的。

從幾何圖形上來看，商品的邊際替代率遞減表示無差異曲線的斜率的絕對值是遞減的，因此無差異曲線凸向原點。

(三) 無差異曲線的特例

一般情況下，無差異曲線是一條凸向原點的、向右下方傾斜的曲線，而其形狀取決於商品的邊際替代率。對於一些具有特殊聯繫的商品來說，無差異曲線的形狀可能不同。

1. 完全替代品

對於消費者來說，百事可樂和可口可樂完全可以互相替代，因此商品組合中百事可樂多一點還是可口可樂多一些完全沒有影響，這兩種商品的邊際替代率是一個常數（1∶1），相應的無差異曲線也是一條斜率不變的直線（如圖3.6所示）。

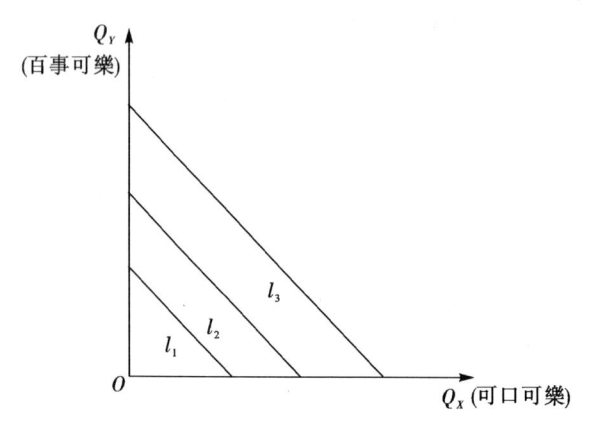

圖3.6　完全替代品

2. 完全互補品

完全互補品是指兩種商品必須按照固定不變的比例同時消費才能發揮作用的情況，比如汽車和汽油、牙膏和牙刷等。

在完全互補的情況下，相應的無差異曲線是直角形狀（如圖3.7所示）。

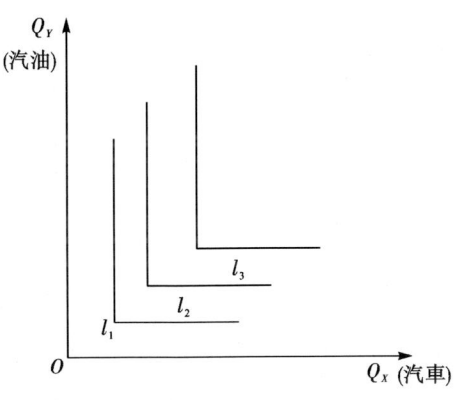

圖3.7　完全互補品

三、消費者均衡

消費者均衡是指消費者在偏好一定（一組無差異曲線），並且收入和商品價格也一定（預算約束線確定）的條件下，選擇的商品組合實現了效用最大化目標的情況。

（一）消費者均衡條件

由於消費者面臨一條確定的預算約束線和一組無差異曲線，只有既定的預算線與其中一條無差異曲線的切點才是消費者獲得最大效用水準的均衡點（如圖3.8所示）。

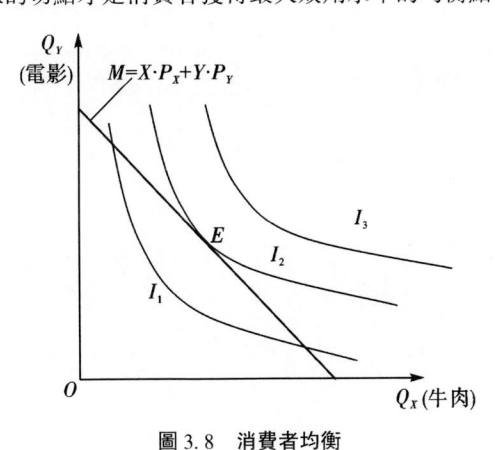

圖3.8　消費者均衡

在圖3.8中，確定了預算約束線 $M = X \cdot P_X + Y \cdot P_Y$，無差異曲線 I_1、I_2、I_3 代表著消費者的偏好。

I_1 與預算約束線相交，它們沒有達到消費者預算約束下的最高效用水準；I_3 與預算約束線相離，已經超出了預算約束的範圍；I_2 與預算約束線相切，切點為 E 點，達到預算約束下的最大效用。

在消費者實現效用最大化的 E 點，無差異曲線與預算約束線相切，所以兩條線上該點的斜率是相等的。根據無差異曲線，E 點的斜率為 $k_1 = \frac{\Delta Y}{\Delta X} = -\frac{MU_X}{MU_Y}$；根據預算約束線，$E$ 點的斜率為 $k_2 = -\frac{P_X}{P_Y}$。

因此，消費者均衡的條件為：$\frac{MU_X}{MU_Y} = \frac{P_X}{P_Y}$，可變形為 $\frac{MU_X}{P_X} = \frac{MU_Y}{P_Y}$，即商品的邊際效用與價格之比相等，每 1 單位貨幣花在 X 商品或者 Y 商品上能夠換來的邊際效用都相等。

綜上所述，無論是使用基數效用理論還是序數效用理論進行分析，消費者均衡的條件都是相同的，即商品的邊際效用之比與價格之比相等，或者說每 1 單位貨幣花在任一商品上能夠帶來的邊際效用都相等。

如果是多種商品 X_1，X_2，…，X_n，對應的邊際效用為 MU_1，MU_2，…，MU_n，每 1 單位貨幣的邊際效用為 λ，那麼消費者均衡的條件就是：

$$\frac{MU_{X_1}}{P_{X_1}} = \frac{MU_{X_2}}{P_{X_2}} = \cdots = \frac{MU_{X_n}}{P_{X_n}} = \lambda$$

（二）消費者均衡的變動

消費者均衡是在一系列確定條件下得到的，包括收入水準、商品價格、商品的效用函數，等等。如果條件改變，消費者均衡會如何變化呢？

1. 商品價格變化

假定消費者的偏好不變，收入（預算）不變，另一種商品 Y 的價格 P_Y 也不變，只有 X 商品的價格 P_X 上升或下降。

（1）價格消費曲線

如圖 3.9 所示，當 X 商品的價格上升時，預算約束線由 AB 旋轉至 AB_1 的水準，與無差異曲線 I_1 相切於 E_1 點，這就是新的均衡點；當價格下降時，預算約束線由 AB 旋轉至 AB_2 的水準，均衡點也變為 AB_2 與無差異曲線 I_2 的切點 E_2。

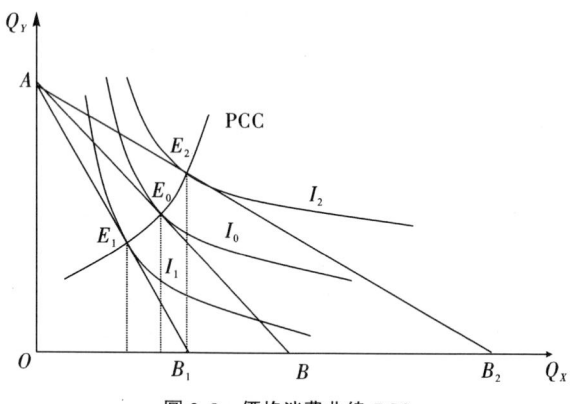

圖 3.9 價格消費曲線 PCC

把不同價格水準下的均衡點連接起來，就可以得到價格消費曲線 PCC（Price Consumption Curve），它表示消費者在收入和其他商品價格不變的條件下，一種商品價格變化時消費者均衡的變化軌跡。

（2）個別需求曲線

價格消費曲線 PCC 上的各點代表著 X 商品不同的價格水準和消費量，將它們在坐標圖中表示出來，就得到需求曲線（如圖 3.10 所示）。

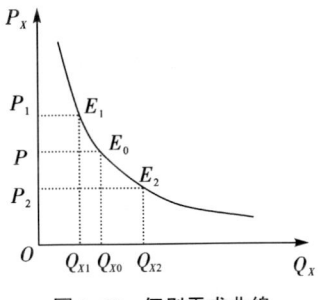

圖 3.10　個別需求曲線

由於實現消費者均衡時，滿足 $\frac{MU_X}{P_X}=\lambda$ 這一均衡條件，其中貨幣的邊際效用 λ 可以看作一個保持不變的常數，那麼 X 商品的價格 $P_X = \frac{MU_X}{\lambda}$，與它的邊際效用 MU_X 密切相關。

隨著商品數量 Q 增加，邊際效用 MU_X 遞減，消費者願意支付的最高價格 P_X 隨之降低，即商品數量 Q_X 與價格 P_X 成反向變動的關係，個別需求曲線向右下方傾斜。

2. 收入變化

假定消費者的偏好和商品價格不變，當消費者的收入發生變化時，將會導致預算約束線平行移動（如圖 3.11 所示）。

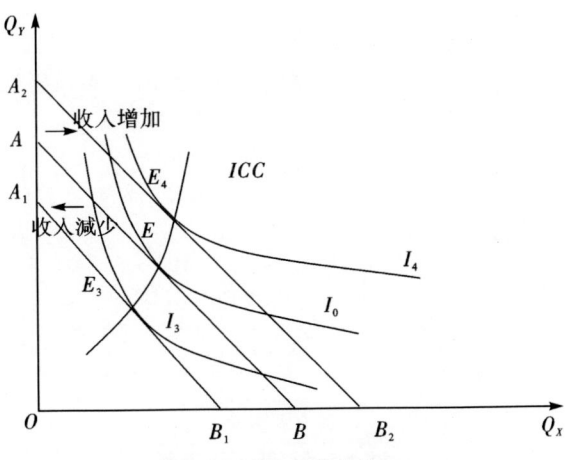

圖 3.11　收入消費曲線 ICC

隨著收入水準的變化，預算約束線發生平移，與新的無差異曲線相切得到均衡點，把這些不同收入水準下的均衡點連接起來，就得到收入消費曲線 ICC（Income Consumption Curve），它表示收入變動對消費者均衡的影響。

第四節　現實世界中的邊際效用

追求均衡的消費者行為分析可以給我們很多啟示，從而幫助我們理解關於家庭決策等現實世界中的問題。

一、個別需求曲線的推導

我們知道需求是由消費者的購買行為決定的，現在，消費者均衡的理論為前面的需求曲線提供了一個理論基礎——當然，這裡的需求曲線是指每個消費者的個別需求曲線，是構成市場需求曲線的基礎。

(一) 個別需求量與價格的關係

需求曲線反應價格變動與商品需求量之間的關係，而任何一種商品的需求曲線都反應了消費者的購買決策。也就是說，需求曲線上的每一點都是均衡消費決策的點。

消費者均衡的條件是最後 1 單位貨幣購買到的邊際效用大小相等，假定每 1 單位貨幣的效用為 λ，則均衡條件為：

$$\frac{MU_1}{P_1}=\frac{MU_2}{P_2}=\frac{MU_3}{P_3}=\cdots=\frac{MU_n}{P_n}=\lambda$$

只考慮其中的一種商品，那麼 $MU_X=\lambda P_X$。

當物品數量 Q_X 增加時，根據邊際效用遞減規律，我們知道每單位該物品帶來的邊際效用是越來越小，即 MU_X 減少。根據 $P_X=\dfrac{MU_X}{\lambda}$，我們知道該物品的價格將會下降。

因此，一般商品的需求量與價格是反向變動的關係。

(二) 消費者剩餘

需求曲線表示消費者願意支付的最高價格，不一定等於實際支付的價格。

針對不同的數量，消費者願意支付的最高價格是不同的，但在實際購買中，無論購買 1 個麵包還是 10 個麵包，我們通常都支付相同的單價。

如圖 3.12 所示，假定針對數量為 1，2，3 時，消費者願意支付的最高價格分別為 10 元，8 元，6 元。那麼，在價格為 6 元時，消費者購買 3 個商品，實際支付的數額就是 3×6＝18 元。

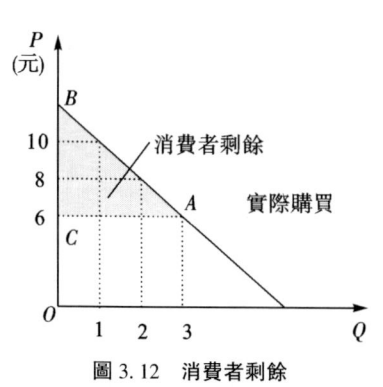

圖 3.12　消費者剩餘

在這條可以無限細分（購買單位可以是 0.1，或者 0.01 等）的需求曲線上，△ABC 部分的面積，叫作消費者剩餘，它表示消費者願意支付的最高數額與實際支付額之間的差別，是衡量消費者福利的一個重要指標。消費者剩餘部分越大，表示消費者獲得的額外滿足越高，也就越幸福。

思考一下：
麥當勞等快餐店經常派發大量的優惠券，但一般並不直接降價，為什麼？

二、價值悖論——水和鑽石

幾百年來，哲學家們為水和鑽石的價格之謎而困惑：水是生命之源，價格卻非常低廉；鑽石不過是身外之物，卻價格高昂。現代經濟學之父亞當·斯密曾經試圖解決這個問題，但在邊際效用理論提出之前，人們沒能得到一個滿意的答案。

（一）邊際效用分析

事實上，我們可以通過區分總效用和邊際效用來回答這個問題。

人類從水中獲得的效用是巨大的，但同時消費數量也是巨大的。考慮到邊際效用遞減規律，我們知道最後 1 單位水帶來的邊際效用是非常微小的；另一方面，鑽石的消費量很小，其邊際效用就非常高。

所以，在考慮水和鑽石兩種商品的消費時，消費者仍然追求效用最大化目標，選擇的商品組合滿足均衡條件，即：

$$\frac{MU_X}{P_X} = \frac{MU_Y}{P_Y}$$

花在購買水和購買鑽石上的錢必須滿足與最後 1 單位貨幣買到的效用大小相等，因此商品的價格與邊際效用大小成正比——水的邊際效用低，則價格低；鑽石的邊際效用高，則價格高。

（二）消費者剩餘

另一個解釋辦法是考察水和鑽石的消費者剩餘。

如圖 3.13、圖 3.14 所示，很容易發現，水的消費量大，給消費者帶來的價值很多——消費者剩餘很大，但是價格很低，因為邊際效用低；鑽石的消費量小，給消費者帶來的價值較少——消費者剩餘較小，但是價格很高，因為邊際效用高。

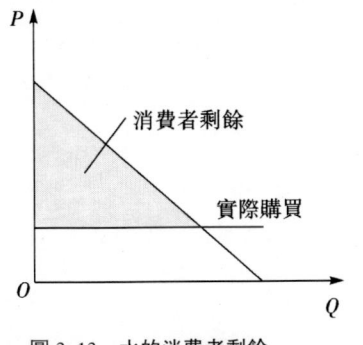

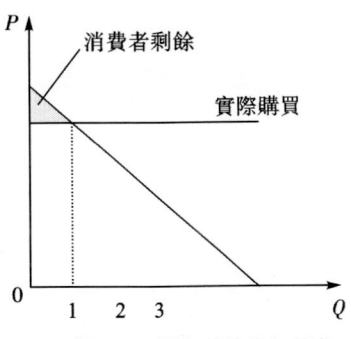

圖 3.13　水的消費者剩餘　　　　　圖 3.14　鑽石的消費者剩餘

三、勞動者的時間決策

家庭不僅要決定如何把資源配置在不同商品的購買上，而且還要做出許多其他的決策，比如把時間分配在工作和閒暇之間。消費者選擇理論可以幫助我們理解這些決策。

工資水準和工作時間決定了收入水準——這是消費的基礎，而另一個方面，工作時間和閒暇時間此消彼長——用於閒暇的時間越長，工作時間越短，收入水準也就越低。所以，工資不僅是工作的報酬，還是閒暇的機會成本。雖然無所事事幾乎什麼都不花費，考慮到機會成本，也是有代價的。

考察張文一週的時間安排，如果每週有100個小時的時間可自由分配，現在他可以選擇把時間用來研發電腦軟件，每小時能夠獲得50元的報酬。如果他把所有時間都用來工作，那麼可以獲得5,000元收入，但卻沒有時間去消費了，此時他願意放棄一些收入來換取閒暇，因此閒暇和工作存在替代關係。

可以用工資率與工作時間的圖形來表示勞動者的供給曲線（如圖3.15所示）。

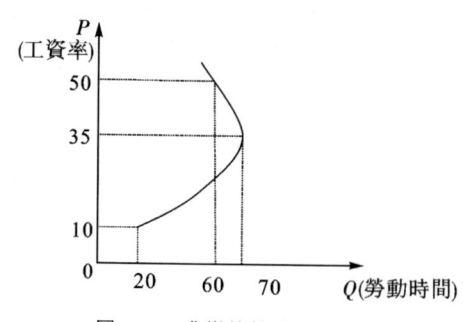

圖3.15 背彎的勞動供給曲線

考察工資水準從10元/小時上升到50元/小時這個過程中勞動時間的變化。

① 工資水準為10元/小時的時候，張文每週工作20小時，獲得200元收入；

② 工資水準上升到35元/小時的時候，張文延長工作時間，每週工作70小時，獲得2,450元收入；

③ 工資水準繼續上升，達到50元/小時，張文選擇工作60小時，獲得3,000元收入。

這和我們前面提到的勞動供給曲線非常類似，在工資水準上升的過程中，勞動者先延長工作時間，然後減少。

理解這一過程需要從兩個方面考慮：一方面，工資率代表著閒暇的機會成本，工資水準上升意味著閒暇的機會成本增加，人們傾向於減少閒暇時間，即工作更長時間；另一方面，工資水準更高使人們的收入增加，那麼消費者會增加所有正常物品的購買（回顧收入變動對消費者均衡的影響），而閒暇也是正常物品，因此人們增加閒暇的購買，同時減少工作時間。

綜合起來看，工資水準上升對閒暇時間的影響是兩方面的，一方面使閒暇時間減少（替代效應），另一方面又使閒暇時間增加（收入效應），最終閒暇時間的變動由這兩種效應共同決定。

在工資水準較低時（圖 3.15 中低於 35 元/小時），替代效應大於收入效應，於是工資上升使閒暇時間減少，而工作時間延長；在工資水準較高時（圖 3.15 中高於 35 元/小時），替代效應小於收入效應，因此工資上升使閒暇時間增加，而工作時間減少。

背彎的勞動供給曲線（如圖 3.15 所示）非常有意義，可以用來理解勞動者平均每週的工作時間從 19 世紀的 70 小時減少到 20 世紀的 40 小時（甚至更少）。其次，這種理論可以解釋為什麼越來越多的婦女走出家庭，成為全職工作者——市場上工資水準上升，使得在家做全職主婦的機會成本上升，替代效應非常大，於是婦女選擇到市場上工作取得收入。

一百多年前，許多人一週工作 6 天。現在每週工作 5 天是正常的。在每週工作長度減少的同時，一般工人的工資（根據通貨膨脹調整後）一直在增加。

如果你中了 500 萬元大獎，還會繼續工作嗎？美國的一項調查顯示：那些贏得了總計 5 萬美元以上獎金的人中，幾乎有 25%的人在一年內辭職，而另有 9%的人減少了他們工作的時間；那些贏得獎金超過 100 萬美元的人中，幾乎有 40%的人不再工作。工資上升的收入效應是巨大的。因此，卡耐基警告說：「給兒子留下巨額財產的父母會使兒子的才能和熱情大大喪失，而且使他的生活不如沒有遺產時那樣有用和有價值。」卡耐基在有生之年和死後，把他的大部分巨額財產捐給了慈善機構。

四、消費與儲蓄決策

每個人還會面臨的一種選擇是消費與儲蓄的取捨。人們取得的收入有兩種可能的用途：一是用於現期消費，二是用於儲蓄以備未來的需要。我們可以用消費者行為理論簡單分析人們如何做出這種決策，以及儲蓄的數量如何受到利率的影響。

如果你有 10 萬元，可以現在消費掉，也可以存起來未來消費。在現期消費和未來消費之間做出選擇的時候，你會考慮利率水準嗎？簡單地說，利率水準上升，人們是增加儲蓄還是減少儲蓄？

利率水準決定了儲蓄的收益，也決定了現期消費的機會成本。當利率為 10%時，將 10 萬元全部用於儲蓄將在 1 年後獲得 1 萬元利息，即可以在 1 年後獲得 11 萬元的消費；如果利率水準為 20%，那麼 10 萬元的儲蓄將帶來 2 萬元利息，1 年後可以消費 12 萬元。在利率更高的情況下，年輕時放棄消費將在未來得到更多的消費。

那麼，人們一定會在利率上升的時候增加儲蓄（減少現期消費），在利率下降的時候減少儲蓄嗎？

事實不然，或許有人還記得在 1998 年前後，中國政府曾經為了促使人們減少儲蓄、增加消費而降低利率，並且徵收利息稅，結果卻未能達到預想。

與工資水準對工作時間的影響類似，利率對儲蓄的影響也是雙重的。一方面，利率上升產生替代效應——利率上升意味著現期消費的機會成本上升，人們選擇用更多的儲蓄替代消費，於是減少現期消費增加儲蓄；另一方面，利率上升還有收入效應——利率上升意味著相同儲蓄額能夠帶來更多的收入，如果人們儲蓄的目的是為了獲得一定的收入以滿足年老時的需要，那麼在高利率水準的時候就可以減少儲蓄，增加現期消費。

因此，利率變動對儲蓄額的影響需要綜合考慮替代效應和收入效應。如果替代效應較大，則利率上升使儲蓄增加，而利率下降使儲蓄減少；如果收入效應較大，則利

率上升使儲蓄減少，而利率下降使儲蓄增加。

　　基於這樣的理解，我們知道在社會保障體系不健全的情況下，大多數人年老時只能依靠自己的積蓄生活，他們在決策時就主要考慮利率的收入效應。因此，降低利率、徵收利息稅減少了儲蓄的收益，為了保證未來的生活水準，人們只能儲蓄更多。

資料延伸

人是理性決策者

　　經濟活動離不開人的參與，因此經濟學研究的一個重要內容就是人的行為。有關家庭、工廠、一般商品市場、勞動市場和金融市場人類行為的經濟分析基於這樣的假定：可以把人的行為解釋為對稀缺性的反應，可以把我們所做的每一個決定都解釋為在受到有限的資源和技術帶來的約束條件下使總收益最大化的選擇。

　　（一）為什麼越來越多的婦女成為勞動力

　　如果在約束條件變化時，人們的偏好是穩定的，那麼我們就有可能預測人們如何對變化的條件做出反應。經濟學家吉米·邊沁（Jeremy Bentham）（1748—1832年）是用效用概念解釋人類選擇的第一人，也是最早提出退休養老金、保證就業、最低工資、免費教育與免費醫療這類社會福利的人之一。邊沁的身體所做的標本至今仍保存在倫敦大學的一個玻璃櫃子裡。

　　經濟學家把人類行為解釋為約束條件下進行效用最大化選擇的結果，是約束條件改變導致人們行為變化，而不是態度（或者說偏好）。比如過去100年間婦女參加工作的比例變化。在19世紀90年代，不到20%的婦女參加市場就業，並且大多數從事報酬低而毫無吸引力的工作。其他的婦女則選擇了在家庭從事非市場性的工作。到1997年，有60%以上的婦女屬於勞動力，而且，儘管許多人是低報酬工作，但在專業工作和行政崗位上出現了越來越多的婦女——比如美國最近的兩位國務卿：賴斯和希拉里。與100年前相比，是什麼原因引起這種急遽的變化呢？是婦女更喜歡市場性工作（偏好）還是約束條件（技術、工資等）呢？

　　經濟學家認為是約束條件的變化導致了婦女選擇的變化。技術進步提高了生產效率，也使得工資報酬增加，於是市場工作比家庭勞務更有吸引力了；另一方面，技術進步也使得家務勞動時間減少——比如抽油蒸機的使用就減少了打掃廚房的難度，這也使得更多的婦女走向勞務市場，成為勞動力。

　　（二）為什麼大多數國家的人口出生率會下降

　　另一位研究人類行為的傑出的經濟學家是加里·貝克爾（Gary S. Becker）（1930—2014年），他的博士學位論文後來作為《歧視經濟學》一書出版，深刻地改變了人們對於歧視現象的認識和減少歧視的經濟方法。貝克爾教授的另一部主要著作是1964年出版的《人力資本》，這本書已經成為經典，並且成功影響了克林頓政府關於教育問題的思考。1992年，由於他對人力資本的研究而被授予諾貝爾經濟學獎。

　　貝克爾教授對人口經濟學做出了重大貢獻，提出了「兒童是耐用品」的思想，並獲得美國最高人口學獎——阿爾寧·塔奧博獎（Irene Taeuber Award）。從經濟學方法得出的結論看，人們想要的孩子的數量主要取決於兩個因素：成本與決策。其中，成本不僅包括給孩子的食物和住所，還包括父母花在孩子身上的時間——在大多數社會

裡，這主要是母親的時間。當母親受到更多的教育、有更多的市場工作機會時，在家照顧孩子的時間成本就增加了。隨著時間成本的增加，家庭就不會像過去那樣要許多孩子。第二個影響因素是家庭做出的關於兒童生活質量的決策，用兒童的教育、培養和健康來表示。現代經濟越來越強調知識、技術和技能，因此父母需要在孩子的教育、培養和健康方面下大功夫，意味著養孩子的成本更高了。

在過去的30年間，大多數國家的人口出生率都在下降，包括中國、印度、其他一些亞洲國家、拉丁美洲和非洲的一些國家。目前，大約有15個國家的人口出生率已經大大低於死亡率，包括德國、義大利、西班牙、葡萄牙、法國和日本等。這就意味著這些國家的人口最終會迅速減少，因此瞭解人口出生率為何放慢已經不僅僅是家庭或者個人選擇的問題，而是關係國家政策的重要問題。

本章小結

消費者行為理論描述了人們如何做出決策，在生活中被廣泛應用。它可以解釋一個人如何決定購買的牛肉和電影的數量，如何根據工資水準調整工作時間，如何做出儲蓄等決策。

然而，在現實中大概很少有人在超市購物的時候嚴格計算麵包、洗衣服、微波爐等物品的效用。這是否說明理論不過是空談呢？回答是否定的。消費者選擇理論並不是對人們如何做出決策提供一種忠實的描述，它是一個模型。而且，正如我們最早在第一章導論中提到的，模型並不是完全現實的，它對現實進行了簡化。

最好的理解是把消費者行為理論作為消費者如何做出決策的一個概括，或者說一個趨勢性的解釋。沒有一個消費者（除非在經濟學模型中）是明確地借助這種理論中包含的最大化來做出決策的，但消費者知道他們的選擇要受到自己收入及支出水準的約束。而且，在這些約束條件下，他們所能做的最好的就是達到最高滿足程度。消費者行為理論努力用更為明確的方法來描述隱含的心理過程。

理論的檢驗在其運用。在本章最後一部分我們把消費者行為理論運用於有關經濟的四個實際問題。如果你選修更高深的經濟學課程，你將看到，這種理論為更多的分析提供了一個框架。

第四章
企業理論

內容提要：

作為研究產業組織的出發點，本章考察企業行為和生產成本。企業這種組織具有它的特點，當它們進行生產和銷售時都會引起成本，企業成本是其生產和定價決策的關鍵因素。因此，本章主要用生產函數考察企業投入與產出之間的關係，然後根據產出與成本之間的聯繫分析企業利潤最大化決策。

重點掌握：

1. 企業的性質和特點；
2. 短期和長期生產函數的特點；
4. 企業成本的計算；
5. 企業利潤最大化原則。

導入：

1. 聯想電腦的部件並不完全由本企業生產出來，比如，微軟公司提供了它的 Windows 操作系統，英特爾製造了它的處理器芯片，其他企業製造調制解調器、聲卡、顯卡等。為什麼聯想集團不自己生產所有部件？聯想集團是如何決定自己生產哪些產品、向其他企業購買哪些產品的？

2. 張文在一家公司上班，每個月工資為 2,000 元；他還擁有一個小鋪面，租給別人賣衣服，租金為每個月 1,000 元。朋友建議他用這個鋪面自己開一個小賣部，每個月大概能夠銷售 30,000 元商品，其中進貨成本 24,000 元，水電等費用 1,000 元，還需要雇用一個店員支付 800 元工資。那麼，張文每個月經營小賣部的利潤是多少？

我們知道企業是市場主體之一，而成千上萬家企業又組成了經濟。

從經濟職能來看，不同規模、不同經營範圍的企業起著同樣的作用，每一個企業都雇傭生產資源（資本、勞動、土地等），並且組織這些資源進行生產，然後銷售產品或勞務。有的時候，我們也把企業叫作廠商，所以本章內容也叫作廠商理論。

第一節　企業的性質

一、企業的目標

考察企業的行為，首先就要從企業的目標開始分析。

如果對企業家進行問卷調查，詢問他們的目標是什麼，答案可能是各種各樣的——有一些企業家說他正致力於製造高質量的產品；有一些企業家說他力爭使本企業成為行業領頭羊；還有一些企業家說他希望能夠帶給股東們最高的收益率；也許還有一些企業家比較希望獲得對自己經營能力的肯定……所有這些目標都是有可能實現的，但它們並不是基本目標，或者說最終目標，而只是實現最終目標的手段。

企業的最終目標是利潤最大化。一個不追求利潤最大化的企業最終將會被其他企業所取代。與利潤最大化類似的還有銷售量最大、市場份額最大等目標，但從長期來看，每個企業最為關注的仍然是利潤。理論上，或許一個蛋糕店主之所以製作蛋糕，可能是出於利他主義願望——比如為別人提供食物，也有可能是出於熱愛糕點製作，但更有可能是為了賺錢。經濟學家通常假設企業的目標就是利潤最大化，而這個假設在大多數情況下都能夠發揮作用。

二、利潤的衡量

（一）定義

企業（生產者）可以從出售產品或勞務中獲得收益，這個總收益（TR）取決於產品的價格和銷售量；同時，企業為了生產和銷售產品雇傭生產資源，就會產生成本。企業獲得收益之後，首先拿出一部分彌補預先支付的成本，剩下的部分才可以自己保留。這個總收益減去總成本的剩餘部分就叫作利潤。

利潤 = 總收益 − 總成本

企業的目標就是使利潤的數額盡可能大。為了說明企業如何實現利潤最大化，我們必須全面考慮如何衡量總收益和總成本。

（二）總收益

總收益相對比較簡單，它等於企業出售產品獲得的總收入。比如張文經營小賣部每個月賣掉 30,000 元的商品，那麼這個 30,000 元就是他的總收益。

一般情況下，企業的總收益等於出售產品的價格乘以其銷售數量的數額，即 $TR = PQ$。

（三）總成本

相對而言，總成本的衡量就沒有那麼直接了，回顧本書開頭介紹的機會成本的概念，經濟學總是從使用資源的機會成本的角度來衡量企業成本。

仍然以本章開頭的例子來分析。

張文在一家公司上班，每個月工資為 2,000 元；他還擁有一個小鋪面，租給別人賣衣服，租金為每個月 1,000 元。朋友建議他用這個鋪面自己開一個小賣部，每個月大概能夠銷售 30,000 元商品，其中進貨成本 24,000 元，水電等費用 1,000 元，還需要雇用一個店員支付 800 元工資。

1. 顯性成本

顯性成本是企業經營的貨幣支出，它實際發生了，在會計上也核算這部分成本，因此也叫作會計成本。

張文經營小賣部時，進貨成本、水電費、店員工資都是實際支出，顯性成本為25,800元。

2. 隱性成本

與顯性成本相對，隱性成本是沒有現實貨幣支出的機會成本，它體現著經濟學與會計學成本的不同。顯性成本與隱性成本之間的區別說明了經濟學家與會計師分析經營活動的重要不同。經濟學家關心企業如何做出生產和定價決策，因此，當他們在衡量成本時就包括了所有顯性成本和隱性成本。與此相比，會計的日常工作是記錄流入和流出企業的貨幣，他們衡量顯性成本，但忽略了隱性成本。

隱性成本的產生主要由於下面三種情況：

（1）使用自有資本

企業主生產經營時，放棄了從事其他工作取得收入的機會。比如張文在公司上班時，每月獲得2,000元的工資，構成他經營小賣部的隱性成本。

企業使用自有資本比如固定資產時，放棄了出租該資本可能取得的租金收入。張文原來將鋪面租出去可以取得收入1,000元，構成隱性成本的一部分。

企業在使用自有資金或其他金融資產時，也放棄了可能取得的利息。假設利率為每個月2%，那麼張文進貨的24,000元就放棄了480元的利息收入，也屬於隱性成本。

（2）經濟折舊

2007年，組裝一臺雙核、80G硬盤的電腦大概需要5,000元，而2008年組裝一臺完全相同配置的電腦大概只需要4,000元。相同電腦硬件的市場價值下降了，這就叫作經濟折舊。這部分差額1,000元屬於隱性成本。

（3）企業家才能

企業所有者通常提供企業家才能——組織企業、做出企業決策、創新和承擔經營風險。企業家才能的收益是利潤，而且提供企業家才能的平均收益成為正常利潤。

由於企業家經營了一個企業就放棄了經營其他企業可能帶來的收益，因此企業家才能也構成企業機會成本的一部分。張文在經營小賣部時提供企業家才能，他就放棄了經營另一家小賣部可能獲得的正常利潤。假如經營小賣部的正常利潤為每個月1,000元，那麼這個1,000元就要計入張文經營小賣部的機會成本上。

（三）經濟利潤

經濟利潤＝總收益－經濟成本＝總收益－（顯性成本＋隱性成本）

由此可見，企業的經濟利潤等於其總收益減去總成本。值得注意的是，企業的經濟成本是其顯性成本和隱性成本之和，而隱性成本已經包括了正常利潤。

經濟利潤為0是不是就意味著企業無利可圖？當企業家才能的收益大於正常利潤時，企業就有正的經濟利潤；而企業家才能的收益小於正常利潤時，企業就可能有負的經濟利潤。因此，經濟利潤為0甚至為負也仍然有經營下去的必要。

經濟利潤＝總收益－會計成本－機會成本＝會計利潤－機會成本

思考一下：

李武去建築工地打工每天能掙60元。他在自己的土地上花1天時間種下價值150

元的小麥種子。經濟成本是多少？如果他準備用會計的方式記帳，衡量的成本是多少？如果這些種子能夠帶來價值400元的小麥，李武能夠賺到多少會計利潤？他賺到經濟利潤了嗎？

三、企業的限制

企業在實現利潤最大化的過程中，遇到了三個方面的約束：一是企業組織內部的效率——市場經濟中，企業是比家庭複雜得多的組織，因此組織內部是否協調決定了效率高低，這種效率對實現利潤最大化至關重要；二是企業擁有的資源和技術水準，企業必須有效配置資源才能實現效率；三是市場競爭，很少有企業不用考慮競爭對手，只有在相互競爭中成功賣掉產品才有可能獲得利潤。本章主要考察前面兩個問題，即企業內部如何解決效率的問題。

（一）企業組織的效率

長期以來，人們都只是把企業當成一個生產單位，而不去考慮企業內部組織的問題。在中國的計劃經濟時期，國有企業內部往往還是按照行政事業單位的結構來組織，最終產生了效率低下等問題。

1837年，羅納德·科斯發表了《企業的性質》一文，探討企業出現的原因，從而引發了人們對企業組織本身的研究。

1. 企業與市場

企業是雇傭生產資源、組織生產並進行銷售的機構，是協調多個個體進行組織生產的一種方式，但並不是唯一的方式。在第二章中我們已經學過，市場同樣可以協調個體的行為，通過調整價格，市場使買者與賣者的決策一致——各種物品與勞務的供求趨於一致。

從協調個體組織生產的角度來說，企業和市場具有相同的作用。比如，組織一場搖滾音樂會，我們可以採取企業和市場兩種方式。如果要在企業內部完成該活動，那麼企業需要具備所用的全部資本，包括場地、音響、錄像設備等；還需要雇傭所需要的勞動人員，比如歌手、工程師、銷售人員等。如果是按照市場方式來組織，主辦方可以租用一個露天舞臺和舞臺設備，臨時雇傭錄音師與技工、音樂小組、演出代理人、售票員，邀請一位超級明星等；然後把錄音權賣給音樂公司，把錄像和轉播權賣給電視網……比較一下，我們發現採用市場方式比採用企業方式更有效率一些。

市場協調的另一個例子是外部購買，比如聯想向英特爾購買電腦芯片，主要汽車製造商的擋風玻璃和窗戶、變速箱等許多汽車零件都使用的是外部購買。在這樣一些場合，企業組織更有效率，所以每個國家都有大量的企業，組織整個經濟活動。

如果企業生產的效率更高，就採用企業方式來組織生產；如果市場生產的效率更高，就採用市場方式來組織生產。

2. 企業的優點

有四個原因可以說明為什麼在許多情況下企業方式比市場方式更有效率，使人們用企業來組織、協調經濟活動。

（1）交易成本

科斯在研究企業產生的原因時，提出了交易成本的概念，認為企業之所以能夠在一定程度上替代市場起到協調生產的作用，就在於市場能夠減少或消除交易成本。交

易成本是找到與之進行交易的人、達成有關價格和其他交換內容的協議,以及確保協議條款得以履行的成本。

市場交易要求將所有買者和賣者集中在一起,談判他們交易的項目和條件。由於市場上所有的買者和賣者的數量很多,談判和協調的成本也很高,而企業可以通過減少交易的人數和交易次數來降低這種交易成本,即企業通過將一部分市場交易內部化而節約成本。

考慮用企業和市場兩種方法來修理你的汽車。

企業協調:存在專門的修車企業,你只需要把汽車送到修理廠,而修理廠協調汽車零部件、修車工具和修理工,並修好汽車。而你需要支付全部的帳單——修理工的工資、零部件的費用等等。

市場協調:沒有專門的修車企業,你需要首先與修理工交易,請他找出問題所在並列出所需零部件和工具;第二步需要從汽車零部件市場上購買零部件,並去租賃公司租用修車工具;然後再與修理工交易,請他修好汽車;最後還需要還回工具並支付帳單——修理工的工資、工具的租金以及購買零部件的費用。

究竟選擇哪一種方式修車,則主要取決於你個人的成本。我們這裡能夠比較的是企業協調方式下,你只需要與修車企業進行一次交易;而在市場協調方式下,你需要分別與修理工、零部件賣者、租賃公司進行數次交易,交易成本明顯增加。

(2)規模經濟

隨著某種產品的產出率提高,每1單位該產品的成本下降,就存在規模經濟。

比如同樣是生產木桌,如果一年只生產幾件,那麼通常會進行手工工具生產,每一張桌子的成本都比較高;如果是每天生產成百上千件,那麼就可以進行分工和專業化生產,甚至是引進機器流水線提高效率,每張桌子的成本就會降低。

從這一點我們也可以理解為什麼全手工生產的勞斯萊斯汽車比福特公司流水線上生產出來的轎車成本更高一些。規模經濟的產生來源於企業協調生產活動時帶來了高效率的專業化和分工。

(3)範圍經濟

如果把兩種或兩種以上的產品合併起來生產,比分開單獨生產的單位成本更低,就會產生範圍經濟。很多企業進行多元化經營就是出於追求範圍經濟的考慮。

比如同時生產豆漿和豆腐,就比單獨生產豆漿和豆腐成本更低——它們來自於同樣的原材料。或者是生產冷凍豬肉的企業也同時生產豬肉的深加工產品,既可以專門提供比較瘦的豬肉,也可以把比較肥的部分製成脆皮腸等產品,還可以克服鮮肉不能長期儲存的缺點,因此比單獨生產兩種產品成本更低。

(4)團隊優勢

企業產生於團隊生產的思想最早是由美國加州大學洛杉磯分校的阿爾門·阿爾欽(Armen Alchian)和哈羅德·德姆塞茨(Harold Demsetz)提出的。

企業作為一個團隊,有專門的採購員、生產工人和銷售者,甚至還有專家。當以團隊組織經濟活動、每個人專門從事一個小的具體任務時,汽車和電視機工廠的生產線最為有效。

由於企業可以節約交易成本,實現規模經濟、範圍經濟並有效地組織團隊生產,所以,協調大多數經濟活動的是企業而不是市場。但是也要注意,企業的效率實現也

有限制。隨著企業的規模擴大或者經營業務的多元化，每單位產出的管理和監督成本開始增加，有可能反而變得不如市場組織有效率。IBM 公司是企業規模過大導致無效率的一個例子，後來不得不把它巨大的組織分為一個個的「淺藍」成員，分別從事電腦市場的一部分。

有的時候，企業之間可能建立起一種長期合作關係代替市場交易。比如品牌電腦與微軟公司，轎車廠商與汽車玻璃生產廠商……這種比市場更緊密、比企業更鬆散的組織也在某些場合下提高了效率。

3. 企業的類型

在市場經濟中，主要的企業組織類型是：

（1）單人業主制

單人業主制就是俗稱的個體戶，是只有一個承擔無限責任的所有者的企業，業主以全部財產作為償還債務的擔保。街邊商店、藝術家都是單人業主制。

單人業主制由業主自主管理、自主決策、自負盈虧，產權明確、權責清晰，從這個角度看效率很高。但單人業主制企業另一個特點就是規模小——受到個人財力和能力的限制，很難形成國際型企業。由於規模小就很難獲得分工和專業化、規模經濟等帶來的好處，因此從這個角度看其效率又不高。

（2）合夥制

合夥制是兩個或更多具有無限責任的所有者共同經營的企業。幾個或者若干個所有者的財力組合起來，使得合夥制企業比單人業主制企業規模更大，但它的缺點是在法律上實行無限連帶責任。比如，五個人合夥經營一個企業，你投入了其中的 10 萬元。由於經營不善產生了 100 萬元的債務，而其他四個人都無力償還，那麼即使你只是其中的一個人，即使你只投入了 10 萬元，你也要承擔全部的 100 萬元的債務。

合夥制企業的另一個缺點是可能存在產權不明確、權責不清晰等問題。比如改革開放初期，中國產生了大量家族式企業，這些企業在發展過程中，由於產權不明確，往往產生了利益分配和管理上的矛盾，最終無法做大。

市場經濟中合夥制企業並不是主要的企業組織形式，主要是小企業以及一些法律上規定的必須採取合夥制的企業——比如註冊會計師事務所。

（3）公司制

現代市場經濟中最重要的企業形式是公司制企業。公司是由一個或多個有限責任股東擁有的企業。有限責任意味著所有者在法律上承擔的責任只是以他們最初投資的資本為基礎。對於投資者來說，是風險更小的形式。

公司制的一個優點是規模巨大，可以在短期內籌集大量資金，所以最早在遠洋運輸、鐵路等需要大量資金的行業產生了公司。

公司制的第二個優點是實行有限責任，個人可以根據自己的風險偏好和承擔風險的能力而選擇購買股份的多少，因此成為風險投資的很好的選擇。

公司制還有一個優點是實行所有權和經營權分離，有利於提高管理水準和效率。有錢人雖然有投資願望，但不一定有經營能力；而有經營管理能力的人不一定有錢。股份制企業實行所有者與經營者分離，股東作為所有者主要提供資金，而經理層作為實際經營者，提供企業家才能。尤其是在企業規模擴大到一定程度的時候，更加需要專業人士來管理企業。當然，這種所有權與經營權的分離也帶來了一個問題，即後面

將要討論的委託—代理問題。

4. 委託—代理問題

在現代公司制企業中，所有者並不進行實際的經營管理，與經營者之間形成了委託—代理關係。當然這並不是公司中唯一的委託—代理關係。

在一個股份制公司中，股東是企業真正的所有者，委託董事會代為管理企業，此時股東是委託人，而董事會是代理人；董事會代表股東擁有公司的所有權和支配權，把公司委託給經理層經營管理，此時董事會是委託人，經理層是代理人；在企業內部，經理們並不能事必躬親，還需要把各種具體工作委託給職員去完成。

委託—代理關係會產生什麼問題？1995年，尼克·李森，巴林銀行的一名交易員，進行違規投機操作造成13億美元的損失，導致這家有數百年歷史的金融機構破產。因此，我們應當認識到代理人，無論是經理還是普通職員，都有自己的目標，但往往把成本加在委託人身上。

當然，委託人通過合約試圖規範代理人的行為，如果委託人能夠完全監督代理人的行為及履行合約的話，那麼也能夠確保實現自己的目標。但現實中總是很難嚴格評價代理人的行為，並且委託人和代理人總是有著不同的目標。例如，股東和董事會追求公司利潤最大；而總經理可能追求公司規模最大，以顯示自己的管理水準，從而提高報酬；普通職員的目標可能是在工資既定的情況下追求最大可能的休閒，或者追求工資的最大化。結果就造成了代理人總是在不違背合約的情況下追求自己利益的最大化，有可能損害委託人的利益。

如何解決委託—代理問題？這是管理學的重大課題之一，主要通過制定合適的激勵機制來規範代理人的行為。

5. 激勵機制

激勵機制也叫作次優合約，中心思想是委託人與代理人實現利益共享、風險共擔。通過在合約中制定一些激勵性的條款，使代理人自願為委託人的利益服務。較為流行的主要有三種做法：

（1）所有權刺激

把企業所有權的一部分給予管理者或者工人，使之與其他股東一樣擁有利潤最大化的目標，並為此努力。

高級管理人員的部分所有權計劃是比較常見的，大多數高級經理的報酬中都包含一部分該企業的股票期權，即允許經理在某一時期以某一價格購買該公司股票，而股票價格與公司的長期盈利能力有關。為了維持股票的高價，經理也就需要好好地經營管理企業，提高企業的盈利能力，從而使股票價格上升，經理以低價買進的股票就能夠賺錢。股票期權把經理的風險和股東的利益聯繫在一起，有利於激勵經理長期努力工作，因而被普遍採用。

在公司創業階段也常常採用獎勵股份的辦法來激勵員工。比如華為公司就實行了員工持股計劃。尤其是在創業初期，公司處於起步階段時，通常很難以高工資吸引管理層和技術人員，因此以股票作為激勵手段。隨著公司業績上漲，公司股票價格將會上升，員工本人的收益也會增加，這就將公司所有者和普通員工的利益聯繫在一起了。美國沃爾瑪連鎖商店一開始也採用了員工持股計劃，最終走向了成功。

(2) 激勵工資

激勵工資是把工資與業績聯繫在一起，是極為普遍的一種做法。尤其是在銷售行業，通常實行較低的基本工資，然後採取提成的辦法刺激獨立行事、難以監督的銷售人員，使他們努力提高銷售額。

最簡單的激勵工資是計件工資——生產得越多，工資水準越高。這種方法把業績與工資直接聯繫起來，比較適合獨立完成某種可計量部件生產的工人。

日本許多企業採用了分享制的辦法把全體員工的利益與企業的利益聯繫在一起，每年按企業經營狀況決定每個工人的收入。

還有一些公司，比如福特公司，採用效率工資制度，即制定較高的工資水準吸引最好的工人。福特公司在1914年支付給工人每天5美元的工資（市場工資水準的兩倍多）就是效率工資的典範。

在中國一些企業還通過制定標準，年終考核，然後根據考核等級發給獎金的辦法激勵員工。

(3) 長期合約

如果進行一次性交易，那麼交易雙方傾向於採取各種可能的手段進行詐欺；而如果是長期反覆交易，則雙方都傾向於守約以獲得良好的聲譽。同理，如果企業與員工簽訂長期合約，那麼員工就有可能長期努力工作，從而促成企業成功。而簽訂長期合約後，企業也可以放心地對員工進行培訓投資，對雙方都有好處。在大型企業或者立志於做大的企業中，所有者往往會與信任的 CEO 等高級管理者簽訂長期合約，從而激勵經營者為了個人和企業的長期利益而努力。

(二) 技術限制

生產轎車可能有三種方式：一種是全機器人生產，只需要1個工人監督1,000臺機器工作；第二種是流水線生產，一些工人在流水線旁邊各自完成一部分工作，需要10個工人10臺機器；第三種是手工生產，由工人使用少量工具完成所有工序，需要1,000名工人和1臺機器。那麼，哪種方式是有效率的？應該選擇哪種方式進行生產？

回答這個問題首先要明確什麼是效率。我們常常說要實現資源的配置效率，其實有技術效率和經濟效率兩個概念。

企業的生產是把投入變為產出的過程，而技術就是把投入變為產出的方法。

1. 生產函數

我們通常將投入的生產要素分為資本、勞動、土地和企業家才能。需要注意的是，資本不僅包括現金形式的資金，也包括用作生產的房屋、機器等固定資產，還包括生產出來的成品、半成品和原材料。勞動當然主要指直接或間接服務於產品生產的人，包括一線生產工人和輔助生產工人。土地則泛指自然資源，不僅包括狹義的土地，還包括礦產、木材、能源等自然資源。企業家才能主要是經營者為生產或銷售產品而表現出來的管理、決策、風險承擔等能力。

投入與產出之間的物質技術關係通常用生產函數來表示，即用方程來表示多少投入要素最多能夠轉換為多少產出，也就是衡量投入要素一定時的最大產量，或者產量既定時的最小投入。

一般情況下，我們假設自然資源（土地）的數量是不能隨意改變的，因此，生產函數中只考慮資本、勞動和企業家才能的影響。生產函數為：

$$Q = Af(L, K)$$

其中，Q 是產品的數量，表示產出；A 表示科學技術等不容易用具體數字進行量化的影響因素；L 表示勞動的數量；K 表示資本的數量。該生產函數表示企業的產量受到企業家才能、科技水準、資本和勞動等投入要素的影響。

如果某企業的生產函數滿足 $Q = A \cdot L^{\frac{2}{3}} K^{\frac{1}{3}}$，其中 $A = 1$，那麼當投入要素為 $K_1 = 1,000$，$L_1 = 1$ 時，最大產量為 $Q_1 = 10$；如果已知產量 $Q_2 = 10$，投入資本為 $K_2 = 10$，那麼投入勞動最少為 $L_2 = 10$。

2. 技術效率

技術效率就是指投入與產出之間的關係，當這個投入產出關係滿足生產函數時，就實現了技術效率。換句話說，當投入不再增加，就不能增加產量時，就實現了技術效率。

由上面生產函數的例子我們可以看到，滿足生產函數的投入方式不止一種，也就是說，同樣實現技術效率的生產方式不止一種。比如上例中，同樣生產 10 單位產品，兩種投入方式 $K_1 = 1,000$，$L_1 = 1$ 和 $K_2 = 10$，$L_2 = 10$ 都能夠實現技術效率。針對不同的行業，微軟公司主要投入人力資本，也就是勞動；而網吧這類企業則主要投入了物質資本——大量電腦設備、必要的網絡等，勞動投入非常少。

那麼，在同樣滿足技術效率的不同投入方式之間，應該選擇哪一種呢？轎車生產中，假如投入 1,000 臺機器、1 個工人和 1,000 個工人、1 臺機器兩種方式都能夠滿足技術效率，那麼我們究竟選擇哪一種投入方式呢？這就要考慮到經濟效率。

3. 經濟效率

經濟效率指成本和收益之間的經濟關係。當成本一定時實現收益最大，或者收益一定時實現成本最小，就滿足經濟效率。

判斷企業是否實現了經濟效率，就要綜合考慮成本和收益。其中收益等於產出的價格乘以數量，成本等於投入要素的價格乘以數量。如果沒有實現技術效率，也就是說在同樣產出水準下，投入要素不是最少的，那麼就不可能實現經濟效率。但是如果實現了技術效率，也並不一定同時實現了經濟效率。

比如在轎車生產中，產量為 100 輛（收益既定）時，可以有兩種實現了技術效率的方法：一是 1,000 臺機器、1 個工人工作 1 個月；另一種是 1,000 個工人使用 1 臺機器工作 1 個月。為了判斷是否滿足經濟效率，我們需要把投入要素轉變為貨幣支付，也就是成本。

如果每臺機器價值 5,000 元，每個工人 1 個月的工資為 3,000 元，那麼我們知道方案一的成本為 500.3 萬元，而方案二的成本為 300.5 萬元。因此，從經濟效率的角度看，方案二的效率更高。

如果機器價格較低而工人工資水準更高，即每臺機器價值 3,000 元，而每個工人工資為 4,000 元，我們可以看到方案一的成本為 300.4 萬元，而方案二的成本為 400.3 萬元，方案一的經濟效率較高。

由於勞動力與現代化的機器設備（資本）之間存在互相替代的關係，廠商常常為資本與勞動的比例關係而煩惱。為什麼中國很多企業在生產時並沒有首先採用現代化的機器設備，而是使用大量勞動力呢？因為在中國，大量勞動人口的存在使得勞動力價格相對便宜，手工生產比機械化生產更便宜。在歐美發達國家，工資水準高，科技

水準也很高，先進機器也較為便宜，所以歐美國家採用機械化生產更為便宜，割草機、洗碗機等產品的應用就遠比中國更普遍。

(三) 信息限制

如果你新開一個雜貨鋪，主要出售米、面、油等生活必需品，你會採取價格優惠的辦法吸引顧客嗎？如果你是一名剛剛開始獨立看診的醫生，開了一個小診所，也會採取價格優惠的辦法吸引顧客嗎？如果同樣採取降價的辦法來吸引顧客，你認為哪種情況效果會好一些？

在農貿市場人們常常討價還價，在醫院卻不太可能。為什麼呢？一個重要的原因在於買賣雙方對信息的掌握程度。買菜買肉的時候，買賣雙方對於產品的質量、歷史價格都相當瞭解，因此買方有可能根據自己掌握的信息來估計價格；但是在醫院裡，病患對於如何治病、使用藥品的價格通常是一無所知，自然沒有談判的可能。對消費者而言，掌握的信息越多，越能夠在價格談判中占據優勢地位。

信息的獲取同樣限制著企業。廠商需要掌握產品市場的信息，包括產品的價格、競爭對手的情況；廠商也需要掌握企業內部的信息，比如工人是否努力工作等等。流水作業比較容易考察工人是否努力，但如何判斷 CEO 在公司發展中有沒有做出足夠大的貢獻呢？要避免辦公室文員在經理不在的時候聊天，或者在上班時間悄悄玩游戲等行為也是非常困難的。

企業努力制定對工人的激勵制度，試圖激發工人自覺地努力工作，但目前也沒有任何一種做法可以完全避免信息不明確的問題。企業投入大量的人力物力來獲取市場信息，甚至向專業的諮詢公司購買信息，但同樣無法消除信息不明確的問題。因此，能否獲取足夠多的信息幫助決策，能否降低獲取信息的成本，約束著企業的效率。

信息獲取也受到技術手段的約束。隨著互聯網技術的發展和應用，我們發現要搜集市場信息比半個世紀前更加容易了。通過在企業內部實行規範管理，利用電腦和局域網連接，內部信息的傳遞更加迅速。比如同樣是朋友之間傳遞信息，經歷了由信件、電報到電話、電子郵件的發展，不僅速度更快，而且還方便互相交流。

思考一下：

你決定購買一臺電腦，需要決定什麼時候購買、在哪裡購買、購買什麼樣的電腦等問題。你需要獲得哪些信息？如何獲得這些信息？哪些因素會影響你獲得信息的難易程度？

(四) 市場限制

為什麼微軟公司似乎很輕易地獲得了大量利潤，而眾多的電腦企業、家電廠商卻總是聲稱利潤微薄？

企業進行經營的市場千差萬別，一些市場存在著很多競爭者，因此很難獲得利潤，比如家電行業；而另一些市場幾乎沒有太多的競爭，因此有可能賺到巨額利潤，比如電力公司、石油企業。在這樣的情況下，企業當然會通過各種手段把自己與其他企業區別開來，盡量避免直接的競爭，這些努力也影響了企業的效率。

關於企業在不同市場上的競爭策略，我們在後面的市場理論中再來詳細討論。

第二節　生產理論

無論是街頭小吃店還是世界五百強企業，雖然生產的產品和生產規模不同，但同樣要面臨生產多少和如何生產這類基本經濟問題。

大多數汽車生產企業的生產能力都大於其銷售能力，寧願閒置機器設備也不進行最大可能的生產，為什麼？在旅遊旺季，通往景區的公共汽車數量不夠，於是往往抽調或租用其他線路的汽車來滿足需要，而公司並不會增加車輛以便完全滿足市場需求，為什麼？

我們知道企業生產的最終目標是利潤最大化，需要衡量總收益與總成本之間的關係。當價格一定時，企業的總收益與產量成正比，所以我們首先來分析企業的生產決策：使用多少要素，生產多少產品。

一、生產函數

假設企業已經選擇了它要經營的行業——餐飲或服裝，汽車或煤炭……也已經選擇了企業的類型——單人業主制、合夥制或公司制企業。但這個企業還沒有決定生產多少產品、投入多少要素，也沒有決定出售產品的價格。

關於價格的決策取決於企業所處的市場類型：是很多廠商的競爭市場，還是獨家經營的壟斷市場。這部分內容我們在下一章市場理論中再來討論。

現在我們首先考慮在產量既定時決定投入要素的多少，這也是如何實現技術效率的問題。分析企業在產量既定時的決策，我們將主要使用生產函數這一工具。

思考一下：

生產函數是怎樣表示的？表明哪些因素影響產出？

（一）生產函數

在分析企業技術效率這一問題時，我們主要考察產量與資本、勞動之間的關係。之所以不考慮土地和企業家才能，是因為土地（自然資源）在相當一段時間內都是固定不變的，而企業家才能雖然重要，但很難用具體指標進行量化。所以，生產函數就表示為：

$$Q = f(L, K)$$

其中，Q 表示產量，L 表示勞動，K 表示資本。

（二）短期和長期

為了研究企業的產量決策與其成本之間的關係，我們把決策的時間長度區分為短期和長期。時間長度不同，人們可能採取的對策也會不同。

1. 短期

短期與長期的區分並不在於絕對時間的長短——不是說 1 個月是短期，1 年就是長期。

短期是一些投入要素數量固定，不能隨意改變的時間段。只要有一種資源數量是固定不變的，這個時間段就是短期。比較而言，哪些投入要素數量不容易改變呢，比如管理組織方式、科學技術水準等，我們將之統稱為企業的設備，包含在資本之中。

對一個建築公司來說，擁有的機械、辦公大樓等都是企業的設備；對一個小吃店來說，店面、桌椅、廚房用具等都是設備。這些設備的投入數量在短期內是難以改變的。

既然短期內企業的資本固定不變，那麼要改變產量就只能通過改變勞動投入來實現：為了生產更多的產品，建築公司需要雇用更多的工人；而小吃店可能讓伙計加班，通過增加勞動的投入讓機器運轉更長時間，最終增加產量。

短期決策是容易改變的，企業可以通過增加或減少雇傭的勞動時間來提高或降低產量。如果發現決策不正確，那麼可以迅速改變行為進行修正。

2. 長期

與短期相對，長期就是所有投入要素的數量都能夠改變的時間長度。這時不再有固定數量的投入要素，所有要素都是可變的。

在長期中，如果要改變產量，企業可能同時改變資本或勞動的數量，也可能通過改變投入資本和勞動的比例來達到目的。要增加產出，建築公司可能雇傭更多的人，可能購買更多的機械設備，也可能兩者同時進行；小吃店可能擴大店面，增加桌椅的數量，或者雇傭更多的廚師和伙計。

長期決策就不那麼容易修改了，如果決策錯誤，很可能使企業面臨失敗。尤其是增加固定資產的決策，比如購買更多的攪拌機、購買更多的桌椅，這都需要保持一段時間，不能立刻做出反向調整。為了理解這一點，我們回顧一下沉沒成本的概念。過去購買固定設備的成本是沉沒成本，一旦發生就很難收回。如果要變賣機械設備和桌椅、廚房用具等，不僅需要尋找合適的買家，而且要面臨價格的急遽下降——新的二手產品也很難賣到好價錢。

二、短期生產函數

短期中，由於資本投入量不變，用 $\bar{K}$ 表示，勞動投入量可變，用 L 表示，則生產函數可以寫為：

$Q=f(L, \bar{K})$

（一）總產量、邊際產量和平均產量

在短期生產函數中，產量只受到勞動投入量變化的影響。我們用總產量、邊際產量和平均產量三個相關的變量來描述產量與投入的勞動數量之間的關係（見表4.1）。

1. 總產量 TP

總產量（Total Product）是企業生產產品的總量。從表4.1中總產量這一列的數據可以看到，隨著勞動數量的增加，總產量先增加後減少。如 D 組合，每天3個工人，產量為13件；E 組合，每天4個工人，產量增加到15件；到了 H 組合，每天7個工人，產量卻減少到14件了。

假如麵包房裡有兩個烤箱，是固定投入，當可變的勞動投入為1個工人時，有一個烤箱閒置，增加工人數到2個時，能夠增加產量；當工人數量增加到3個時，還可以互相換班，提高烤箱的利用率，產量仍然增加；當工人數量繼續增加時，還可以騰出人手專門從事遞工具等工作，從而提高勞動效率，使產量增加。然而，當工人數增加到超過需要的範圍時，就有可能出現幾個工人同時使用一個烤箱，結果勞動沒有得到充分利用，還可能因為消極怠工而減少產量。因此，隨著投入勞動數量的增加，總產量先增加後減少。掌握這個規律對於企業來說也是非常重要的。

表 4.1　　　　　　　　　總產量、邊際產量和平均產量

	勞動 （工人數/天）	總產量 （件/天）	邊際產量 （件/每個增加的工人）	平均產量 （件/人）
A	0	0		
B	1	4	4	4
C	2	10	6	5
D	3	13	3	4.33
E	4	15	2	3.75
F	5	16	1	3.2
G	6	16	0	2.67
H	7	14	-2	2

2. 邊際產量 MP

勞動的邊際產量（Marginal Product）是所雇傭的勞動量增加 1 單位引起總產量增加的數量，$MP = \frac{\Delta TP}{\Delta L}$。例如，在表 4.1 中，勞動數量從 3 個增加到 4 個時，總產量從 13 件增加到 15 件，因此第 4 單位的勞動的邊際產量為 2 件。

3. 平均產量 AP

平均產量（Average Product）表示平均而言，工人的生產率如何。平均產量等於總產量除以所雇傭的勞動量，$AP = \frac{TP}{L}$。例如，在表 4.1 中，5 個工人每天生產了 16 件產品，平均產量就是 3.2 件產品——每天 16 件產品除以 5 個工人。

4. 總產量、邊際產量、平均產量之間的關係

如果勞動的數量 L 可以分為更小的單位，那麼我們可以把表 4.1 中的數據轉換為圖形，以便觀察各種變量變化的趨勢（見圖 4.1）。

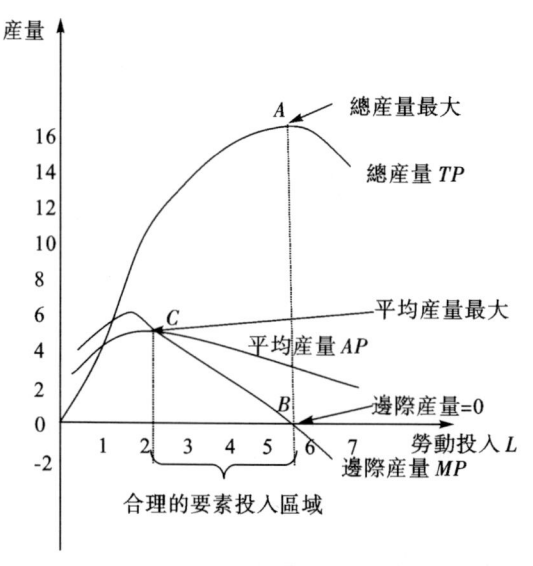

圖 4.1　總產量、邊際產量、平均產量

從圖4.1中我們可以觀察到總產量曲線、邊際產量曲線和平均產量曲線的變化趨勢存在一些規律：

(1) 總產量與邊際產量

隨著勞動投入 L 的增加，總產量 TP 先增加後減少，存在一個最大值（圖4.1中 A 點），此時對應著邊際產量 $MP=0$（圖4.1中 B 點）。

(2) 平均產量與邊際產量

平均產量與邊際產量有一個交點（圖4.1中 C 點），在交點處，$AP=MP$，並且平均產量最大。

(3) 邊際產量

邊際產量曲線也是先上升後下降，意味著隨著勞動投入的增加，邊際產量先增加，後下降。當後一個工人的邊際產量小於前一個工人的邊際產量時，就產生了邊際收益遞減。

邊際收益遞減規律產生於這樣一個事實：短期生產中資本投入是固定不變的，而生產過程需要資本和勞動配合使用。同樣，考慮麵包房的生產效率，兩個烤箱是固定的資本投入。當工人從1個增加到2個時，烤箱得到充分利用，邊際產量很高；當工人數增加到3個時，可以通過換班來增加產量，邊際產量也很高，但可能不如第二個工人的邊際產量高；當工人數繼續增加時，設備的運行已經接近於極限，甚至可能新增加的工人什麼都不用做，即邊際產量為0。

因此，在資本投入固定不變的條件下，隨著企業可變投入（勞動 L）增加，可變投入的邊際產量最終會遞減。

即使產品不同，建築公司和小吃店的總產量、邊際產量、平均產量之間也存在類似的規律。

5. 實現技術效率的條件

現在我們已經瞭解了總產量、邊際產量、平均產量與可變投入（勞動 L）之間的關係，由於平均產量表示每一個工人的生產率，在平均產量到達頂點之前，應該繼續投入要素，使生產率提高；當邊際產量為0，總產量達到頂點之後，這種可變投入就不能再增加了——因為繼續增加勞動投入的話，邊際產量為負數，總產量會減少，而投入要素增加意味著總成本會增加。

因此，合理的要素投入應該是在平均產量最大對應的勞動量與總產量最大對應的勞動量之間，即圖4.1中括號指示的區域。

(二) 邊際收益遞減規律

企業在進行生產決策時，不可忽視的一個規律是邊際收益遞減規律，即在給定技術水準、其他投入不變的條件下，隨著某一種投入要素數量的不斷增加，它能夠帶來的邊際產量最終會趨於下降。

以短期生產函數 $Q=f(L, \bar{K})$ 為例，在資本設備數量不變，也不存在技術進步的條件下，隨著勞動要素投入數量的不斷增加，勞動的邊際產量最終會下降。

觀察一下常見的蛋糕店，如果只有一個工人，可能忙得團團轉，而且每天只能做出很少的蛋糕。這時，如果我們增加一個幫手，一個人專心和麵，另一個人專心烘焙，蛋糕的產量會大幅度提高，這時增加一個工人的邊際產量就很高。如果繼續增加工人，我們可以把工序分得更細，專業化程度提高會使得增加工人的邊際產量提高，直到實

現工人和設備的最佳組合。超過最佳組合之後情況就有所轉變，繼續增加勞動的投入並不會繼續提高產量，可能還會因為人數過多造成擁擠——假設一個10平方米的蛋糕店雇上20個工人，也許轉身就會踩到別人的腳，互相干擾的結果就是產量下降。這時，就表現為增加要素投入量得到的邊際產量逐漸下降，甚至變成負數。

理解邊際收益遞減規律需要注意以下幾個方面：

（1）邊際收益遞減規律是普遍存在的，在任何經濟制度下，在任何行業或者企業，持續增加某種要素的投入，最終都會出現邊際收益遞減。

（2）邊際收益遞減的出現是有條件限制的，其一是技術水準不變，其二是其他投入要素不變。技術水準決定了投入要素與產出之間的比例，如果改變，則生產函數本身將發生變化；其他投入要素不變，則表明生產規模不能無限擴大。

用人們常說的和尚挑水的故事來打個比方：假設不變的設備是2個木桶和1條扁擔，挑水也只能通過人力往返於山上山下來完成（技術不變）。只有一個和尚的時候，他需要花4小時往返一次（包括中途休息），每天能挑4桶水；如果增加一個和尚，可以輪流挑水，減少中途休息時間，每天能挑10桶水，那麼第二個和尚的邊際產量就是6桶水；如果繼續增加和尚，每個人都更省力，結果挑了18桶水，於是第三個和尚的邊際產量是8桶水……隨著和尚人數的增加，木桶和扁擔的數量卻保持不變，那麼總有某個時刻，和尚的邊際產量會達到最大——和尚和木桶、扁擔的組合達到最優，然後繼續增加和尚的數量就會使得邊際產量減少。比如說到了8個和尚的時候，4組換班，基本上可以保持木桶在不停地往返運動，此時該組織挑水的數量已經達到了極限，再增加和尚也不會使產量繼續增加，甚至還可能因為相互推諉而減產——人數太多，每個人都可能產生偷懶的衝動。

（3）邊際收益遞減規律表明的是一種「最終」的趨勢，也就是說，投入要素的邊際產量並不是一開始就減少，而是先上升後下降。

（4）邊際收益遞減規律適用於短期生產。如果時間足夠長，技術不變的假設就不太現實，即使沒有採用更先進的技術，勞動者也會因為分工產生的專業化而提高熟練程度和產量，可能會表現為邊際產量上升。

邊際收益遞減規律在經濟學上有著重要的意義，尤其是存在不可改變的要素投入時。比如農業生產，由於土地的肥力有限，即使不斷增加投入勞動和種子、肥料，也不可能一直保持產量的增長。

三、長期生產函數

短期生產函數考察了一種可變要素的投入量和最大產出量之間的關係，而在長期中，企業所有生產要素都是可變的。長期生產函數通常表示為：

$Q = f(L, K)$

其中Q代表產量水準，L代表勞動投入，K代表資本投入。

由於勞動力與現代化的機器設備（資本）之間存在互相替代的關係，當這兩種要素的投入數量都可變時，企業就可以採取不同的方式來完成同樣的生產任務。就像我們前面提到的那樣，具體採用哪種方式進行生產，企業需要衡量經濟效率，這裡我們使用等產量曲線和等成本曲線來考察企業的最優決策。

(一) 等產量曲線

等產量曲線是在技術水準不變的條件下生產同一產量的兩種生產要素投入量的各種不同組合的軌跡。這條曲線上的各點代表投入要素的不同組合，其中的每一種組合所能生產的產量都是相等的。

如圖 4.2 所示，在技術水準一定的條件下，投入要素組合為 A ($L=1$, $K=6$) 或者 B ($L=3$, $K=2$)，其產量都是相等的，為 Q_1，即為了獲得相同的產量，可以選擇多投入一些資本，或者多投入一些勞動。

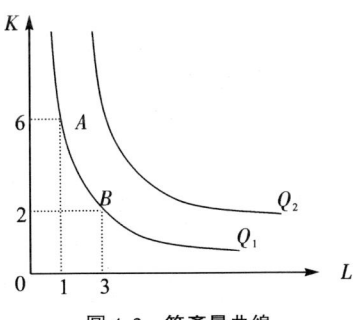

圖 4.2 等產量曲線

這一點用生產函數很容易理解。假設生產函數為 $Q = \frac{1}{3}L^{0.5}K^{0.5}$，如果要獲得一個產量水準 $Q = 10$，即 $Q = \frac{1}{3}L^{0.5}K^{0.5} = 10$，那麼很容易理解滿足條件的 L、K 的組合有無數多種，比如 $L = 30$、$K = 30$，或者 $L = 90$、$K = 10$，等等。

1. 等產量曲線的特點

與等效用曲線類似，等產量曲線具有下面三個方面的特點：

(1) 離原點越遠，表示產量越高。

在圖 4.2 中，Q_1 表示相對較低的產量水準，而 Q_2 表示一個較高的產量。

(2) 任意兩條等產量曲線不能相交。

等產量曲線表示的是滿足效率的要素投入組合，以同樣的要素投入，不能生產出不同的產量水準。如果兩條不同的等產量曲線相交（如圖 4.3 所示），不同的等產量曲線代表著不同的產量水準——比如說 $Q_1 = 10$，$Q_2 = 15$，而交點 C 表示用同樣的投入 $L = 5$，$K = 3$ 卻能夠生產出不同的產量，顯然不符合企業的效率要求。

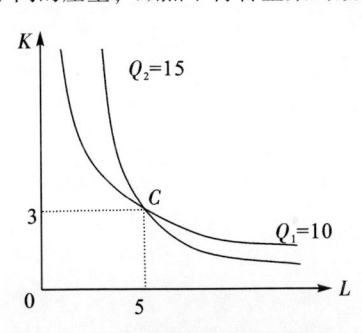

圖 4.3 不同的等產量曲線不能相交

（3）等產量曲線凸向原點，斜率為負。

等產量曲線上的每一點都代表能生產一定產量的各種要素的組合。因此，為了保持產量不變，如果增加某種要素投入的投入量，就必須相應地減少另一種要素的投入量。如果生產同樣的產量，需要同時增加勞動和資本的投入，或者不減少勞動的同時卻要增加資本的數量，那麼原先的生產組合就是無效的。

等產量曲線的斜率就表示等產量曲線上資本與勞動投入量的增量之間的比率，由於資本要素增加時勞動要素一定是減少，即 $\Delta K>0$ 時，$\Delta L<0$，那麼斜率 $k=\dfrac{\Delta K}{\Delta L}<0$。只有等產量曲線具有負斜率時，才表示這兩種要素的替換是有效率的。

等產量曲線斜率為負比較容易理解，但為什麼會凸向原點呢？從數學上來認識，等產量曲線凸向原點意味著隨著勞動投入增加，等產量曲線上每一點的斜率的絕對值越來越小，這就需要用到邊際技術替代率的概念來幫助說明。

2. 邊際技術替代率

（1）含義

邊際技術替代率（Rate of Marginal Technical Substitution，MRTS）是指在產量保持不變的前提條件下，增加一單位某種生產要素可以代替的另外一種要素的數量。比如我們增加勞動投入、減少資本投入，就是用勞動來代替資本，這個替代比例就是邊際技術替代率。

$$MRTS_{LK}=-\dfrac{\Delta K}{\Delta L}$$

或者

$$MRTS_{LK}=\lim_{\Delta L\to 0}\left(-\dfrac{\Delta K}{\Delta L}\right)=-\dfrac{dK}{dL}$$

在幾何上，邊際技術替代率等於等產量曲線的斜率。

從經濟意義上來說，勞動對資本的邊際技術替代率表示用 1 單位勞動能夠代替的資本的數量，等於勞動與資本的邊際產出之比的倒數。

假設勞動的邊際產量為 MP_L，資本的邊際產量為 MP_K，那麼，當要素組合沿著等產量曲線向右下方變動時，勞動投入增加 ΔL，所增加的產量為 $\Delta L\times MP_L$；同時，資本的投入增加了 ΔK（$\Delta K<0$），增加的產量為 $\Delta K\times MP_K$，由於同一條等產量曲線上產量不變，所以有：

$\Delta L\times MP_L+\Delta K\times MP_K=0$

由此可得：

$$MRTS_{LK}=-\dfrac{\Delta K}{\Delta L}=\dfrac{MP_L}{MP_K}$$

（2）邊際技術替代率遞減規律

在維持產量水準不變的前提下，當一種生產要素的投入量不斷增加時，每 1 單位的這種生產要素所能替代的另一種生產要素的數量是遞減的。這種現象稱為邊際技術替代率遞減規律。

邊際技術替代率之所以會出現遞減趨勢，是由於邊際產量遞減規律在發揮作用。由於邊際產量是遞減的，隨著勞動要素的不斷增加，每 1 單位勞動的邊際產量 MP_L 越

越來越少，在維持產量不變的條件下，該要素所替代的資本要素數量 ΔK 就會減少。因此，邊際技術替代率是遞減的。

由於邊際技術替代率一般是遞減的，等產量曲線的斜率的絕對值也是遞減的，從而等產量曲線通常凸向原點。

3. 等產量曲線的類型

按照邊際技術替代率的大小，可以把等產量曲線分成三種類型。

（1）投入要素之間完全可以替代

某些要素是可以完全互相替代的，邊際技術替代率是一個常數，這種等產量曲線的形狀是一條直線。

例如，對於出租車來說，其燃料既可全部用天然氣又可全部用汽油，還可以有時用天然氣有時用汽油（分路程考慮），我們就說這兩種投入要素是完全可以替代的。

（2）投入要素之間完全不能替代

如生產汽車，在投入要素車身和車輪之間是完全不能替代的，邊際技術替代率等於 0，這種等產量曲線的形狀是一條 L 形的直角線。

在這種情況下，只有直角頂點處的要素投入是有效的，即完全不能替代的投入要素之間的比例是固定的，如車身與車輪之間的比例為 1：4。

當然，如果企業可以同時用幾種生產方法生產同種產品，儘管每種生產方法的投入要素比例都是固定的（即投入要素之間不能替代），但企業通過生產方法之間的不同組合，仍可以改變整個企業投入要素之間的比例。這種類型的等產量曲線的形狀是一條折線。

（3）投入要素之間的替代是不完全的

一般情況下，生產要素之間是不完全替代的關係，邊際技術替代率遞減，表現為一條凸向原點的曲線。

例如，在生產中，資本能夠代替勞動，但不可能替代所有的勞動，所以總是表示為兩種要素的組合。

（二）等成本曲線

投入要素的數量直接影響企業的生產成本，下面我們就來討論成本與投入要素數量之間的關係。

在現實生活中，企業必須為購買或者租用的各種生產要素支付代價，包括雇傭工人的工資、借款的利息、廠房的地租等。廠商為了購買或者租用這些生產要素，就產生了相應的貨幣支出，這種貨幣支出構成了廠商的生產成本。我們用等成本曲線來考察企業的生產要素與成本之間的關係。

等成本曲線也叫企業預算線，是在既定的成本和生產要素價格給定的條件下，生產者可以購買到的兩種生產要素的各種不同數量組合的軌跡。等成本曲線表明了廠商進行生產的預算約束，即它所購買生產要素所花的錢不能大於或小於所擁有的貨幣成本——超過預算約束則無法支付，小於貨幣成本則無法實現產量最大化。

1. 等成本曲線方程

假設既定的成本為 C，已知的勞動 L 的價格即工資率為 P_L，已知的資本 K 的價格即利率為 P_K，而勞動與資本的數量分別為 L 和 K，據此我們可以得到成本方程：

$$C = L \cdot P_L + K \cdot P_K$$

$$K = -\frac{P_L}{P_K} \cdot L + \frac{C}{P_K}$$

一般情況下,我們假定要素價格不變,滿足同一個成本約束的要素組合有無數多個。

2. 等成本曲線

將等成本方程轉換為幾何圖形,則得到等成本曲線(如圖4.4所示)。

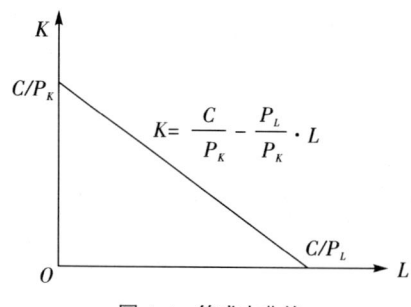

圖4.4 等成本曲線

(1) 等成本曲線的特徵

①由於成本方程式是線性的,所以等成本曲線必然是一條直線。

圖4.4中橫軸上的點 C/P_L 表示既定的全部成本都購買勞動時的數量,縱軸上的點 C/P_K 表示既定的全部成本都購買資本時的數量,連接這兩點的線段就是等成本曲線。它表示既定的全部成本所能購買到勞動和資本的最大數量的各種組合。

②等成本曲線的斜率為 $-P_L/P_K$,其絕對值等於兩種生產要素的價格之比。

③等成本曲線以內區域中的任何一點,表示成本低於預算約束的組合,既定成本在購買要素組合之後還有剩餘;等成本曲線以外的區域中的任何一點,表示該企業無法支付的要素組合,既定成本買不起該組合下的要素數量;而等成本曲線上的任何一點,則表示用既定的全部成本剛好能購買到的勞動和資本的最大數量組合。

(2) 等成本曲線的變動

決定等成本曲線位置的有三個因素:橫軸交點、縱軸交點、斜率。一旦某個因素發生變化,等成本曲線也就會相應變化。在成本 C 既定的條件下,橫軸交點取決於勞動要素的價格,縱軸交點取決於資本要素的價格,而斜率取決於兩種要素的價格之比。因此,要素價格變動將會導致等成本曲線變動。

①資本要素價格 P_K 發生變化

如果資本價格上升,C/P_K 變小,那麼縱軸截距縮短,等成本曲線向內旋轉;反之,如果資本價格下降,C/P_K 變大,那麼縱軸截距延長,等成本曲線向外旋轉(如圖4.5所示)。

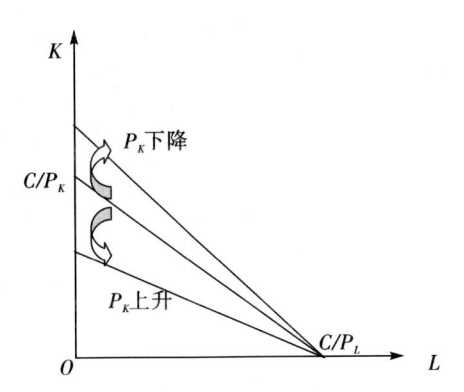

圖 4.5　資本價格變化導致等成本曲線的變動

②勞動價格 P_L 發生變化

與資本價格變化類似，如果勞動價格上升，C/P_L 變小，那麼橫軸截距縮短，等成本曲線向左旋轉；反之，如果勞動價格下降，C/P_L 變大，那麼橫軸截距延長，等成本曲線向右旋轉（如圖 4.6 所示）。

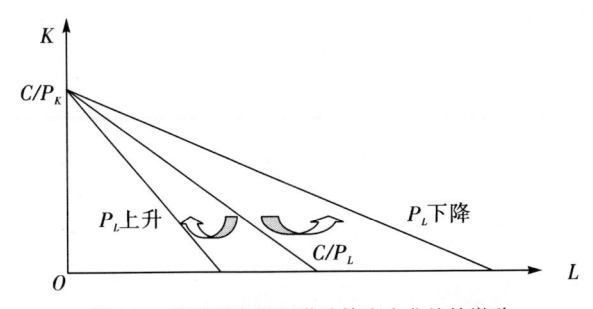

圖 4.6　勞動價格變化導致等成本曲線的變動

③兩種要素價格同時變化

如果兩種投入要素的價格發生反方向變化，那麼等成本曲線也就會發生相應的變化。假設工資上漲，P_L 上升，使得同樣的成本可雇傭的最大勞動數量減少，也就是等成本曲線在橫軸上的截距減小；同時由於 P_K 下降，等成本曲線在縱軸上的截距變長，這樣，等成本曲線將移動（如圖 4.7 所示）。

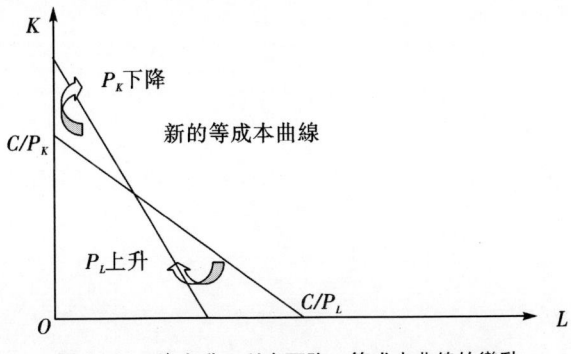

圖 4.7　工資上升，利率下降，等成本曲線的變動

如果兩種要素價格同方向變動，且比值不變，那麼等成本曲線將發生平移——要素價格按照相同的比率上升，則等成本曲線向左平移；要素價格按照相同比率下降，則等成本曲線向右平移（如圖4.8所示）。

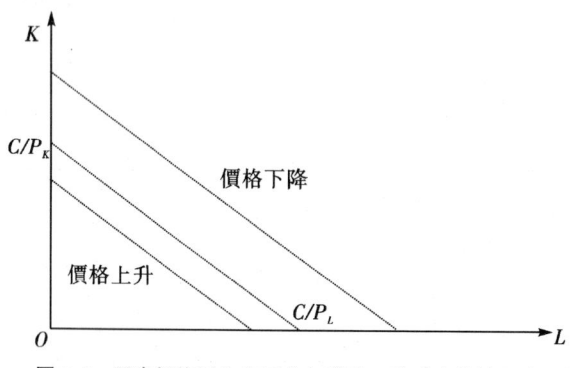

圖4.8 要素價格同比率同方向變動，等成本曲線平移

(三) 長期的生產者均衡

生產者均衡對應著企業的最優生產決策，即成本一定時的產量最大，或者產量一定時的成本最小。結合前面的等產量曲線和等成本曲線，我們可以找到企業的最佳要素投入組合。

在分析生產者均衡時，我們仍然假定企業只使用勞動和資本兩種要素，並且其價格固定不變，然後尋找企業的最優決策點。

1. 成本一定時的產量最大

在給定成本條件下，等成本曲線的位置確定，但等產量曲線有無數多條（如圖4.9所示），而企業追求產量最大。那麼什麼時候產量最大呢？

在圖4.9中，等成本曲線 MN 已經確定下來了，現在有三條等產量曲線 Q_1、Q_2、Q_3（$Q_2<Q_1<Q_3$），其中 Q_1 與 MN 相切，有一個切點 A，Q_2 與 MN 相交，而 Q_3 與 MN 沒有交點。

等成本曲線是企業面臨的預算約束，超出預算的點是企業無法支付的，因此雖然 Q_3 代表較高的產量，但它上面的每一個組合都超出了預算約束；Q_2 上面的要素組合是企業能夠支付的，但比較起來其產量低於 Q_1，因此同樣在企業的支付能力範圍內，Q_1 上面的 A 點代表著企業恰好能夠支撐的最大產量。

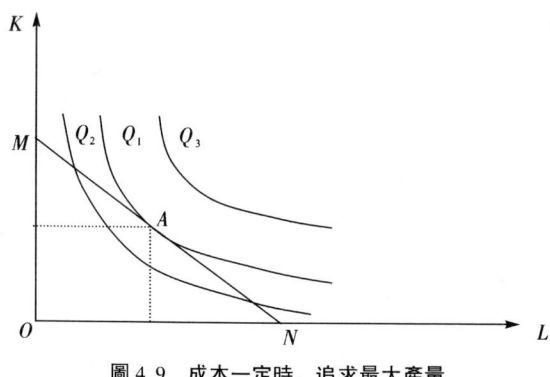

圖4.9 成本一定時，追求最大產量

2. 產量一定時成本最小

如果給定企業的產量，那麼等產量曲線的位置就確定了，而等成本曲線有無數多條，因此需要找到和等產量曲線相切的那一條等成本曲線。該切點代表著企業的最佳要素投入組合（見圖 4.10）。

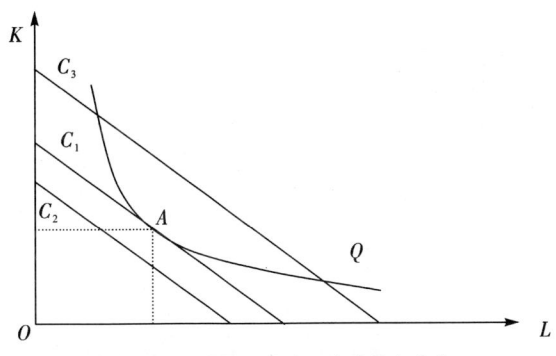

圖 4.10　產量一定時，追求最小成本

如圖 4.10 所示，$C_2<C_1<C_3$，其中 C_1 與等產量曲線 Q 相切，切點為 A。C_2 與等產量曲線沒有交點，並且無法達到 Q 的產量水準，因此不符合要求；C_3 雖然與等產量曲線有兩個交點，但成本更高，不如 C_1 上面的 A 點經濟。

3. 生產者均衡的實現條件

企業的生產者均衡在等產量曲線與等成本曲線相切的那一點實現，該點要素組合代表著最佳要素組合。在切點處，等產量曲線與等成本曲線上的點的斜率相等，即 A 點的邊際技術替代率等於要素價格之比。

等產量曲線上，斜率的絕對值為：$MRTS_{LK}=-\dfrac{\Delta K}{\Delta L}=\dfrac{MP_L}{MP_K}$

等成本曲線上，斜率的絕對值為：$-k=\dfrac{P_L}{P_K}$

由此可得 $\dfrac{MP_L}{MP_K}=\dfrac{P_L}{P_K}$，即要素的邊際產量之比與其價格之比相等。

生產者均衡的條件還可以改寫為 $\dfrac{MP_L}{P_L}=\dfrac{MP_K}{P_K}$，表明在購買要素的時候，每單位貨幣買到的要素的邊際產量相等。

思考一下：

對比生產者均衡與消費者均衡的條件及形成過程，有沒有發現其相似之處？

(四) 規模報酬

當企業成倍增加其投入要素時，產量將會如何變化？這就是規模報酬分析的內容，即考察企業生產規模變化所引起的產量變化，通常我們用投入要素按照相同比例變化來表示生產規模的變化。

在其他條件不變時，企業生產規模的變化將導致三種不同結果。比如生產函數 $Q=f(L, K)$，當生產規模變為原來的 λ 倍時，新的產量變為 $Q_1=f(\lambda L, \lambda K)$，現在就要比較 Q_1 與 λQ 之間的大小關係。

1. 規模報酬遞增

規模報酬遞增是指產出增加的比例大於各種投入要素增加的比例，即 $Q_1 > \lambda Q$。

產生規模報酬遞增的原因主要是企業生產規模擴大的時候，可能帶來專業化等生產效率的提高，尤其是在製造業當中，這一過程體現得比較明顯。

2. 規模報酬不變

規模報酬不變是指產出增加的比例等於各種投入要素增加的比例，即 $Q_1 = \lambda Q$。

需要注意的是，規模報酬不變並不是說生產規模擴大的時候企業的產量也不變，而是指產量按照相同比例增加。

3. 規模報酬遞減

規模報酬遞減是指產出增加的比例小於各種投入要素增加的比例，即 $Q_1 < \lambda Q$。

產生規模報酬遞減的原因主要是企業生產規模過大，使生產的各個方面難以協調，從而降低了生產效率，即管理成本上升。

規模報酬的變化一般來說呈現如下規律：當企業處於創業初期的時候，隨著規模擴大，生產率也顯著提高，處在規模報酬遞增階段；當企業的生產規模擴大到一定程度，其發展進入成熟階段以後，就逐漸進入規模報酬不變的階段；而企業規模大到相當程度之後，如果仍然一味追求市場佔有率或者生產規模的擴大，就可能進入規模報酬遞減的階段。因此企業的生產規模既不是越小越好，也不是越大越好。

第三節　成本理論

企業進行生產時需要考慮兩個方面的問題，一是產量與要素投入量之間的技術關係，即上一節討論的生產理論；二是收益與成本之間的經濟關係，這就要通過本節的成本理論來進行分析。

為了簡化問題，我們假定企業處於完全競爭的要素市場上，因此要素的價格是確定不變的。

一、成本函數

在第一節已經說明，企業的成本指的是經濟成本，即使用各種生產要素所支付的代價，包括顯性成本和隱性成本。

經濟成本＝顯性成本＋隱性成本

如果分別用 K、L 表示資本和勞動的數量，用 P_K、P_L 表示資本和勞動的價格，那麼總成本可以表示為成本函數：

$TC = P_K \cdot K + P_L \cdot L$

其中，TC 表示總成本（Total Cost），主要包括為了購置設備和原料等物品的資本支出，以及雇傭工人的勞動支出。

二、短期成本函數

企業的總成本 TC 包括所有投入要素的成本，比如資本和勞務支出，還有企業家才能（正常利潤）。在短期生產中，企業的一些投入要素數量固定，因此我們把總成本分

為總固定成本（Total Fixed Cost，TFC）和總可變成本（Total Variable Cost，TVC）。總固定成本是企業所有固定不變的投入要素的成本，與產量多少無關。總可變成本是所有可變投入要素的成本，由於企業改變產量就需要改變可變投入，因此可變成本與產量有關。總成本是總固定成本和總可變成本之和，即：

$TC = TFC + TVC$

與用總產量、邊際產量、平均產量來描述產量與投入要素之間的關係類似，我們用三個相似的概念來描述產量和成本之間的關係：總成本、邊際成本和平均成本。

（一）總成本

企業的總成本與產量有關，也與可變投入要素——勞動的數量有關（如表4.2所示）。

表 4.2　　　　　　　　　　　總成本與產量

	勞動 （工人數/天）	產量 （件/天）	總固定成本	總可變成本 （元/天）	總成本
A	0	0	30	0	30
B	1	4	30	20	50
C	2	10	30	40	70
D	3	13	30	60	90
E	4	15	30	80	110
F	5	16	30	100	130
G	6	16	30	120	150
H	7	14	30	140	170

在短期中，資本投入不變，而可變的是勞動的投入。因此，成本的變化與產量有關，也與勞動投入數量有關。

當勞動投入 $L = 5$ 時，產量 $Q = 16$，而總成本 $TC = 130$ 元，其中固定成本 $TFC = 30$ 元，可變成本 $TVC = 100$ 元。

如果勞動數量可以細分，我們把表4.2中的數據轉變為圖形（如圖4.11所示）。

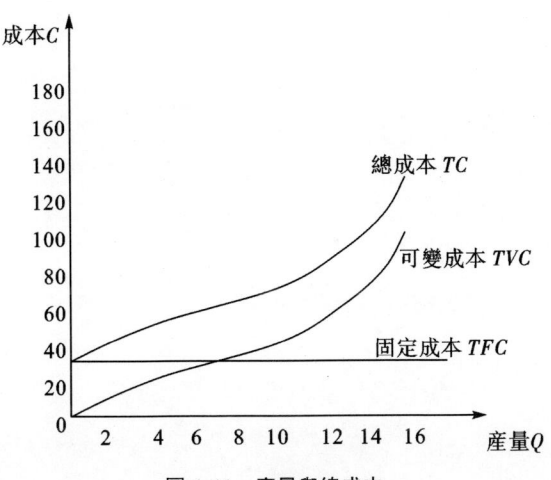

圖 4.11　產量與總成本

隨著勞動投入數量的增加，總成本一直上升，但是在產量較低的時候按照一個遞減的比率上升，而在產量水準較高時則按照一個遞增的比率上升。

為了理解總成本這樣的變動趨勢，需要引入邊際成本的概念。

(二) 邊際成本

邊際成本（Marginal Cost，MC）表示增加1單位產量所引起的總成本的變化。固定成本與產量變化無關，只有可變成本隨著產量變化而變化（如表4.3所示）。

$$MC = \frac{\Delta TC}{\Delta Q} = \frac{\Delta TVC}{\Delta Q}$$

表 4.3　　　　　　　　　　　　　產量與成本

	勞動	產量	總固定成本	總可變成本	總成本	邊際成本	AFC	AVC	ATC
	(工人數/天)	(件/天)	（元/天）						
A	0	0	30	0	30				
B	1	4	30	20	50	5.00	7.50	5.00	12.50
C	2	10	30	40	70	3.33	3.00	4.00	7.00
D	3	13	30	60	90	6.67	2.31	4.62	6.92
E	4	15	30	80	110	10.00	2.00	5.33	7.33
F	5	16	30	100	130	20.00	1.88	6.25	8.13

將表4.3中的數據轉化為邊際成本曲線MC，是一條U形曲線，即當企業的產量較低時，邊際成本降低，但是隨著產量的增加，邊際成本不斷上升。

為什麼邊際成本會先下降後上升呢？在產量少時，因為專業化的優勢，工人的生產率上升，因此增加1單位產量只需要增加很少的要素投入，邊際成本降低；但最終因為邊際收益遞減規律，每增加1單位產量都需要越來越多的勞動投入，從而使得邊際成本上升。

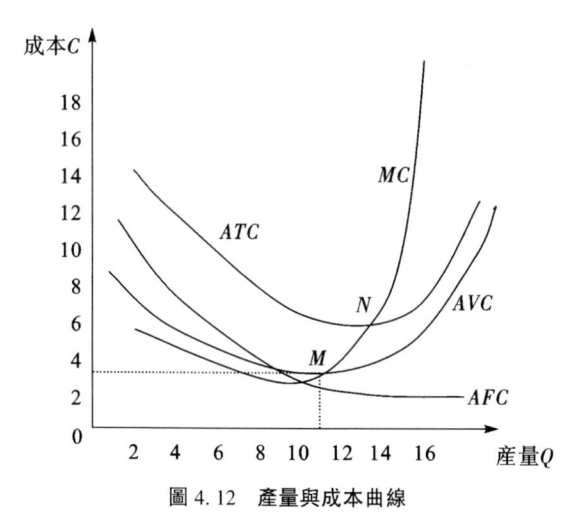

圖 4.12　產量與成本曲線

(三) 平均成本

平均成本（Average Cost）表示每單位產量引起的成本。由於成本分為總成本、總固定成本和總可變成本，所以平均成本也分為平均總成本 ATC、平均固定成本 AFC 和平均可變成本 AVC。

平均總成本等於總成本除以產量，即 $ATC = \dfrac{TC}{Q}$；平均固定成本等於總固定成本除以產量，即 $AFC = \dfrac{TFC}{Q}$；平均可變成本等於總可變成本除以產量，即 $AVC = \dfrac{TVC}{Q}$。

$$ATC = \frac{TC}{Q} = \frac{TFC}{Q} + \frac{TVC}{Q} = AFC + AVC$$

由圖 4.12 中的曲線可以看到，平均固定成本 AFC 隨著產量增加而降低，因為固定成本總額不變，隨著產量增加，每單位產量上分擔的固定成本就更少了，因此 AFC 曲線向右下方傾斜；平均可變成本、平均總成本曲線都是 U 形曲線，即 AVC、ATC 都是先減少後增加。

(四) 各成本曲線的變動規律

(1) 總固定成本 TFC 曲線是一條水準的直線，表示一個固定不變的數額；總成本曲線 TC 一直隨著產量增加而上升，但上升的速度先減少後增加。

(2) 總成本曲線 TC 與總可變成本曲線 TVC 形狀相同，垂直距離等於總固定成本 TFC。

(3) 邊際成本曲線 MC、平均總成本曲線 ATC、平均可變成本曲線 AVC 都是 U 形曲線，即隨著產量增加，MC、ATC、AVC 都是先下降後上升；而平均固定成本曲線 AFC 一直向右下方傾斜，即隨著產量增加，AFC 逐漸減少。

(4) MC 與 AVC、ATC 相交，其交點（圖 4.12 中 M 點和 N 點）分別是 AVC 的最低點和 ATC 的最低點。即當 $AVC = MC$ 時，AVC 最小；當 $ATC = MC$ 時，ATC 最小。

(五) 短期成本與產量

企業的最終目標——利潤最大化的實現需要同時考慮技術效率和經濟效率，也就是同時考察生產函數和成本函數。

將前面例子的產量和成本之間的關係列出來，得到表 4.4。

表 4.4　　　　　　　　　　產量和成本

	L	MP	AP	MC	AVC
A	0				
B	1	4.00	4.00	5.00	5.00
C	2	6.00	5.00	3.33	4.00
D	3	3.00	4.33	6.67	4.62
E	4	2.00	3.75	10.00	5.33
F	5	1.00	3.20	20.00	6.25

轉換為圖形，得到圖 4.13。

圖 4.13　產量與成本

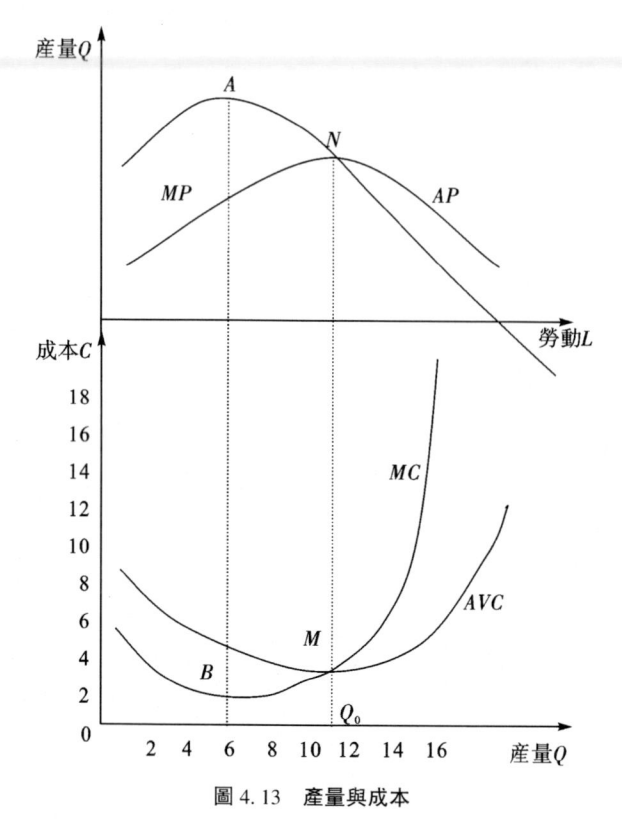

由圖 4.13 可以看到，產量曲線與成本曲線緊密相關。

1. MC 與 MP

邊際成本與邊際產量對應：如果邊際產量增加，那麼邊際成本就下降；邊際產量減少，則邊際成本上升；邊際產量的最高點 A 對應著邊際成本的最低點 B。

2. AP 與 AVC

平均可變成本與平均產量對應：如果平均產量上升，平均可變成本就下降；如果平均產量下降，則平均成本上升；平均產量的最高點 N 對應著平均可變成本的最低點 M。

產量水準為 Q_0 時，同時實現了 AP 最大和 AVC 最小，是同時實現了技術效率和經濟效率的產量水準，也是企業決策應當著重考慮的一點。

三、企業的長期成本

在長期中，沒有固定與可變投入的區別，所有要素都是可變的，而所有投入的變動就是生產規模的變動。因此，長期中實現技術效率就是要找到企業的適度規模——規模太大不行，規模太小也不行。

就企業規模而言，到底是「大的是好的」還是「小的是好的」呢？1917 年美國最大的 100 家公司，到 1997 年只有 22 家仍在最大的 100 家企業之中，所以規模大並不能確保企業的生存；小企業也一樣，美國每年有數百萬家小企業倒閉。

在長期生產中，資本和勞動數量都是可變的，企業可以新建或關閉工廠、購買更多或更少的原料、雇傭更多的工人或者解雇一部分工人……總之，企業在收益與成本的約束下尋找最適合的生產規模。

（一）長期成本曲線

由於短期中許多成本是固定的，而長期中所有成本都是可變的，所以長期成本曲線不同於短期成本曲線。

理論上，在任何一個確定的產量水準，企業總可以找到對應的最優的生產規模（等成本曲線與等產量曲線的切點）。

把每一個產量水準下的最優生產規模軌跡連接起來，我們就可以得到長期總成本曲線（如圖 4.14 所示）。

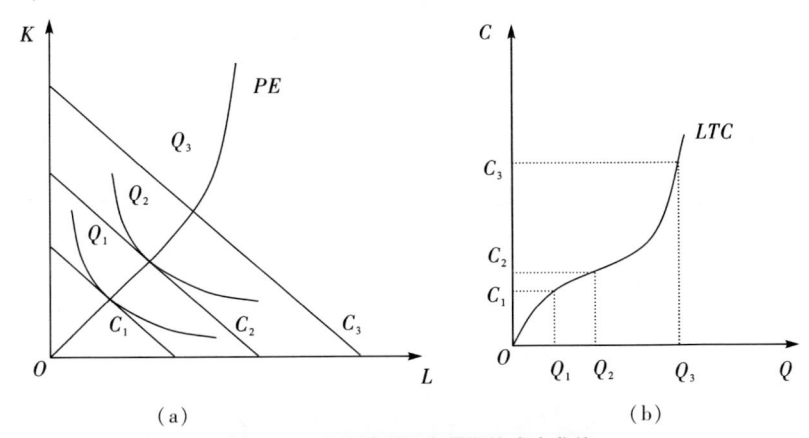

圖 4.14　生產擴展線與長期總成本曲線

圖 4.14（a）中，將不同產量水準下的最優組合連接起來，就得到生產擴展線 PE（Productive Expansion Curve），表示所有的兩種要素的最佳投入組合，這就是一個長期的概念。將生產擴展線對應的產量和成本在圖 4.14（b）中表示出來，就得到企業的長期成本曲線。LTC 曲線表示在長期生產中，企業在每一個不同的產量水準上，由最優生產規模所帶來的最小的總成本。

長期總成本曲線從原點出發向右上方傾斜，表示產量為 0 時，企業的總成本也是 0；隨著產量增加，企業的總成本也逐漸增加，並且先增加得越來越慢，經歷一個相對平穩的區間後，增加得越來越快。

（二）長期平均成本曲線

將長期總成本曲線 LTC 上每一個成本值除以對應的產量 Q，就可以得到長期平均成本曲線（如圖 4.15 所示）。

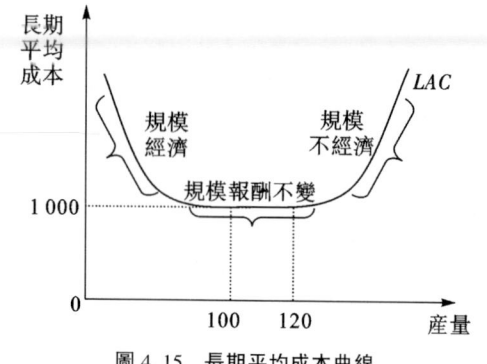

圖 4.15　長期平均成本曲線

1. 長期平均成本曲線的形狀

長期平均成本曲線（Long-term Average Cost，LAC）也是一條 U 形曲線，但比短期成本曲線 ATC 更平坦。同時，LAC 曲線上所有的點都位於該企業所有短期平均成本曲線之下。這是因為在長期中，企業擁有更大的靈活性，產量可以從無到有任意改變。

需要注意的是，短期平均成本的最低點並不在長期平均成本曲線上。

2. LAC 不同部分的經濟含義

LAC 仍然是一條 U 形曲線，並且不同部分有著不同含義：

（1）曲線下降階段存在規模經濟效應

隨著生產規模擴大（產量增加），企業生產出來的每單位產品的平均成本下降，即投入要素增加引起產量增加的比率更高，提高了技術效率，在其他條件不變的情況下擴大生產規模是有利的。比如勞動和資本的投入變為原來的 2 倍，而產量上升為原來的 3 倍或 5 倍，要素增加的比率比產量增加的比率更低。

規模經濟效應一般存在於產量水準較低的階段，如圖 4.15 中產量從 0 到 100 期間，此時擴大規模可以採用更先進的機器、實行更精細的分工、提高創新能力。

（2）曲線上升階段存在規模不經濟

隨著生產規模擴大，每單位產品的平均成本上升，即投入要素增加的比率大於產量增加的比率，降低了技術效率，在其他條件不變的情況下擴大生產規模是不利的。比如投入要素的數量變為原來的 2 倍，而產量只是增加到原來的 1.5 倍，要素增加的比率大於產量增加的比率。

規模不經濟一般是企業規模大到一定程度之後才會出現。由於規模過大，如圖 4.15 中產量大於 120 區間，引起企業組織內部不協調，管理成本上升，規模擴大反而不利於提高企業效率。

（3）曲線水準階段表示規模報酬不變，即平均成本保持不變

規模報酬不變表示投入要素增加的比率和產量增加的比率相等，如果投入要素變為原來的 2 倍，那麼產量也變為原來的 2 倍，如圖 4.15 中產量從 100 到 120 區間。

所以，企業的規模擴大既可能產生規模經濟效應，也可能產生規模不經濟，並不是規模越大就越好。在長期中，企業不斷調整生產規模主要是為了實現「適度規模」，這個規模可以理解為規模報酬遞增到最大時候的規模。

思考一下：

如果一汽公司每月生產 90 輛轎車，它的長期總成本是每月 450 萬元。如果每月生產 100 輛轎車，它的長期總成本是 500 萬元。一汽公司表現出規模經濟還是規模不經濟？

3. 規模經濟和範圍經濟

企業什麼時候能實現適度規模，在不同行業差別很大。在鋼鐵、石化這類行業中，專業設備很多，而且相當昂貴，需要大量投入；另一方面，這些企業的產品都是標準化的，可以進行大量生產。因此，這些行業適合大規模，企業規模越大越能實現技術效率，獲得專業化的好處。比如，鋼鐵廠的年產量都要達到 1,000 萬噸以上，歐洲還建設了年產 5,000 萬噸的鋼鐵廠。但在另一些行業中，產品需求多樣，專業設備較少，比如餐飲業或者服務業，需要提供多樣化產品，「船小好掉頭」，企業規模越小越能實現效率。

隨著科技進步以及經濟全球化的發展，如何做大是很多企業都關心的問題。但是我們說的做大是規模擴大的同時也要提高技術效率，並不是單純擴大規模，也就是要做強。企業做大有兩條途徑，一是追求規模經濟，二是追求範圍經濟。

規模經濟是針對生產一種產品的企業而言，通過擴大規模獲取專業化和分工帶來的好處，比如能夠使用更多的專業化設備、更專注於技術創新、在企業內部實行更精細的分工等。

範圍經濟是向相關行業或不相關行業擴張的企業，也就是通常所說的多元化經營，這類公司所占的比例不斷上升。比如養雞場生產雞和雞蛋，然後可能對此深加工；大學提供教學和科研，然後開辦科技公司。多元化經營可以將專用設備等成本分攤在更多產品上，進入利潤更高的行業，很多企業如中糧集團、珠海巨人公司都進入了與主營業務不相關的房地產市場但也有可能因為不擅經營而遭到失敗，畢竟企業家不可能掌握所有行業的市場信息和具備生產經營的優勢，尤其是跨行業經營可能使管理成本更高。

（三）長期邊際成本

長期邊際成本 LMC 是指企業在長期生產中，增加的最後 1 單位產量引起的總成本的增加，它等於長期總成本對產量求導，即：

$$LMC = \lim_{\Delta Q \to 0} \frac{\Delta LTC}{\Delta Q} = \frac{\mathrm{d}LTC}{\mathrm{d}Q}$$

長期邊際成本值可以由對應 LTC 曲線上的斜率得到（如圖 4.16 所示）。

LMC 曲線也是呈 U 形，它與 LAC 曲線相交。其原因在於：當 LAC 處於下降階段時，必然有 LMC<LAC，正是邊際成本低於平均成本，才能將整個平均成本曲線往下拉；反之，當 LAC 處於上升階段時，必然有 LMC>LAC，拉動整個平均成本曲線向上。同時，由於 LAC 曲線在規模經濟和規模不經濟的作用下呈 U 形，所以 LMC 曲線也必然是先下降後上升。

由於 LMC 代表總成本曲線 LTC 的斜率，那麼 LMC 曲線呈 U 形也就正好說明了 LTC 的斜率先減少後增加，因此 LTC 曲線表現為圖 4.14（b）中的形狀。

圖 4.16 *LMC* 與 *LAC*

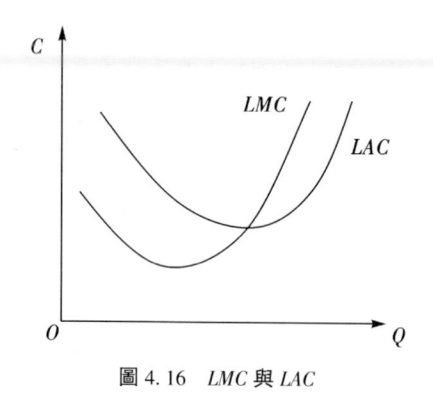

本章小結

企業決策主要涉及兩類問題：關於定價的決策和關於生產的決策。定價問題我們下一章再來討論，本章主要分析的是企業如何進行生產決策——生產多少，如何生產。

生產多少是關於企業產量的決定，取決於能夠實現效率的適度規模；而如何生產則關係到技術採用和要素的投入。概括起來說，生產決策就是關於企業如何實現資源配置效率的問題。

企業的最終目標是追求利潤最大化，而利潤等於總收益減去總成本，所以企業要追求利潤最大就需要綜合考慮收益和成本兩個方面。

（一）企業的成本

企業成本分為會計成本和經濟成本。其中會計成本是企業為使用各種生產要素而支付的貨幣額，它有實際的資金流出，因此也叫作顯性成本；經濟成本不僅包括實際支付的顯性成本，還包括為了生產經營而放棄了的其他可能收益，即機會成本。我們討論的企業利潤指經濟利潤，要從總收益中減去會計成本和機會成本，因此經濟利潤一般小於會計利潤。

不僅如此，企業成本還要區分短期和長期，從效率角度出發，我們主要分析邊際成本和平均成本與產量之間的關係。當邊際成本和平均成本相等時，平均成本最小，對應著邊際產量最高的點，此時的產量就是同時實現了技術效率和經濟效率的產量水準，即適度規模。

（二）企業的收益

企業的收益是價格與銷售量的乘積，如果價格是既定的，那麼收益變動與銷售量的變動就具有相同趨勢。

企業的收益分為總收益、邊際收益和平均收益三個概念。總收益 TR 是賣出一定量產品的總收入；邊際收益 MR 是每增加一單位產品帶來的收入變動，等於邊際產量乘以價格；平均收益 AR 是平均每單位產品的收入，等於平均產量乘以價格。

假定市場價格為 P 固定不變，那麼：

$TR = P \cdot Q$

$$MR = P \cdot MP = \frac{\Delta TR}{\Delta Q}$$

$$AR = P \cdot AP = \frac{TR}{Q}$$

其中 MP、AP 分別表示邊際產量和平均產量。

(三) 利潤最大化條件

利潤 π = 總收益 – 總成本 = $TR - TC$

什麼時候利潤最大呢？結合上面的利潤函數和數學知識，人們把利潤最大化的條件一般性地概括為邊際成本等於邊際收益，即 $MC = MR$。

如果 $MC < MR$，比如 $MC = 5$ 元，$MR = 8$ 元時，增加 1 單位產品帶來的收益為 8 元，卻只需要付出 5 元的成本，收益>成本，說明繼續生產還可以賺錢，此時應當增加產量。

如果 $MC > MR$，比如 $MC = 9$ 元，$MR = 8$ 元，增加 1 單位產品帶來的收益仍然是 8 元，卻要導致成本增加 9 元，收益<成本，說明繼續生產是不合算的，此時應當減少產量。

只有 $MC = MR$，比如 $MC = 8$ 元，$MR = 8$ 元時，企業既不增加產量，也不減少產量，說明這時的產量是企業滿意的產量水準，實現了利潤最大化。

資料延伸

多元化經營：中糧集團（COFCO）

中國糧油食品進出口（集團）有限公司（簡稱「中糧」「中糧集團」，英文簡稱 COFCO）於 1952 年在北京成立，是一家集貿易、實業、金融、信息、服務和科研為一體的大型企業集團，橫跨農產品、食品、酒店、地產等眾多領域。1994 年以來，該集團一直名列美國《財富》雜誌全球企業 500 強。

(一) 集團地位

中糧集團長期從事糧油食品進出口貿易，是中國最大的進出口企業之一。截至 2003 年，中糧集團進出口額累計 1,468 億美元，其中，出口總額累計 785 億美元，進口總額累計 683 億美元。

(二) 發展歷程

1992 年以來，伴隨著中國市場經濟的不斷發展，中糧集團加快戰略調整步伐，大力實施實業化、國際化、集團化、多元化經營戰略，有力地促進了公司由傳統外貿代理企業向產業化經營的跨國企業轉型，逐步發展成為一家集貿易、實業、金融、信息、服務和科研為一體的大型企業集團。

目前，中糧集團已形成了以糧油食品加工業為主體，兼顧相關行業的發展格局。食用油脂、飲料、酒類、面粉、巧克力、金屬包裝等業務在國內均居於領先地位。中糧產品「福臨門」食用油、「長城」葡萄酒、「金帝」巧克力、「梅林」罐頭享譽大江南北；此外，中糧集團還是可口可樂在中國的主要裝瓶商。

中糧集團投資開發的海南三亞亞龍灣國家旅遊度假開發區被外國遊客譽為「中國的夏威夷」。中糧投資建設的商用寫字樓、民用住宅，也在市場上受到歡迎。中糧集團

旗下的凱萊國際酒店集團是世界酒店300強之一。

(三) 協同多元化戰略

中糧從進出口貿易商轉型進入實業化發展階段以來，目前所從事的主要行業有食品製造業、房地產業、酒店業、金融業、保險業、生物能源等，這些業務之間都是一種協同關係。

根據公司的戰略定位及各業務之間的協同效應，對公司現有業務及集團相關業務進行評估和檢討，通過內部成長和外部擴張的方式獲取長期成長動力，對公司內部進行資源整合，包括品牌、渠道、研發、生產、物流、採購以及組織架構等。如在食用油方面，已形成市場的主導，從自主福臨門到控股魯花，到開發高端的滋採，形成了系列化品牌，有效形成了品牌區隔；如重組中谷，加強了在農產品流通領域的優勢；進軍生物能源，既利用了自身的優勢，又有國家對能源戰略的支持，其發展空間巨大；利用資本進入保險和地產，通過強大的資本實力來整合產業，多元化投資，專業化經營，產生了較好的協調效應。如在房地產行業，中糧在收購深寶恒以後，把優質房地產開發業務注入深寶恒，並利用深寶恒現有土地資源，在深圳寶安區以租賃廠房或其他形式，設立糧油食品、包裝等產品的生產加工基地，把深寶恒發展成為集物流、倉儲、貿易、採購、地產物業為一體的上市公司。

資料來源：www.cofco.com.cn.

第五章
完全競爭市場

　　競爭是企業成敗的核心所在……競爭戰略就是在一個行業裡（即競爭產生的基本角鬥場上）尋求一個有利的競爭地位。競爭戰略的目的是針對決定產生競爭的各種影響力而建立一個有利可圖和持之以久的地位。

　　　　　　　　　　　　　　　　　　　　　　——邁克爾·波特[①]

內容提要：
　　本章主要介紹完全競爭市場的特點，完全競爭市場上企業的生產經營決策，以及形成完全競爭市場的障礙。

重點掌握：
　　1. 完全競爭市場的特點；
　　2. 完全競爭市場的效率。

　　實現企業資源的配置效率，只是追求利潤最大化的第一步，只有把產品成功售出，才能夠真正獲得利潤。馬克思就把商品價值在市場上得到實現的過程稱為「驚險的一跳」。企業要獲得成功，不僅要在內部實現資源配置的效率，還需要制定正確的市場競爭戰略，完成這「驚險的一跳」。

　　不同市場上的企業面臨的競爭狀況不同。如果某一個洗車場把價格提高5%，會發現顧客的數量大幅下降。如果美國「超級杯（Super Cup）」橄欖球比賽總決賽的門票價格提高10%，銷量卻不會有明顯變化，球場上仍然會擠滿狂熱的球迷們。原因非常簡單，洗車市場上有無數的企業，每個企業都能夠提供相同或者近似的服務，競爭激烈；而對於橄欖球迷來說，超級杯總決賽的比賽是無可替代的，只此一家別無分號屬於完全壟斷。因此，市場結構的差別——有許多提供同類產品的賣者，與只有一個或少數幾個賣者屬於完全壟斷——對於企業的定價與生產決策有著顯著影響。

　　本章我們的目標是考察競爭市場上企業的生產決策。根據競爭狀況的不同，我們把市場結構分為四種：完全競爭、壟斷競爭、寡頭壟斷、完全壟斷。

[①] 邁克爾·波特，美國哈佛大學商學院最知名的教授，現代市場競爭理論的奠基人。他的《競爭戰略》、《競爭優勢》和《國家競爭優勢》已成為競爭理論的經典和企業家的必讀書。

第一節　完全競爭市場概述

完全競爭是一種不受任何市場勢力干擾和阻礙的市場結構。

一、完全競爭市場的特點

(一) 大量買者和賣者

在完全競爭市場上，有無數的買家和賣家，每一個市場參與者的決策都只能對市場價格產生微不足道的影響，是價格的接受者。

比如在雞蛋市場上，雞蛋的價格是由市場總供求水準共同決定的，無論是養雞專業戶還是節儉的農村老太太，提供的雞蛋數量相對於整個市場規模來說，都是微不足道的。單個生產者的生產決策不足以影響市場價格。

因此，在完全競爭市場上，生產者不用考慮價格決策——他只能接受市場價格，然後在這個價格水準下決定自己的產量。

(二) 產品同質

完全競爭市場的第二個特點是所有生產者提供的產品都是同質的，或者換句話說，是可以完全互相替代的。與前面大量市場參與者的特點聯繫起來，我們就更容易理解為什麼在完全競爭市場上企業只能作為市場價格的接受者。

既然所有企業提供的都是同質的產品，那麼只要有細微的價格差距，消費者就會轉而購買低價的產品。同樣是雞蛋——當然不考慮是「土雞蛋」還是「有機雞蛋」，如果廠商甲決定提價5%，那麼人們就會去買別家的雞蛋，甲的雞蛋銷售量就會大幅度下降，反而得不償失。所以，對於每個生產者而言，都只能接受市場價格的約束。

產品同質不僅是指產品的質量相同，還要考慮到品牌效應等其他因素。同樣是碳酸飲料，可口可樂和百事可樂也有差別。因此，現實中很少有真正的完全競爭市場，只有農產品市場比較接近：對於大米和小麥等產品而言，只要等級相同，那麼湖南的大米和湖北的大米都是一樣的，對消費者而言沒有什麼區別。

(三) 信息充分

完全競爭市場還有一個特點就是信息充分，即買賣雙方都完全瞭解產品的質量和價格。我們已經知道，對於生產者和消費者而言，搜集和掌握信息都是一個困難的過程。如果信息不暢通，那麼生產者和消費者的決策都會受到影響。

在完全競爭市場上，企業因為消費者能夠充分瞭解其他企業的價格而不能隨意漲價。如果消費者不能掌握價格信息呢？比如在旅遊區常常有很多出售土特產或者手工藝品的攤點，對於初次購買的消費者而言，不太可能一一比較所有攤點的價格。瞭解到這一點之後，即使出售同樣的產品——比如木制佛珠，或者精美的風箏，不同賣者可能收取不同的價格，這就是因為對於消費者而言，價格信息不再是充分的。

(四) 進出自由

進出自由是指企業可以自由地進入或者退出一個市場，這是保持市場競爭的重要條件。

如果有進入或退出的限制——比較常見的是進入限制，那麼企業就不能完全根據成本與收益來決定是否生產、生產多少，影響到整個市場的效率。比如電信市場、民航市場，都是有准入限制的，就不可能有足夠多的企業形成競爭。

二、競爭企業的收益

競爭市場上的企業與經濟中的其他企業一樣，追求的也是利潤最大化。現在我們就考慮其收益。還記得導論中提到的小麥生產者的收益嗎？

周丁家的小麥銷售量為 Q，價格為 P，那麼總收益 $TR=PQ$。如果每千克小麥賣 1.5 元，那麼當產量為 2,000 千克時，他的收益為 3,000 元。

由於周丁家的小麥產量相對於整個小麥市場來說是微不足道的，因此即使他增加或者減少產量，市場價格也不變——每個企業都是市場價格的接受者。如果他家的小麥產量上升到 3,000 千克，價格仍然是 1.5 元/千克不變，那麼收益就變為 4,500 元。

所以，周丁家出售小麥的收益為 $TR=1.5Q$，與產量同比例變化。

正如我們在前面章節說過的那樣，邊際分析是有用的。因此，為了考察企業的生產決策，我們還需要考察其平均收益和邊際收益（如表 5.1 所示）。

表 5.1　　　　　　　　　　　競爭企業的收益

產量	價格	總收益	平均收益	邊際收益
（千克）	（元/千克）	（元）		
Q	P	$TR=PQ$	$AR=TR/Q$	$MR=\Delta TR/\Delta Q$
1,000	1.5	1,500	1.5	1.5
2,000	1.5	3,000	1.5	1.5
3,000	1.5	4,500	1.5	1.5
4,000	1.5	6,000	1.5	1.5
5,000	1.5	7,500	1.5	1.5
6,000	1.5	9,000	1.5	1.5
7,000	1.5	10,500	1.5	1.5
8,000	1.5	12,000	1.5	1.5

平均收益 AR 告訴我們出售的每 1 單位小麥帶來多少收益；邊際收益 MR 說明每增加 1 單位小麥能夠帶來多少收益。

由於總收益 $TR=PQ$，平均收益 $AR=TR/Q=P$，因此對於所有企業（不僅僅是競爭性企業）而言，平均收益等於該產品價格——周丁家出售小麥的平均收益就等於價格 1.5 元/千克。

對於競爭性企業而言，產量並不影響市場價格，$TR=PQ=1.5Q$，因此，邊際收益 $MR=\Delta TR/\Delta Q=1.5$ 元/千克。這是競爭性企業特有的，即邊際收益也等於市場價格。

所以，競爭性企業的收益曲線比較特別，是直線而不是曲線（如圖 5.1 所示）。

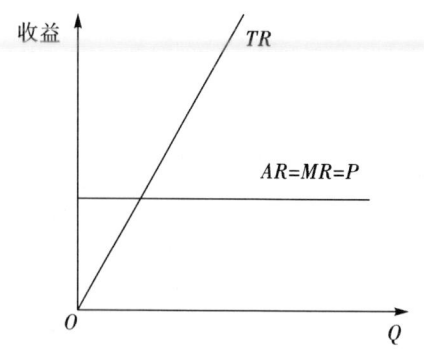

圖 5.1　競爭企業的收益曲線

三、利潤最大化

競爭性企業仍然追求利潤最大化。剛才已經討論了企業的收益，而上一章我們已經分析了企業的成本，現在就要根據利潤最大化的條件來決定企業的產量。

假設周丁家提供小麥的收益與成本滿足表 5.2 中的數據。

表 5.2　　　　　　　　　　　周丁家的利潤最大化決策

產量（千克）	總收益	總成本	利潤	邊際收益	邊際成本
Q	$TR=PQ$	TC	$\pi=TR-TC$	$MR=\Delta TR/\Delta Q$	$MC=\Delta TC/\Delta Q$
0	0	500	-500		
1,000	1,500	510	990	1.5	0.03
2,000	3,000	580	2,420	1.5	0.12
3,000	4,500	770	3,730	1.5	0.27
4,000	6,000	1,140	4,860	1.5	0.48
5,000	7,500	1,750	5,750	1.5	0.75
6,000	9,000	2,660	6,340	1.5	1.08
7,000	10,500	3,930	6,570	1.5	1.47
8,000	12,000	5,620	6,380	1.5	1.92

觀察第四欄的數據，利潤先增加後減少，根據表格中給出的數據可以看到的最大的利潤額為 6,570 元。當然，也有可能是在產量為 7,000 千克到 8,000 千克之間的某一個點上，利潤達到最大值，變化趨勢從上升變為下降。

另一個更準確的判斷利潤最大化產量的辦法是考察邊際收益與邊際成本。只要邊際收益大於邊際成本，增加產量就是划算的；而當邊際收益小於邊際成本時，就需要減少產量。當 $Q=7,000$ 千克時，$MR=1.5$ 元，而 $MC=1.47$ 元，$MR>MC$，應當繼續增加產量；當 $Q=8,000$ 千克時，$MC=1.92$ 元，$MR<MC$，應當減少產量使利潤增加，因此利潤最大化的產量應該是 7,000 千克到 8,000 千克之間的某一點。

當邊際收益 MR 等於邊際成本 MC 時，利潤最大。從表 5.2 給出的數據可以看出，MR = 1.5 固定不變，MC 一直上升，在產量為 7,000 千克到 8,000 千克之間，MC 可以達到 1.5，對應著利潤的變化趨勢也是在產量為 7,000 千克到 8,000 千克之間的某一點達到最大值。

第二節　企業的生產經營決策

一、利潤最大化

所有企業都按照利潤最大化的原則來進行決策，也就是同時考慮收益和成本來實現效率。

（一）收益和成本曲線

通過上一章的學習，我們瞭解到成本曲線具有一些典型的特徵：

首先，邊際成本曲線 MC 向右上方傾斜，表示隨著產量增加，MC 遞增；其次，平均總成本曲線 ATC 是 U 形的，表示隨著產量增加，ATC 先下降，後上升，並且 MC 與 ATC 的交點是平均成本最低的點。

下面我們同時考慮競爭性企業的收益與成本曲線（如圖 5.2 所示）。

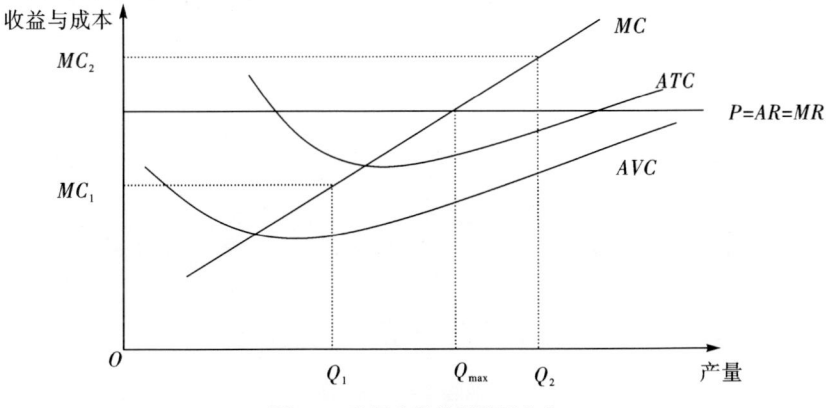

圖 5.2　競爭企業的利潤最大化

（二）利潤最大化的生產規模

我們可以用圖 5.2 來確定利潤最大化的產量。

設想企業生產量在 Q_1 時，邊際收益大於邊際成本，$MR>MC_1$。這就是說，如果企業提高其生產和銷售水準 1 個單位，增加的收益 MR 將大於增加的成本 MC_1。利潤等於總收益減總成本，利潤會增加。因此，如果邊際收益大於邊際成本，正如在 Q_1 時的情形，企業可以通過增加生產來增加利潤。

相反，企業的產量為 Q_2 時，$MR<MC_2$。如果企業減少 1 單位生產，節約的成本 MC_2 將大於失去的收益 MR。因此，如果邊際收益小於邊際成本，正如 Q_2 時的情況，企業就可以通過減少生產而增加利潤。

企業的生產水準需要不斷調整以尋找到利潤最大化的點。無論是從生產的低水準 Q_1 開始，還是從高水準 Q_2 開始，企業最終要把生產調整到產量達到 Q_{max} 為止。這種分析說明了利潤最大化的一般規律：在利潤最大化產量水準時，邊際收益和邊際成本正好相等。

競爭性企業的生產決策比較簡單，由於競爭企業是價格接受者，因此，它的邊際收益等於市場價格。對於任何一個既定價格來說，競爭企業可以通過觀察價格與邊際成本曲線的交點來找出利潤最大化的產量。在圖5.2中，這個產量水準是 Q_{max}——這個「max」並不是表示產量最大，而是表示這時的利潤水準最高。

二、競爭性企業的供給曲線

供給曲線表示在不同價格水準下，生產者願意並且能夠提供的生產的數量。也就是說，企業的供給曲線主要考察產量與價格水準之間的關係。

(一) 供給曲線與邊際成本曲線

當市場價格發生變化的時候，企業的供給量會如何變化？我們已經知道企業決策的最終依據是實現利潤最大化。因此，價格變化之後，關鍵在於找出企業能夠實現利潤最大的產量水準。

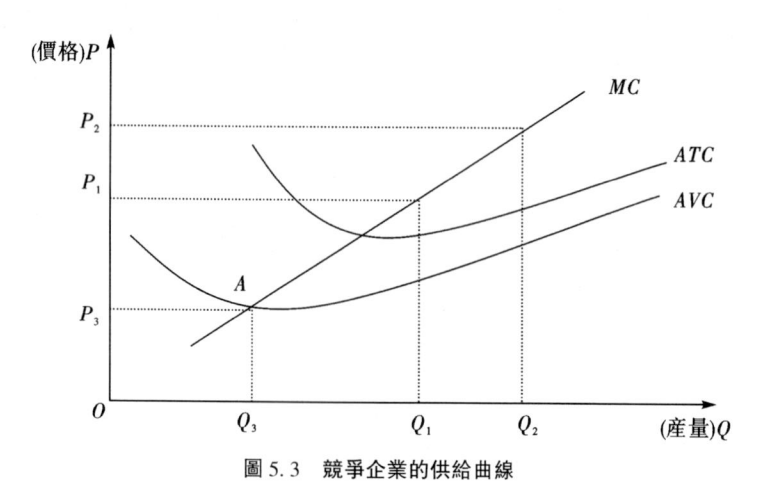

圖5.3　競爭企業的供給曲線

從圖5.3中，我們可以觀察到，當市場價格為 P_1 時，根據 $MC=MR=P_1$，企業決定提供 Q_1 水準的產量；當市場價格為 P_2 時，根據 $MC=MR=P_2$，企業發現繼續生產能夠獲利，決定在更高的水準上進行生產，產量增加到 Q_2。因此，競爭性企業的供給曲線和邊際成本曲線重合。

事實上，邊際成本曲線決定了企業增加1單位產品需要支付的代價，而價格水準代表了邊際收益，只要邊際收益能夠彌補邊際成本，企業就繼續生產。因此，邊際成本曲線代表了企業在不同價格水準下願意提供的產量——這就是競爭性企業的供給曲線。

(二) 企業的短期生產決策

也許細心的人已經發現，圖 5.3 中的邊際成本曲線作為供給曲線有一個問題：如果價格低於平均可變成本的最低點，即圖 5.3 中的 A 點，企業也會提供一定的產量嗎？

1. 有效規模

在圖 5.4 中，平均成本最低點就是平均成本曲線與邊際成本曲線的交點（圖 5.4 的 B 點），此時對應的價格水準為 P_4，而產量為 Q_4。這個產量下的生產規模就是有效生產規模。

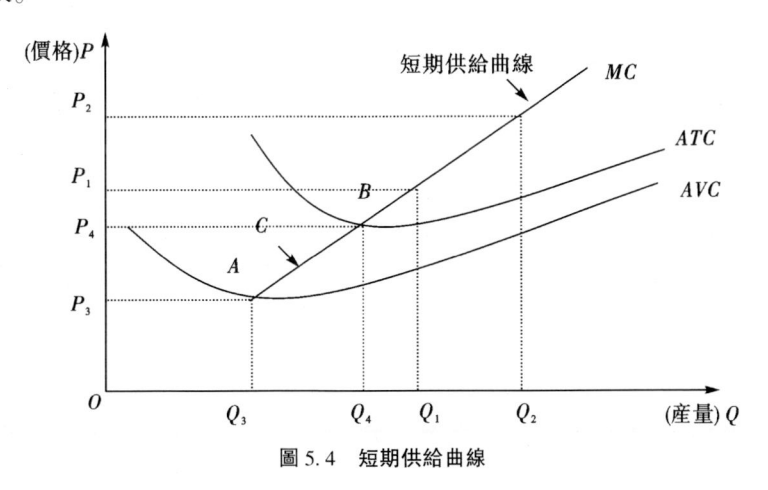

圖 5.4　短期供給曲線

那麼，是不是說價格低於 P_4 就不應當生產了呢？比如在圖 5.4 中的 C 點，價格低於 P_4，但高於最低平均可變成本所在的點 A 點。也就是說，增加 1 單位產品的生產，雖然不能彌補平均總成本，但能夠彌補平均可變成本，因此增加產量是有利可圖的。

為什麼平均總成本似乎並不影響企業的生產決策呢？這是因為總成本中有一部分是固定不變的，也就是我們說的沉沒成本，而沉沒成本不影響決策。在短期中，企業並不能通過暫時停產來收回固定成本，在考慮生產決策時，可以放心地忽視固定成本。

2. 停止營業點

總成本由固定成本和可變成本構成，雖然固定成本不影響決策，但可變成本卻是決策的一個關鍵——如果價格很低以至於不能彌補可變成本，那麼就不應當進行生產。比如當價格為 3 元時，表示每個產品能夠帶來 3 元的收入（平均收益）；而平均可變成本為 4 元，表示每個產品耗費了 4 元的成本，那麼每個產品帶來的收益 3 元小於它帶來的可變成本 4 元，生產的每個產品都產生了虧損，都是不應該生產的。

所以，當價格跌到平均可變成本之下時，企業會停止生產，我們把只能彌補其可變成本的產量 Q_3 和價格 P_3 叫作企業的暫停營業點，即圖 5.4 中的 A 點。

假如 $P_3 = 5$ 元、$Q_3 = 100$ 是企業的暫停營業點，那麼只要價格略低於 5 元，企業的產量就不是略低於 100，而是直接降為 0——企業暫時停止生產。

3. 企業的短期供給曲線

企業的短期供給曲線就變為圖 5.4 所示，是邊際成本曲線高於停止營業點以上的部分，即邊際成本曲線高於平均可變成本曲線的部分。

在短期生產決策中，企業無法改變固定成本，因此在停止營業點 A，企業存在經濟虧損，虧損額為固定成本的總額。2008 年由於全球金融危機對中國經濟的影響，許多企業受到市場需求急遽減少從而導致市場價格迅速降低的影響，甚至已經低於最低的平均可變成本，於是鋼鐵製造企業、出口型企業等做出了暫時停產的決定，給工人放 6 個月左右的「長假」。由於短期內無法收回廠房、固定設備等投入要素的成本，雖然停產停業的決策避免了繼續投入勞動和原料的可變成本，但仍然遭受固定成本帶來的虧損。

如果很長一段時間內，市場狀況不能改變企業面臨的虧損狀態，那麼企業就有可能做出退出該行業的決定，因為長期中企業可以改變所有投入要素的數量，包括固定設備。

思考一下：

大學周圍通常有網吧、服裝店、書店和大眾型餐館，為學生的生活帶來了方便。一般情況下，午飯和晚飯時間餐館非常擁擠，但由於學生們很少去餐館吃早餐，寥寥幾個顧客不過消費幾碗麵條或者稀飯，所得收入不能彌補房租、水電和人工等成本，那麼為什麼大多數餐館都要在早晨開門營業呢？另一方面，如果網吧周圍沒有多少住戶，那麼在暑假、寒假期間就會毫不猶豫地關門停業。這又是為什麼？

（三）企業的長期生產決策

我們已經認識到企業在短期內會在停止營業點以上的部分進行生產，此時有可能遭受固定成本帶來的虧損，比如在圖 5.4 中的 C 點位置進行生產，雖然產品的平均收益（AR=P）大於平均可變成本，但小於平均總成本。這時，企業進行生產不是因為能夠盈利，而是因為在短期內無法改變固定成本，此時生產的話還能夠因為 P>AVC 而獲得一定的收益，不生產則虧損更多。

長期中，所有要素投入都是可變的，不再有可變成本與固定成本的問題，因此如果企業的收益不能彌補成本，就會退出該行業；反之，如果總收益大於總成本，那麼新企業就會進入該行業。

用 TR 代表總收益，TC 代表總成本，那麼退出標準就可以表示為 TR<TC，兩邊同除以產量 Q，可以變為 $\frac{TR}{Q} < \frac{TC}{Q}$，即 AR<LAC（LAC 為長期平均成本）。

由於競爭市場上 P=AR，所以退出標準可以表示為 P<LAC。企業的長期成本曲線變為邊際成本曲線在長期平均成本曲線以上的部分（如圖 5.5 所示）。

因此，在長期中，競爭市場上的企業按照價格等於邊際成本的原則確定產量，但如果價格低於最低平均總成本的水準（圖 5.5 中 B 點對應的 P_4），那麼企業就會選擇退出（或不進入）該行業。

圖 5.5　長期供給曲線

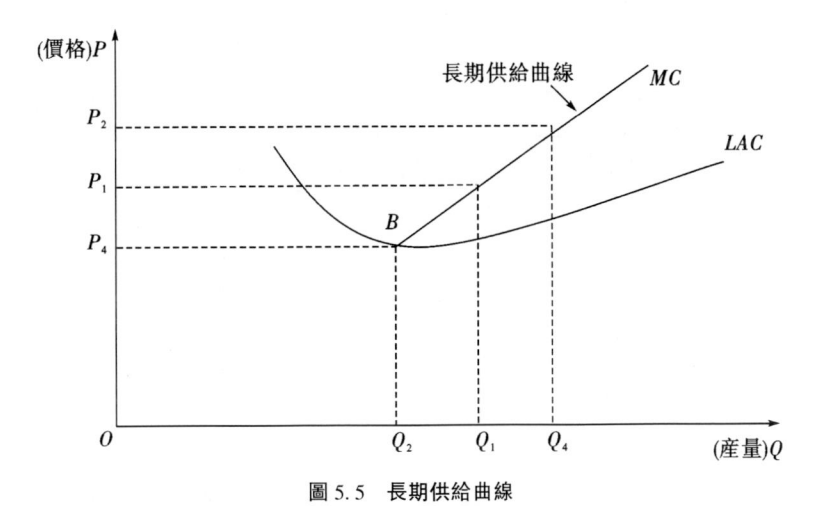

(四) 企業的利潤

現在我們用競爭性企業的收益與成本圖形來表示企業的利潤（如圖 5.6 所示）。

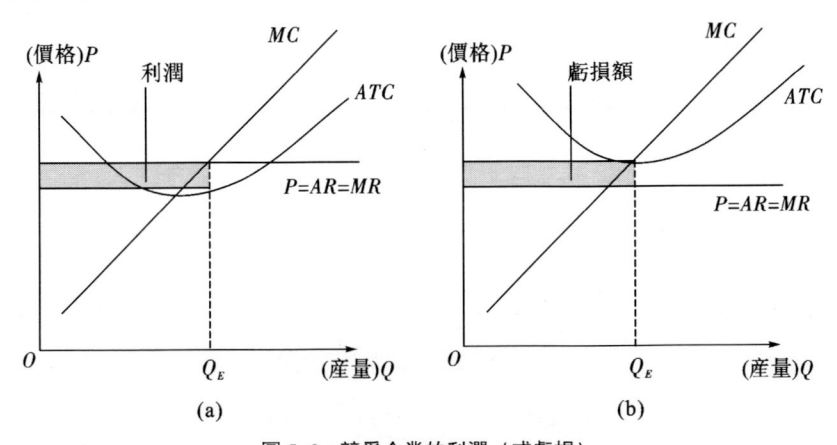

圖 5.6　競爭企業的利潤（或虧損）

圖 5.6 的 (a) 圖表示企業賺到的利潤。正如我們已經討論過的，企業根據 $P=MC$ 確定生產規模，在該產量水準上實現利潤最大化——利潤數額為陰影部分的面積。該矩形的高是 $(P-ATC)$，即價格與平均總成本之間的差額；寬是 Q_E，即產量。因此矩形的面積是 $(P-ATC) \times Q_E$，即企業的利潤。

同樣，圖 5.6 的 (b) 圖表示企業有虧損（負利潤）。在這種情況下，總收益不能彌補總成本，實現利潤最大化事實上意味著損失最小化，仍然通過 $P=MC$ 來確定產量水準。現在考慮陰影的矩形。矩形的高是 $(ATC-P)$，而寬是 Q_E。面積是 $(ATC-P) \times Q_E$，即企業的虧損。這時企業生產只是一個權宜之計，短期內因為無法改變固定成本而不得不通過生產減少虧損；一旦考察時間足夠長，由於企業得不到足以彌補其平均總成本的收益，最終將選擇退出市場。

三、市場供給曲線

我們已經考察了企業的供給曲線，現在開始討論整個市場的供給。當然，仍然要根據時間長度不同分為兩種情況：

短期內，企業要進入或退出某個市場是困難的——如果打算不再經營餐館，就必須考慮如何處置鋪面、桌椅、廚房用具等，而盤出鋪面並不容易。我們常常看到餐館一方面貼出「鋪面轉讓」的廣告，另一方面仍然在經營等待。因此，短期內我們認為市場上企業總量是相對固定的。

（一）競爭市場的短期供給

首先假設有 100 家企業，那麼市場供給等於所有個別供給之和，在每個價格水準下，企業根據 $P=MC$ 確定下來的產量為 $Q_1, Q_2, \cdots, Q_{100}$，我們把這些產量加在一起，就得到市場供給量。再假定所有企業的技術水準相同，具有相同的邊際成本曲線，那麼如果價格為 $P_1 = 1$ 時，企業根據 $P=MC$ 確定的產量水準為 $Q=100$，市場供給量就是 $100Q = 10,000$。

100 家企業的市場供給曲線如圖 5.7 所示。

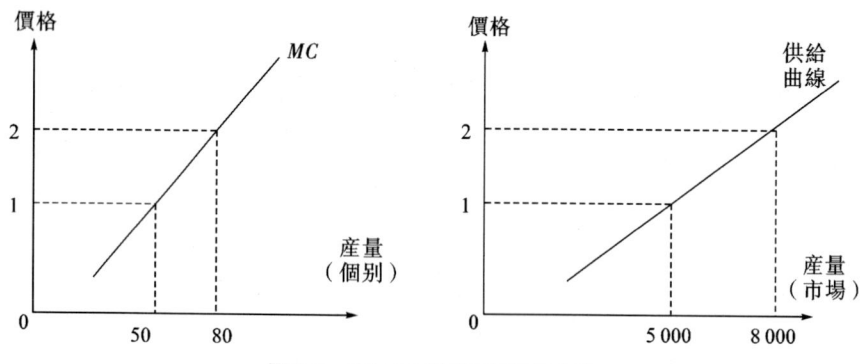

圖 5.7 100 家企業的市場供給曲線

之所以可以簡單地把個別企業的產量加起來得到市場供給量，一是因為在完全競爭市場上，企業只能是價格接受者，其產量變化對整個市場的供給量和價格都沒有影響；二是因為在短期中企業不能輕易進入或退出行業，從而不能改變市場上企業的數量。

（二）競爭市場的長期供給

如果是長期決策，競爭市場上有企業進入或退出該行業，這時的市場供給曲線將如何決定？仍然假設所有企業的技術和要素價格都相同，因此具有相同的成本曲線。

1. 長期市場供給曲線

進入或退出某個行業的決策取決於現有利潤水準和新企業所面臨的激勵。如果現有企業贏利，那麼，新企業就有進入市場的激勵。這種進入將增加企業數量，增加物品供給，並使市場價格下降，利潤減少。

相反，如果現在市場上的企業有虧損，那麼，一些企業將退出市場。它們的退出將減少企業的數量，減少物品的供給量，並使價格上升，利潤增加。

在這種進入或退出過程的最後，仍然留在市場中的企業必定得到零經濟利潤。

由於利潤 $\pi = TR - TC = (AR - ATC) \times Q = (P - ATC) \times Q$，那麼零經濟利潤意味著 $(P - ATC) = 0$，即 $P = ATC$，價格等於平均總成本。也就是說，如果價格高於平均總成本，則存在贏利，會有新企業進入市場，增加總的市場供給量，均衡價格會下降；如果價格低於平均總成本，則存在虧損，一部分企業會退出行業，減少市場供給量，均衡價格會上升。只有當價格等於平均總成本時，既沒有企業進入也沒有企業退出，市場價格穩定，這就形成了長期均衡。

因此，有企業進入或退出的競爭市場上，所有企業一定是在 $P = MC$ 且 $P = ATC$ 決定的產量水準上進行生產。也就是說，競爭市場的長期均衡一定是在企業的有效規模上（如圖5.5中的 B 點）進行生產。

這樣的市場供給曲線出乎你的意料嗎？或許你會產生兩個疑問：①在零利潤水準下，企業為什麼還要進行生產經營？②第二章供求理論中我們提出供給曲線是向右上方傾斜的，現實中我們也看到價格上升會使市場供給量增加——供給曲線應當向右傾斜，這與圖5.8中水準的長期供給曲線矛盾。怎樣理解這樣的矛盾？

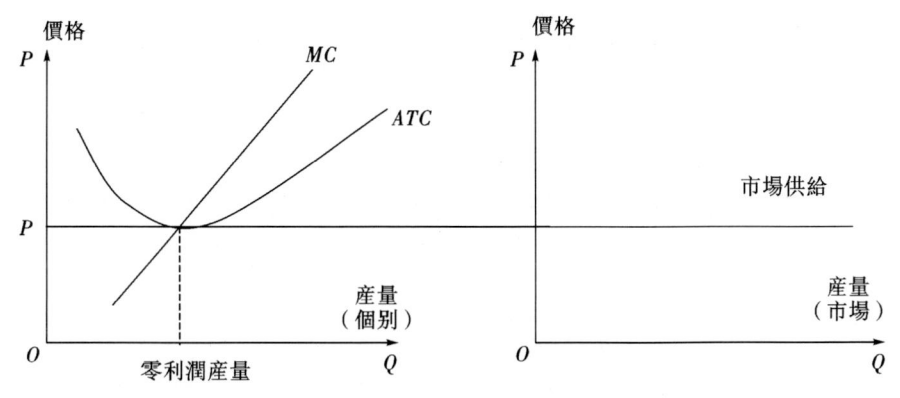

圖5.8 可自由進出的市場供給曲線

2. 關於零利潤的理解

人們常說「無利不起早」，意思是企業家總是為了獲得利潤才進行生產經營。那麼，零利潤水準下企業為什麼還要進行生產？難道真是為了給大家免費服務嗎？

回顧一下經濟利潤的含義。利潤等於總收益減去總成本，而這個總成本包括企業所有資源的機會成本，包括企業家才能。因此，在零利潤水準下，事實上存在著正的會計利潤，企業家為了維持企業運行的所有時間和金錢都已經得到了彌補。

例如，假設一個農民一定要投入100萬元去開墾他的農場，他必須放棄一年能賺到10萬元的其他工作。這樣，農民耕作的機會成本包括他從100萬元中賺到的利息以及放棄的10萬元工資。即使他經營農場的經濟利潤為零，也已經彌補了他的這些機會成本——事實上這一部分構成了他的會計利潤。

只有當企業會計利潤也是0時，才是無利可圖，即正常利潤為0，經濟利潤為負。

3. 傾斜的市場供給曲線

我們討論了長期中競爭市場的供給曲線應該是一條水準的曲線。需要注意的是，形成這樣一條水準的市場供給曲線的前提是什麼？

我們分析的前提是，存在著大量潛在的進入者，並且每個企業都有著同樣的成本

曲線——所有企業的最低的平均總成本相等。結果，長期市場總供給曲線在最低平均總成本處表現為一條水準線。當商品的需求增加時，長期的市場結果是企業數量和總供給量增加，而價格沒有任何變動。

如果不能滿足這個前提，市場供給曲線就可能不是一條水準的直線。事實上，有兩個原因使長期市場供給曲線向右上方傾斜。

（1）資源數量有限

第一個原因是用於生產的資源數量可能是非常有限的，不能以同樣的價格提供足夠的數量。

例如，在房地產市場上，假如任何企業都可以選擇購買土地和從事房地產建築，但土地是有限的。隨著越來越多的人投資於房地產，建房所需土地的價格急遽上升，這就增加了市場上所有商品房的成本。因此，房地產市場不能以同樣的成本提供無限多的商品房，這就意味著價格上升才能增加供給量，於是長期市場供給曲線向右上方傾斜。

（2）不同的成本曲線

供給曲線向右上方傾斜的第二個原因是，企業可能有不同的成本曲線——或者是技術水準不同，或者是擁有資源不同。

例如，在家政市場上，任何一個人都可以進入家政服務市場，但並不是每一個人都有同樣的成本。成本不同，一部分是因為一些人干活比一些人快，一部分是因為一些人的時間比另一些人有更好的可供選擇的用途。當存在一種既定價格時，那些低成本的人比那些成本高的人更有可能進入。為了增加家政服務的供給量，就必須鼓勵額外的進入者進入市場——首先吸引低成本的人進入市場，如果不能滿足市場需要，就要吸引成本稍高的人也要進入市場。

增加市場供給量時，新進入者成本較高，並且同樣要求收益能夠彌補成本。根據 $P = ATC_{min}$，市場價格必須按照新進入者的最低平均總成本水準（ATC_{min}）的要求，從 P_1 上升到 P_2。因此，家政服務市場供給曲線也向右上方傾斜（如圖5.9所示）。

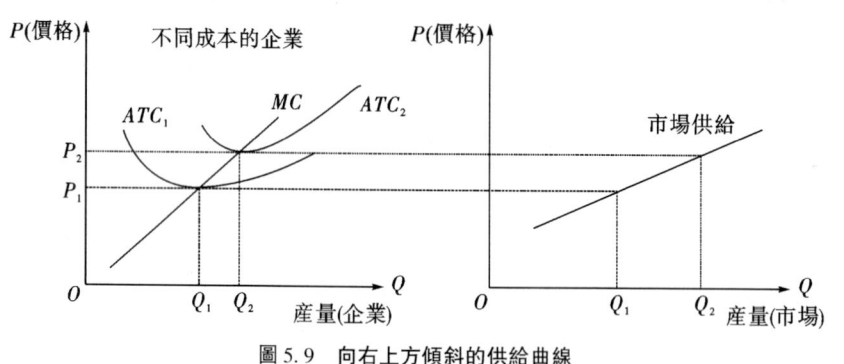

圖5.9 向右上方傾斜的供給曲線

如果企業有不同的成本，一些企業在長期中也能夠賺到經濟利潤。在這種情況下，市場價格 P_2 代表成本最高的邊際企業——如果價格有任何下降就退出市場的企業的平均總成本（ATC_2），這種企業賺到零利潤，那麼成本低的企業（成本為 ATC_1）就賺到了正利潤。進入並沒有消除這種利潤，因為想要成為進入者的成本高於市場中已經存在的企業。

因此，由於這兩個原因，市場上長期供給曲線會向右上方傾斜而不是水準的，這表明要引起較大供給量，較高的價格是必需的。由於企業在長期中比在短期中更容易進入或退出，所以長期供給曲線一般比短期供給曲線富有彈性。

第三節　競爭市場的效率分析

經濟學家往往把完全競爭市場描述為最理想的市場狀態，認為這樣的市場最符合效率的要求。

一、競爭市場的均衡

在完全競爭市場上，需求曲線和供給曲線的交點形成市場均衡，這個均衡點就是資源得到有效利用的點。

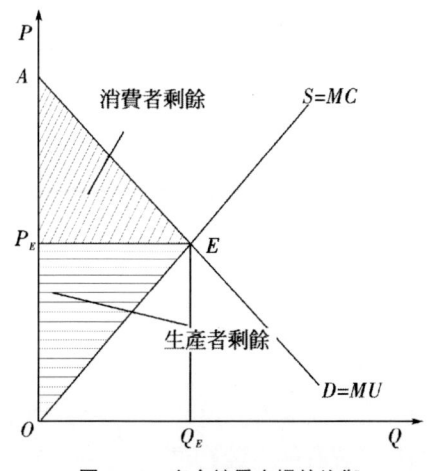

圖 5.10　完全競爭市場的均衡

為什麼這個均衡點（圖 5.10 中的 E 點）就能夠實現資源的有效利用呢？我們首先從需求曲線和供給曲線的經濟含義來理解。

（一）供求曲線與最大化決策

需求曲線由消費者的選擇行為來決定，而消費者按照效用最大化的目標來配置資源——收入，制定購買決策。為了在預算約束下獲得最大效用，消費者力圖使每單位貨幣買到最大的邊際效用，因此消費者的需求曲線也是邊際效用曲線，上面的每一點都表示消費者能夠在約束條件下實現效用最大化。

供給曲線由生產者的選擇行為來決定。生產者總是按照利潤最大化的目標來決定產量，因此供給曲線也是企業的邊際成本曲線，上面的每一點都表示了企業能夠獲得最大利潤。

（二）市場均衡與資源配置的效率

市場上，消費者和生產者通過交易滿足雙方的需要，在均衡點（即供求曲線的交點）上，供給量等於需求量，價格既等於消費者獲得的邊際效用，也等於生產者的邊

際成本。在這種情況下，交易產生了最大的收益，這部分收益由消費者剩餘和生產者剩餘共同構成。

消費者剩餘是消費者願意支付的最高價格和實際支付價格之間的差額，即需求曲線與價格之間的面積，見圖5.10中三角形AEP_E的面積；生產者剩餘是生產者得到的價格與邊際成本之間的差額，即供給曲線與價格之間的面積，見圖5.10中三角形OEP_E的面積。

由於需求曲線上的每一點都能夠滿足消費者效用最大，而供給曲線上的每一點都能夠滿足生產者利潤最大，所以均衡點既滿足了消費者的要求，也滿足了生產者的要求，在不存在外部性的情況下，資源實現了最優配置。

思考一下：

如果不在均衡點的產量水準和價格水準下，找出生產者剩餘和消費者剩餘的和，看看與均衡點相比有什麼不同。

二、競爭市場的效率

如果沒有外部性，完全競爭市場就能夠實現效率，這時，收益歸物品的賣者，而成本則由生產者承擔。

實現完全競爭市場的效率有三個障礙，即壟斷、公共物品和外部性。

（一）壟斷

如果市場上只有一個或少數幾個大企業提供產品，那麼生產者就對市場價格有極大的影響能力，而不再只是價格的接受者。壟斷企業為了增加利潤有可能提高價格，並把產量限制在競爭水準之下，從而降低整個市場的效率。

為了抑制壟斷的消極影響，多數政府都制定了反壟斷政策。

（二）公共物品

什麼是公共物品？一般的麵包、衣服、轎車等產品，一些人消費就使其他人不能同時消費，具有排他性，這就是私人物品；而另一些物品，比如國防、干淨整潔的環境、法律服務等，所有人可以同時消費，不具有排他性，這就是公共物品。

公共物品能夠由完全競爭的市場來提供嗎？考慮一下大街上的保潔服務。環衛工人的工作為人們提供干淨整潔的環境，每一個經過這條大街的人都能夠從環衛工人的勞動中獲得好處，但是你會為此付錢嗎？顯然不會，因為你獲得滿足的同時並沒有妨礙其他人也獲得滿足。

由於公共物品的消費不具有排他性，生產者無法確定向誰收費，所以就缺乏生產積極性，這些產品的市場供給量就會減少。競爭的市場結構不利於實現這些產品的效率。

思考一下：

教育、交通是公共物品還是私人物品？或者具有一部分私人物品的性質，同時具有一部分公共物品的性質？

（三）外部性

如果你的鄰居修建了一個小型花園，你也能夠因此觀賞到漂亮的鮮花，從中得到好處。這就是說，鄰居修建花園的行為帶來了正的外部效應——使你能夠從中受益。這時，鄰居並沒能得到修建花園的全部好處，儘管他為此付出了代價。

反過來，如果你的鄰居養了一條愛吵鬧的小狗，並且總是在深夜汪汪叫，毫無疑問，這會使你因為睡眠質量下降而非常頭疼。這時，鄰居養小狗的行為就產生了負的外部效應——使你的利益受到了損害。換句話說，養小狗的成本並不全部由鄰居個人承擔，你也分擔了一部分。

外部性不僅僅存在於日常生活中，環境污染就是典型的外部性問題——企業生產產品的同時污染了環境，但環境污染帶來的壞處是由全社會共同承擔的。

在競爭性市場上，企業的成本曲線或者消費者的收益曲線並不衡量外部性帶來的影響，因此不能準確地描述整個市場的效率。

本章小結

正是因為現實中存在各種各樣的問題，完全競爭市場只是一個理想的模型，給我們的分析提供了一個比較的基礎。由於現實中各個企業具有不同的生產組織能力，在競爭過程中產生優勝劣汰，部分企業脫穎而出，成為影響市場的重要勢力，這時就可能產生壟斷。因此，下一章我們就來考察另一個極端的市場結構——完全壟斷。

第六章
完全壟斷市場

內容提要：
　　與完全競爭市場不同，在只有單個生產者的行業，生產者不再是價格接受者，而是價格制定者，這樣的市場就是壟斷市場。本章主要介紹完全壟斷市場的形成原因以及市場效率，並討論關於壟斷市場的公共政策。

重點掌握：
　　1. 壟斷市場的形成原因；
　　2. 壟斷廠商的生產決策；
　　3. 瞭解關於壟斷的公共政策的影響和局限。

第一節　壟斷的形成

　　市場勢力是指生產者或消費者通過改變自己的決定而影響市場上產品總量或價格的能力，特別是影響市場價格的能力。
　　完全競爭市場中，買賣雙方都沒有影響市場總量和價格的能力，沒有市場勢力。現在我們考察另一種極端的市場——只有一個賣者的市場，它並沒有面臨競爭，並具有極大的市場勢力，能夠通過決定產量來決定市場價格，從而獲得高額利潤。
　　這就是壟斷。在這個市場上，只有一個企業提供某種產品，並沒有相近的替代品。壟斷的例子並不少見，比如微軟公司的視窗操作系統、高通公司的手機芯片、本地電話公司提供的通信服務、電力和自來水公司提供的服務等。
　　那麼，壟斷是怎樣形成的？企業如何才能擁有市場勢力呢？
　　壟斷是在一些特殊原因下形成的，但最基本的原因是進入限制，壟斷者能在其市場上保持唯一賣者的地位，是因為其他企業不能進入市場並與之競爭。當然，這種進入限制並不一定是人為的，可以分為以下三種：
　　第一，關鍵資源被一個企業佔有；
　　第二，政府給予一個企業排他性地生產某種產品的權利；
　　第三，技術原因使一個企業比多個企業生產更有效率。

接下來我們分別討論不同的產生壟斷的原因。

一、資源型壟斷

形成壟斷的最簡單的辦法就是占據一種關鍵的生產資源。

比如，考慮一個小鎮上水的市場。如果小鎮上幾十個家庭都擁有能用的井（第五章討論的競爭模型描述了賣者的行為），結果，每單位水的價格被降到等於多抽取 1 單位水的邊際成本。但是，如果鎮上只有一口井，而且從其他地方不可能得到水，那麼，井的所有者就壟斷了水。因此，壟斷者比競爭市場上任何一家企業都有大得多的市場勢力，可以影響甚至決定市場價格。即使是邊際成本非常低的水，壟斷者也可以規定極高的價格。

以微軟公司的視窗操作系統為例，增加 1 單位產品的邊際成本不過是把軟件複製到另一張磁盤上所引起的額外成本，非常低（盜版軟件的價格不過幾元），但微軟公司可以把軟件的價格定在很高的水準上——比如 1,000 元。

壟斷者向顧客收取高價其實是非常自然的——市場上只有一個賣者，消費者除了向壟斷者購買別無選擇。但壟斷者也不會無限制提高價格，因為價格太高會使需求量減少，消費者不購買產品。

雖然關鍵資源的排他性所有權是壟斷的一個原因，但實際上壟斷很少產生於此。因為現實經濟如此巨大，資源通常由許多人擁有。而隨著交易範圍和市場規模的擴大，沒有相近替代品的例子非常少。比如同樣考慮小鎮上水的市場，如果價格非常高，那麼可能會有外地的礦泉水、桶裝水進入本地市場，形成競爭。

二、行政壟斷

在更多的情況下，壟斷的產生是因為政府給予一個企業排他性地出售某種物品或勞務的權利，通過行政許可的方式從根本上避免了其他企業進入市場的可能性。

行政壟斷有時是因為壟斷企業的政治影響，所以歐美很多大企業都會贊助某些政治家競選，成功之後就可以獲得一些經營特權；在另一些時候，政府也會由於這樣做符合公共利益而賦予壟斷。比如，政府認為由國有企業來控制能源、交通等經濟命脈是必要的，就賦予國有企業獨家經營這些行業的權利。

（一）特許經營

行政壟斷的第一種情況就是通過立法形成的政府特許經營或稱專營，比如政府立法把郵政的專營權交給郵政局，只有郵政局能夠從事郵政業務的生產經營，這就導致了郵政局的壟斷。

（二）許可證制度

第二種是許可證制度，要進入某個行業就必須獲得該行業的經營許可，得到許可證的企業就擁有了從事該行業的壟斷權利。比如從事煤礦的經營，就必須獲得政府頒發的許可證。

（三）專利和版權

頒布《專利法》和《版權法》是政府為公共利益創造壟斷的典型案例。微軟公司設計出了視窗軟件，它就可以向政府申請專利。如果政府認為這種軟件確實是原創性的，它就批准專利，該專利給予該公司在 15～20 年中排他性地生產並銷售這種軟件的

權利。同樣，當一個小說家寫完一本書時，他可以有這本書的版權。版權是一種政府保證，它保證其他人在沒有得到作者同意時就不能印刷並出售這本著作。版權使這個小說家成為他的小說銷售的一個壟斷者，比如《哈利·波特》系列小說的作者。

《專利法》與《版權法》的影響是容易理解的。由於這些法律使生產者成為壟斷者，市場價格會高於競爭時的情況。但是，通過允許這些壟斷生產者收取較高價格並賺取較多利潤，這些法律也鼓勵了一些符合公共利益的行為。允許微軟公司成為他們設計的軟件的壟斷者是為了鼓勵公司的技術研究；允許作者成為銷售他們著作的壟斷者是為了鼓勵他們寫出更多更好的書。因此，決定專利和版權的法律既有收益也有成本。《專利法》和《版權法》的收益是增加了對創新活動的激勵。

三、自然壟斷

在某些產品市場上，一個企業提供產品比多個企業更有效率，這就形成了自然壟斷。

（一）避免重複建設

水、電、電信等產品的生產都有一個共同的特點，那就是在初期需要進行大量的基礎設施建設，比如自來水的提供就首先需要鋪設大量管道。

如果 A 公司為某個小區提供自來水，就需要進行管道鋪設；如果還有一個 B 公司進入這個市場，那麼也需要進行同樣的管道鋪設——對於整個社會而言，這就形成了重複建設，是資源的浪費。

（二）規模經濟

由於這些行業需要大量固定資本投入，產品的生產容易產生規模經濟效應，這就導致了自然壟斷的形成。

圖 6.1 表示有規模經濟的企業的平均總成本，是一條 L 形的曲線。隨著產量增加，平均總成本逐漸降低，並且在產量達到一定水準之後，這個平均總成本水準就比較穩定了。在這種情況下，一個企業可以以最低的成本生產任何數量的產品。這就是說，在任何一種既定的產量時，企業數量越多，每個企業的產量越少，平均總成本越高。

同樣考慮小區供水的例子。如果 B 公司或者更多的其他企業進入該市場，每個企業都必須支付鋪設水管網的固定成本，卻只能分得較少的產量，平均總成本較高。因此，一家企業提供產品是最有效率的——此時平均總成本最低，市場價格也最低。共享單車、網絡打車等平臺公司，也是積極謀求規模經濟和壟斷地位的典型案例。

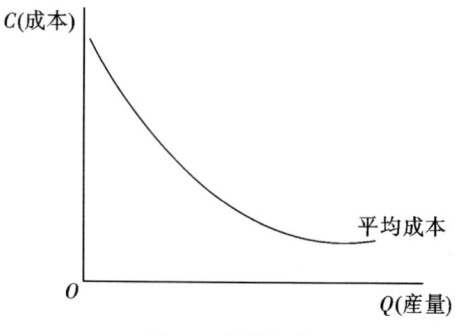

圖 6.1　規模經濟

(三) 公共物品

自然壟斷的另一個例子是具有公共物品性質的產品。考慮一條高速公路，可以通過設立收費站來向消費者收費。但是高速公路的使用具有公共物品的性質——一輛車使用公路並不影響其他車輛使用這條路。修路有固定成本，而增加一個使用者的邊際成本微乎其微，所以，使用公路的平均總成本（總成本除以過路車次）隨著過路車輛增加而減少。因此，高速公路是一種自然壟斷。

當一個企業是自然壟斷企業時，它並不太關心有損於其壟斷力量的新進入者。因為想進入者知道，他們達不到壟斷者所享有的同樣的低成本——如果進入市場，每個企業的市場份額都更小一些，那麼生產規模較小決定了該企業不能在平均總成本最低的水準下生產。

在某些情況下，市場規模也是決定一個行業是不是自然壟斷的一個因素。同樣是高速公路，如果使用者較少，那麼一條公路就能夠滿足所有消費者的需要，這時只有一條公路是有效率的；如果使用者非常多，那麼這條公路也許會非常擁擠，滿足消費者需要的也許是兩條或更多條公路，其他企業進入該市場就是有利可圖的。因此，隨著市場規模的擴大，壟斷市場也會變為競爭市場。

思考一下：
學校食堂的壟斷經營屬於哪種類型？

第二節　壟斷者的決策

我們已經知道了壟斷市場是如何產生的，現在就要進一步考察一個壟斷者如何運用手中的市場勢力來為自己謀利。

為了考察壟斷者利潤最大化的產量和價格決策，我們首先來分析企業的收益和成本。

一、壟斷者的收益

企業的收益與產量之間有什麼樣的聯繫？我們首先來考察企業的需求狀況。

(一) 壟斷者的需求曲線

前面我們說過競爭企業的總收益 TR 與產量 Q 成正比。其原因就在於完全競爭市場上市場價格是固定的，在這個價格水準下企業可以提供任意一個可能的產量，其需求曲線是一條直線，如圖 6.2 中的 (a) 圖所示。

但是壟斷企業的總收益肯定會有所不同，首先就是壟斷企業是市場上唯一的生產者，其產量就是市場總供給量，改變產量意味著改變了市場供求關係，會導致價格的變動。因此，產量變動對總收益的影響是雙方面的——產量增加會使得總收益增加，但是同時導致價格下降會使得總收益減少。壟斷企業的需求曲線如圖 6.2 中的 (b) 圖所示。

(a) 競爭企業的需求　　　　　(b) 壟斷企業的需求

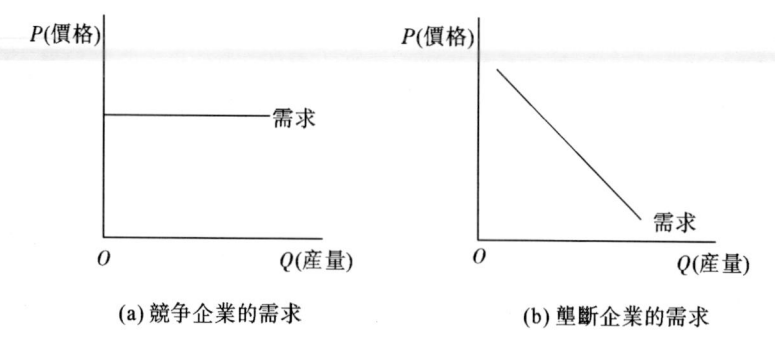

圖 6.2　不同市場的需求曲線

正是因為壟斷者面臨著向右下方傾斜的需求曲線，它才不能任意提高產品的價格——壟斷的微軟公司把視窗軟件的價格定為 1,000 元而不是 10,000 元，就是因為更高的價格會使需求量降低。

（二）壟斷者的邊際收益

假設一個壟斷企業的收益滿足表 6.1 中的數據。

表 6.1　　　　　　　　壟斷企業的總收益、平均收益和邊際收益

產量 $Q=10-2P$	價格 $P=5-0.5Q$	總收益 $TR=P\times Q$ $=5Q-0.5Q^2$	平均收益 $AR=TR/Q$ $=5-0.5Q$	邊際收益 $MR=\dfrac{dTR}{dQ}=5-Q$
0	5	0		
1	4.5	4.5	4.5	4
2	4	8	4	3
3	3.5	10.5	3.5	2
4	3	12	3	1
5	2.5	12.5	2.5	0
6	2	12	2	−1
7	1.5	10.5	1.5	−2
8	1	8	1	−3

前兩欄（產量和價格）表示需求關係，隨著產量增加，價格降低。也就是說，如果企業想要賣掉更多的產品，就不得不向消費者收取更低的價格。

第三欄表示企業的總收益，總收益等於價格與數量的乘積。隨著產量增加，總收益先增加後減少。

第四欄表示平均收益，即每出售 1 單位產品，企業能夠獲得的收入，平均收益等於價格。

第五欄表示邊際收益，即企業每增加 1 單位產量能夠帶來的總收益的增加。按照計算，當企業產量從 3 單位增加到 4 單位時，總收益從 10.5 增加到 12，那麼邊際收益

就是 1.5。

經濟分析總是考慮邊際量，從表 6.1 中可以得到一個重要的結論：壟斷者的邊際收益總是小於其價格。因此，我們可以根據需求曲線來確定壟斷企業的邊際收益曲線（見圖 6.3）。

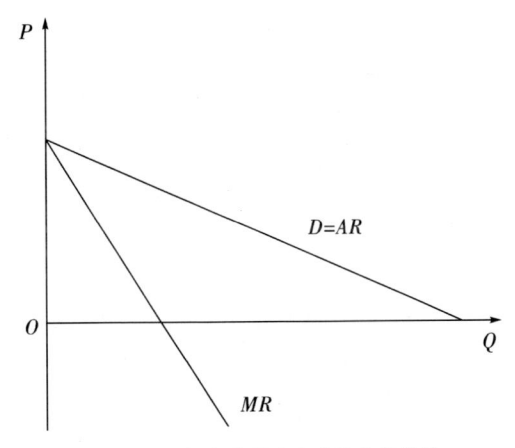

圖 6.3 壟斷者的需求和邊際收益曲線

二、壟斷者的利潤最大化決策

企業的目標總是實現利潤最大化，不論是競爭性企業還是壟斷企業都追逐這個最終目標。

(一) 壟斷者產量的決定

同時考慮壟斷者的收益和成本（如圖 6.4 所示），廠商的利潤最大化的產量是由邊際成本等於邊際收益決定的，因此我們主要考慮邊際成本曲線和邊際收益曲線。

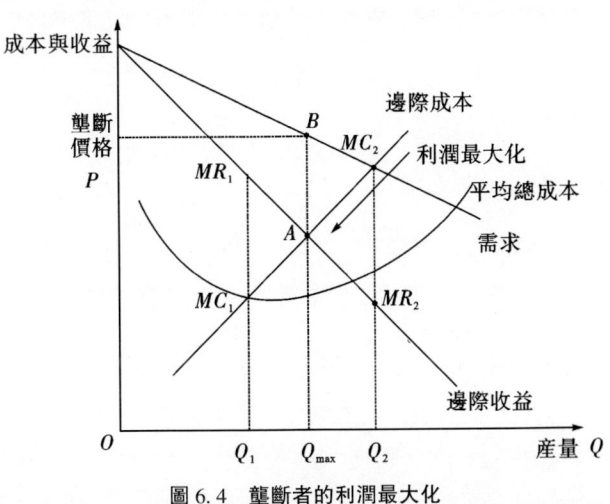

圖 6.4 壟斷者的利潤最大化

如圖 6.4 所示，壟斷者面臨收益和成本的雙重約束，當邊際成本曲線和邊際收益曲線相交於 A 點時，實現利潤最大化，此時企業決定提供 Q_{max} 的產量。

在這個生產水準下，市場上產品的供給量也就是 Q_{max}，根據需求曲線，消費者願意支付的最高價格為 P（對應於圖 6.4 中的 B 點）。因此，壟斷者將產品價格定為 P，這是一個壟斷價格。

為什麼說 A 點確定的產量水準就是最合適的呢？

我們首先假設在一個較低的水準上進行生產，比如產量為 Q_1，此時，邊際成本 MC_1 小於邊際收益 MR_1，意味著增加產量能夠帶來利潤增加；反過來，如果是一個較高的產量水準，比如 Q_2，此時企業的邊際成本 MC_2 大於邊際收益 MR_2，意味著減少產量節省的成本比減少的收益更多，因此應當減少產量。只有在 Q_{max} 的產量水準下，邊際成本等於邊際收益，意味著每單位產品的邊際成本恰好得到彌補，因此企業利潤最大化的產量仍然是由 MC = MR 決定的。

無論競爭市場還是壟斷市場，企業利潤最大化的產量都是由 MC = MR 決定的，這一點雙方相同。不同的是價格與邊際收益和邊際成本之間的關係。

（1）在競爭市場上，價格與邊際收益、平均收益始終相等，因此在利潤最大化的產量水準上，存在 P = MR = MC。

（2）在壟斷市場上，邊際收益始終小於價格，因此在利潤最大化的產量水準上，存在 P > MR = MC。

在圖 6.4 中，一旦企業根據 MC = MR 確定了產量水準 Q_{max}，就可以聯繫需求曲線找到對應的 B 點，然後決定產品的價格 P。

我們發現，競爭企業只能按照與邊際成本相等的價格出售產品，而壟斷企業卻可以通過市場勢力的運用而得到高於邊際成本的價格。

（二）壟斷企業的價格決策

完全競爭市場上的企業只能是價格的接受者，這些企業就沒有影響價格的能力，不存在價格決策。但壟斷企業不同，它有決定價格的能力，為了獲得更大利益，企業有兩種定價方式。

1. 單一價格

單一價格壟斷者是必須按照統一價格向所有顧客出售每 1 單位產品的企業。這是我們主要討論的定價方式。

2. 價格歧視

許多企業實行價格歧視，以不同價格出售不同數量的產品。比如，在買水果的時候，小販告訴你橘子 2 元/千克，但是如果購買 3 千克，就只需要 5 元，這就是典型的價格歧視的做法。還有航空公司往往以不同的折扣出售機票，比如成都到北京的機票 7 折，但如果同時購買返程票，則返程票只需要 3 折。

價格歧視表面上有利於消費者：買得越多，單價越低。事實上它是以消費者願意支付的最高價格出售每單位產品，為企業賺取最大可能的利潤額（如圖 6.5 所示）。

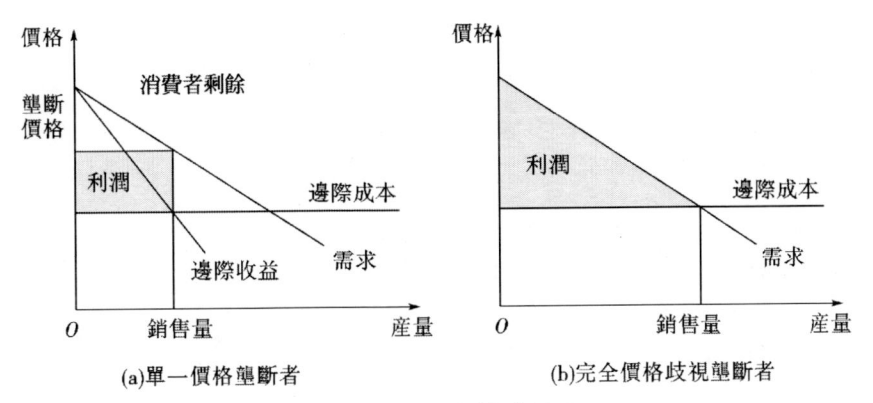

(a)單一價格壟斷者　　　　　(b)完全價格歧視壟斷者

圖 6.5　有無價格歧視的福利

如果實行單一價格，企業獲得的利潤額如圖 6.5 中（a）圖所示，而實行價格歧視的壟斷者則能夠獲得圖 6.5（b）圖中陰影部分面積的利潤——實行價格歧視時，壟斷者將所有的消費者剩餘變為了自己的利潤。

第三節　壟斷市場的效率分析

上一章我們說競爭市場能夠實現資源的有效利用，是有效率的。那麼壟斷市場呢？

一、壟斷者的利潤

企業的利潤 $\pi = TR - TC$，即總收益減去總成本。這個式子也可以寫成：

$$\pi = Q \times \left(\frac{TR}{Q} - \frac{TC}{Q}\right)$$
$$= Q \times (AR - ATC)$$
$$= Q \times (P - ATC)$$

從圖形當中可以直觀地觀察到，壟斷企業的利潤為壟斷價格水準與平均總成本之間的差額（圖 6.6 中長方形 BCDE 部分的面積）。

很明顯，壟斷者比競爭企業能夠賺到更多的利潤，所以大多數企業都爭取獲得市場勢力。壟斷者獲得高利潤是公平的嗎？這是一個非常難回答的問題。我們首先還是用消費者剩餘和生產者剩餘的概念來分析整個社會的福利水準。

圖 6.6 壟斷者的利潤

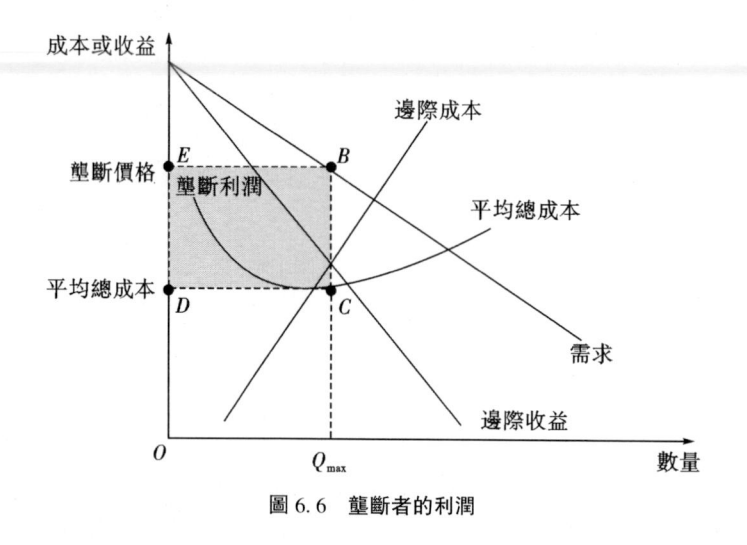

二、壟斷市場的福利

壟斷者依靠市場勢力向消費者收取高價，這顯然不符合消費者的意願，但我們並不能說生產者得到更多、消費者得到更少就是不合理的，判斷壟斷市場的效率要從全社會的福利水準來考慮。

（一）壟斷市場的消費者剩餘和生產者剩餘

如圖 6.7 所示，壟斷企業根據邊際成本與邊際收益相等的點 C 確定產量水準 Q_1，然後根據這個產量水準對應的需求曲線上的 A 點確定價格 P_1，這就是壟斷價格的確定。

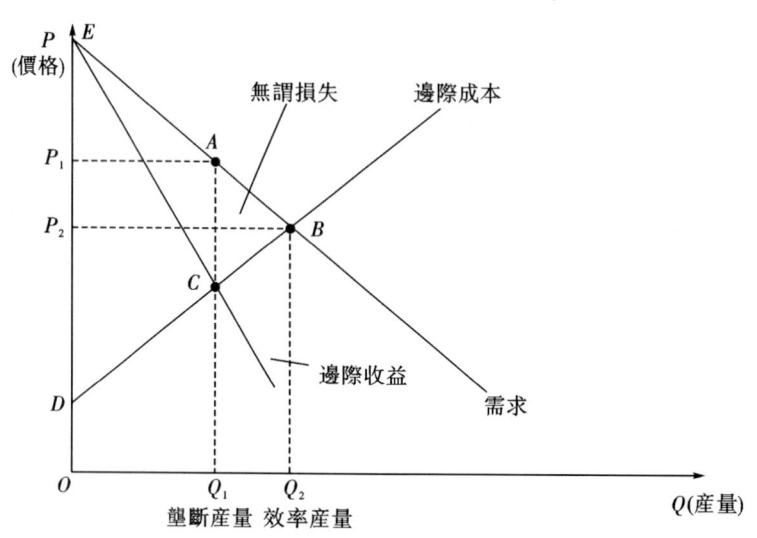

圖 6.7 壟斷市場的福利損失

在價格為 P_1，產量為 Q_1 時，消費者剩餘為三角形 AP_1E 部分的面積，而生產者剩餘為梯形 $ACDP_1$ 部分的面積，兩者之和為梯形 $ACDE$ 的面積。

(二) 壟斷市場的無謂損失

假如市場上存在某種力量，比如市場管理者能夠使得企業按照 $P=MC$ 的價格出售商品和提供產量，即按照圖 6.7 中的 P_2 水準確定產量為 Q_2，這就類似於競爭性定價的結果。

在 Q_2 與 Q_1 之間增加 1 單位產品，消費者願意支付的價格（需求曲線）比企業承擔的成本（邊際成本曲線）更高，這部分生產是符合效率的。因此，B 點是符合社會效率的均衡點，即需求曲線與邊際成本曲線相交的點。

比較之下很容易發現，$Q_2 > Q_1$，因此壟斷企業的產量 Q_1 低於社會有效率的產量 Q_2——這是壟斷市場無效率的一個表現。

壟斷市場無效率的另一個表現是導致了無謂損失——圖 6.7 中三角形 ABC 部分的面積。考察在有效率的 B 點上，消費者剩餘是三角形 EBP_2 的面積，生產者剩餘是三角形 DBP_2 的面積，兩者之和為三角形 EBD 的面積。與前面壟斷市場上的社會總剩餘（梯形 $ACDE$ 的面積）進行比較，壟斷市場的社會總剩餘更少一些，缺少的這部分（三角形 ABC 的面積）就叫作無謂損失。

因此，壟斷的福利損失表現在兩個方面：一是產量更少，有一部分消費者願意購買而企業也能夠生產的產量——圖 6.7 中（Q_2-Q_1）部分沒有被生產出來；二是造成了社會總剩餘的無謂損失——三角形 ABC 的面積。

(三) 尋租

由於壟斷企業能夠獲得高額利潤，而政府可以製造行政壟斷，因此企業會為了謀取壟斷地位而向政府進行遊說。政府有關部門也可能利用手中掌握的壟斷權力而獲得好處。

這就是壟斷下出現的尋租現象。尋租是為了獲取消費者剩餘、生產者剩餘或經濟利潤的努力，尋租並不僅限於壟斷，但努力獲取壟斷的經濟利潤是尋租的主要形式。

尋租現象也會導致福利損失，因為企業尋租的努力導致了成本的產生，卻沒有相應的產出。同時，企業尋租還可能導致政府腐敗。

思考一下：
壟斷主要帶來哪些影響？

第四節　關於壟斷的公共政策

通過對壟斷市場的效率分析，我們發現與競爭市場相比，壟斷不能有效地配置資源。壟斷企業提供的產量小於社會合意的產量（對買賣雙方都有利），而且，壟斷企業收取的價格高於邊際成本。為了克服壟斷帶來的各種問題，政府往往會制定一些反壟斷的公共政策。

一、反壟斷法

大多數國家都有反壟斷的法案，政府通過立法阻止壟斷勢力的形成，認為壟斷勢力的存在會影響市場的效率，導致整個社會福利的減少。由於美國市場經濟發展的程度較高，而且一貫主張經濟自由主義，所以我們這裡就主要以美國為例。

如果美國最大的汽車公司——通用和福特汽車公司想合併，那麼，司法部的律師和經濟學家會有力地確認，這兩家大汽車公司之間的合併會使美國汽車市場的競爭性大大減弱，從而引起整個國家經濟福利減少。如果是這樣的話，司法部將在法庭上對合併提出訴訟，而且，如果判決同意，就不允許這兩家公司合併。正是這種訴訟阻止了微軟在1994年購買圖文公司。

政府對私人行業行使的這種權力來自《反托拉斯法》，即目的在於遏制壟斷權力的法律集成。第一個也是最重要的《反托拉斯法》是《謝爾曼反托拉斯法》，美國國會在1890年通過了這個法案，以減少當時被認為主宰經濟的大而強的「托拉斯」的市場勢力。1914年通過的《克萊頓法》加強了政府的權力，並使私人民事訴訟合法。正如美國最高法院曾經說過的，《反托拉斯法》是「最全面的經濟自由憲章，其目的在於維護作為貿易規則的自由而不受干預的競爭」。

《反托拉斯法》給予政府促進競爭的各種方法。它們允許政府阻止合併，例如我們假設的通用汽車公司和福特汽車公司之間的合併。它們也允許政府分解公司。例如，政府1984年把大型通信公司——美國電話電報公司（AT&T）分為八個較小的公司。最後，《反托拉斯法》禁止公司以使市場競爭減弱的方法協調它們的活動，即禁止壟斷企業運用其市場勢力損害消費者和社會整體的權益。

中國政府也有類似的舉動。1994年7月，為了打破中國電信對基礎電信領域的獨家壟斷經營，組建了中國聯合通信有限公司，使得中國電信史上第一次有了競爭的概念；2002年，為了打破電信對固定電話市場的壟斷，中國電信被南北拆分，原屬中國電信的北方10省通信公司加上之前的中國網通、吉通公司等組成了中國網通集團公司，剩餘南方21省電信公司成立新的中國電信集團公司；2008年，為了創造電信業的競爭環境，電信業進行了第三次重組，改組之後的新移動、新電信和新聯通公司具備了基本相同的營運能力，形成全新的競爭格局。

《反托拉斯法》的應用並不像看起來那麼簡單，政府必須要準確衡量壟斷的影響，因為壟斷的形成並不全是負面效應。有時公司合併並沒有減弱競爭，而是通過更有效率的聯合使生產降低了成本。這些合併的收益有時稱為「合併效應」。例如，美國波音和麥道公司的合併使得美國大型民用客機在國際市場上具有更強的競爭力。壟斷還有促進科技進步的作用，因為壟斷公司更有可能投入大量人力和資金在產品的研發上。比如曾經壟斷美國電信業的美國電話電報公司（AT&T）依靠公司雄厚的力量，建立了貝爾實驗室，該實驗室對戰後的科技發展起到了巨大的推動作用。

《反壟斷法》引起的爭論在起訴微軟壟斷案中得到了集中體現。美國司法部起訴微軟公司運用其市場勢力侵犯消費者權益——比如將視窗軟件和探路者搜索引擎捆綁銷售，並且壓制了軟件市場的競爭，要把微軟一分為三。而大多數經濟學家則認為微軟壟斷地位的獲得是市場競爭的結果，打擊微軟將打擊企業的積極性。最後雖然認定了微軟公司的壟斷，卻沒有分拆微軟公司。

二、價格管制

壟斷的影響直接表現在產品的高價上，所以大多數政府都通過價格管制來減弱壟斷的負面影響。比如限制電力、自來水的最高價格，以及為手機漫遊費和長途話費制定最高價格標準。

但價格管制也有一個很大的問題：如何給企業價格制定標準呢，或者說政府應當要求企業按照什麼價格出售產品呢？

自然壟斷行業的一個特點就是邊際成本很小，比如鋪設管道之後，增加 1 單位自來水的提供就只需要花費很少的成本（如圖 6.8 所示）。因此，邊際成本曲線低於平均總成本曲線的位置。

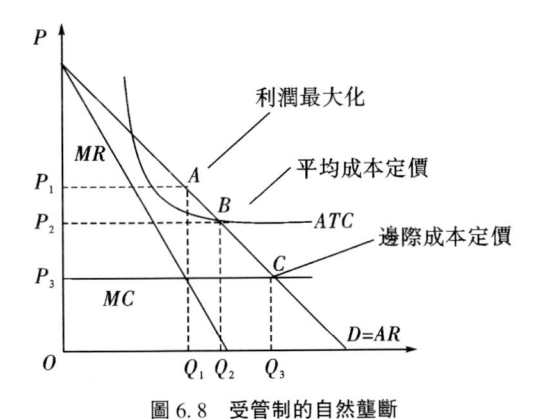

圖 6.8 受管制的自然壟斷

（一）壟斷定價

在沒有管制的情況下，壟斷企業根據 $MR = MC$ 確定產量水準 Q_1，這個產量水準對應於需求曲線上的 A 點，由此確定的價格為 P_1。

這時對於壟斷企業來說實現了利潤最大化。

（二）邊際成本定價

很多人認為應該按照企業的邊際成本定價，即按照邊際成本曲線與需求曲線的交點 C 來確定產量 Q_3 和價格水準 P_3，這時實現了資源的配置效率。

但是，邊際成本定價制度有兩個問題。

1. 企業有虧損

由於自然壟斷企業的特點，邊際成本曲線低於平均總成本曲線，企業每生產 1 單位產品都會產生虧損。如果要求企業按照平均成本定價，那麼企業無法長期經營下去，可能退出該行業。

為了克服這一點，政府可能採取兩個辦法來解決：一是對企業實行財政補貼，彌補企業的虧損——這就可以理解為什麼政府可能會補貼水電公司；另一個辦法就是實行價格歧視，允許企業對不同數量的產品收取不同的單價，以避免虧損。考察一下支付的電話費，你就會發現其中一部分是每月收取的固定收費——這部分可能用於彌補固定成本，另一部分是按照使用量來進行收費——用於彌補邊際成本。

2. 打擊企業降低成本的努力

邊際成本定價導致的第二個問題是：價格管制消除了企業降低成本的積極性。企業降低成本的最大的動力在於獲取更高的利潤，如果企業知道一旦其成本降低，管制者就會要求企業降低價格，結果就是企業的利潤不變。企業不能從降低成本的努力中獲益，那麼企業就不會努力改進技術和提高管理水準，最終對整個行業的發展帶來不利的影響。

(三) 平均成本定價

還有一些人提出按照平均成本水準來定價，通過確定平均成本曲線 ATC 與需求曲線的交點 B，確定其價格水準 P_2 和產量水準 Q_2。

平均成本定價意味著企業能夠彌補成本，並且獲得正常利潤。這個結果雖然沒能實現資源的配置效率，但卻是更為常用的一種辦法。與沒有管制的利潤最大化決策相比，平均成本定價使消費者的狀況更好一些，能夠買到更多的產品，消費者剩餘更多；與邊際成本定價相比，平均成本定價使得生產者的狀況更好一些，企業能夠賺到正常利潤。

但平均成本定價也不能克服對壟斷者積極性的影響。如果企業降低成本，管制者就會要求降低價格，打擊了企業降低成本的積極性。

三、國有化經營

政府解決壟斷問題的第三種辦法是實行公有制，將自然壟斷企業變為國有企業，由政府直接經營管理。

這種做法在歐洲國家是常見的，尤其是第二次世界大戰之後，英國等國家經歷了國有化浪潮，由政府直接經營並管理電話、供水、電力公司。在中國，郵政、交通等行業也是國有經營。

國有化經營的一個好處就是將私人企業利潤最大化的目標轉變為服務社會，不再為了高額壟斷利潤而制定高價。

但國有化經營不能避免的是政府的官僚體制。如果經營者不能很好地管理企業，遭受損失的是納稅人而不是經營者，因此他不一定能夠有效地管理經營企業。官僚還有可能成為一個特殊的利益集團，並企圖阻止降低成本的改革。「以成本定價」的壟斷企業缺乏降低成本的動力，可能會妨礙新技術的應用。比如，國有壟斷的電信企業按照自己的成本定價，利潤水準比較穩定，沒有市場價格對成本形成約束，那麼廠商就傾向於在設備自然淘汰之後再採用新技術；另一方面，政府管制下的壟斷使得國有電信企業的地位非常穩固，沒有降低成本的動力，掌握了新技術的企業卻可能因為沒有經營許可而被市場拒之門外。

由此可見，壟斷帶來了很多問題，而針對壟斷的政策也有缺點。因此，一些經濟學家認為，政府通常最好不要設法解決壟斷定價的無效率。經濟學家喬治·斯蒂格勒（George Stigler）曾由於產業組織的研究獲得諾貝爾獎，下面是他在《財富經濟學百科全書》中的一段論述：

經濟學中的一個著名定理認為，競爭性企業經濟將從既定資源存量中產生最大可能的收入。沒有一個現實經濟完全滿足這個定理的條件，而且，所有現實經濟都與理想經濟有差距——這種差距稱為「市場失靈」。但是，按我的觀點，美國經濟「市場失靈」的程度遠遠小於植根於現實政治制度中經濟政策不完善性所引起的「政治失靈」。

本章小結

本章討論了有市場勢力的企業的行為，以及這些定價和生產決策的影響。壟斷是一種極端的市場結構，即市場上只有一個賣者，沒有其他替代品能夠形成競爭。此時

企業不再是價格接受者，而是產品價格的決定者。

壟斷者追求利潤最大化，在邊際收益等於邊際成本的時候確定產量，並根據需求曲線和該產量水準制定價格——這就是壟斷高價。由於壟斷者生產更少的產品、向消費者收取高價，所以造成了無謂損失，不能實現資源的配置效率。

為瞭解決壟斷引起的問題，政府可能採取一些公共政策來解決，但這些政策本身也會帶來一些其他的問題，所以也有經濟學家認為政府應當對壟斷無所作為。

資料延伸

微軟壟斷案

1998年5月18日，美國司法部部長和20個州的總檢察官對微軟提出反壟斷訴訟。司法部對微軟提出六項指控：引誘網景公司（NETSCAPE）不與其競爭；與因特網服務商和在線服務商簽訂排他性協議；與因特網內容服務商簽訂排他性協議；在合同中限制電腦製造商修改和自定義電腦啟動順序和電腦屏幕；與Windows95捆綁銷售因特網瀏覽器軟件；與Windows98捆綁銷售因特網瀏覽器軟件。

2000年4月3日，微軟被判違反《謝爾曼法》。4月28日，美國司法部和17個州要求杰克遜法官將微軟分割為兩家公司。6月7日，杰克遜法官做出裁決，要求微軟必須拆分為兩個公司，一家經營Windows個人電腦操作系統，另一家經營Office等應用軟件和包括IE瀏覽器在內的網絡業務。

2001年9月6日，司法部宣布不再尋求通過分割的方式來處罰微軟，並且撤銷了有關微軟非法將其網絡瀏覽器和「視窗」操作系統捆綁在一起銷售的指控。11月上旬，微軟和美國司法部達成妥協，條件是：微軟同意PC製造商可以自由選擇視窗桌面，微軟公開視窗軟件部分源代碼，使微軟競爭者能夠在操作系統上編寫應用程序。2002年11月，接替杰克遜法官的科特琳法官宣布，同意微軟和司法部達成的反托拉斯和解協議的絕大部分內容。和解協議內容包括：阻止微軟參與可能損及競爭對手的排他性交易；要求電腦製造商使用統一的合同條款；允許製造商和客戶去除標誌一些微軟特徵的圖符；要求微軟公布部分技術數據，使軟件開發商編寫的Windows應用程序能夠具有與微軟產品相當的性能。

2003年10月，微軟聲稱同意支付約2億美元作為對五個州及哥倫比亞特區的消費者集體訴訟的和解費用。此前，微軟已就10個州的集體訴訟達成了和解，和解費用總計為15.5億美元。

2004年3月，歐盟裁定微軟構成反壟斷，要求微軟提供一套不捆綁「Windows Media Playar」播放器的Windows操作系統，提供競爭對手的服務器軟件如何在Windows系統上平滑運行的詳細信息，並且還要接受一筆價值6.13億美元的罰款。對於歐盟的判決結果，微軟已向歐盟初審法庭提出暫緩執行裁決的要求。

第七章
寡頭和壟斷競爭

內容提要：

完全競爭和完全壟斷都是極端的市場結構模型，大多數行業都既不是一家壟斷，也不是完全競爭，而是既有一些大企業，也有一些小企業。因此本章主要討論的是處於中間的市場結構，既要面臨一定的競爭，也有一定的市場勢力，這就是不完全競爭。

不完全競爭的類型有兩種：寡頭和壟斷競爭。

重點掌握：

1. 寡頭和壟斷競爭市場的特點；
2. 寡頭和壟斷競爭對市場效率的影響；
3. 博弈論的簡單模型。

1994 年以前，只有一家提供個人電腦芯片的公司——英特爾公司，奔騰處理器的價格在 1993 年時定在 1,000 美元以上，然而，到了 1996 年春天，奔騰系列處理器的價格降到不足 200 美元。是什麼原因導致了芯片價格的迅速下降？因為英特爾公司遇到了高級微型設備公司和 Cyrix 公司這樣一些新企業的挑戰。

提供個人電腦芯片的企業只有少數幾個，這就是典型的寡頭市場。在這樣的市場上，任何一個賣者的行為對其他企業的利潤都有極大的影響，因此寡頭之間既相互競爭，又相互依賴。

與寡頭市場不同，壟斷競爭市場上有許多企業，它們出售的產品既有相似之處又不完全相同。比如唱片市場，這個市場上提供成千上萬種產品——不同歌手的唱片、不同曲目的唱片，因此唱片市場是極富競爭性的；另一方面，唱片市場又具有壟斷性，因為每一張唱片都是獨一無二的，這就使得生產者是價格決定者而不是接受者。在壟斷競爭市場上，企業要投入大量資金製作廣告。

為了理解廣告宣傳、優惠券和價格戰等經濟現象，我們在本章中進一步考察不完全競爭的市場結構模型——寡頭和壟斷競爭。

第一節　寡頭市場

一、寡頭市場的約束

在不同類型的市場上，企業有不同的生產和定價策略，所以考察企業行為的第一個問題是把握市場競爭環境。圖7.1簡單描述了不同市場結構的區別。

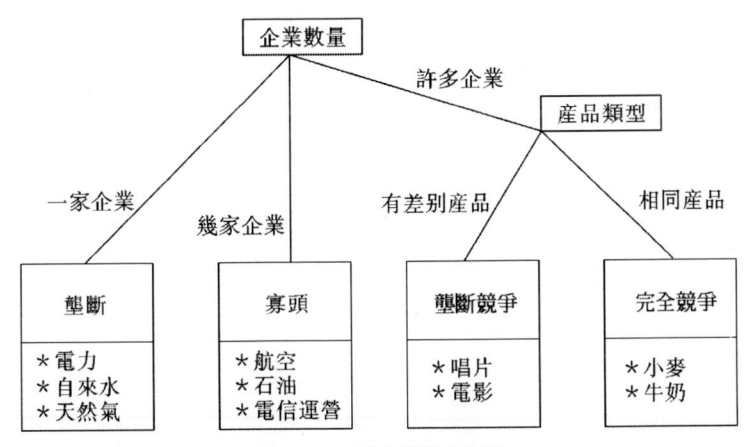

```
                    企業數量
           ┌──────────┼──────────┐
       一家企業    許多企業    產品類型
           │    幾家企業   ┌────┴────┐
           │       │    有差別產品  相同產品
       ┌───┴──┐ ┌──┴──┐ ┌───┴───┐ ┌──┴───┐
       │ 壟斷 │ │ 寡頭 │ │壟斷競爭│ │完全競爭│
       │*電力 │ │*航空 │ │ *唱片 │ │ *小麥 │
       │*自來水│ │*石油 │ │ *電影 │ │ *牛奶 │
       │*天然氣│ │*電信運營│ │       │ │       │
       └──────┘ └──────┘ └───────┘ └──────┘
```

圖7.1　四種市場結構類型

（一）寡頭市場的特點

從圖7.1中可以看到，如果一個市場上只有一家企業，就是壟斷市場；如果只有幾家企業，就是寡頭市場；如果有許多企業，就要考察產品是否有差別——有差別的是壟斷競爭市場，無差別的是完全競爭市場。

當然，實際運用的時候並不是這樣涇渭分明。比如，在判斷產品是否有差別的時候，我們也很難說伊利牛奶和蒙牛牛奶到底是相同產品還是不同產品。

寡頭市場的特點就是只有少數幾個生產者，並且生產的是相同的產品。寡頭企業之間互相影響，因此，寡頭的關鍵特徵是合作與利己之間的衝突。換句話說，市場利潤是一塊大蛋糕，現在幾個寡頭要來分這個蛋糕，如果相互合作，蛋糕更大一些。但由於每個寡頭都只關心自己能分到多少蛋糕，所以其定價和生產決策可能導致整個蛋糕的縮小。

在討論寡頭市場的時候，我們一般假定只有兩個企業，即雙寡頭，比如中國石油天然氣集團公司（簡稱中石油）和中國石油化工股份有限公司（簡稱中石化）、可口可樂和百事可樂等。

（二）市場需求與企業的收益

假設本地汽油市場上只有中石油和中石化兩家企業——典型的雙寡頭。它們面臨著共同的市場需求狀況，假定其收益滿足表7.1中的數據。

表 7.1　總需求和總收益

產量 Q	價格 P	邊際成本 MC	總收益 TR	總利潤 π
0.6	12	3	7.2	5.4
1.8	11	3	19.8	14.4
3	10	3	30	21
4.2	9	3	37.8	25.2
5.4	8	3	43.2	27
6.6	7	3	46.2	26.4
7.8	6	3	46.8	23.4
9	5	3	45	18
10.2	4	3	40.8	10.2
11.4	3	3	34.2	0

從表 7.1 中可以看到，在汽油市場上，需求量與價格反方向變動，因此兩個企業的總收益和總利潤隨著數量增加先上升後下降。

從表 7.1 中已經列出來的數據可以看到，當價格 $P=8$，產量 $Q=5.4$ 時，兩個企業的總利潤最大。

在這個寡頭市場上，中石油和中石化將如何決定自己的產量和價格呢？

二、完全競爭、壟斷和寡頭市場均衡

在考察寡頭企業的行為之前，我們還是先來考慮一下已經討論過的完全競爭和壟斷市場的均衡。

（一）完全競爭市場的均衡

如果是一個完全競爭市場，那麼所有企業都只能按照與邊際成本相等的價格出售產品，即表 7.1 中的 $P=3$，此時企業獲得的經濟利潤為 0，而資源得到了最優配置。因此，完全競爭市場上有效率的價格是 3，均衡產量為 11.4。

（二）壟斷市場的均衡

如果是一個壟斷者，那麼就會在利潤最大的水準下確定產量和價格，因此，壟斷市場的結果是價格為 8，產量為 5.4，此時利潤水準最高，是 27。

（三）寡頭市場的均衡

在雙寡頭市場上，最終又會形成一個什麼樣的市場均衡呢？

1. 合作

一種可能是兩個企業聯合起來，像壟斷企業一樣行事，並就汽油的價格和產量達成一致。企業之間有關於生產和價格的這種協議被稱為「勾結」，這些行動一致的企業集團被稱為「卡特爾」。

一旦寡頭企業之間形成了卡特爾，實際上就是一個壟斷市場，與我們上一章討論的結果相同。不同的是寡頭企業之間還需要就市場份額達成協議——中石油占領一定份額的市場，中石化佔有另一部分。

2. 分別決策

雖然寡頭企業都希望獲得最大利潤，但它們畢竟不是真正的壟斷者，而且法律也

禁止企業之間簽訂關於價格和產量的協議。同時，卡特爾成員之間為了爭奪利潤和市場份額也常常發生爭鬥，最後導致卡特爾解散。因此，我們還需要考慮寡頭企業分別決策的情況。

利潤最大化的產量是 5.4，如果中石油和中石化分別生產 2.7，那麼它們分別能夠獲得 13.5 的利潤。但這時，中石油可能會考慮：我可以多生產一些產品，比如增加 1.2 單位到 3.9 單位（為了在表格中找到現成的數據），市場總產量變為 6.6，而價格變為 7 元，那麼中石油的利潤就是 $(7-3) \times 3.9 = 15.6$。儘管市場總利潤減少了，但中石油的利潤增加了，並且市場份額增加，是有利的——當然，中石化也一樣。

於是，中石油和中石化各增加 1.2 單位產量，導致市場總產量從 5.4 增加到 7.8，而價格從 8 元下降到 6 元，兩個寡頭分別能夠得到 11.7 的利潤。

因此，在兩個寡頭分別決策的情況下，由於都只是從利己的角度考慮問題，使得市場總產量高於壟斷市場的水準，市場價格較低，企業賺到的總利潤也小於壟斷利潤。

但是，分別決策並不會使寡頭市場的生產水準和競爭市場一樣。考慮中石油從 3.9 單位的產量水準上繼續增加，它會發現雖然產量增加，但由於市場價格下降會使得自己得到的利潤減少。因此，兩個企業各生產 3.9 單位的產量水準看起來很像一個均衡，這就是納什均衡（為了紀念經濟學家約翰·納什而命名）。

納什均衡是相互作用的經濟主體，每個人都在另一方所選擇的戰略為既定時，選擇自己的最優戰略。每個寡頭企業在決定自己的產量時，都首先假定競爭對手的產量水準一定，然後確定自己利潤最大化的產量。

當寡頭企業個別地選擇利潤最大化的產量時，它們的產量大於壟斷的產量水準，但小於完全競爭的產量水準。寡頭價格小於壟斷價格，但大於完全競爭價格（競爭價格等於邊際成本）。

思考一下：

石油的主要生產國家形成了一個卡特爾，稱為世界石油輸出國組織（OPEC，歐佩克）。在 1960 年成立時，歐佩克包括伊朗、伊拉克、科威特、沙特阿拉伯和委內瑞拉。到 1973 年，又有卡塔爾、印度尼西亞、利比亞、阿聯酋、阿爾及利亞、尼日利亞、厄瓜多爾和加蓬八個國家加入。這些國家擁有世界石油儲藏量的四分之三。正如任何一個卡特爾一樣，歐佩克力圖通過協調減少產量來提高其產品的價格，確定每個成員國的生產水準。

從 1973 年到 1985 年，歐佩克成功地維持了合作和高價格，原油價格從 1972 年的每桶 2.64 美元上升到 1974 年的 11.17 美元，然後在 1981 年又上升到 35.10 美元。但在 20 世紀 80 年代初各成員國開始提高生產水準，歐佩克在維持合作方面變得無效率了。到了 1986 年，原油價格回落到每桶 12.52 美元。歐佩克為什麼不能長期維持石油的高價格？

第二節　壟斷競爭市場

打開電視或者翻開報紙及絕大多數的雜誌，總免不了看到各種各樣的廣告。稍微注意一下，很容易發現進行廣告宣傳的主要是化妝品、家電這類產品。為什麼這些企

業要花錢打廣告呢？因為它們處於一個特殊的市場競爭狀態：壟斷競爭。

一、壟斷競爭市場的特點

在現實世界中，大多數產品市場都是既有競爭又不是完全競爭，市場上的企業具有一定的影響價格的能力，這就是壟斷競爭市場。

壟斷競爭市場具有如下特點：

（一）有大量企業

與完全競爭市場一樣，壟斷競爭市場上也有大量企業，比如，有很多企業生產洗髮水；同樣生產彩電，不僅有國內企業，還有眾多國外企業參與競爭。

有大量企業就意味著：

1. 市場份額小

由於企業眾多，每個企業對市場總量的影響都很小。因此，每個企業對市場價格的影響力度有限，每個企業的價格與其他企業平均價格偏離的程度也很有限。

2. 不考慮其他企業

在寡頭市場上，企業的決策在很大程度上取決於競爭對手的行為，並且要根據對方的行為來調整自己的決策。

但壟斷競爭中的企業不用注意任何一個特定的競爭對手，因為所有企業都不大，沒有一個企業可以支配市場，不能直接影響其他企業的行為。

3. 不可能形成勾結

壟斷競爭中的企業也喜歡相互達成較高的市場價格，但由於市場上企業的數量實在太多，一一簽訂合約並且監督執行是不太可能的，只能形成比較鬆散的行業聯合。

（二）產品存在差別

在完全競爭市場上，不同企業提供的產品是完全相同、不存在差別的。如果企業提供的產品略有差別，那麼就擁有了形成壟斷的基本前提。與壟斷市場上完全沒有替代品的產品相比，壟斷競爭市場上的產品雖然有差別，但並不是本質性區別，可以互相替代。比如聯想電腦和華碩電腦，在基本功能上是可以互相替代的。

既然壟斷競爭市場上的企業在爭奪著幾乎相同的顧客群，產品又能夠互相替代，那麼就必須採取各種辦法進行競爭。競爭主要從三個方面進行：

1. 質量

一種產品的質量是使它區別於其他產品的物質形態，包括設計、可靠性、為買者提供的服務，以及買者得到該產品的容易程度。

比如組裝電腦和品牌電腦，即使配置性能完全相同的硬件，消費者也並不會認為它們是相同產品。區別在於可靠性和企業為買者提供的服務。一般認為品牌電腦的硬件經過更為專業的測試，兼容性經過了考驗，因此更加可靠；另一個原因是企業一般為品牌電腦提供更多的售後服務，無論是維護還是升級都更加方便。

2. 價格

由於產品存在差別，企業面臨向右下方傾斜的需求曲線，企業可以在一定程度上決定自己產品的價格。但產品價格和質量之間存在著相關性，生產高質量產品一般需要更多的投入，因此可以收取較高的價格。

同樣看組裝電腦和品牌電腦，因為質量有差別，所以價格就不一樣。這就給消費

者提供了選擇的餘地，可以在價格和質量之間進行權衡和取捨。

3. 市場行銷

如果要推廣一種保健產品（比如腦白金），怎麼做可以使它更有競爭力？要點有兩個：廣告和包裝。

在面對大量競爭者的時候，企業必須推銷自己的產品。雖然俗話說「酒香不怕巷子深」，但在市場規模擴大、信息搜集更為困難的情況下，如何把自己的產品信息傳達給消費者，就是一個大問題。因此，廣告是必不可少的。廣告宣傳可以起到三個作用：宣傳企業形象，比如聯想集團就以振興民族企業為主要宣傳點；第二個作用是宣傳或創造產品差別，勸說消費者購買，比如「送禮就送腦白金」；第三個作用是告訴消費者一些關於產品的信息，主要用於消費者已經熟悉了的產品，比如「白加黑」感冒藥，服白片不易瞌睡，服黑片有助睡眠。

另外，包裝也是產品推廣的重點。「人靠衣裝馬靠鞍」，為了使自己的產品顯得更為獨特，除了在質量上下功夫，還要通過包裝向消費者展示。20世紀50年代初，美國杜邦公司由於忽視包裝問題而失去了部分市場，通過市場調查之後發現了「杜邦定理」：63%的人重視包裝，在選購商品時首先看包裝。於是杜邦公司改進包裝，在競爭中扭轉了劣勢。調查發現，普通商品的包裝大約占產品成本的3%~15%。如何用這些成本做出有特色的包裝，可能是競爭成敗的關鍵——中國內地的人參用麻袋裝著運送到香港市場，而韓國為每根人參配一個精致的包裝盒，結果就讓香港的消費者認為韓國人參比內地人參質量更高，不願意購買物美價廉的內地人參。

思考一下：
為什麼很多企業聘請明星代言產品？明顯的「流量」與代言費存在聯繫嗎？

（三）自由進入與退出

壟斷競爭市場也沒有進入限制，企業可以根據贏利狀況決定進入或是退出該行業。

如果存在經濟利潤，新企業會進入該行業，而這種進入降低了價格，並最終消除了經濟利潤；如果存在虧損，企業會退出該行業，減少市場供給，從而提高剩餘產品的價格，並最終消除了虧損。

因此，長期均衡時，壟斷競爭企業也只能獲得零經濟利潤。

思考一下：
壟斷競爭市場與完全競爭市場有何異同？

二、壟斷競爭市場的均衡

我們主要考察壟斷競爭市場的長期均衡（如圖7.2所示）。

（一）產量與價格決策

企業根據邊際成本與邊際收益相等確定利潤最大化的產量，然後根據這個產量水準和需求曲線確定價格水準 P。關於這個長期均衡，值得注意的是：

1. $P>MC$

與壟斷市場一樣，壟斷競爭決定的價格也高於邊際成本。其原因是企業利潤最大化的要求 $MR=MC$，但向右下方傾斜的需求曲線決定了 $P>MR$，因此均衡點的價格水準高於邊際成本。

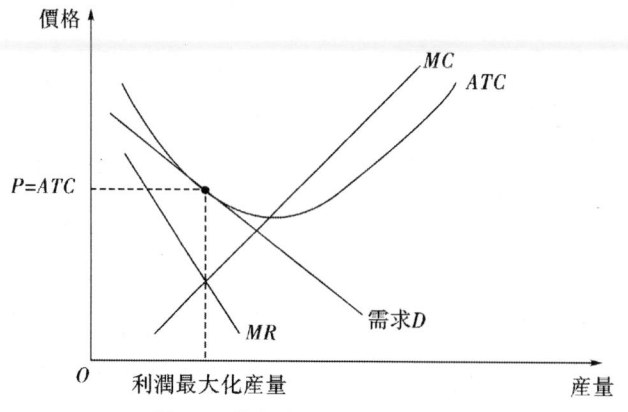

图7.2 壟斷競爭市場的長期均衡

2. P = ATC

在壟斷競爭市場上，企業的需求曲線與平均總成本曲線相切，即兩者有且只有一個交點。為什麼呢？因為自由進入和退出使企業在長期中經濟利潤為0，而企業的利潤

$$\pi = TR - TC = Q \times (P - ATC)$$

從圖形上來說，利潤等於需求曲線與平均總成本曲線之間的面積，只有當兩條曲線相切時，最大化利潤才是0。

長期均衡中利潤為0決定了壟斷競爭市場不同於完全壟斷，因為完全壟斷市場長期也能得到正的經濟利潤。

（二）壟斷競爭與完全競爭

要比較壟斷競爭市場和完全競爭市場，我們可以觀察它們的長期均衡圖形（見圖7.3）。

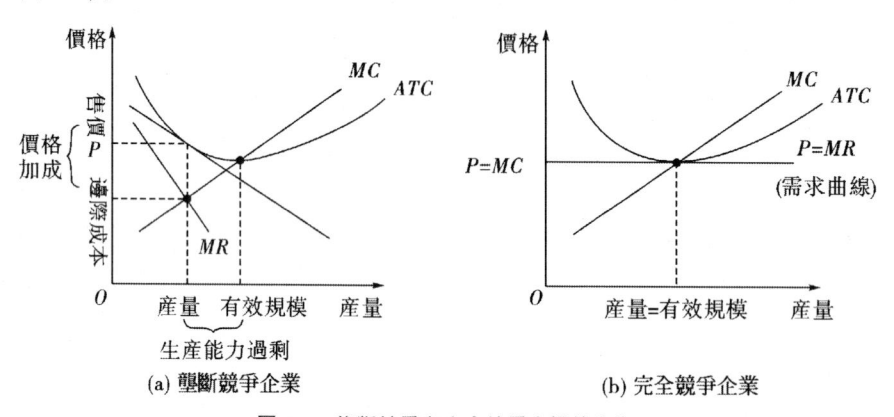

圖7.3 壟斷競爭與完全競爭市場的均衡

儘管同樣有著大量企業和自由進出市場的制度，並且長期中都只能得到零經濟利潤，壟斷競爭和完全競爭市場仍然有不同的結果，主要體現在過剩生產能力和價格加成上。

1. 生產能力過剩

在完全競爭市場上，產品價格等於企業的最低平均總成本，此時決定的產量水準

就是有效率的，叫作有效規模，如圖7.3中的（b）圖。

比較而言，壟斷競爭市場上均衡點的產量低於有效規模的水準，因此認為壟斷競爭企業存在過剩生產能力。換句話說，壟斷競爭企業可以通過增加產量來降低平均總成本。

我們怎麼知道企業有沒有過剩生產能力呢？餐廳裡有空桌子，淡季的飛機、火車並不是滿載，這就是過剩生產能力的表現。

2. 價格加成

第二個區別是均衡價格與企業邊際成本之間的關係。

在完全競爭市場上，均衡價格等於企業的邊際成本。

而壟斷競爭市場的均衡價格高於邊際成本，這是因為企業擁有一定的影響價格的能力。均衡價格高於邊際成本的部分叫作價格加成，代表著企業的市場勢力。

價格加成有什麼含義？它意味著壟斷競爭企業歡迎顧客按照現在的價格購買更多的產品——每1單位產品都能帶來利潤的增加（$P-MC>0$）。注意，是「現有的價格」而不是新的價格，事實上，如果增加產量，產品的價格是會下降的。

第三節　博弈論

導入：

張文和李武在偷一輛電動摩托車時被抓，面臨著6個月監禁的處罰。在審訊過程中，警方懷疑這兩個人可能是半年來連環盜竊案的主謀，但這僅僅是猜測，除非可以使他們坦白，否則不能定罪。

於是，警方決定運用以下規則讓這兩個人進行博弈。規則：

（Ⅰ）將兩個人分開，切斷他們的相互聯繫。

（Ⅱ）告訴兩個人，懷疑他們實施了連環盜竊，而且，如果他們都坦白，將為此判刑2年；如果本人坦白而同伙不坦白，則他可以無罪釋放而同伙要被判刑5年。

猜測一下，這兩個人可能會怎麼辦（假設他們確實實施了連環盜竊）。

在分析寡頭企業的戰略行為時，經濟學家使用博弈論作為主要的分析工具。

博弈論是在1937年由約翰·馮·諾依曼①發明的，並在1944年得到擴展。今天，它成了經濟學領域的主要分析工具之一。關於博弈，他說：「現實生活充滿了計謀與小伎倆，你問自己的也正是其他人正想這樣做的。」

一、博弈的基本內容

博弈首先是關於策略的，即如何戰勝對手。博弈廣泛存在，比如足球比賽、戰爭、寡頭企業爭取利潤。本節開頭的導入案例，就是著名的「囚徒困境」博弈。

所有被稱為博弈的活動都具有三個共同的特點：

---

① 馮·諾依曼是20世紀偉大的天才之一。他1933年出生於匈牙利的布達佩斯，早期以數學才華而聞名，18歲就發表了第一篇數學論文。馮·諾依曼25歲時發表了開拓博弈研究的文章，掀起了博弈論浪潮。他堅信社會科學只有運用了數學工具才能進步。

（一）規則

博弈是為了求勝，簡單地說就是進行比賽，首先需要規定比賽的規則和勝負的辨別。比如在足球比賽中，競賽雙方必須是在相同的規則下進行比賽，如果違反規則就要受到懲罰。

（二）策略

為了取得勝利，競賽雙方都必須採取一定的行動：或者進攻，或者防守，力爭獲勝；或者增加產量，或者減少產量，力爭獲得最大利潤。

（三）結局

針對競賽雙方的不同策略，組合起來就形成了結局，比如中石油增產、中石化產量不變，或者中石油增產、中石化也增產等。比賽的勝負也是結局的一個表現。

二、囚徒困境

為什麼中石油和中石化不能通過合作形成完全的壟斷？為什麼卡特爾組織不能長期維持石油的高價呢？讓我們回到囚徒困境的例子。

（一）規則

首先瞭解規則：

1. 將兩個人分開，切斷他們的相互聯繫。
2. 告訴兩個人，懷疑他們實施了連環盜竊，而且，如果他們都坦白，將為此判刑 2 年；如果本人坦白而同伙不坦白，則他可以無罪釋放而同伙要被判刑 5 年。

隔離兩個人顯然是為了防止串供，避免他們形成勾結，還可以增加其心理負擔。第二條規則就是決定了每個人選擇的可能後果。

（二）策略

張文和李武只有兩個選擇：坦白或者抵賴。

（三）結局

現在考察不同選擇會帶來什麼樣的結果（如表 7.2 所示）。

表 7.2　　　　　　　　　　囚徒困境

		張文	
		坦白	抵賴
李武	坦白	2 年，2 年	李武 0 年，張文 5 年
	抵賴	李武 5 年，張文 0 年	6 個月，6 個月

面對這樣的條件，這兩個囚徒會如何選擇呢？

張文會如何考慮呢？他並不知道李武會怎麼樣，但可以進行推測。假如李武坦白，他也最好坦白，這樣他就會被判 2 年而不是 5 年；如果李武否認，那麼他也最好坦白，結果是無罪釋放而不是監禁 6 個月。所以，無論李武如何選擇，張文都最好選擇坦白。用博弈論的語言來說，如果無論另一個參與者採用什麼戰略，一個參與者都有一個最好的戰略，那麼，這種戰略被稱為優勢戰略。在這個例子中，坦白是張文的優勢戰略。

李武面臨的情況也是一樣的，坦白是他的優勢戰略。

最後的結果就是雙方都坦白，每個人被判刑 2 年。我們發現，這個結果其實不是

最好的。對於張文和李武而言，最好是雙方都抵賴，然後每個人被監禁 6 個月，比判刑 2 年的時間更短。我們看到，為了追求自己的最大利益，兩個人的選擇都損害了雙方共同的利益。

當然，如果規則變化，比如在審問之前張文和李武已經達成了拒不認罪的協議，並且事實上也能夠堅持協議的話，那麼雙方的境況都能得到改善。

但這種協議確實能夠維持麼？或許有人講義氣拒不認罪，但大多數情況下，只要分開囚徒，就很容易使他們為了自己的利益而坦白。這也是大多數卡特爾不能持續的原因，因為合作協議不符合個人利益最大化的追求。

三、囚徒困境的應用

（一）寡頭博弈

假設伊拉克和伊朗是石油市場上的兩個寡頭，考察它們會如何決定產量（如表 7.3 所示）。

表 7.3　　　　　　　　　　　石油寡頭的博弈

		伊拉克的決策	
		增產	維持低產
伊朗的決策	增產	分別得到 100 億美元	伊拉克 80 億美元 伊朗 120 億美元
	維持低產	伊拉克 120 億美元 伊朗 80 億美元	分別得到 110 億美元

對伊拉克來說，較好的結果是增產。如果伊朗維持低產量，那麼伊拉克增產可以得到 120 億美元，比低產量的 110 億美元更好；如果伊朗增產，那麼伊拉克增產可以得到 100 億美元，比維持產量的 80 億美元更好。

這個結論對伊朗來說也是適用的。因此，市場的最終結果就是兩國都增加產量，於是在一個較低的水準上實現了均衡——獲利 100 億美元。

如果伊朗和伊拉克可以通過協議都在低產量上進行生產，那麼雙方都能得到 110 億美元的利潤，比各自為政更好一些，然而雙方都有違約的衝動——如果對方守約，生產低產量，那麼本國生產高產量就能夠獲得更多的利潤。這也是多數卡特爾組織（比如 OPEC）經常面臨的困境，成員國可能偷偷地生產更多的石油，結果導致市場價格下降，損害整體利潤水準。

思考一下：

運用囚徒困境的分析方式，考察一下蘇聯和美國關於軍備競賽的結果。

（二）「以牙還牙」——長期合約的影響

假如張文和李武是兩個毫不相關的人，那麼在審訊中都傾向於坦白以自保。如果這兩個囚徒有緊密聯繫（比如親戚關係）呢？或者他們是長期合作者，情況會有所不同嗎？

事實上，我們知道 OPEC 在 20 世紀 70 年代成功維持了石油的高價，也就是說各成員國遵守了合約，都在一個較低的水準上進行生產。當時這種合作關係為什麼能夠維持？

仍然以伊拉克和伊朗為例。如果它們只博弈了一次，那麼就缺乏遵守合約的激勵。

結果雙方都違約，生產了高產量，使得各自的利潤水準由 110 億美元降低為 100 億美元。

但是如果它們並不是只博弈一次，而是每個月都可以調整產量呢？這就是重複博弈，在約定的時候除了規定價格和產量，還可以規定違約的懲罰。

現在伊拉克和伊朗約定，雙方都按照 80 萬桶的低產量進行生產，結果是都能得到 110 億美元的利潤。假如伊拉克違約，將產量從 80 萬桶提高到 120 萬桶，得到 120 億美元；那麼伊朗將會報復，在下個週期將產量由 80 萬桶提高到 120 萬桶，結果就是伊拉克只能在第一次博弈結束後賺到更高利潤（120 億美元），以後都只能得到一個更低的利潤（100 億美元）。只要博弈週期足夠長，那麼伊拉克就不願意為了一次高額利潤而放棄長期的較高利潤，結果就是雙方都能夠守約。

這種一方違約，另一方就報復，並且一直懲罰直到雙方重新合作為止的做法就是俗話說的「以牙還牙」或者說「一報還一報」。根據這一邏輯，參與者應該從合作開始，然後上一次另一個參與者怎麼做自己也怎麼做。因此，市場參與者要一直合作到另一方違約時為止；或者違約到另一方重新合作時為止。換句話說，這種戰略從友好開始，懲罰不友好的參與者，而且，如果對方改變就原諒，其結果就是參與者都傾向於合作。

思考一下：
合約自由是市場經濟的一個基本規則，你支持寡頭簽訂合約控制市場價格嗎？

本章小結

寡頭市場和壟斷競爭市場是更為貼近現實的市場結構模型，寡頭市場更接近壟斷市場的情形，而壟斷競爭市場則名副其實，是壟斷市場和完全競爭市場的混合體。

寡頭和壟斷競爭理論描述了經濟中的一些市場，並且對市場結果做出了一般的推測和分析，我們發現無論是寡頭還是壟斷競爭，都產生了效率損失。但讓人沮喪的是，儘管知道這些市場並不令人滿意，經濟學家仍然沒能提出簡單而實用的宏觀經濟政策。因此，這部分理論更多的用來解釋和分析現實，在指導實際決策時需謹慎。

資料延伸

彩電價格戰

2000 年 6 月 9 日召開了「中國彩電企業峰會」，8 月 11 日康佳突施殺手，宣布全面降價 20%，當日深夜，「老大」長虹積極迎戰，「開閘放水」降價 35%，最多下降 3,000 元。至此，近幾年來彩電行業最大規模的價格戰終於爆發。

彩電業是「最成熟的一個產業」，也是一個充滿野心和陰謀的領地。「保價聯盟」的構想似乎是要牽引彩電巨頭遠離價格戰的繩套。但在市場上一片「跳水」「蹦極」的聲浪中，「聯盟」的宏圖壯志似乎已在殘酷的現實面前碰得粉碎。

從 1988 年長虹主動降價開始，至今中國彩電業已經經歷了數輪價格戰，而且激烈程度一次超過一次，據說，彩電行業的平均利潤水準已經降至 3%。有人說彩電企業在銷售淡季發動價格戰，是想通過炒作減少庫存；有人認為彩電「跳水」還大有空間；也有人認為中國彩電業已經面臨生存危機。

2003年6月，盛傳已久的國產彩電將再次大降價，終於得到證實，由相關廠商在全國15個省會級城市136家家電商場同時發起「國產彩電夏日風暴」，包括長虹、海信、康佳、創維、TCL等在內的數十個主流品牌將全線降價20%～30%，最大降幅達50%。

據行家披露，此番「價格雪崩」，是繼國內家電市場2000年國產彩電全面「高臺跳水」後的最大一次降價，幾乎囊括了所有的一線國產品牌，品種包括當前市場熱銷的超平、純平、背投乃至有「高端」之稱的液晶和等離子彩電，且由大尺寸純平、逐行掃描、背投等高技術含量的國產彩電新品唱主角，如最新研製投產的帶空氣淨化功能的109.22厘米（43英吋）HID436BR逐行掃描背投彩電等。對買方更具誘惑的是一些國產精品新品的「雪崩價」——73.66厘米（29英吋）純平類彩電零售價將首次滑至1,600元之下；29英吋逐行掃描彩電的價格將擊穿2,400元，基本上與目前市場在銷的非逐行普通純平彩電價格持平；43英吋背投售價將普遍低於6,000元、40英吋等離子彩電下探26,000元、38厘米（15英吋）液晶彩電低於3,000元。

國產彩電何以「不約而同」地選擇6月中旬再次全線點燃「價格雪崩」狼煙？業內普遍的看法是，一年一度的梅雨季節歷來是彩電銷售的淡季，利用價格槓桿來化淡為旺，唯「雪崩」才能帶來「眼球經濟」。但同樣毋庸諱言的是，近來國產彩電在外銷的主打市場美國頻頻遭遇反傾銷訴訟，出口前景難以樂觀，調轉「槍口」瞄準國內市場的再開發，也是一大動因。

還有一個原因是「外籍軍團」在價格競爭上緊逼不放，東芝、日立等合資彩電均有降價大動作，且都選擇中高檔彩電「跳水」。因此，國產彩電即便不願降也不得不降。當然，諸多廠家商家其實還有自己的「如意算盤」，即因非典肆虐，原本應是銷售旺季的「五月黃金周」反倒驟然降溫成淡季，結婚、裝修、搬遷新居的高峰期因之延後，如今病魔漸行漸遠，被「壓縮」和「滯後」的消費必然釋放和反彈，國際市場液晶和等離子彩電關鍵部件和元器件價格也普遍看跌。今日不「降」，更待何時？

第八章
收入分配與平等

對效率的追求不可避免地產生出各種不平等,因此,在平等與效率之間,社會面臨著選擇。

——阿瑟·奧肯①

內容提要:

本章要討論經濟學基本問題之一:生產出來的物品和勞務如何分配。不同生產要素的均衡價格由市場決定,而勞動者收入多樣性決定了收入差別。

重點掌握:

1. 導致收入差別的原因;
2. 經濟不平等的產生及解決方案。

導入:

在曼哈頓地區,53層樓的頂層房間能一覽無餘地觀察到中央公園、哈德遜河和城市輪廓。它的價格是多少?400萬美元!距離這裡不遠,在曼哈頓的上方,是華盛頓國民警衛隊訓練中心的營地,這裡有一個1981年修築的足球場大小的棚子,也是將近1,000人的永久性住所……為什麼一些人開著寶馬去打高爾夫球,另一些人為了溫飽而苦苦掙扎?

第一節 要素價格與收入

當父母或老師鼓勵你學習的時候,可能會有意無意地透露這樣一種信息:大學畢業之後,你可能獲得更高的工資水準——註冊會計師的工資水準很高,而缺乏專業學習和訓練的人不可能得到這份工作。

一些人依靠天賦取得收入,比如科比·布萊恩特。儘管他的學習成績優異,但並

---

① 阿瑟·奧肯(1928—1980),美國著名的凱恩斯主義經濟學家,曾在1964—1968年任總統經濟顧問委員。他提出的國內生產總值增長率與失業率之間關係的奧肯定律已經成為這方面的經典。他還著有《平等與效率》一書,是關於平等和效率問題最權威的論著。

不是通過大學學習之後成為一名高工資收入者,而是放棄上大學成為一名職業籃球運動員,在第一個四年內賺得大約1,000萬美元。

還有一些人通過投資獲得收入,經營企業、儲蓄、購買股票或者債券等。這些收入又受到哪些因素的影響呢?2008年的金融危機使比爾·蓋茨和「股神」巴菲特的資產大幅縮水,但明顯巴菲特受到的影響更大一些。

還有一些人提供土地或者房屋,獲取租金收入。但是租金水準往往根據地理位置而差距很大——「黃金地段」的一間鋪面,一年的租金或許是幾十上百萬元,而偏遠地區的房屋也許一年只要幾百元,「包租婆」可以出現在寸土寸金的香港,卻很難出現在一個鄉鎮上。

不同的人有不同的收入來源。我們首先將生產要素分為勞動、資本和土地,考察這些要素的價格和人們的收入是如何決定的。

一、勞動市場

與經濟中的其他市場一樣,勞動的價格也是由市場供求決定的。由於企業形成了對工人勞動的需求,所以我們首先來考察企業如何決定雇用多少工人。

(一)勞動需求

勞動需求是一種派生需求,是因為企業生產產品需要勞務而產生的需求。

企業根據什麼來決定雇用多少工人呢?無論是競爭企業、壟斷企業還是其他企業,都追求利潤最大化的目標。因此,我們可以比較增加1單位工人帶來的邊際收益和邊際成本來討論這個問題。

1. 勞動的邊際收益

在考察勞動的邊際收益時,我們假設這個企業的產品(比如牛奶)以及勞動者都是競爭市場,這時,企業的生產決策不會影響市場價格(市場價格 $P=2$);另一個假設是企業追求利潤最大化,所以按照邊際成本等於邊際收益決定產量。

企業決策主要考慮兩個問題:生產多少產品,雇用多少工人。我們用表8.1來表示一個牛奶企業的收益與雇用工人數量之間的關係。

表8.1　　　　　　　　　牛奶場的邊際收益

	勞動量	總產量	邊際產量	總收益	邊際產量收益	工資	邊際產量利潤
	L	$Q=f(L)$	$MPL=\Delta Q/\Delta L$	$TR=P\cdot Q$	$VMPL=P\cdot MPL$	W	$VMPL-W$
a	0	0					
b	1	10	10	20	20	4	16
c	2	18	8	36	16	8	8
d	3	24	6	48	12	12	0
e	4	28	4	56	8	16	-8
f	5	30	2	60	4	20	-16
g	6	30	0	60	0	24	-24

這個表格不僅描述了企業的生產能力（投入的勞動數量與產量之間的關係），而且描述了每增加 1 單位勞動投入的產量和產值（產量乘以牛奶的價格）。

隨著工人數量的增加（從 0 到 6），勞動的邊際產量逐漸下降（從 10 減少到 0），每個工人生產的牛奶的價值（邊際產量收益）也在減少（從 20 減少到 0）。

那麼，企業雇用多少個工人呢？這還需要考慮增加工人的成本——工資。

2. 勞動需求曲線

企業對利潤的關注大於牛奶產量本身，我們不僅要考察增加 1 個工人的收益，還要考慮到成本，即工人的工資，假定每單位勞動的工資水準為 4。

為了衡量工人創造的價值，我們將勞動的邊際產量（用牛奶數量來表示）轉變為邊際產量收益（用貨幣來表示），然後減去工人的工資，就得到每單位勞動創造的利潤。企業會雇用多少工人呢？仍然取決於利潤。

當利潤>0 時，表明增加工人數量能夠帶來利潤增加，企業就增加雇用工人的數量；當利潤水準下降為 0 時，表明增加 1 個工人不能帶來更多的利潤，企業就停止雇用工人；如果利潤<0，表示增加工人反而造成了虧損，企業會減少雇用工人的數量。

從直觀的圖形（見圖 8.1）上可以看到，企業根據邊際產量收益等於市場工資水準來確定雇用工人的數量。

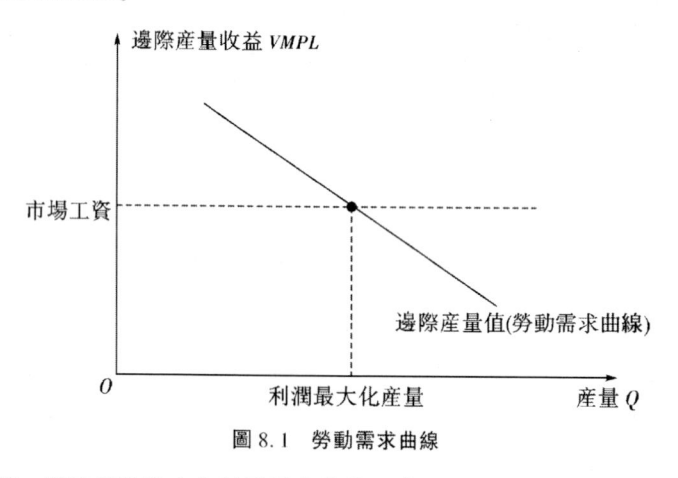

圖 8.1 勞動需求曲線

因此，對一個競爭性的追求利潤最大化的企業來說，勞動的邊際產量收益曲線也就是它的勞動需求曲線。

（二）勞動市場的均衡

前面我們已經討論過，勞動供給曲線向後彎曲，即隨著工資水準上升，工人的勞動時間先增加後減少。但是大多數情況下，工資水準不會太高也不會太低，因此我們仍然考察一條一般的勞動供給曲線（見圖 8.2）。

如圖 8.2 所示，勞動市場的均衡仍然是由供給和需求曲線共同決定的，需要注意的是，需求曲線和勞動的邊際產量收益是緊密相關的。

第八章　收入分配與平等

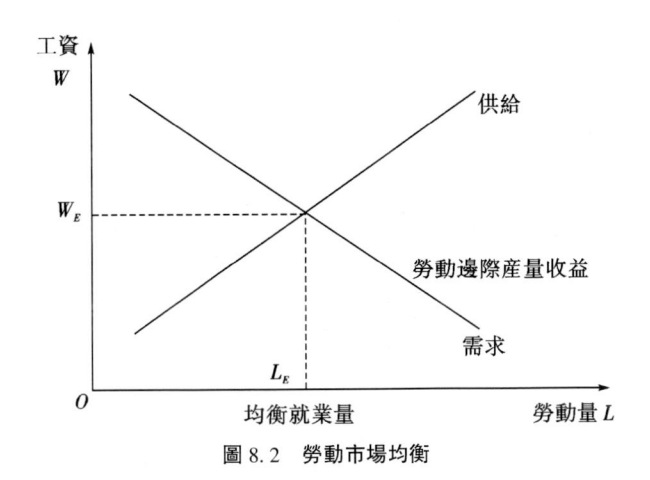

```
工資
 W│                          供給
   │                        ╱
   │                      ╱
   │                    ╱
W_E│────────────────╳
   │              ╱  ╲
   │            ╱      ╲
   │          ╱          ╲ 勞動邊際產量收益
   │        ╱              ╲
   │      ╱                  ╲ 需求
   │    ╱                      ╲
   │  ╱         L_E              ╲
 O └──────────────────────────────── 勞動量 L
          均衡就業量
```
圖 8.2　勞動市場均衡

思考一下：

商品房價格變化，對建築工人的工資有影響嗎？

（三）工資水準與勞動生產率

如果你是一名技術熟練的牙科醫生，你希望在美國工作還是在中國工作？事實上，美國醫生的工資水準比中國的高很多。

同樣在中國，扣除通貨膨脹的影響，人們的工資水準也是逐年上升的。

表 8.2　　　　　　　　　　美國生產率與工資增長

時期	生產率增長率	工資增長率
1959—1994 年	1.8	1.2
1959—1973 年	2.9	2.4
1973—1994 年	1	0.3

資料來源：Economic Report of the President 1996, Table B45, p. 332。

註：在這裡，生產率增長用非農業部門每小時產量年度變動率來衡量。工資增長用非農業部門每小時實際報酬年度變動率來衡量。這些生產率資料衡量平均生產率——產量除以勞動量——而不是邊際生產率，但可以認為平均生產率與邊際生產率是密切地同時變動的。

從表 8.2 可以看到，工資增長率與生產率增長率有一個相近的比例，具有同樣的變化趨勢。事實上，在前面假設的完全競爭市場上，企業根據勞動的邊際生產率（邊際產量值）來決定對工人的需求，而勞動市場的供求決定了均衡工資水準。

換句話說，人們能夠得到的工資與他為企業創造的產值密切相關。因此，工資率與勞動生產率緊密相關。

我們還可以借鑑國際經驗來說明這個問題：表 8.3 列出了不同國家或地區的工資率和生產率的不同數值。

表 8.3　　　　　　　　世界不同國家或地區的生產率與工資增長

國家或地區	生產率增長率	工資增長率
韓國	8.5	7.9
中國香港地區	5.5	4.9
新加坡	5.3	5.0
印度尼西亞	4.0	4.4
日本	3.6	2.0
印度	3.1	3.4
英國	2.4	2.4
美國	1.7	0.5
巴西	0.4	-2.4
墨西哥	-0.2	-3.0
阿根廷	-0.9	-1.3
伊朗	-1.4	-7.9

資料來源：World Development Report of the 1994，Table 1，pp. 162-163，Table 7，pp. 174-175。
註：生產率增長用 1980—1992 年人均國民生產總值年度變動率衡量。工資增長用 1980—1991 年製造業人均收入年度變動率衡量。

那麼是什麼原因導致了不同國家或地區具有不同的生產率增長率呢？這個問題屬於經濟增長理論的內容，在本書的後面將要專門討論。

二、資本市場

資本市場是企業借以得到購買物質資本的金融資源的渠道，企業需要大量資本來進行投資和維持生產經營，形成了資本的需求。

（一）資本的價格

對大多數人來說，資本市場是我們進行最大的票據交易的地方，比如股票和債券市場。考慮一下資本的來源，無論是用來購買金融資產的資金，還是為了買房而貸款，其根本來源都是儲蓄，即總收入中減去消費的部分。

資本的使用成本是什麼？調節資本供給量與資本需求量相等的資本價格是利率。

如果銀行利率為 10%，那麼 2008 年存下的 100 元錢到 2009 年就是 110 元錢，這 10 元錢差額就是資本的收益——利息。如果物價水準上漲了 10%，那麼 2009 年的 110 元錢能夠買到的東西和 2008 年的 100 元錢買到的東西沒有差別。因此，衡量資本收益的時候不僅要考慮銀行利率（名義利率），還要考慮物價水準（通貨膨脹率），使用實際利率來考察資本的確切收益。

實際利率＝名義利率－通貨膨脹率，當通貨膨脹率高於名義利率時，存錢的結果是貶值，也就是「負利率」。

(二) 利率的變動趨勢

技術進步提高勞動生產率，所以勞動者的工資水準不斷提高。那麼，資本的價格也會有這樣的變動趨勢嗎？

考察美國 1960 年以來的利率水準，20 世紀 60 年代為每年 3% 左右、70 年代成為負數（通貨膨脹率很高）、80 年代上升到接近 9%、90 年代穩定在 5% 左右。而使用的資本總量是增加的，1998 年比 1960 年的水準上升了 175%。

所以，利率並不是不斷上升，而是上下波動的。

(三) 資本的供求變動

利率水準由市場上資本的供求共同決定，現在我們分別考察資本的需求和供給的變化。

1. 資本需求的變動

企業如何決定使用多少資本量？一個因素是價格，即利率；另一個因素是資本的邊際收益，即投資能夠帶來的收益。

如果利率上升，導致投資的成本增加，那麼企業可能減少對資本的需求；如果預期資本收益高，資本的需求就會增加。

改變資本邊際收益並引起資本需求變動的兩個主要因素是：

（1）人口增加。人口增加使所有物品與勞務的需求增加，從而導致生產這些物品與勞務的資本需求也增加了。

（2）技術進步。技術進步增加了一些類型資本的需求，當然也可能減少另一些類型的資本需求。例如，個人電腦和計算機技術的廣泛應用，增加了辦公室電腦設備的需求，並增加了整個資本的需求。

2. 資本的供給

資本的供給來源於人們的儲蓄。哪些因素決定了家庭儲蓄與否、儲蓄多少呢？

（1）收入。第一個影響因素當然是收入，收入越高，可能儲蓄越多。一般人是把收入當中一個固定的比例儲蓄起來。

（2）預期收入。如果預期未來 10 年內的收入水準將由現在的每年 3 萬元增加到 5 萬元，你是儲蓄更多還是更少呢？

或許這是一個很難回答的問題。人們為什麼要儲蓄？大多數都是為了滿足未來消費的需要。如果預期未來收入增加，那麼現在很有可能減少儲蓄。

（3）利率。利率是資本的價格，而家庭作為資本的提供者，通常認為人們會在利率變動的時候調整自己的儲蓄量。

如果利率水準由 5% 提高到 10%（實際利率），你是不是一定會增加儲蓄？如果反過來，利率下降，你是不是就會減少儲蓄？

1998 年，為了刺激人們的消費，中央銀行數次降低銀行利率，希望人們減少儲蓄，把錢用於各種消費，拉動經濟增長，結果卻收效甚微。

事實上人們很少僅僅為了獲得利息而儲蓄。對於大多數中國家庭而言，常常是為了某種大宗消費而儲蓄——子女上學、購房、養老或預防疾病支出等。比如為了子女上學準備 4.4 萬元，在利率為 10% 的時候，需要存 4 萬元；如果利率降低到 5%，家庭

不僅不會減少儲蓄，反而會增加儲蓄額大約 4.2 萬元。

因此，利率對儲蓄的影響較小，如果用資本的供給曲線來表示儲蓄和利率水準之間的關係，可以認為供給曲線是缺乏彈性的（如圖 8.3 所示）。

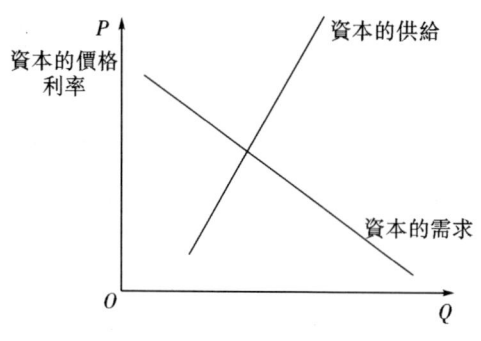

圖 8.3　資本市場的均衡

資本市場的均衡通過利率來進行調節，當一方發生變動時，可能導致利率的上下波動。

表 8.4　　　　　　　美國聯邦基金利率自 2006 年以來變動一覽表

（1 基點等於 0.01 個百分點）

時間	調整幅度	調整後水準
2008 年 12 月 16 日	調降至少 75 基點	0-0.25
2008 年 10 月 29 日	調降 50 基點	1.00
2008 年 10 月 8 日	調降 50 基點	1.50
2008 年 4 月 30 日	調降 25 基點	2.00
2008 年 3 月 18 日	調降 75 基點	2.25
2008 年 1 月 30 日	調降 50 基點	3.00
2008 年 1 月 22 日	調降 75 基點	3.50
2007 年 12 月 11 日	調降 25 基點	4.25
2007 年 10 月 31 日	調降 25 基點	4.50
2007 年 9 月 18 日	調降 50 基點	4.75
2006 年 6 月 29 日	調升 25 基點	5.25
2006 年 5 月 10 日	調升 25 基點	5.00
2006 年 3 月 28 日	調升 25 基點	4.75
2006 年 1 月 31 日	調升 25 基點	4.50

資料來源：中國證券網，www.cnstock.com。

表 8.5　　　　　中國 1995 年以來金融機構基準貸款利率變動詳細表

時間	1 年期（%）	1~3 年（%）	3~5 年（%）	5 年以上（%）
2006-04-28	5.85	6.03	6.12	6.39
2006-08-19	6.12	6.3	6.48	6.84
2007-03-18	6.39	6.57	6.75	7.11
2007-05-19	6.57	6.75	6.93	7.2
2007-07-21	6.84	7.02	7.2	7.38
2007-08-22	7.02	7.2	7.38	7.56
2007-09-15	7.29	7.47	7.65	7.83
2007-12-21	7.47	7.56	7.74	7.83
2008-09-16	7.2	7.29	7.56	7.74
2008-10-16	6.93	7.02	7.29	7.47
2008-10-30	6.66	6.75	7.02	7.2
2008-11-27	5.58	5.67	5.94	6.12
2008-12-23	5.31	5.4	5.76	5.94

資料來源：中國證券網，www.cnstock.com。

三、土地市場

土地廣泛代表自然資源，包括可再生資源，比如湖泊、木材等；也包括不可再生的自然資源，比如煤炭、天然氣和石油等。

土地的均衡價格仍然是由市場供求決定，特別之處在於土地的供給總量不變，因此供給曲線是一條垂直於橫軸的線（如圖 8.4 所示）。

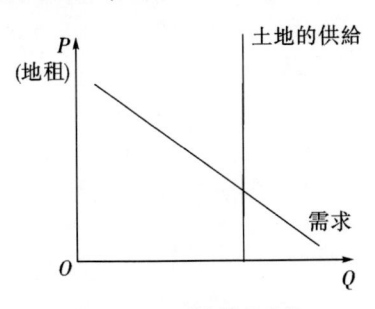

圖 8.4　土地市場的均衡

土地等不可再生資源的總量是固定不變的，但在某個時期提供的產量卻是可變的。比如沙特阿拉伯可以決定今年提供 10 億桶石油，並用得到的美元來購買美國的債券，但也可以選擇暫時把這 10 億桶石油保留在地下，並在明年出售。對於沙特阿拉伯這樣得天獨厚的自然資源所有者，石油的供給量是完全彈性的，也可以表現為圖 8.5 中的形狀。

圖 8.5　完全彈性的供給

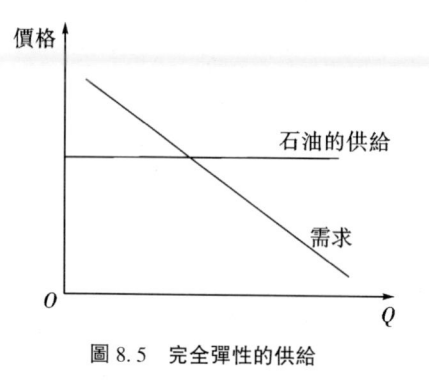

第二節　勞動收入差別

統計局數據顯示，2017 年城鎮非私營單位中，收入最高的信息、金融、科技行業分別為年平均工資 13.3 萬元、12.3 萬元和 10.8 萬元，而私營單位年平均工資只有 4.6 萬元左右。這說明在經濟中收入差距是非常普遍的。這些差距解釋了為什麼一些人住高級公寓、開豪華轎車、到歐洲度假，而另一些人住小房子、乘公共汽車。

為什麼會產生這麼大的差距呢？一個解釋就是我們上一節提到的邊際產量值的差距，即對生產和社會的貢獻不同，人們的收入水準存在差距。但是，這只是分析收入現象的起點，我們還需要考察更多的情況。

最明顯的持久的收入差別體現在男女之間的收入差別上。在美國，白人男子的收入比黑人男子和白人婦女多三分之一，而黑人男子、白人婦女的收入水準又比黑人婦女和拉丁美洲裔的收入水準高。

另外，一般來說，教師的工資低於受教育水準相同的律師、醫生。

一、超級巨星的「超級」收入

在福布斯 2017 年明星收入排行榜上，成龍以 3.3 億元人民幣高居榜首，範冰冰和周杰倫分別以 3 億元和 2.6 億元緊隨其後。這樣的超級巨星無疑賺到了遠遠高於平均水準的收入，雖然這主要因為他們是行業內的佼佼者，但一個頂尖的水電工能夠獲得比其他水電工高得多的收入嗎？

並不是所有市場上都能產生超級巨星，最好的水電工通常不為大多數人所知。超級巨星市場具有兩個特徵：

（1）不同產品的差別很大，因此人們都想享受最優生產者提供的產品；

（2）最優生產者有可能向所有人（或絕大多數人）提供產品。

明星出演電影、電視劇，參加綜藝節目，開巡迴演唱會並進行網絡直播，每個消費者都只想看最「火」的明星，最頂尖的表演，市場需求巨大；另一方面，更廣泛的傳播是能夠實現的——電視轉播可以到達全世界的大多數地方，還有網絡傳播。所以，明星可以把作品賣給所有人，占領整個市場。

現在我們可以說明，為什麼水電工就不太可能成為超級巨星——任何一個水電工

都只能為有限的顧客服務，只能把他們的產品提供給少數的人。如果所有人都等著最好的水電工來服務，就永遠存在排隊，這時顧客或許會覺得雖然別的水電工技術差一些，但可以節省等待的時間，也願意接受別的水電工的服務。因此，最好的水電工的需求也是有限的。

思考一下：
你能舉出其他的超級明星的例子嗎？他們的產品市場具有什麼樣的特點？

二、受教育水準

大學教育的費用逐年上升，但每年都有幾百萬高中畢業生為了上大學而參加高考。上大學的激勵主要體現在什麼地方？

許多研究表明，高技能工人和低技能工人的收入差距一直在擴大。根據美國勞工部的數據，從 1975 年到 1995 年，用圖 8.6 中的曲線上的點來表示高技能工人與低技能工人收入的比例。

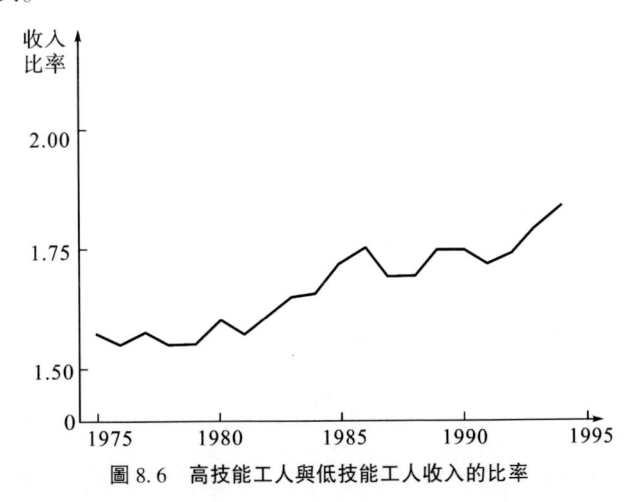

圖 8.6 高技能工人與低技能工人收入的比率

從總體趨勢上看，這個比例逐年上升，因此鼓勵人們成為高技能的工人，並且為此投資，而教育和培訓可以顯著提高工人的技能水準。

（一）人力資本提升

隨著信息時代的到來，資本的範圍不再只是機器、工廠或者原材料這樣的物質資本，還包括另一種重要形式的資本——人力資本。

人力資本的形成依靠對人的投資來累積，最重要的投資類型是教育。讀大學的人越來越多，就從一個側面表現出人們對人力資本的重視。

如果大學畢業比高中畢業的人平均每年多掙 1 萬元，那麼工作 20 年時間，大學畢業生就能多掙 20 萬。只要讀大學的成本低於 20 萬元，選擇讀大學就是有利的。

（二）信號作用

隨著大學擴招，越來越多的大學畢業生成為普通勞動者，而不再是原來的「精英」階層。如果大學教育不能提高人們的勞動生產率，我們還需要讀大學嗎？

另一種關於教育的觀點是強調教育的信號作用，即把教育狀況作為區分高技能工人和低技能工人的一種方法。

根據這種觀點，企業都希望在市場上雇用到高技能的工人。但怎麼區分呢？一個明確而簡單的辦法就是按照受教育水準來區分——不管怎麼說，能夠通過考試進入大學，並獲得學位，也是能力的一種體現。

換句話說，即使教育沒有提高工人的勞動生產率，至少也提供了一種能力證明的信號，因此還是有很多人上大學。

當然，如果受教育僅僅是提供一種信號作用，不能提高勞動生產率的話，那麼對於企業來說就是一種成本高昂的做法。上大學需要四年時間，不過提供了工人能力的一種信號；如果進行3個月或者6個月的試用工作，還能夠得到更準確的關於工人能力的信息。因此，上大學的收益肯定不只是提供信號，也必然在一定程度上提高了勞動者的生產率水準。

三、先天優勢

或者在找工作的過程中，或者在生活中，大家會發現漂亮的人更受歡迎。這會轉化為收入差別嗎？勞動經濟學家丹尼爾·哈莫米斯與杰夫·比德爾在發表於1994年12月的《美國經濟評論》上的一篇研究文章中考察了美國和加拿大個人調查的資料。這項調查要求調查者對每個接受調查者的具體外貌評分，然後哈莫米斯和比德爾考察被調查者的工資在多大程度上取決於標準決定因素（教育、工作經驗等），以及在多大程度上取決於他們的具體長相。結果發現，那些肯定更有吸引力的人（比如布拉德·皮特）比相貌平常的人平均收入高5%，相貌平常的人比被認為比一般人吸力小的人收入高5%～10%。

漂亮的人賺得更多，不是因為更努力，不是因為受教育水準高，僅僅是因為漂亮！你會覺得困惑嗎？

人皆有愛美之心，但在追求漂亮的過程中卻小心翼翼，似乎認為外表漂亮的人通常都是比較淺薄的。事實上，漂亮也是一種天賦，我們可以大大方方地驚嘆運動員的速度，當然也可以理直氣壯地欣賞漂亮。

對所有的人，天賦能力都是重要的，甚至是決定性的。由於先天遺傳、後天培養和機遇，一些人在某個行業中特別出眾，強壯、聰明等因素決定了工人的生產率，因此決定了他們的收入水準。

在工資決定中機遇的作用也不可忽視。比如一個人在大學學習了四年，花費大量時間、精力和金錢考得了註冊會計師證。但是在畢業的時候，因為全球金融危機的影響，四大會計師事務所都決定裁員減薪，結果他只能達到預期的三分之二的收入水準。這就是機遇對工資的影響。經濟學雖然承認這些影響，但顯然是難以量化考察的。

四、補償性工資差別

煤礦工人的工資高於同等能力的其他工人，工廠中夜班工人的工資高於同類白班工人，法定假日加班有權要求得到平時的三倍工資……為什麼呢？

工資只是工作差別的貨幣表現，不同的工作還有勞動強度、工作環境等其他非貨幣特徵。

一些工作安全、輕鬆，比如辦公室文員；另一些工作更辛苦、枯燥，比如倉庫庫管員。如果同樣的能力要求、同樣的工資水準，人們更願意選擇辦公室文員的工

作——勞動者的供給量大，結果就是均衡價格（工資）更低一些。

經濟學家用補償性工資差別來指不同工作的非貨幣特徵引起的收入差別。換句話說，為了補償工作環境、工作強度以及工作內容方面的不足，比如煤礦工作的危險、庫管員工作的枯燥，市場往往為此支付較高的工資。

五、歧視

工資差別的另一個根源是歧視。當市場向那些僅僅是種族、宗教、性別、年齡或其他個人特徵不同的個人提供了不同機會時，就出現了歧視。歧視反應了某些人對某個社會群體的偏見。雖然歧視是一個經常引起激烈爭論的情緒化話題，但經濟學家力圖客觀地研究這個題目，以便把假象與真實分開。

美國白人與黑人的收入廣泛存在差別，但誰應該對此負責呢？比如，1988年發表於《勞動經濟學雜誌》上的一篇文章研究考察了籃球運動員的薪水。發現黑人運動員的收入比能力相當的白人運動員低20%。應該歸咎於球隊老板嗎？該研究進一步指出一個現象：在籃球比賽中，白人運動員居多的球隊受到更多觀眾的青睞。因此，很可能不是球隊老板，而是球迷的歧視導致了黑人運動員的收入更低。

與此相比，性別差異導致的工資差別並不完全是因為歧視，比如男性比女性工資水準高的一個可能的原因是女性可能承擔更多的家庭勞務並要撫養小孩，結果在工作時不那麼集中精力，勞動生產率較低；另一個可能的原因來自於補償性工資差別——男性更可能從事艱苦繁重的工作，比如野外作業和長期出差的工作，而女性更可能從事比較輕鬆的文員等工作。

第三節　效率與平等

經濟中個人和企業需要解決的問題非常明確——如何實現效率。個人在收入約束下追求效用最大化的消費，企業在技術約束下進行利潤最大化的生產。市場經濟在調節個人和企業行為的時候是有效率的，使得資源盡可能實現最優配置，但市場經濟並不能保證所有人都能夠平等地得到產品。

事實上，市場經濟的結果是出現了分配的不平等。有些人天賦極高，抓住機遇，就成為富可敵國的大富豪，比如比爾‧蓋茨、索羅斯；而另一些人因為各種原因只能掙扎在貧困的深淵中。因此，政府作為經濟管理者和調節者，還需要解決另一個問題：如何在整個社會實現平等，這就是基本經濟問題中的「如何分配」的問題。

收入分配涉及兩個問題：效率和平等。效率是分析如何把「蛋糕」做大，而平等是討論如何把「蛋糕」分得更為平均。

中國傳統文化強調「民不患寡而患不均」，以為大家都分到相同的產品就是公平的，於是在新中國成立之後實行了「大鍋飯」的絕對平均分配制度。

事實已經證明，絕對平均主義對於效率的損害是巨大的。無論能力如何、是否努力，所有人都得到相同的產品，那麼人們都不願意更努力，結果就是總產品減少了。因此，有評論說：「如果想要把蛋糕分得平均，結果就是蛋糕變小了。」

考慮到人們能力高低不同，努力程度也不一樣，存在收入差距是合理的。所謂公

平,並不是一味要求絕對平均地分配產品,而是提供一個公平競爭的環境,即讓所有的市場參與者站在同一起點上。比如「雜交水稻之父」袁隆平,通過實驗找到了提高水稻產量的方法,為技術進步做出巨大貢獻,他獲得國家高額獎勵。這難道不公平嗎?

當然,收入差距過大的負面影響也是顯著的。因此,所有政府都設法採取收入分配政策來縮小收入差距。下面我們首先考慮如何對社會的不平等現象做出評價。

一、不平等的衡量

要討論不平等問題,我們首先要衡量在社會中不平等程度究竟有多大。由於統計方法和統計手段不同,這裡主要採用美國的數據來說明。

(一)洛倫茨曲線(Lorenz Curve)

衡量收入分配狀況常用的一個指標就是洛倫茨曲線。

1. 收入分配表

一個簡單的衡量經濟不平等的辦法是列出收入分配表,考察不同人群的收入在總收入中所占的比例(如表8.7所示)。

表8.7　　　　　　　　美國的收入分配:1994年

家庭年收入(美元)	家庭百分比(%)
10,000以下	8.7
10,000~14,999	6.9
15,000~24,999	15
25,000~34,999	14.3
35,000~49,999	18
50,000~74,999	19.9
75,000及以上	17.2

資料來源:U. S. Bureau of the Census。

表8.7列出了美國家庭中不同收入的人所占的比例,有8.7%的家庭收入在10,000美元以下,對應的高收入家庭(75,000美元及以上)則占到17.2%。

另一個更直接的辦法是列出相同數量的家庭集團的收入在總收入中所占的比例。把家庭按照收入水準分為五個集團,每個集團的家庭數量占總家庭數的20%,然後考察每個集團的收入在總收入中所占的比例(如表8.8所示)。

表8.8　　　　　　　　美國的收入分配

年份	一 20%	二 20%	三 20%	四 20%	五 20%	最高5%
1994	4.2	10	15.7	23.3	46.9	20.1
1990	4.6	10.8	16.6	23.8	44.3	17.4
1980	5.2	11.5	17.5	24.3	41.5	15.3
1970	5.5	12.2	17.6	23.8	40.9	15.6
1960	4.8	12.2	17.8	24	41.3	15.9

表8.8(續)

年份	一 20%	二 20%	三 20%	四 20%	五 20%	最高5%
1950	4.5	12	17.4	23.4	42.7	17.3
1935	4.1	9.2	14.1	20.9	51.7	26.5

資料來源：U. S. Bureau of the Census。

註：這個表表示收入分配中每五分之一家庭和收入最高的5%家庭得到的稅前收入在總收入中的百分比。

從表8.8中可以看到，如果分配是平等的，每個集團都應該占到收入的20%，事實上卻有差距：一些集團占的比例高，比如最高的20%家庭收入占總收入的40%左右；而另一些集團占的比例低，最低的20%家庭收入不足總收入的6%。

表8.8最後一欄表示最富有的5%家庭的收入，在1935年，這些富人的收入占總收入的26.5%，而1994年這個比例降到了20.1%。

其他國家的收入分配狀況如何呢？用同樣的辦法，考察不同家庭集團的收入比例（如表8.9所示）。

表8.9　　　　　　　　世界各國的收入不平等

國別	最低 五分之一	第二個 五分之一	中間 五分之一	第四個 五分之一	最高 五分之一
日本	8.7	13.2	17.5	23.1	37.5
韓國	7.4	12.3	16.3	21.8	42.2
中國	6.4	11	16.4	24.4	41.8
美國	4.7	11	17.4	25	41.9
英國	4.6	10	16.8	24.3	44.3
墨西哥	4.1	7.8	12.3	19.9	55.9
巴西	2.1	4.9	8.9	16.8	67.5

資料來源：World Development Report：1994, pp. 220-221。

註：表中數據說明每個五分之一家庭在收入分配中得到的稅前收入的百分比。

根據各個國家的收入分配狀況，日本最平等，而巴西最不平等，美國和英國則非常相似，這兩個國家經濟的相似度決定了收入分配狀況也非常相似。

2. 洛倫茨曲線

如果把收入分配表中的數據轉變為圖形，用橫軸表示家庭所占百分比，縱軸表示收入百分比，那麼根據表8.8中1994年美國的收入分配，可以得到表8.10中的數據。

表8.10　　　　　　　　家庭收入分配

	家庭 百分比	家庭 累計	收入 百分比	收入 累計
a	20	20	4.2	4.2
b	20	40	10	14.2
c	20	60	15.7	29.8
d	20	80	23.3	53.1
e	20	100	46.9	100

根據表 8.10 中的數據，可以得到洛倫茨曲線，即表示收入分配狀況的一條曲線（如圖 8.7 所示）。

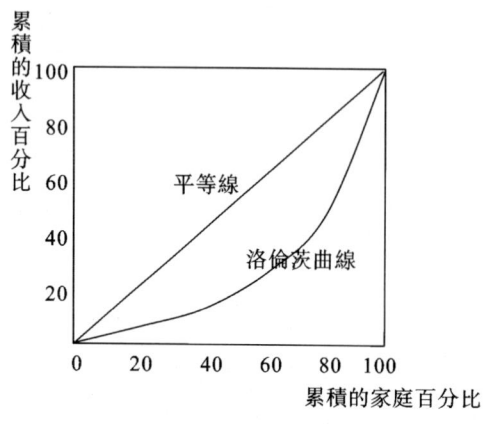

图 8.7 洛倫茨曲線

如果每個家庭得到相同的收入，那麼累積的家庭百分比得到累積的收入百分比將沿著平等線移動，而洛倫茨曲線表示實際的收入分配。洛倫茨曲線離平等線越近，分配越平等。

3. 基尼系數

基尼系數等於洛倫茲曲線與對角線之間的面積與對角線下的面積之比。比值越大，表明收入分配不平等的程度越大，其取值範圍在 0（收入分配完全平均）到 1（收入全部歸一人所有）之間。

(二) 貧困率

最常用的收入分配判斷標準是貧困率。貧困率是家庭收入低於貧困線標準的絕對水準的人口百分比。

由於貧困線是絕對標準而不是相對標準，因此隨著人們收入水準的普遍提高，貧困線標準也提高了。比較而言，隨著時間推移，貧困率有所下降。

二、如何對待不平等

市場經濟條件下追求資源的有效配置，不可避免地產生了收入不平等。這時我們應該尋求政府的幫助嗎？

這不僅僅是一個經濟問題，更多的是一個政治哲學問題。對待不平等的態度並不是統一的，我們這裡主要介紹兩種觀點。

(一) 功利主義

思考一下：

大多數國家實行邊際稅率遞增的所得稅制度，即收入越高，稅率越高。為什麼？

政治哲學中一個重要的學派是功利主義，其奠基人是英國哲學家吉米·邊沁（Jeremy Benthan, 1748—1832）和約翰·斯圖亞特·穆勒（John Stuart Mill, 1806—1873）。在很大程度上，功利主義的目的是要把個人決策的邏輯運用於道德與公共政策的問題。

功利主義的出發點是功利或效用的概念，他們聲稱，政府的正確目標是使社會每

一個人的效用總和最大化。

功利主義者支持收入再分配是根據邊際效用遞減的假設。1元錢收入給窮人帶來的效用大於對富人的效用。因此，如果把富人的1元錢轉移給窮人的話，雖然富人的滿足程度減少，但窮人的滿足程度會增加，並且增加得更多，對整個社會來說，總的滿足程度會提高。

這種推論是簡單的。設想A和B兩人除了收入分別是8萬元和2萬元之外，其他完全相同，在這種情況下，可以通過某種政策將A的1元錢轉移給B，這種收入再分配增加了總效用。這是功利主義者的目標。

要把A的錢給B，政府就應該實行收入再分配政策，例如個人所得稅和社會保障制度。在這些政策之下，收入高的人支付高稅收，而收入低的人得到收入轉移。這種制度的負面影響在於會改變人們努力工作的激勵——收入越高繳稅越多，人們就不再那麼努力地追求高收入了。

一個有名的寓言說明了功利主義者的邏輯。設想楊帆和張文是在沙漠上不同地方的饑渴旅行者。楊帆的綠洲有許多水，張文的地方水很少。如果政府可以無成本地把一個綠洲的水轉移到另一個地方，就可以通過使兩個地方的水量平等化而使水帶來的總效用最大。但假設政府只有一個漏水的桶——在運輸過程中有一些水損失了，在這種情況下，功利主義的政府仍然可能進行再分配，但不會使得兩邊水量相等。同樣的道理，稅收是有無謂損失的，就像一個漏水的桶一樣，所以即使是功利主義的政府，也不會把收入均等作為政策目標。

（二）自由主義

考慮不平等問題的第二種態度是所謂的自由主義。哲學家約翰·羅爾斯（John Rawls）在他的著作《正義論》中提出了這種觀點。

羅爾斯從一個社會的制度、法律和政策應該是公正的這個前提開始，認為如果一個人並不瞭解自己處於社會的哪個階層，會特別關注處於收入分配最低層的可能性。因此，在設計公共政策時，我們的目標應該是提高社會中最差的人的福利。這就是說，不是像功利主義者所主張的使每個人效用的總和最大化，羅爾斯要使最小效用最大化。羅爾斯的規則被稱為最大化標準。

羅爾斯的觀點啟發了社會保險制度的建立。擁有轎車的人並不知道是否會出車禍，但為了避免車禍導致的損失，所以購買保險。同樣，對高收入的人徵稅也可以理解為保險，人們並不知道自己明天是否會成為窮人，但現在交稅就像購買保險一樣，如果自己明天不幸成為窮人，還有得到政府補助的可能——政府補助支出就來自於稅收。

思考一下：
你購買過某種形式的保險嗎？為什麼購買？

（三）自由意志主義

我們目前討論的功利主義和自由主義都認為，政府有權利和義務採取某種措施來調節收入分配的結果。

與此不同，自由意志主義則認為政府不應該為了實現任何一種目的而進行收入再分配。

哲學家羅伯特·諾齊克（Robert Nozick）在他1974年的名著《無政府、國家與烏托邦》中就提出了自由意志主義的觀點。他們更關注經濟結果產生的過程，比如一個人以詐欺或者武力掠奪的方式獲得了收入，是非正義的，那麼政府有權利也有義務糾

正這個結果；反過來，只要取得收入的過程是公正的，那麼不論結果的差距有多大，都是公正的，政府不應該進行調整。

比如買彩票，同樣花 2 元錢購買一張彩票，有的人最終得到 500 萬元，有的人卻一無所得。這樣的結果當然是差距巨大，但只要抽獎過程是公正的，那麼自由主義者就認為這個結果是公正的。

思考一下：
你認為政府應該實行收入再分配政策嗎？

三、收入再分配政策

雖然經濟學家對於政府應當對收入分配不平等採取什麼樣的態度沒有一致意見，但現實中各國政府都制定了各種收入再分配政策，試圖得到更平等的經濟結果。主要的政策手段包括稅收、社會保障和各種補貼——這部分內容屬於公共財政理論的重點研究範圍。

（一）所得稅制度

如果每月收入 5,000 元，在現行的所得稅制度下，需要向政府繳納多少個人所得稅？如果收入水準是 7,000 元，繳稅的比率有什麼不同？

大多數國家都實行累進的所得稅制度，即收入越高，繳稅的比率越高。

除了累進的所得稅制度，還有累退和單一的所得稅制度。其中累退的所得稅是指收入越高，稅率越低；單一的所得稅制度是不管收入水準如何，都按照統一的比率交稅。

累進的所得稅有助於縮小收入差距，但負面影響也是明顯的：打擊了人們獲得高收入的努力。稅率越高，人們努力工作的激勵越小。因此，有的時候也把稅率的調整作為調節經濟的重要手段，通過降低稅率激勵人們工作，或者通過提高稅率抑制生產的積極性。

（二）社會保障制度

天有不測風雲，人有旦夕禍福，所以人們總是需要為將來的不確定性做準備，拿出一部分錢預防不測。對低收入者的保障也是對自己未來的保障。

主要的社會保障制度包括老年人保障、殘疾人保障、喪失勞動能力人的保障以及醫療保障。比如年老的時候，不能依靠工作取得收入，其生活來源就只能是養老金，所以工人需要從工資中拿出一部分來繳納養老保險；由於絕大多數人都有失業的風險，所以就業的時候還需要從工資中拿出一部分繳納失業保險，可以在失業的時候領取津貼；另一個難以避免的可能的支出是醫療費用，所以還需要繳納醫療保險。

（三）各種補貼

大量的再分配是以補貼的形式產生的，比如政府以低於生產成本的價格提供產品或服務，或者政府對低於成本提供產品的企業進行財政補貼。

一個明顯的例子是義務教育。小學、初中九年義務教育期間，學校培養每個學生的成本是多少？在免收學雜費的情況下，這部分資金就只能由政府以財政補貼的形式支付給學校。

即使到了大學，公立學校也有財政補貼。如果每年培養一個學生的成本是 10,000 元，收取的學費為 5,000 元，那麼差額部分就要由政府來補貼。

政府有的時候還以實物轉移支付的形式幫助低收入者或者生活暫時遇到困難的人。在 2008 年 5 月汶川大地震之後，災區人們的生活遇到困難，這時候政府就從各地調撥帳篷、棉被以及生活必需品到災區，免費發放給受災群眾。

政府還可能發放購物券改善貧窮家庭的生活。2009 年春節，為了幫助家庭困難的人抵抗全球金融危機的影響，各地政府都採取了不同辦法進行補貼，其中一種辦法就是發放超市購物券。

本章小結

生產要素（勞動、資本、土地）按照其邊際產量值決定獲得報酬，均衡價格由其供求狀況決定。由於能力、天賦、受教育程度和工作內容不同，人們的工資水準也不相同，這在很大程度上決定了個人和家庭的收入差別。歧視也可能造成收入差別，但歧視難以衡量。

收入分配數據表表明社會中經濟結果存在不平等，通常用洛倫茨曲線和貧困率來衡量收入分配的不平等狀況。

政府往往通過稅收、社會保障和各種補貼來進行收入再分配。這些政策雖然事實上改善了低收入者的生活狀況，但也可能減少對窮人依靠自身力量脫貧的激勵，抑制了人們的生產積極性。因此，這些追求平等的政策降低了效率水準。

第九章
市場失靈與微觀經濟政策

內容提要：
　　本章是從微觀經濟學部分向宏觀經濟學過渡的一章。主要介紹市場失靈的含義及表現形式；壟斷、信息不對稱、外部效應及公共物品等導致市場失靈的原因；最後簡單介紹政府校正市場失靈的政策措施。

重點掌握：
1. 市場失靈的原因和類型；
2. 政府公共政策的作用及其局限。

　　微觀經濟學分析的中心理論——價格理論認為，在完全競爭市場上，通過市場機制形成價格調節，經濟社會就能夠實現資源的最優配置，社會福利就能夠達到帕累托最優狀態。然而，在現實經濟生活中，幾乎無法滿足實現「帕累托效率」的條件。也就是說，雖然在商品經濟條件下，沒有市場是萬萬不能的，但市場也不是萬能的，由於多種因素，存在著市場失靈的現象，即市場機制不能完全按照人們的意願有效地配置經濟資源。

　　市場失靈有廣義和狹義之分。狹義的市場失靈是指完全競爭市場所假定的條件得不到滿足，而導致的市場配置資源的能力不足，從而缺乏效率的表現，包括市場壟斷、信息不對稱、外部效應、公共產品等方面。廣義的市場失靈則包括市場機制在配置資源過程中，所出現的經濟波動以及按市場分配原則而導致的收入分配不公平現象。通常我們是在狹義的範疇上使用市場失靈的概念。

　　市場失靈主要表現在：

　　（1）不完全競爭。現實經濟中有大量不同程度的壟斷存在。電信、供水、供電、交通運輸、天然氣等，是眾所周知的壟斷（或寡頭壟斷）行業。在這些行業中，價格不等於邊際成本，而是遠遠高於邊際成本。

　　（2）信息不對稱。在現實的市場經濟中，買賣雙方所獲取的信息是不對稱的。這樣，信息優勢方就很可能利用自己的信息優勢來損害信息劣勢方的利益。這樣，最後達成的均衡就不是最優水準。

　　（3）外部效應。外部效應的存在使得私人成本小於社會成本，或者私人收益小於社會收益，從而最終的均衡產量不是社會最優產量。

（4）公共物品。公共物品是那些具有非競爭性和非排他性的產品，這些產品私人部門一般不願意提供，從而這些產品市場不存在。

第一節　不完全競爭與市場失靈

不完全競爭的市場包括壟斷、寡頭壟斷和壟斷競爭，我們這裡用廣義上的「壟斷」——存在市場勢力來代表不完全競爭市場的情況。

「壟斷」一詞來源於孟子的「必求壟斷而登之，以左右望而網市利」，意思是站在市集的高地上操縱貿易。這跟我們現代意義上的壟斷的意思是一致。現代意義上的壟斷是這樣一種狀態，即壟斷者能保持在市場上的唯一或者少數賣者的地位，其他競爭者不得進入，或者難以進入市場與之競爭。在這樣一種情況下，壟斷者就能操縱產品的價格或者產量，從而獲取超額利潤。壟斷者制定的價格一般遠遠高於邊際成本，不符合經濟效率的要求。

壟斷導致的低效率以及政府可能採取的反壟斷措施在第六章已經有詳細描述，這裡就不再討論了。

第二節　信息不對稱與市場失靈

一、信息不對稱的含義

在完全競爭市場，我們假定無論在商品市場還是要素市場，市場參與者掌握的與其決策相關的信息都是充分的。然而，現實的情況是，不論在商品市場還是要素市場，不論是商品生產者還是消費者，掌握的信息都是不充分的，同時也是不對稱的。

信息不對稱是指在相互對應的個體之間的信息呈現不均勻、不對稱的狀態。

比如，購買牛奶的時候，作為消費者，對於該牛奶的銷售狀況、真實營養價值等信息知道得比生產廠商少得多。在勞動力市場，應聘者對自己的真實能力、勤奮、性格等關鍵信息比招聘者瞭解得多得多。因此，參與市場的雙方，很多情況下，都是一方比另一方瞭解的信息多。典型的例子是治病和買保險。在治病時，醫生掌握著更多的專業知識，對於病症本身以及藥品選擇都更為瞭解，而病人則未必能夠準確瞭解這方面的信息，這就是一種信息不對稱；在保險市場上則正好相反，消費者比保險公司掌握更多的信息。

信息不對稱之所以引起我們重視，是因為信息不對稱會導致效率損失，主要體現在逆向選擇和道德風險兩種情況上。

二、信息不對稱的低效率與解決

（一）逆向選擇

1. 逆向選擇的效率損失

「逆向選擇」（Adverse selection）是指由於交易雙方信息不對稱和市場價格下降產生的劣質品驅逐優質品，進而出現市場交易產品平均質量下降的現象。

「逆向選擇」的研究主要源自美國經濟學家阿克洛夫（G·Akerlof）1970年提出的舊車市場模型。

　　在舊車市場上，賣方和買方關於舊車的信息是不對稱的。賣方清楚地知道舊車的性能、真實質量等信息，而買方頂多能通過試駕、外觀等瞭解一些表面信息。在這樣一種情況下，賣方即使是因資金週轉不靈，而不得不忍痛割愛，賣掉自己9成新的車，買方也會將高質量的舊車當「舊車」看待，不會對其做出高於市場平均狀況的評價。因為買方會想，你這麼新的車，更可能的是存在從外觀看不出的質量問題，而不會相信賣方提供的「自己資金週轉不靈，不得不忍痛割愛」的信息。在這樣的情況下，買方為防止自己上當，只會願意出比賣方預期低的價格。而賣方因得不到自己預期的價格，而放棄出售質量好的舊車。

　　比如，某個舊車市場有1,000輛待售舊車，其中50%是高質量的，50%是低質量的。在這個市場上，買方並不能獲取每一輛舊車的真實信息，只能估計高質量和低質量的各占一半。那麼，如果高質量的舊車要價20萬元，低質量的舊車要價10萬元，買方不會相信自己所買舊車就是高質量的，因此不願意出價20萬元，而是按照平均質量來出價，即將 20×50%＋10×50%＝15 萬元的價格作為願意出的價格。這樣，高質量的舊車賣方因賣價離自己的預期價格較遠而退出市場，於是只有另外50%的低質量舊車存於市場上。過了一段時間後，買方會發現，舊車市場上的平均質量下降了，按照前面的一個決策過程，買方所願意出的最高價格也會下降，那麼預期售價高於這個價格的較好質量的舊車又會退出市場。如此循環往復，最後留在市場上的都是最劣質的舊車。這個過程就是「劣質舊車」把「優質舊車」趕出了市場，與人們理想的「優勝劣汰」正好相反，因此被稱為「逆向選擇」。

　　「逆向選擇」不僅存在於上述的舊車市場，還存在於勞動力市場、保險市場等。

　　比如，在勞動力市場上，招聘者不能獲取有關應聘者的詳細信息，只能瞭解其學歷、所學專業、過去所做工作以及業績等信息，而對於其性格特徵、過去工作的詳細情況、工作態度等重要信息無法在短時間內獲取。因此，現實情況是，在大部分企業裡，相同崗位相同學歷的人，工資水準都差不多，至少在進入企業時是差不多的。優秀的人才不願接受低價，就會退出。

　　又比如在保險市場，購買保險者對有關自己健康狀況的信息顯然比保險公司瞭解得多，如體質、遺傳、生活習慣等。這樣，在特定的保費下，健康的人就不願意投保，投保的人很可能都是患病的人。一段時間後，保險公司會發現，這項業務損失比較大。為了減少損失，保險公司會提高保費。在更高的保費下，患病可能性一般的投保者退出，留下的是高風險的投保者。

2. 逆向選擇問題的解決

　　首先，可以通過增加市場信號的方式來緩解逆向選擇。比如在舊車市場，高質量的舊車賣方為讓買方相信自己的舊車的質量優於市場平均質量，可以通過簽訂合同，在合同條款中註明，提供兩年的免費維修服務。在勞動力市場，應聘者為證明自己比其他應聘者更勝任工作，可以提供與工作密切相關的一些證書，如註冊會計師證、優秀教師的獎勵證書、精品課程培訓證書等。這就可以向招聘者傳遞更多與工作相關的信息。

　　其次，信息劣勢一方也可以通過信息鑑別來獲取更真實的信息。信息鑑別的手段

很多，很靈活。比如，招聘者可以通過設置一些測試題，來瞭解員工的耐心、性格、智力水準等信息，也可以通過設置有利於掌握應聘者信息的工資制度。比如招聘銷售人員，僅僅通過筆試和面試難以瞭解詳細信息，那麼設置基本工資+提成的工資制度就可以瞭解更多的信息。因為應聘者更瞭解自己的銷售能力，銷售能力強的就願意接受低基本工資加高提成的工資制度，而銷售能力弱的更願意接受高基本工資加低提成的工資制度。

(二) 道德風險

1. 道德風險的效率損失

「道德風險」是指從事經濟活動的人，利用自己的信息優勢，在追求自身利益最大化的同時，損害了信息劣勢方的利益。因此，道德風險跟我們通常情況下所說的道德敗壞不是一個含義，它只是作為經濟人的一種正常選擇。

道德風險通常發生在交易雙方簽訂契約後，信息優勢方在不違背契約條款的情況下，做出有利於自身而有害於對方的行為。所以叫「道德」風險，跟法律責任無關。

斯蒂格里茨在研究保險市場時，發現了這樣一個典型例子：美國一所大學學生的自行車被盜比率約為10%，幾個有經營頭腦的學生發起了一個針對自行車的保險，保費為保險標的的15%。按道理講，這幾個有經營頭腦的學生應獲得5%左右的利潤。但該保險運作一段時間後，這幾個學生發現自行車被盜比率迅速提高到15%以上。為什麼會這樣？這是因為投保以後，學生防範自行車被盜的積極性明顯下降了。

同類型的例子廣泛存在於我們的經濟生活中。比如一家公司為自己購買了消防險。在購買保險之前，公司的保安時常巡邏，以確保火災隱患被扼殺在搖籃中。公司的每個通道也都放有滅火器，房間都安裝了噴水系統，公司還時常給員工舉辦消防講座。當公司購買了保險以後，如果沒有強制要求，公司會從節約成本的角度來考慮，通道中的滅火器會減少，並不是每個房間都安裝噴水系統，消防講座也取消了。這很顯然會增加火災的風險，從而損害保險公司的利益。

道德風險問題廣泛存在。

公司從債權人那裡募集來的資金，會被股東用來投資一些高風險的項目，這些高風險的項目帶來的額外收益歸股東所有，而一旦發生虧損，債權人要和股東共同來承擔。

員工與企業簽訂了勞動合同後，員工會在不違反公司規章的情況下，追求閒暇的最大化。因為他努力工作或偷懶，工資都是合同簽訂的數額。比如，高校教師的課時費如果是70元/課時，那麼他在課堂下努力備課，課堂上認真授課，其課時費是70元；而他在課堂下將更多的精力放在玩樂上，課堂上敷衍了事，課時費仍然是70元。在這樣的情況下，授課者更可能的是不認真備課和授課。

醫院的醫生在醫治病人的時候，會開一些不會惡化病人病情，但也對病情的控制毫無幫助的藥，這無疑損害了病人的利益。

2. 道德風險的解決

之所以會出現道德風險，是因為契約雙方一方掌握的信息比另一方充分，信息充分的一方利用自己的信息優勢來損害信息劣勢方的利益。那麼，要解決道德風險就可以從兩個方面著手：一方面，增加信息優勢方損害劣勢方的損害成本；另一方面，想方設法增加信息劣勢方的信息，即信息疏通。

（1）增加損害成本

減少信息優勢方對信息劣勢方的損害的方法之一是，使信息優勢方與信息劣勢方有更多的共同利益。比如給予員工期權，這樣員工的未來利益和企業緊密相連，員工為了自己未來利益的最大化，會更努力地工作。或者給員工以較高的工資、更好的工作環境，這樣，一旦其偷懶行為被發現、被解雇，他將難以找到同等條件的工作，其偷懶的成本就高了。再比如，保險公司可以採用按比例賠付的方式，使得投保者一旦發生應賠付事件，自己也有損失。

（2）信息疏通

解決道德風險的另一方式就是增加信息劣勢方的信息。比如可以通過要求上市公司披露信息，來減少債權人的損失。通過政務公開，增加廣大人民對政府官員的瞭解。

隨著社會的不斷進步，信息量越來越大，信息不對稱的問題也就更加廣泛地存在著，人們不僅想方設法獲取更多的信息，擁有私人信息的一方也可能為傳遞信息而苦惱。比如在勞動力市場上，應屆畢業生為了向可能的雇主傳遞信息，不得不花費更多的心思來設計簡歷和包裝自己，還要通過各式各樣的證書和獎狀來展示自己的能力方面的信息。

第三節　外部效應與市場失靈

一、外部效應的含義

在實現帕累托效率的完全競爭市場上，我們假定所有的成本和收益都以市場價格的方式反應，消費者購買產品的成本和收益只影響他自身，生產者也一樣。然而，經濟生活的現實是，有的成本和收益無法以市場價格的形式反應，消費者或生產者的行為也不僅僅影響他們自身，還可能對第三方造成正面的或者負面的影響。這就是外部效應。

薩繆爾森對外部效應這樣定義：「外部效應（Externalities）或溢出效應指的是企業或個人向市場之外的其他人所強加的成本或利益。」那麼，對於資源配置要求最優的經濟學來講，出現外部效應，說明市場機制相對於交易主體有非效率的一面。

且看我們身邊這樣一些例子：

（1）一個住著四個學生的寢室裡，有個學生愛抽菸。他在寢室抽菸顯然損害了其他三個學生的福利，然而其他三個學生也無法讓這個抽菸的學生為消耗了他們的新鮮空氣付費。

（2）一條小河的上游有家造紙廠，每天造紙廠將產生的大量廢水排放在河裡，使得下游的居民無法用河裡的水洗衣服，然而下游的居民無法要求上游的造紙廠就其排污水的行為支付相應的費用，因為河流也不屬下游居民所有。

（3）「滿園春色關不住，一枝紅杏出牆來」，這出牆的紅杏給牆外的路人帶來了無限的遐想和愉悅，而路人是不需要為得到了愉悅付出任何成本的。

（4）鄰居家播放著優美的音樂，這讓住在隔壁的我身心舒暢，而我不需要因為這而向鄰居支付一定費用。

上面這些問題說明，像清新的空氣、干淨的河水、愉悅的心情等是無法在市場上

找到相應的價格的，也無須付出任何代價。在這些方面，市場無法體現它資源配置的效率。

而上面這幾個例子也說明，外部效應可能是正面的，比如給第三人帶來愉悅的心情，也可能是負面的，比如污染了河水使得下游居民的福利下降。企業或者個人向市場之外的第三方帶來收益的外部效應是正外部效應；相反，企業或者各人向市場之外的第三方帶來額外成本的外部效應是負外部效應。

二、外部效應的低效率

之所以說外部效應的存在使得市場失靈，是因為負的外部效應使得私人成本低於社會成本，從而導致提供過度，比如，在沒有管制的情況下，污染會過度；正的外部效應使私人收益低於社會收益，從而導致提供不足，比如在沒有激勵的情況下，綠化環境會提供不足。

具體地講，在完全競爭條件下，私人成本和私人收益都能以價格得以體現。然而，如上面例子所述，抽菸的學生污染了清新空氣，這不僅僅給他自身帶來負面效應，也會給室友帶來負面效應，而給室友帶來的負面效應就是除私人成本之外的外部成本。優美的音樂不僅僅能給自己帶來正面效應，也能給鄰居帶來正面效應。在這裡，給鄰居帶來的收益就是外部收益。社會成本就是私人成本和外部成本的總和。社會收益就是私人收益和外部收益的總和。

在存在外部效應的情況下，價格只能反應私人成本和私人收益，而不能反應外部成本和外部收益。不能用價格反應的那部分成本，是私人無須承擔的。在負的外部效應條件下，按照 $P = MR = MC$ 確定的私人最優產量要大於社會最優產量（如圖 9.1 所示）。

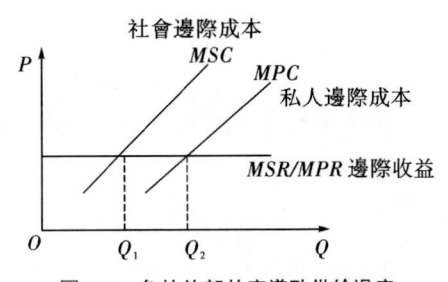

圖 9.1 負的外部效應導致供給過度

圖 9.1 中 MPC 和 MSC 分別表示私人邊際成本和社會邊際成本，MPR 和 MSR 分別表示私人邊際收益和社會邊際收益。這裡，私人邊際成本小於社會邊際成本，因此 Q_2 大於社會最優產量 Q_1，即存在負的外部效應的產品，市場提供會過度。

同樣的道理，因為不能用價格反應外部收益，私人就無法獲取這部分外部收益。在正的外部效應的條件下，按照 $P = MR = MC$ 確定的私人最優產量要小於社會最優產量（如圖 9.2 所示）。

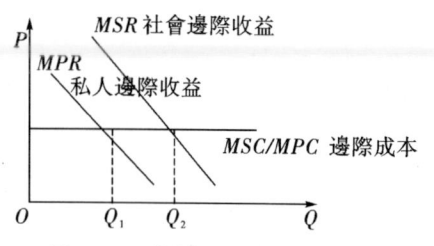

圖9.2　正的外部效應導致供給不足

在圖9.2中，私人邊際收益小於社會邊際收益。因此，最終的供給量 Q_1 小於社會最優的提供量 Q_2，即存在正的外部效應的產品，市場會提供不足。

三、外部效應的解決

如上所述，外部效應是市場失靈的表現，要解決外部效應帶來的低效率，寄希望於市場是徒勞的。因此，在尋求解決外部效應時，我們就將眼光放到了市場之外，即政府。

外部效應之所以會產生，主要是基於以下兩個原因：

第一，產權不清晰。外部負效應通常與產權不清晰密切相關。如造紙廠排污問題，是因為下游的居民無河流的產權，所以無權限制上游造紙廠排污。

第二，政府管制不力。在市場經濟條件下，私人部門都是以利益最大化為目標，如果對其行為不加管制，那麼私人部門就會盡可能將內部成本外在化，比如增加污染。

因此，要解決外部效應，可以通過明晰產權和加強政府管制來實現。

（一）明晰產權

從明晰產權的角度來尋求解決外部效應問題歸功於科斯定理。

科斯認為，外部性是因為產權界定不明晰造成的。如果將資源的產權界定清楚，那麼所有與資源使用有關的個體可以通過市場交易的方式達到平衡。在這樣的情況下，就可以將外部成本內部化。比如，如果我們能將河流的產權劃歸下游居民，那麼上游的造紙廠想要排污，就必須向下游居民付費。當必須付費的時候，即排污成為造紙廠的成本的一部分的時候，造紙廠在利潤最大化的驅使下，會盡可能節約成本，盡可能減少污染。其污染的一部分是有價格的，從而使得私人成本與社會成本相等。

（二）政府管制

糾正外部性的另外一條途徑，就是政府管制。市場在這裡是失靈的，那麼我們就讓政府來發揮作用。政府管制的手段有許多種，法律的、行政的、經濟的都可以利用。

1. 徵稅或補貼

對於負的外部效應，政府可以通過徵稅或者罰款的方式來糾正。比如可以對污染行為進行罰款，或者徵收污染稅，從而彌補社會成本大於私人成本的損失。

對於正的外部效應，政府可以對帶有正的外部性的物品或服務的生產者，按照該物品或服務的外部邊際效益的大小進行財政補貼，使得補貼物品或服務的私人收益接近社會收益，比如通過免費疫苗讓大家接種，減少傳染疾病的發生。

2. 公共管制

對於負的外部效應，政府可以通過強制措施來遏制。比如通過制定排污標準，超

過排污標準的予以罰款處罰。

3. 一體化

私人部門可通過擴大企業規模，組成一個足夠大的經濟實體來將外部成本或收益內部化，從而糾正外部效應的效率損失。如果一個企業的行為造成了外部不經濟，損害了第三方的利益，可以將受損的第三方和該企業進行合併，那麼該企業造成的損失就成為它自己的損失，它進行決策的時候會將這種成本納入決策。

第四節　公共物品與市場失靈

一、公共物品的含義及特徵

公共物品是和私人物品相對應的。私人物品具有絕對的排他性和競爭性，即某個物品歸我所有，未經我允許，任何其他人無權使用和佔有這個物品，這是排他性；而競爭性是指某一物品，一個人的使用或佔有，會影響他人的使用或佔有。比如，我買了汽車，未經我允許，其他人不得使用和占用，如果某人強行佔有，就犯了搶劫罪。我買了一瓶可樂，如果被另一個人喝了，我就無法再喝這瓶可樂。

有的物品是不具有排他性和競爭性的。比如，大學校園裡的路燈，A 同學可以借用其燈光看書，如果 B 同學也想利用這燈光看書，A 同學無權驅趕 B 同學，路燈的使用不具有排他性。一個國家一旦建立了一定規模的國防，100 萬人消費國防和 200 萬人消費國防的成本是一樣的，即新增加一個人消費，增加的成本為零。

公共物品是指那些具有非排他性和非競爭性，不能通過市場交易實現資源有效配置的產品。非排他性和非競爭性是公共物品的兩個最重要的特徵。

（一）非排他性

非排他性是指公共物品具有消費的共享性，要限制一個人對其消費不可能或者成本高昂。比如，國防一旦建立，要排除任何人消費就不具有可行性。要排除一個人消費路燈也不具有可行性或者要花費很大成本。

（二）非競爭性

非競爭性是指在給定的公共物品產出水準上，新增加一個消費者不會引起產品成本的任何增加，即產品的邊際成本為零。例如，海上燈塔的數量既定，新增加船只通行不會增加成本；國防支出既定，新增加一個國民消費國防，不會增加國防的成本。

二、公共物品與資源配置

公共物品因其有非排他性和非競爭性，如果僅由市場提供，其產量會低於社會最優產量，從而導致資源配置低效率。

首先，公共物品具有非排他性，從而任何人不能阻止其他人對該物品的消費。如果由私人部門來提供這種物品，因為他不能通過收費的方式阻止新的消費者對其產品的消費，或者找到了收費的方式，但是找到這種方式本身要花費很大的成本，其提供產品的成本得不到補償，私人部門就不能有效提供公共物品。

在這種情況下，所有人都希望他人提供這種物品，而自己可以免費獲取，因為對方無法阻止消費這種物品，這種行為稱為「搭便車」。「搭便車」行為使得消費者會隱

瞞自己對公共物品的真實需求，從而表現出的市場需求會小於真實市場需求。由此，具有非排他性的公共物品的提供數量會遠遠低於社會最優產量，或者其提供數量甚至為零（如圖9.3所示）。

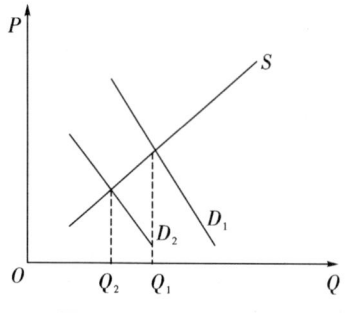

圖9.3　公共物品的供給

如圖9.3所示，D_1是社會真實需求，D_2是「搭便車」時人們所反應出來的虛假需求。因此，在存在「搭便車」行為的情況下，社會所表現的需求小於真實需求，從而導致公共物品的提供數量Q_2低於社會最優數量Q_1。

其次，公共物品具有非競爭性，即新增加一個人消費該物品，不會引起成本的增加，即邊際成本為零。那麼，如果由私人部門提供，按照邊際收益等於邊際成本處定價，價格應為零。而價格為零顯然無法補償企業的成本，因此，其提供的數量也會低於社會最優產量。

上述的這些具有完全的非排他性和非競爭性的物品叫純公共物品。除了純公共物品，還存在這樣一些物品，它們具有一定程度的非排他性或一定程度的非競爭性，這類物品叫準公共物品。比如，高速公路在車流量小的時候，新增加一輛車進入高速公路不會影響已有的在高速公路上行駛的車輛，但是當車輛越來越多，達到擁擠程度的時候，新增加一輛汽車對高速公路的消費的邊際成本就不再為零了。這就是具有一定的非競爭性的物品。而高速公路是可以通過在高速路口設收費站的形式使其具有排他性的。再比如教育資源、球場、旅遊景點等，都具有類似高速公路的特徵，屬於準公共物品。

三、公共物品的提供方式

（一）政府提供純公共物品

因為公共物品私人提供無效率或者低效率，即市場在提供公共物品上是失靈的，那麼由政府介入是合理的。因為公共物品由私人部門提供無法補償其成本，那麼政府因擁有徵稅的權利，可以通過徵稅來彌補提供公共物品的成本。

那麼，政府提供的公共物品在什麼產量上是最優的呢？理論上，政府可以通過邊際收益等於邊際成本的原則確定公共物品的數量。

這裡的邊際收益是公共物品使用者整體獲取的邊際收益，而邊際成本是新增加一個公共物品的成本。當然，邊際收益的確定在現實中是很難實現的。比如，我們無法知道每增加一個單位的國防產量，給國防的使用者帶來的收益。一是因為國防使用者數量眾多，我們無法具體知曉每一個使用者的收益；二是國防給使用者帶來的收益通

常表現為安全感的增加、能在更和平的環境中生產，可是具體數量是無法用市場價格的形式來衡量的。

(二) 準公共物品的提供方式

1. 授予經營權

對於準公共物品，因其可以通過收費的方式來彌補成本，所以由市場提供是可行的。只是一般來說，準公共物品的初始投入數額很大，而一旦投資建成後，邊際成本呈下降趨勢。即準公共物品一旦提供，在特定的產量範圍內，新增加一個使用者，增加的成本很低，甚至為零。因此，準公共物品很容易形成壟斷。準公共物品可以由政府授予特定企業經營權，但同時為避免壟斷造成的價格過高，政府對這些企業應該加強監管。

2. 財政補貼

如上所述，準公共物品的邊際成本很低，如果要求其按照邊際成本等於價格的規則來定價，那麼企業很難彌補初始成本。在這樣的情況下，政府可以通過財政補貼的方式來保證企業對成本的彌補。財政補貼通常出現在這些領域，如教育、醫療衛生、圖書館、博物館等。

3. 政府參股

對於某些準公共物品，還可以通過政府參股的形式來混合提供，如橋樑、水壩、高速公路、鐵路等。

第五節　政府失靈

一、政府的經濟職能

政府的資源配置職能是指政府作為資源配置的主體來配置社會資源的活動。在強調政府的資源配置職能的時候，我們必須記住，現代市場經濟是市場機制和政府機制共同作用的經濟，而其中市場作為資源配置的方式是占主導地位的，政府對資源的配置只是在那些市場進行資源配置無效或無力的領域。

政府的資源配置職能主要在於糾正市場的失靈。比如：對壟斷行業實行政府管制、國有化、鼓勵競爭；對因信息不對稱而市場提供不足或者沒有提供的，政府可以通過提供權威認證、疏通信息渠道等輔助市場來解決；對於外部性的存在，政府可以通過明晰產權、罰款、徵稅、補貼或者管制等方式來糾正外部性；對於公共物品，政府可以直接提供，或者通過授權經營、財政補貼、參股等形式來實現資源配置的優化。這些內容在前面幾節中都有詳細敘述。

二、政府失靈

在市場經濟條件下，政府干預經濟是為了彌補市場機制功能的缺陷，然而政府的干預也不一定就有效，政府干預也會失靈。

(一) 政府失靈的表現

政府失靈主要表現在：

政府本身機制或者行為能力導致的政府干預偏離最優目標；

政府干預達到了最優目標，但是本身的行政成本高；

政府干預也存在信息不充分，從而在實現一個目標的同時損害了社會集體福利。

（二）政府失靈的原因

政府失靈主要由以下情況導致：

1. 政府決策的無效或低效

公共決策的主要方式是投票，一般可以全民投票或代表投票，或者政府有關機構的官員投票。很多情況下，全民投票不可行。比如決定國防的產量，若採用全民投票，不僅決策成本很高，最終也不一定能找到最優的產量，因為大部分公民並不瞭解到底多少產量才是最優的。更多的情況是代表投票。

（1）投票規則的缺陷導致政府決策無效率

投票規則有兩種，一是一致同意規則，二是多數票規則。常用的投票規則是多數票規則，如五分之三多數規則、三分之二多數規則、過半數的多數票規則等。

多數票規則有時候也不一定能得到最優決策。

首先，在政策決策超過兩個以上時，會出現循環投票，投票不可能有最終結果。

比如對於有 A、B、C 三方案，由甲、乙、丙三人按多數票規則進行投票決策。其偏好順序如下：

甲	乙	丙
A	B	C
B	C	A
C	A	B

在 A 和 B 方案中進行選擇，按照多數票規則，甲和丙都優先選擇 A，那麼社會偏好順序是 A；然後在 B 和 C 中進行選擇，按多數票規則，甲和乙都優先選擇了 B，所以社會偏好是 B；再在 A 和 C 中進行選擇，按多數票規則，乙和丙都優先選擇 C，所以社會偏好是 C。

所以，最後的結果是 A 優於 B，B 優於 C，C 又優於 A，這樣，任何均衡都不能找到。這就是投票悖論。

其次，如果為了消除投票悖論，可以規定特定的投票程序。但是在這裡誰確定投票程序，最終結果就對他有利，所以最終的結果也不是合意的結果，而是體現了投票程序決定者的偏好。

（2）政治家的個人利益最大化動機導致的低效率

政府是由政府官員組成的。我們沒有理由相信，作為經濟人的政府官員，到政治市場上就會謀求集體利益最大化。因此，在進行公共決策時，決策者往往以個人利益最大化作為追逐的目標，比如政績最大化、權力最大化等。當決策者以個人利益最大化為目標的時候，很容易導致決策偏離社會最優目標。

（3）利益集團的存在導致政府決策無效率或者低效率

利益集團是指那些有某種共同的目標並試圖對公共政策施加影響的有組織的團體。這種共同目標可以是因為同樣的收入來源，比如都是來源於資本或者來源於勞動；可

以是因為大約相同的收入規模；也可以是因為就業於相同的產業、相同的地區，或者人口特徵或各人特徵相同。這些方面的相同都可能形成利益團體來影響公共決策。比如，在對於是否對高爾夫球及球具徵收消費稅的公共決策中，如果參與決策的高收入階層多，那麼這項議案很可能被否決，如果參與決策的低收入階層多，就很可能被通過。所以，決策的最終結果並不是代表了大眾的偏好，而是僅僅代表了利益集團的偏好。

例如，1992年美國在討論降低政府開支與財政赤字的過程中，國會卻通過了一項議案，批准撥出數百萬美元在西弗吉尼亞州的一個閉塞地區修建一條四車道的高速公路。為什麼？一個重要的原因是西弗吉尼亞是參議員羅伯特・伯德（Robert Byrd）的家鄉，而伯德又是參議院撥款委員會主席，其他人為了討好他提出了該項議案。

2. 政府機構的低效率

政府機構本身因缺乏競爭和激勵而容易導致低效率。

（1）缺乏競爭

政府部門對於同類型工作的工作人員往往支付同樣的報酬，而不像私人部門那樣容易和工作績效掛勾，從而干多干少一個樣。公務員更多的是盡量不犯錯誤，而不是提高工作效率。

（2）缺乏降低成本的激勵

作為經濟人的我們都有這樣的思維，只有花自己口袋裡的錢才懂得節約，花別人口袋裡的錢就沒有節約的激勵。而政府活動的經濟來源是稅收，每個政府部門只是總體政府的一個分支機構，其支出的多少跟政府官員的個人利益沒有衝突，從而政府部門都有擴大開支的衝動，導致浪費。

3. 政府干預的低效率

在糾正市場失靈方面，我們可以通過發放許可證、特許經營權等方式來實現。在這裡，掌握有發放許可證或特許經營權權力的部門或者個人，就可能以權謀私，即利用掌握的這個資源來謀求自身利益的最大化。所以，在糾正市場失靈的時候，產生了額外的負效應。

本章小結

完全競爭市場最後能實現帕累托最優。然而，完全競爭的一些假設條件是不成立的。市場在壟斷、信息不對稱、外部效應以及公共物品等領域是失靈的。

壟斷廠商在利潤最大化的驅使下，會在邊際收益等於邊際成本處定價，產量低於社會最優產量，從而市場在壟斷行業失靈。

信息不對稱是指市場參與雙方對於與自己決策相關的信息的瞭解程度不一致。那麼，處於信息優勢的一方就會做出損害信息劣勢方的決策。

外部效應有正的外部效應和負的外部效應。在正的外部效應的情況下，因私人收益小於社會收益，從而具有正外部效應的產品會提供不足；在負的外部效應的情況下，因私人成本小於社會成本，從而具有負外部效應的產品會提供過度。

公共物品具有非競爭性和非排他性，因此，私人部門不會有提供或提供不足。

市場失靈是政府干預的理由，政府的經濟職能就是彌補市場的失靈。然而，政府也不是萬能的，政府干預經濟中會有失效的地方。

> 資料延伸

為什麼鯨魚有滅絕危險，而雞沒有？

一個美國人每年平均消費牛肉 73 磅，豬肉 59 磅，雞肉 63 磅，但是誰也沒有聽說過這種消費可能導致牛、豬或雞的滅絕。相對而言沒有多少美國人吃鯨肉；然而在日本等一些國家，鯨肉被視為佳肴。1986 年，由於擔心鯨可能滅絕，一項暫停商業獵鯨的國際法規出抬。為什麼同樣一個市場系統可以保證產出足夠的牛、豬和雞，卻偏偏威脅到某些種類的鯨的生存呢？

經濟學家從財產權著手進行分析。農民擁有他所養殖的食用牲畜，將這些動物視為自己的財產，因此覺得有必要好好照看它們，增加存欄數量。與此相反，鯨不屬於任何國家或個人，換言之，它是世界共有的財產。於是，一方面大家都知道捕鯨可以賺大錢，不少人蜂擁而上；另一方面，保護和繁殖鯨類則由於缺乏直接經濟利益而無人問津。這個模式稱為「共有財產的悲劇」。如果一樣東西屬於大家，例如海洋，每個人都有經濟上的激勵去加以開發利用，卻沒有人有經濟上的激勵去保護。如果是這樣，鯨將從海洋中消失。

當然，不僅鯨面臨這樣的問題。在美國，共有草原上的著名的美洲野牛瀕於滅絕就是另外一個例子。要解決這一問題，許多情況下需要全社會聯合起來，制定經濟激勵或法規保護資源，避免過度開發而導致破壞。

有時甚至法規也不足以產生作用。就在限制商業捕鯨法規通過的 1986 年，某些國家似乎一夜之間出現了動物學研究的熱情，急切希望對鯨加以「研究」。1987 年，日本宣布增加其「科研用鯨」的數量，幾乎是該國原有商業消費量的一半！同時，在日本的高額懸賞吸引下，本身並不屬於鯨類消費國的冰島也躍躍欲試，準備將其大部分的「科研用鯨」制成凍肉運往日本。

第十章
宏觀經濟基本問題及國民收入核算

「GDP 是 20 世紀最偉大的發明之一，與太空中的衛星能夠描述整個大陸的天氣情況非常相似，它能夠提供經濟狀況的完整圖像，幫助總統、國會和聯邦儲備委員會判斷經濟是在萎縮還是在膨脹，是需要刺激還是需要控制。沒有像它一樣的燈塔般的總量指標，政策制定者就會陷入雜亂無章的數字海洋而不知所措。」

——保羅·薩繆爾森

內容提要：

本章主要介紹宏觀經濟研究的基本問題和國民收入總量及其核算，在此基礎上深入理解並掌握衡量宏觀經濟運行情況的最重要的指標——GDP 的核算方法。

重點掌握：

1. 宏觀經濟學研究的基本問題；
2. GDP 含義的理解及其局限；
3. 名義 GDP、實際 GDP 及 GDP 縮減指數的含義和計算；
4. 運用支出法、收入法計算 GDP。

第一節 宏觀經濟基本問題

宏觀經濟學是在經濟蕭條的背景下產生的，所以，多年來人們普遍的做法是關注短期的國民經濟總量的波動和失業。

當然，經濟學理論研究的重點總是根據現實的發展而改變。當 20 世紀 70 年代出現滯脹現象時，如何實現長期經濟增長就成了首要問題；到了 20 世紀 80 年代，當美國和其他主要工業國家增長放慢而東亞崛起時，經濟學家又把他們的精力轉向經濟增長的影響因素，試圖考察各種因素對經濟增長的貢獻；在 20 世紀 90 年代，隨著信息技術的發展，國家之間的經濟聯繫更為緊密，世界變得越來越小，國際宏觀經濟問題就變得

尤為突出。

於是，我們發現宏觀經濟學範圍相當廣泛，不僅研究經濟增長、失業和通貨膨脹，還要研究政府預算和國際收支平衡。

一、經濟增長

(一) 收入水準與生活質量

如果任你自由選擇，你願意生活在歐美發達國家還是原始的非洲部落？在美國，人們享有很高教育水準，生病之後受到良好的醫療照顧，大多數家庭擁有轎車和家用電器；而在落後地區，人們往往不得不為了溫飽而奔波忙碌，在疾病面前更是束手無策。不同的收入水準意味著不同的生活質量。表10.1為一些國家的人均收入、壽命和識字率。

表10.1　　　　　　　人均收入、壽命和識字率

國別	人均收入 (1993年，美元)	預期壽命 (歲)	成人識字率 (%)
美國	24,680	76	99
日本	20,660	80	99
德國	18,840	76	99
墨西哥	7,010	71	89
巴西	5,500	67	82
俄羅斯	4,760	67	99
印度尼西亞	3,270	63	83
中國	2,330	69	80
巴基斯坦	2,160	62	36
尼日利亞	1,540	51	54
孟加拉國	1,290	56	37
印度	1,240	61	51

資料來源：Human Development Report 1996, United Nations.

雖然並不完全一致，但人們的壽命、文化教育水準等生活質量指標與收入指標是密切相關的——收入水準越高，生活質量越高。

美國等發達國家的人均收入水準是中國和其他很多國家的人均收入的十倍甚至更多，這樣巨大的差距正是因為不同國家有著不同的經濟增長率。

(二) 經濟增長與收入水準

經濟學最關注的問題就是經濟增長。韓國、新加坡、臺灣等國家和地區在20世紀的幾十年間從貧窮變為富裕，就是因為經濟增長速度非常快。表10.2列示了不同國家的經濟增長經歷。

表 10.2　　　　　　　　　　不同國家的經濟增長經歷

國別	時期(年)	期初人均 GDP(美元)	期末人均 GDP(美元)	增長率 （%）
日本	1890—1990	842	16,144	3
巴西	1900—1987	436	3,417	2.39
加拿大	1870—1990	1,330	17,070	2.15
德國	1870—1990	1,223	14,288	2.07
美國	1870—1990	2,244	18,258	1.76
中國	1900—1987	401	1,748	1.71
墨西哥	1900—1987	649	2,667	1.64
英國	1870—1990	2,693	13,589	1.36
阿根廷	1900—1987	1,284	3,302	1.09
印度尼西亞	1900—1987	499	1,200	1.01
巴基斯坦	1900—1987	414	885	0.88
印度	1900—1987	378	662	0.65
孟加拉國	1900—1987	349	375	0.08

從表 10.2 中的數據可以看到，在 1900 年，中國和巴基斯坦人均收入水準相近（分別為 400 美元和 414 美元），然而到了 1987 年，中國的人均收入（1748 美元）幾乎是巴基斯坦人均收入（885 美元）的 2 倍——其原因就在於中國的經濟增長速度高於巴基斯坦。

如果經濟增長速度快，那麼隨著時間推移，人均收入增加的就越多，比如日本，在 1890—1990 年的 100 年收入增加了十幾倍。而孟加拉國在 1900—1987 年的 87 年間，收入水準幾乎不變——期初 349 美元，到期末不過增加了 26 美元。

所以，宏觀經濟學研究的第一個核心問題就是：經濟增長受到哪些因素的影響。什麼因素決定了一些亞洲國家和地區（中國香港、新加坡）每年 7% 左右的經濟增長率，而什麼因素導致一些非洲國家上百年間幾乎沒有經濟增長？

（三）經濟週期性波動

與此相關的一個問題就是經濟增長並不是平滑的，即使是同一個國家，不同年份也有不同的經濟增長率，表現為經濟的週期性擴張和收縮。

經濟波動的原因多種多樣，比如 OPEC 組織維持石油高價的行為導致了 1973—1975 年主要工業國家的衰退，而信息技術的發展使美國在 20 世紀 90 年代保持長期增長。20 世紀 90 年代蘇聯解體和中歐國家轉型（由計劃經濟轉變為市場經濟）使得這些國家經濟嚴重衰退，但同樣的經濟轉型使中國在 20 世紀 90 年代創造了驚人的 8% 以上的經濟增長率。

所有政府都把保持高的、平穩的經濟增長率作為宏觀政策目標，但如何實現這個目標是個難題。

思考一下：

調查一下祖父母、父母和你自己的生活水準，你發現了什麼樣的變化？是什麼原因導致了生活水準的變化？

二、工作與失業

當你畢業的時候，就不得不面對就業問題。不得不說，大學畢業生需要很多機遇。2009年，全球金融危機深入影響實體經濟，經濟不景氣的預測影響著方方面面，當然也影響勞動市場。比如，眾多外企放棄或削減了招聘計劃，國內幾家國有銀行也宣布不招新人，中小企業也因為融資困難和訂單減少而削減開支，直接導致市場行銷、會計和管理等工作崗位減少以及工資水準降低。

凡事都有兩面性，金融危機也給一些人帶來了機會。更精打細算的企業和家庭都希望降低成本削減開支，於是節能產品受到空前的重視，比如義大利政府就宣布對個人換購節能型轎車進行財政補貼，那麼節能型轎車的生產企業會因此受益，可能增加對技術工人的需求；再比如中國政府宣布將鐵路建設作為此後幾年的發展重點，投入巨額財政資金建設高速鐵路，那麼這類技術型人才必然「走俏」——工作機會增加，工資水準可能大幅度上升。

（一）失業率

不管怎樣，總有一些人想要工作卻得不到機會——失業，尤其是對於中國這樣有著大量勞動力的國家而言，是帶來長期困擾的問題。

我們用失業率來描述失業問題。失業率等於失業人口在總勞動人口中所占的比率——注意，分母是總勞動人口而不是總人口，喪失勞動能力的人、未成年人或者老年人，不在考核範圍之內。如果中國有2億勞動人口，而其中1,000萬人找不到工作，那麼失業率就等於5%。

失業率並不是衡量勞動力資源沒有得到充分利用的一個完美的指標。第一，它並不包括那些喪失信心而放棄了找工作的人；第二，失業率衡量沒有找到工作的人，而並不衡量沒有得到雇傭的時間。比如一個人願意在10元/小時的工資水準下每天工作8小時，但是企業卻只雇用了其中的兩個小時。也就是說，在工作崗位上但沒有能夠全力工作的人，從資源利用上來看也是一種閒置，但失業率並不衡量這個。

中國統計的失業率還有另外一個問題：官方統計的一般是「城鎮登記失業率」或「城鎮調查失業率」，統計的範圍並不完整。比如一個農民，每年只有大約5個月的農忙時期從事生產，其他時間都在家無所事事，這種閒置就沒有反應在失業率中。

（二）失業的危害

研讀中國政府經濟工作報告，不難發現如何降低失業率一直是一個重點。

失業不僅是一個經濟問題，還是嚴重的社會和個人問題。它的影響主要體現在兩個方面：

1. 失去收入和生產

失去工作直接引起收入和生產損失，這種損失打擊了每一個承擔損失的人，並對其他勞動者形成威脅。

對於失業者來說，即使有失業保障，也不可能提供像有工作時一樣的生活水準；對於整個社會來說，勞動力資源沒有充分利用起來，整體產出水準下降。不僅如此，在職工作者也可能感受到更大的壓力，當老闆要求加班或者降低工資水準時，不得不考慮大量失業者的存在意味著找一份新工作是困難的，於是只能接受加班要求或者得到更低的工資。

2. 對人力資本的影響

長期失業會影響人力資本累積。

例如，一個電腦操作者失業了，不得不接受餐館服務員的工作。一年之後，他會發現已經無法再承擔電腦操作的工作——原有知識和技能不再適應新工作的需要。於是，這個人失去了自己的一些人力資本。

最近幾年，中國大學畢業生失業率上升，其結果不僅是這些畢業生可能放棄自己的專業，不得不接受更低的工資水準，還有可能影響人們進行教育投資的信心。在一些農村地區，更多的高中畢業生選擇去沿海地區打工，而不是上大學，結果整個社會的人力資本累積減少了。

三、通貨膨脹

在微觀經濟學中，我們關心大米的價格上升或者下降，關心商品房的價格將會如何變動，這是個別價格的變動。宏觀經濟學更關心總體物價水準，或者物價指數，它直接反應了貨幣的購買力。2007年，中國整體物價水準上升，假如上升了8%，這意味原來100元錢能夠購買到的物品現在需要花108元錢才能購買到。

通貨膨脹是在一段時期內，物價總水準持續上升的現象。通貨膨脹率等於物價水準變動的百分比。

如果人們關心的是實際購買力，那麼只要收入和物價水準同比例上升，通貨膨脹就不是什麼大問題；反過來，如果通貨膨脹率為10%，而收入卻基本不變，那麼就意味著能夠買到的東西更少了，通貨膨脹就是一個問題。

如果是可預期的通貨膨脹，那麼人們會採取各種辦法來抵消它的影響，通貨膨脹也沒有太大的影響。但如果是不可預期的，那麼通貨膨脹就使經濟行為有點像賭博，有人賺有人賠。比如，張文向李武借了5,500元錢，現在通貨膨脹率為10%，即物價普遍上漲10%，那麼這5,500元錢的購買力下降，只相當於原來的5,000元錢，對張文有利而對李武不利——通貨膨脹有利於債務人，不利於債權人。類似的還有工人和雇主，如果物價上漲而工資數額不變，則有利於雇主而不利於工人——雇主出售的產品價格更高，但支付的工資成本不變，利潤增加；工人的收入不變，但物價上升使得他能夠買到的東西更少了。

大多數時候物價水準變動較小，但也有時候通貨膨脹率高達50%以上，這被稱為超級通貨膨脹。除了一戰後20世紀20年代期間和二戰後20世紀40年代期間，一些歐洲國家經歷過超級通貨膨脹，近代也有一些例子：1994年，非洲的扎伊爾曾經有過一個月76%的通貨膨脹率；1994年，巴西的通脹率也達到40%，1980年價值15克羅茲的一杯咖啡在1994年為220億克羅茲。

嚴重的通貨膨脹對經濟的負面影響是明顯的，但擺脫通貨膨脹的政策也可能有成本：一般認為，降低通貨膨脹率的政策提高了失業率。

思考一下：

中國政府持有大量美元債券，如果美國通貨膨脹率上升，那麼中國政府會受益還是受損？

四、盈餘與赤字

當個人的收入小於支出時，需要借款來消費或投資，這個人就處於負債狀態。如果政府的支出大於收入，會出現什麼狀況呢？如果一個國家要向其他國家購買更多的商品（進口大於出口），這又是什麼狀態呢？

（一）政府收支

政府的收入來源於稅收及其他非稅收入，如果收入總額小於政府支出，政府就有赤字——政府預算赤字；如果收入總額大於政府支出，政府就有盈餘——政府預算盈餘。

為了實現各種政策目標，政府需要擴大支出水準，有可能使得支出大於收入。比如在2008年，為了消除雪災的影響，政府調撥人力物力來恢復運輸和供電，產生了大量支出；到了5月份汶川大地震之後，為了進行救災和災後重建，政府從其他地區調撥救災和災後重建所需的物資，還要進行財政撥款，又產生了大量支出。因此，在整個2008年，稅收因為雪災、地震和金融危機而減少，而支出又大量增加，結果就必然產生政府預算赤字。

在衰退時期，政府需要採取各種手段刺激經濟，財政支出增加，同時因為衰退時經濟產出規模縮小，稅收會減少，結果就是赤字增加。反之，在繁榮時，政府收入增加而支出減少，可能產生盈餘。

財政赤字會有什麼影響？如果政府支出大於收入，就只能發行政府債券，而債券是需要支付利息的，因此赤字增加會加重財政負擔——必須在未來年份拿出一部分收入來支付利息。

那麼赤字就一定是壞事嗎？這主要取決於借款的用途，如果借款產生了更大的收益，那麼支付利息之後仍然有利可圖；如果借款被揮霍浪費，結果當然就是虧損。因此雖然我們的政府常常處於赤字狀態，但由於財政支出極大地刺激了經濟發展，最終有利於長期發展。

（二）國際收支

當我們購買波音飛機時，我們向美國人付錢；當我們向美國出口服裝時，我們得到美國人支付的美元。

如果我們進口額（向外國人的支付）小於出口額（取得外國人的支付），我們有國際收支盈餘——貿易順差；如果我們進口額大於出口額，我們有國際收支赤字——貿易逆差。

貿易順差好還是逆差好？白宮政治家們常常以中國巨大的貿易順差為理由提出人民幣升值等要求。一般認為，美國的貿易逆差意味著美國人消費了更多的中國產品，可能造成了同類美國產品滯銷，的確是不利。但貿易順差就一定是好事嗎？貿易取得盈餘意味著中國國內生產的物品和勞務超過消費，生產能力過剩，如果不能在國際市場上找到銷路，就會導致積壓，因此中國經濟對外貿的依存度很高。2008年美國次貸危機引起了全球性的金融危機，歐美發達國家的消費需求急遽萎縮，使得中國的很多外貿企業訂單減少，甚至破產。

因此，雖然有時候政府也把擴大出口作為拉動經濟發展的重要方式，但普遍認為保持國際收支平衡是更為有利的目標。

通過對上述問題的研究，我們發現宏觀經濟學實質是為瞭解決宏觀經濟運行中的問題而出現的，低經濟增長、失業、通貨膨脹以及國際收支不平衡是宏觀經濟運行中的四大疾病，宏觀經濟政策的目標就是要實現經濟增長、充分就業、物價穩定和國際收支平衡。

第二節　國民收入總量及其核算

導入：

2011 年國民經濟統計公報

初步核算，全年國內生產總值為 471,564 億元，比上年增長 9.2%。其中，第一產業增加值為 47,712 億元，增長 4.5%；第二產業增加值為 220,592 億元，增長 10.6%；第三產業增加值為 203,260 億元，增長 8.9%。第一產業增加值占國內生產總值的比重為 10.1%，第二產業增加值比重為 46.8%，第三產業增加值比重為 43.1%。

全年全社會固定資產投資為 311,022 億元，比上年增長 23.6%，扣除價格因素，實際增長 15.9%。全年社會消費品零售總額為 183,919 億元，比上年增長 17.1%，扣除價格因素，實際增長 11.6%。全年貨物進出口總額為 36,421 億美元，比上年增長 22.5%。其中，出口額為 18,986 億美元，增長 20.3%；進口額為 17,435 億美元，增長 24.9%。進出口差額（出口減進口）為 1,551 億美元，比上年減少 264 億美元。

資料來源：中華人民共和國國家統計局 2012 年 2 月 22 日統計數據。

一、國民收入總量

如果要判斷一個人是否成功，首先就要看他的收入或者財富，討論一個國家的經濟狀況也是如此——首先衡量這個國家的總收入。最常用的一個指標就是國內生產總值（Gross Domestic Product，GDP）。2011 年世界各國（地區）GDP 排名如表 10.3 所示：

表 10.3　　　　2011 年世界各國（地區）GDP 排名

名次	國家（地區）	GDP（億美元）
1	美國	150,944
2	中國	73,011
3	日本	58,685
4	德國	35,786
5	法國	27,781
6	巴西	24,746
7	英國	24,212
8	義大利	21,996
9	俄羅斯	18,496
10	印度	18,393

國內生產總值（GDP）是在某一既定時期內，一個國家或地區生產的所有最終物品與勞務的市場價值總和。

這個定義看起來比較簡單，真正理解起來卻不是那麼容易的事情。

（一）GDP 的含義

1. GDP 考察國土範圍內的經濟總量

只要是一國範圍之內，不管是本國企業、合資企業還是外資企業，其產值都要計入該國的 GDP 中。可口可樂在中國的分公司取得的產出不是美國 GDP 的一部分，而是中國 GDP 的一部分。

與此相對的一個概念是國民生產總值（Gross National Product，GNP），它是一國國民生產的價值，即指在某一既定時期一國國民所生產的所有最終物品和勞務的市場價值。當一個日本居民在中國工作時，他的產出計入中國的 GDP，同時也可計入日本的 GNP。

在國際經濟交往越來越密切的現在，大多數國家都使用 GDP 的概念來衡量本國產出。當然，由於大多數國家都主要是由國內居民從事大部分國內生產，因此 GDP 和 GNP 的數值非常接近。

思考一下：

中國人在美國工作創造的產出計入哪個國家的 GDP 呢？也計入這個國家的 GNP 嗎？

2. GDP 是市場價值的總和

GDP 衡量的是一個國家或地區生產出來的各種各樣的產品，比如大米、服裝、汽車和醫療、旅遊等，為了把這些不同的產品的價值加總起來得到一個總量，就要使用它們的市場價值。

因此進行 GDP 核算的時候不是說生產了 100 輛汽車和 50 萬件服裝，而是說生產了價值 1,000 萬元的汽車和 500 萬元的服裝，二者總和為 1,500 萬元。

市場價值的另一個含義是：如果產品的價值沒有在市場上得到實現，那麼也不成為 GDP 的一部分。比如楊帆自己做家務，這部分勞務就不計入 GDP；但是如果她把家務活交給家政公司，每月支付 400 元，這就要計入 GDP。

3. GDP 核算最終物品

GDP 衡量的是最終物品的市場價值，而不包括中間物品的市場價值。最終物品和中間物品的區別在哪裡呢？簡單來說，最終物品是最後供人們使用的產品，中間產品是在以後的生產階段中作為投入的物品。下面我們通過一個例子來瞭解二者的區別。

如果周林生產 5 萬元的小麥，張文用這些小麥生產 7 萬元的面粉，然後李武用這些面粉做出 10 萬元的麵包。這些產品以多大的價值計入 GDP 呢？

在這個從小麥到麵包的生產過程中，小麥和面粉是中間物品，而麵包是最終物品。GDP 只計算最終物品的價值，因為面粉已經包括了作為原料的小麥的價值，而麵包又包括了作為原料的面粉的價值，如果把小麥、面粉和麵包的價值相加，就會重複計算小麥和面粉的價值。因此，GDP 核算的時候，這些產品只計算麵包的價值，也就是 10 萬元。

如果難以區分最終產品和中間產品，就使用增加值法計算，即用產出減去投入得到的增加值來計算。小麥的 5 萬元都是增加值；面粉的增加值就是 7−5＝2 萬元；麵包

的增加值＝10−7＝3萬元，那麼總產出就是5+2+3＝10萬元。

4. GDP核算當期產出

GDP衡量的是當期的產出，即總的生產能力。如果當期生產出來但尚未售出的產出該如何核算呢？

例如，假設2017年共建房屋價值為1,000億元，其中600億元的房屋在2017年售出，其餘400億元房屋在2018年售出，那麼GDP核算時應該怎麼處理這部分價值？

我們注意到，GDP核算當期產出，那麼這1,000億元房屋都是2017年生產的，所以計入2017年的GDP。其中有400億元房屋在2017年沒有賣出去，那麼就稱為存貨投資，而2018年把這400億元房屋賣出去的時候，就是存貨投資的減少，而與2018年的GDP無關。

思考一下：

2018年拍賣出齊白石的一幅畫，價值100萬元，拍賣手續費5%，這部分產出如何計入2018年的GDP？

(二) GDP的局限

GDP（或者GNP）是衡量一國或地區經濟總量最重要的指標，但並不是一個完美的指標。羅伯特·肯尼迪[1]說：「GDP衡量一切，但並不包括使我們生活有意義的一些東西。」他雖然不是經濟學家，但這句話被認為是對GDP的一個中肯的評價。

1. GDP只衡量市場經濟活動

GDP衡量所有的市場活動，所以未經市場交易的家務勞動以及走私等非法經濟活動就不包括在內。而這些活動對於人們的生活顯然是有影響的。

2. GDP並不能準確地反應福利狀況

一些生產行為對提高人們的生活水準沒有好處，比如軍火，它的產出也是GDP的一部分；還有一些生產行為的成本沒有得到準確衡量，比如造紙帶來500萬的收益，同時造成的污染可能需要1,000萬去治理，但是核算GDP時只是計算這500萬的收益，卻沒有衡量這1,000萬的成本。

另一方面，對人們有益的閒暇、安全等卻沒法反應出來。同樣是GDP產出1萬億元，如果工作時間從平均10小時減少到8小時，那麼人們的生活質量明顯提高，卻沒有反應出來。

近年來，有人提出了「綠色GDP」的概念，即用環境質量等福利指標來對GDP進行修正，以期更為準確地描述一國的經濟總量。

3. 不同國家的GDP難以比較

同樣是10千克小麥，在中國價值15元人民幣，在美國可能價值2美元（按匯率折合為13.58元人民幣），其價格並不相同，那麼同樣的實物產出在各國GDP中表現出來的數值也就有所不同。

比如，1992年，美國的人均GDP是24,451美元，而國際貨幣基金組織（IMF）發表的中國官方統計結果認為，當年中國的人均GDP是2,402元人民幣，按照當時的匯率（1美元約等於5.762元人民幣），中國的人均GDP就是417美元——美國的人均

---

[1] 羅伯特·肯尼迪（1925-1968），美國總統約翰·肯尼迪的弟弟，1968年競選總統時被暗殺，引用的這句話就是他在競選演講時對GDP這個指標的評價。

GDP 是中國的 59 倍。但美國的 GDP 是用美國現行的價格衡量的，中國 GDP 用中國的物價水準來衡量——二者差距巨大。賓州大學國際比較中心的經濟學家羅伯特·薩默斯和艾倫·赫斯頓用購買力平價標準構建了 100 多個國家的實際 GDP 數據（PWT），根據這些數據，用 1985 年美元進行衡量，1992 年美國的人均 GDP 是中國的 12 倍，而不是官方公布數據的 59 倍。

儘管如此，由於目前並沒有更好的替代，GDP 仍然是衡量一國經濟總量最常用的指標。

(三) 名義 GDP 與實際 GDP

如果 2011 年的 GDP 是 2010 年的兩倍，是不是就說明生活水準提高到原來的兩倍呢？

假定經濟中只生產兩種產品：麵包和牛奶，其價格如表 10.4 所示，那麼各年的 GDP 如何計算呢？

表 10.4　　　　　　　　　　不同年份的產出水準

年份	麵包		牛奶	
	價格	產量	價格	產量
2009	1	100	2	50
2010	2	150	3	100
2011	3	200	4	150

1. 名義 GDP

如果用產品當年的價格乘以當年的產量計算得到 GDP，就得到名義 GDP。

2009 年的名義 GDP = 1×100+2×50 = 200

2010 年的名義 GDP = 2×150+3×100 = 600

2011 年的名義 GDP = 3×200+4×150 = 1,200

從 2009 年到 2011 年，名義 GDP 的值從 200 增加到 1,200，其中一個原因是產量增加（麵包增加了 100 單位，牛奶增加了 100 單位），另一個原因是價格上升（麵包價格變為原來的 3 倍，牛奶價格變為原來的 2 倍）。

2. 實際 GDP

為了剔除價格變化對 GDP 的影響，我們可以用某一個固定年份的價格來核算 GDP，這個作為比較基礎的年份就叫作基年。用基年價格乘以當年產量計算出來的 GDP 就是實際 GDP。

我們選定 2010 年作為基年，那麼在核算 GDP 的時候麵包和牛奶的價格都以 2010 年的價格為標準——麵包價格為 2，牛奶價格為 3。

2009 年實際 GDP = 2×100+3×50 = 350

2010 年實際 GDP = 2×150+3×100 = 600

2011 年實際 GDP = 2×200+3×150 = 850

剔除價格影響之後，實際 GDP 能夠更為準確地表示出產出水準的變化。比如從 2009—2010 年，實際 GDP 從 350 增加到 600，增長了大約 71%；如果考察的是名義 GDP，從 200 增加到 600，增長了 200%，並不完全是產出增加的影響，還有價格的

影響。

3. GDP 縮減指數

考慮到實際 GDP 和名義 GDP，我們引入 GDP 縮減指數這個概念來衡量相對於基年物價水準的現期物價水準，即名義 GDP 的變化在多大程度上是受到物價的影響。

$$\text{GDP 縮減指數} = \frac{\text{名義 GDP}}{\text{實際 GDP}} \times 100$$

比如 2011 年 GDP 縮減指數 $= \frac{\text{名義 GDP}}{\text{實際 GDP}} \times 100 = \frac{1,200}{850} \times 100 = 141$，表示從 2010—2011 年，GDP 縮減指數從 100 上升到 141，我們可以說物價水準上升了 41%。

（四）其他的收入衡量指標

除了 GDP 和 GNP，我們還會用到其他的一些收入概念，主要包括國內生產淨值、國民收入、個人可支配收入等。

1. 國內生產淨值（Net Domestic Product）

國內生產淨值（NDP）表示一個國家一年內新增加的產值。

NDP = GDP − 固定資產折舊

固定資產在使用過程中可能發生磨損，比如卡車生鏽，這就是折舊，在考察新增產值的時候需要扣除。一國的折舊額可以用總投資和淨投資之間的差額來表示。

2. 國民收入（National Income）

廣義的國民收入泛指各種衡量國民經濟的指標，也可以指國民生產總值，但狹義的國民收入 NI 表示一個國家一年內所有用於生產的要素取得的全部收入，即工資、利潤、利息和地租的總和。由於企業間接稅（比如營業稅）和企業轉移支付計入了產品價格，但卻不是由生產要素取得的收入，因此應從國民收入中扣除；而政府對企業的補助金並未計入產品價格，但卻是生產要素收入，因此應當加上。

NI = NDP − （間接稅 + 企業轉移支付）+ 政府補助金

3. 個人收入（Personal Income）

個人收入 PI 表示個人和非公司企業得到的所有收入，不包括企業保留收入，但是包括個人獲得的政府轉移支付。

PI = NI − 企業未分配利潤 − 企業所得稅 − 社會保險稅 + 政府轉移支付 + 國債利息

4. 個人可支配收入（Disposable Personal Income）

個人可支配收入 DPI 表示完全歸個人支配的那部分收入，要從個人收入中扣除稅收和非稅收支付（比如交通罰單）。

DPI = PI − 個人所得稅

在分析個人的消費和儲蓄等行為時，最有意義的就是個人可支配收入。因為個人可支配收入是由個人消費和個人儲蓄兩部分構成，對於市場需求、企業投資的影響是最為直接的。

二、GDP 的核算

GDP 同時衡量收入和支出，我們這裡先從支出的角度來看，有哪些內容構成了一國經濟總量。

(一) 支出法核算 GDP

經濟中的支出有各種形式,比如:

朋友相聚去飯店吃一頓晚餐,上海一汽汽車公司決定新建一個工廠,財政撥款 50 億元購買救災物資,南方航空公司向波音公司購買一架飛機……

分別考察這些支出形式,我們把個人或者家庭用於物品和勞務的支出叫作消費(不包括新購住房,用 C 表示);而企業增加或更換資本資產(包括廠房、住宅、機械設備、存貨)的支出就是投資(用 I 來表示);地方政府和中央政府購買物品和勞務的行為叫作政府購買(用 G 表示);另外還用淨出口 NX 表示本國向外國出售的物品和勞務的價值淨值,等於出口額減去進口額,淨出口的值可能為正,可能為負,也可能為 0。

所以 $GDP = C + I + G + NX$

其中,消費主要包括耐用品、非耐用品和勞務消費,但不包括購買住房和二手貨物。投資主要包括兩個方面,一是固定資產投資(包括廠房、住宅、機械設備等),一次購買,長期消耗;二是存貨投資,包括工廠使用的原材料、燃料、零部件、在產品、半成品和尚未售出的庫存產品。政府購買為政府對最終產品和勞務的購買支出,不包括政府的轉移支付支出。表 10.5 為使用支出法核算的國內生產總值。

表 10.5　　　　　　　　支出法核算的國內生產總值　　　　　　　　單位:億元

年份	國內生產總值	消費支出	投資支出	政府購買支出	貨物和服務淨出口
2005	182,321	67,177	88,604	25,521	1,019
2006	216,314	79,145	109,998	25,396	1,775
2007	265,810	93,572	137,324	32,270	2,644
2008	314,045	114,830	172,828	23,406	2,981
2009	340,903	132,678	224,599	−18,331	1,957
2010	401,513	156,998	278,122	−35,423	1,816
2011	471,564	183,919	311,022	−24,928	1,551

數據來源:根據 2005—2011 年《國民經濟與社會發展統計公報》計算得出。

數據說明:由於存貨投資數據在統計公報中難以獲得,所以本表投資支出數據僅為固定資產投資額,因此本表數據存在誤差,僅作教學範例使用。

(二) 收入法核算 GDP

收入法是從收入的角度出發,把生產要素在生產中得到的收入相加,來核算國民生產總值,主要包括以下項目:

① 工資、利息和租金等生產要素報酬;
② 非公司企業主收入,即不受雇傭的獨立生產者的收入;
③ 公司稅前利潤;
④ 企業轉移支付及企業間接稅;
⑤ 資本折舊。

GDP = 工資 + 利息 + 利潤 + 租金 + 間接稅和企業轉移支付 + 折舊

其中,間接稅指的是對商品和勞務徵稅,特點是可以轉嫁出去,並不由納稅人直

接承擔。

(三) 簡單的練習

1. 假設一個生產服裝的行業生產情況如表 10.6 所示，試用不同方法計算 GDP。

表 10.6　　　　　　　某生產服裝的行業生產情況　　　　　　單位：百萬元

生產單位	原料採購	產品銷售	當年存貨
棉農	0	1.0	0.8
紗廠	1.0	1.2	2.1
布廠	1.2	1.5	0.5
制衣廠	1.5	1.8	4
專賣店	1.8	1.9	0
消費者	1.9	0	—

解：

①根據定義，GDP 為當年所有最終產品的總價值，而最終產品包括消費者支付和企業存貨，因此

$GDP = 1.9+4+0.5+2.1+0.8 = 9.3$（百萬元）

②根據支出法，$GDP = C+I+G+NX$，這個例子中沒有政府購買和進出口，這裡的投資又沒有廠房等資本設備，只有存貨投資，所以

$GDP = C+I = 1.9+（4+0.5+2.1+0.8） = 9.3$（百萬元）

③如果用收入法來計算，本題並沒有直接區分出各要素的收入，只有假定企業的銷售收入都用來支付工資，而存貨就是企業的利潤，其他收入都為 0，因此仍然可以得到

GDP = 工資+利潤等
　　= [（1.9−1.8）+（1.8−1.5）+（1.5−1.2）+（1.2−1）+（1−0）]+（4+0.5+
　　　2.1+0.8）
　　= 9.3（百萬元）

2. 如果一國經濟滿足表格 10.7 中所示數據，試計算國內生產淨值 *NDP*、淨出口 *NX*、淨稅收和個人可支配收入 *DPI*。

表 10.7　　　　　　　　　　GDP 各部分組成

國內生產總值	480
總投資	80
淨投資	60
消費	300
政府購買	90
政府預算盈餘	10

解：

①根據 NDP=GDP-折舊，而折舊=總投資-淨投資，我們可以得到：
NDP=GDP-（總投資-淨投資）=480-（80-60）=460

②由於 GDP=C+I+G+NX，其中 I 代表總投資，所以
淨出口 NX=GDP-（C+I+G）=480-（300+80+90）=10

③由於政府預算盈餘=稅收-（政府購買+政府轉移支付）
所以淨稅收=稅收-政府轉移支付=政府購買+政府預算盈餘=90+10=100

④個人可支配收入=國民生產淨值-淨稅收=460-100=360

比較而言，收入法比支出法核算 GDP 更為複雜，但支出法核算時由於中間產品和最終產品的區分困難，常常不夠準確，因此兩種方法都是常用的核算辦法。

思考一下：

下列活動會影響 GDP 的哪一部分（如果有影響的話）？

1. 家庭購買了一臺洗衣機；
2. 叔叔買了一座新房子；
3. 一汽公司從其存貨中出售了一輛轎車；
4. 你購買了一張 CD；
5. 政府新修一條高速公路；
6. 你購買了一瓶法國紅酒。

三、基本恒等式

由於市場交易都是雙方行為，甲的收入就是乙的支出，所以對一個整體經濟而言，收入必定等於支出。GDP 同時衡量兩件事：經濟中所有人的總收入和用於經濟中物品與勞務產量的總支出。

如果經濟中只有兩個主體：家庭和企業。那麼家庭從企業購買一般商品，企業用銷售得到的錢來支付工人的工資、土地的租金和企業所有者的利潤。GDP 等於家庭在市場上為產品支付的總量，等於企業的收入，也等於企業向工人、土地所有者和企業所有者支付的要素價格總量。比如，企業生產了 100 億元產品，在市場上將它們賣給家庭，就取得 100 億元收入（同時家庭支出 100 億元），然後支付工人工資 60 億元，支付土地租金 20 億元，企業所有者得到 20 億元的利潤。這時的 GDP 總量就是 100 億元，既等於家庭的支出總額，也等於企業的支出總額。

因此，無論是用支出法還是收入法計算的 GDP 應當是一致的，這一點可以用來說明國民經濟中的一個基本平衡關係：國民總收入=國內生產總值=國民總支出。

一方面，總支出代表著社會對最終產品的總需求，因為如果人們對電腦、旅遊等產品或勞務有需求，就會在實際消費中產生相應的支出，把它們加總起來就可以得到支出法核算的 GDP；另一方面，當人們提供要素或者產品的供給時，就能以此取得相應的收入，因此總收入也代表了社會對最終產品的總供給，把這些收入加起來就可以得到收入法核算的 GDP。因此，在國民收入核算中收入與支出一致可以推廣得到恒等式：

總需求=總供給

這個恒等式是國民收入決定理論的基本出發點。需要注意的是，這是一種事後的

恒等關係，即滿足相應條件後，經過一年的生產和消費，在國民收入核算表中反應出來的一種關係。事實上，經濟中常見的一種現象是有些產品賣不出去，供給大於需求，總支出小於總產值。但是因為國民收入核算時，我們把沒有賣出去的產品作為存貨計入投資，所以仍然構成了總支出的一部分，使得恒等式存在。

用 Y 表示總需求，AE（Aggregate Expenditure）代表總支出，C 表示消費（家庭的支出），I 表示投資（企業的支出），G 表示政府購買，S 表示儲蓄，T 表示稅收。那麼不考慮對外經濟交往的情況下，基本恒等式轉化為：

$Y=AE=C+I+G$……①

另一方面，從供給和收入法核算的角度看，總供給＝GDP＝消費+儲蓄+稅收，即：

$Y=GDP=C+S+T$……②

其中 S 表示儲蓄，T 表示稅收。

①②兩式聯繫起來，有：

$I+G=S+T$

本章小結

宏觀經濟學的研究範圍包括經濟增長、失業與通貨膨脹、國際收支平衡。經濟增長是經濟學最關注的問題之一，我們可以用 GDP 來衡量一國經濟增長的水準。失業率、通貨膨脹率、貿易順差和逆差分別是衡量失業、通貨膨脹和國際收支的指標。

GDP 是反應一國經濟狀況的最常用的指標。它是在某一既定時期內，一個國家或地區生產的所有最終物品和勞務的市場價值。用當年價格核算的 GDP 因不能排除價格因素的影響被稱為名義 GDP；用某一固定年份的價格來核算的 GDP 可以剔除價格變化的影響，被稱為實際 GDP；而 GDP 縮減指數則是用來衡量相對於基年物價水準的現期物價水準，成為一個用名義 GDP 和實際 GDP 比值來衡量的物價指數。

GDP 同時衡量收入和支出。而用支出法和收入法衡量的 GDP 是一致的，因而可以推導出基本的恒等式：總需求＝總供給；$I+G=S+T$。

第十一章
總需求與宏觀經濟政策

> 「這些昆蟲生活於斯，宛如人類，微縮地表演人類的一切行為。在這個蜜蜂的國度裡，每只蜜蜂都在近乎瘋狂地追求自己的利益，虛榮、偽善、詐欺、享樂、嫉妒、好色等惡德在每只蜜蜂身上表露無遺。令人驚異的是，當每只蜜蜂在瘋狂追逐自己的利益時，整個蜂巢呈現出一派繁榮的景象。後來，邪惡的蜜蜂突然覺悟了，向天神要求讓他們變得善良、正直、誠實起來。主神終於憤怒地發出誓言：使那個抱怨的蜂巢全無詐欺。神實現了誓言……接著，在整個蜜蜂的王國中，一磅貶值為一文，昔日繁忙的酒店渺無人跡，不再有人訂貨，全國一片蕭條景象。」
>
> ——【荷】曼德維爾：《蜜蜂的寓言》

內容提要：

本章從需求管理的角度出發，分別介紹宏觀經濟政策中的貨幣政策和財政政策是如何通過影響總需求來實現政策目標的。

重點掌握：

1. 總需求量的構成；
2. 貨幣政策影響總需求的機制；
3. 財政政策影響總需求的途徑。

導入：

經濟活動每年都有波動，一些年份擴張，一些年份收縮。是什麼原因導致了這樣的波動呢？下面以美國1965—1995年按季度列示的經濟數據為例，觀察經濟中的主要變量，如圖11.1、圖11.2、圖11.3所示。

雖然經濟波動沒有什麼規律，但突出的特點是：多數宏觀經濟數量同時波動——投資和產量具有類似的趨勢，而失業率具有相反的變動趨勢。

圖 11.1　實際 GDP

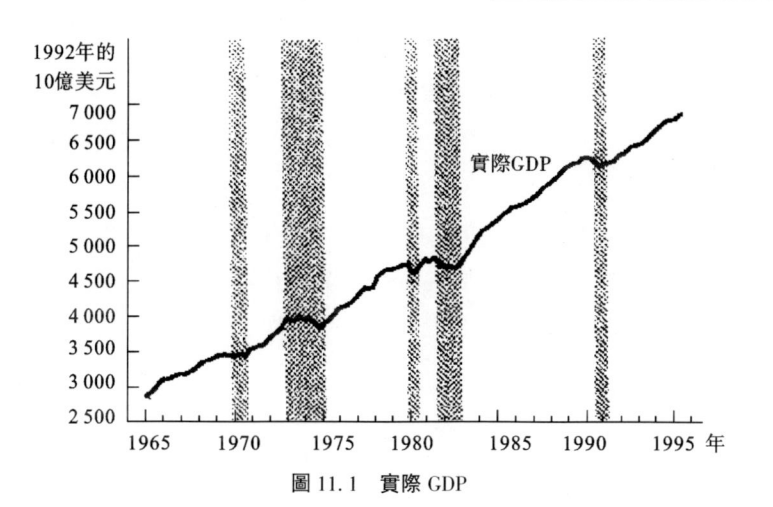

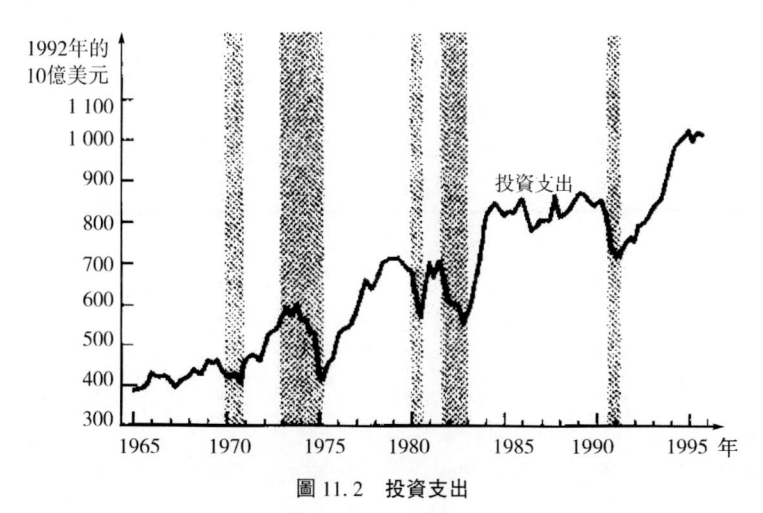

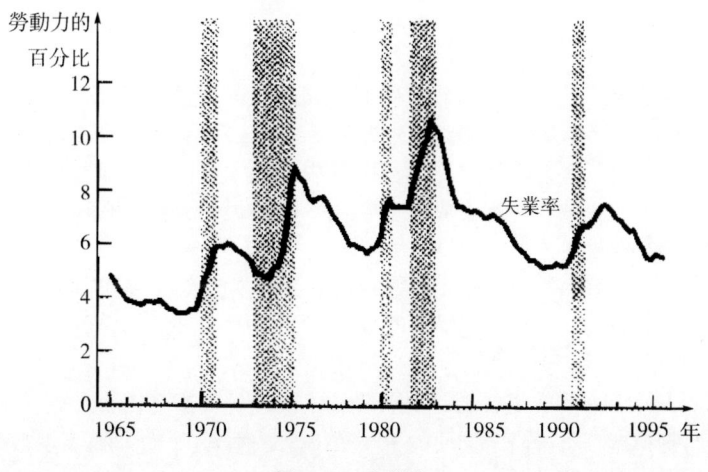

圖 11.2　投資支出

圖 11.3　失業率

第一節　總需求量及其構成

一、總供求模型

為了分析整個經濟的波動，我們使用總需求與總供給模型。其中，總需求曲線表示在任何一種物價水準時，家庭、企業和政府想要購買的物品與勞務量；總供給曲線表示在任何一種物價水準時企業選擇生產並銷售的物品與勞務量（如圖 11.4 所示）。

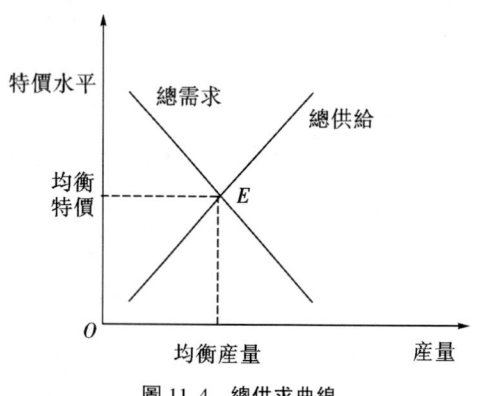

圖 11.4　總供求曲線

總供求模型與第二章供求理論中的市場均衡模型非常相似。在微觀市場上，價格是人們配置資源的信號，引導人們將某種資源使用於特定用途。價格變動就會改變這種激勵，從而改變資源的配置。比如，麵包價格上升使得生產麵包更有利可圖，於是供給量增加，供給曲線向右上方傾斜；而價格上升也促使人們將收入花在其他用途上，減少對麵包的需求量，需求曲線向右下方傾斜。

在宏觀市場上，總的生產要素和總收入是固定的，不可能產生資源的轉移。但總需求曲線仍然向右下方傾斜，而總供給曲線向右上方傾斜。

二、總需求量及其影響因素

總需求表示家庭、企業和政府想要購買的物品與勞務量之和，即整個社會對產品和勞務的需求總和，等於人們的總支出，即用支出法核算的 GDP。

人們的支出計劃受到許多因素的影響，其中一些主要的因素是物價水準、對未來的預期、政府的政策，我們這裡主要考慮物價水準變動對總需求的影響。

（一）總需求與物價水準

從圖 11.4 中可以看到，總需求曲線向右下方傾斜，意味著其他因素不變的情況下，物價水準上升會使得人們的總需求減少。

1. 財富效應

阿瑟·庇古認為人們的消費不是由名義收入決定的，而是由實際收入和實際財富水準決定。當物價水準下降時，同樣的 100 元錢就更值錢了，能夠買到更多的產品。

因此，物價水準下降使消費者感到自己更富裕了，這就鼓勵他們花錢，於是支出

增加。消費支出增加意味著整個社會對物品與勞務的總需求增加了。這就是庇古強調的財富效應。

2. 利率效應

當物價水準下降時，購買同樣的商品只需要更少的貨幣，家庭可能減少貨幣持有量，把超額貨幣用於購買債券或者儲蓄，然後由銀行將這些資金用於貸款。這時，市場上貨幣供給量增加，使得利率下降。考慮到企業融資的成本，較低的利率又鼓勵企業進行投資。

也就是說，物價水準下降會降低利率，進而鼓勵企業進行投資，從而增加了物品與勞務的需求量，使總需求增加。凱恩斯強調這種利率效應，所以有時候也把它稱為凱恩斯效應。

3. 匯率效應

較低的物價水準會降低利率，於是一些國內投資者就轉而投資於外國以獲得更高的收益率。

比如，美國政府債券利率下降時，投資者就會賣出美國政府債券，以購買他國債券，比如中國債券。當投資者轉向外國資產時，就增加了外匯市場上的美元供給，使得美元相對於其他貨幣（比如人民幣）貶值。這時，中國出口的產品（以人民幣計價）相對於美國產品（以美元計價）更昂貴了，於是美國出口增加而進口減少，淨出口增加。

於是，美國較低的物價水準引起美國利率下降，進而引起美元匯率貶值，刺激美國的出口增加，結果就是增加了美國國內商品的總需求。這就是經濟學家羅伯特·蒙代爾（歐元之父）和馬庫斯·弗萊明強調的匯率效應。

總結起來，這就從三個方面說明了物價水準變動對總需求的影響，包括財富效應、利率效應和匯率效應。需要注意的是，這是在一定假設條件下進行的討論：貨幣供給量不變。如果市場上貨幣供給總量變化，則結論也會發生變化。

（二）總需求曲線的移動

總需求曲線表明實際 GDP 與物價水準之間的關係，如果物價水準變化，總需求曲線不動，只是實際 GDP 的量與物價水準發生反方向變動，表現為同一條總需求曲線上點的移動。

然而，當物價水準之外的其他一些因素發生變化時，總需求曲線會移動。

比如：

電腦的應用越來越廣泛，企業決定投資購買更多的電腦；

政府決定，為了支持地震災區的重建工作，增加對節能建築產品的購買；

政府增加了困難群眾的生活補助標準以及養老補貼的水準，於是這些人決定購買更多產品。

在這些例子中，在同樣的物價水準下，擴大了總需求的數量，使得需求曲線向右移動。

不同的是，第一個例子是企業改變了投資計劃；第二和第三個例子是政府改變了政策決定。因此，總需求曲線的移動有時產生於私人行為（個人和企業），有時候產生於公共政策。

概括起來，導致需求曲線移動的因素就是除了物價水準以外影響總需求的因素：

對未來的預期、宏觀經濟政策和國際經濟交往。

1. 對未來的預期

對未來收入、通貨膨脹和利潤的預期都會影響當期的購買計劃，從而影響總需求。

如果預期明年會因為政府徵地得到 20 萬元安置補貼，那麼今年可能決定按揭購買一輛小轎車——增加了總需求。

如果預期明年通貨膨脹率會上升到 20%，也就是預期物價水準會普遍上升 20%，那麼家庭可能在現在較低的物價水準下購買新的電腦——增加了總需求。

如果預期未來新能源產業利潤會上升，那麼企業現在可能增加投資——增加了總需求。

2. 宏觀經濟政策

總需求的構成包括了政府購買，如果政府投資修建鐵路，或者修建抗震住房，都會直接增加總需求。

另一方面，如果政府增加政府轉移支付或者減少稅收，就能夠增加個人可支配收入，從而增加消費，並最終導致社會總需求增加。假如原來收入 6,000 元，需要繳稅 145 元，那麼他的可支配收入就是 5,855 元，在邊際消費傾向為 0.8 時，他將消費 4,684 元；如果稅收減少為 0 元，那麼他的可支配收入增加為 6,000 元，消費額也增加到 4,800 元。

政府還能通過中央銀行的政策影響利率。如果利率降低，那麼企業投資成本降低，其他條件不變的情況下，投資總額增加，社會總需求也增加了。

3. 國際經濟交往

在經濟全球化趨勢下，國家之間的經濟往來越來越多，影響一國需求的主要因素是國外收入和匯率。

假設 1 美元換 7 元人民幣，IBM 電腦（美國產）價值 1,100 美元，相同的聯想電腦（中國產）價值 7,200 元人民幣——按美元，聯想電腦價值大約是 1,029 美元，所以人們都購買便宜的聯想電腦。現在假如匯率變為 1 美元換 6 元人民幣，那麼按美元，聯想電腦價格變為 1,200 美元——比 IBM 更貴，於是人們轉而購買稍便宜的 IBM 電腦。結果導致美國的出口增加而中國的出口減少，美國的總需求增加而中國的總需求減少。

如果美國人收入增加，那麼他們可能購買更多的中國產品，從而增加中國的需求。事實上，2008 年金融危機正好提供了一個反例：美國人收入減少，於是大幅度削減開支，結果導致中國的出口減少，總需求也減少了。

思考一下：

哪些因素導致總需求減少？哪些因素導致總需求增加？

第二節　貨幣政策與總需求

當個人取得收入的時候，可能拿出一部分存入銀行，另外一部分以現金形式持有。

一個國家也是這樣，中央銀行所做的一件事就是管理整個國家的貨幣，一部分是銀行存款，還有一部分是流動現金。國家的貨幣總量十分巨大，是什麼決定了現在的現金量和銀行存款量呢？

一、貨幣和商業銀行

人們常說「金錢不是萬能的，但沒有金錢是萬萬不能的」，對於一個經濟整體而言也是如此。金錢並不是只有紙幣或者硬幣這樣的形式，北美的印第安人用念珠（貝殼做的珠子），斐濟人用鯨魚的牙齒，早期美洲殖民者用菸草，而埃塞俄比亞人還使用鹽巴作為貨幣。隨著電腦和網絡技術的發展，我們有時候直接使用儲蓄卡或者信用卡。比特幣之類的加密貨幣，Q 幣、游戲幣的金幣等數字貨幣也在貨幣圈中風靡一時。

（一）什麼是貨幣

念珠、鯨魚的牙齒、菸草、鹽巴和紙幣、硬幣都是貨幣。馬克思對貨幣有一個本質性的描述：貨幣就是固定充當一般等價物的特殊商品。

作為貨幣流通的物品必然是被普遍接受的支付手段，也可以用來結清債務。不僅如此，貨幣還有三種職能：交換媒介、計價單位和價值貯藏手段。

1. 交換媒介

作為一個小麥生產者，你如果想要購買一雙球鞋，那麼怎樣實現這個願望呢？

很難想像你直接用自己擁有的小麥去換一雙球鞋，因為球鞋銷售者很可能不需要小麥。因此，在你和球鞋銷售者之間需要一個媒介以達成交易，於是你賣掉小麥，取得貨幣，然後用貨幣去購買球鞋。

2. 計價單位

一臺電腦值多少錢？通常我們不會說它價值5,000 千克小麥或者500 千克豬肉。為了衡量不同商品的價格，我們需要確定一個統一的標準，這就是貨幣單位。

一臺電腦5,000 元，1 千克小麥2 元，而1 千克豬肉20 元……在超市裡看看琳琅滿目的商品架，不同的物品都是用貨幣量來表示價格的。

3. 價值貯藏手段

任何一種可以保存並以後交換的商品或者符號都可以成為價值貯藏手段，貨幣能夠在一定程度上起到價值貯藏的作用。

但是在金本位制被廢除後的現在，當存在通貨膨脹時，貨幣的價值一直在下降，因此作為價值貯藏的作用逐漸被削弱。

人們擁有的資產可以分為兩大類：一是實際資產（Real Assets）或物質資產（Physical Assets），包括房地產、各種機器設備、半成品、原材料、各種生活用品等一切有實際使用價值的物品；二是金融資產（Financial Assets），包括各種以價值形式存在的財產，如貨幣、銀行存款、各種債券、股票和其他有價證券等。從這個意義上說，貨幣是一種金融資產。但金融資產卻不一定都是貨幣，只有具備以上三種職能的金融資產才是貨幣。因此，貨幣是指各國法定的貨幣，如人民幣、美元、日元、歐元等。

（二）貨幣的種類

現在大多數國家，貨幣分為現金和銀行及其他金融機構的存款。

其中現金包括紙幣和硬幣，是以政府名義和國家強制力保證發行的貨幣，可以用於結清債務。

在銀行這類金融機構的存款也是貨幣，因為它們可以很方便地變為現金，然後用於結清債務。

各國對於貨幣的範圍有不同的規定，主要分為 M_1，M_2，M_3。

1. M_1

M_1 主要包括個人與企業擁有的現金和可以開支票提取現金或轉帳的活期存款，這種活期存款可以不必通過提取現金，而以開支票或刷卡轉帳的方式來直接作為商品交換媒介，與現金起著完全相同的作用，因此被看作與現金等同的貨幣。

M_1 = 現金 + 支票帳戶存款

2. M_2

M_2 = M_1 + 小額定期存款 + 短期定期儲蓄 + 貨幣市場互助基金

小額定期存款是指零星存入的定期存款，短期定期儲蓄包括一年以下的所有定期存款，貨幣市場互助基金是指商業銀行之間的準備金貸款。前兩項是由於流動性較強（即變現能力較強）而被包括在較寬的貨幣 M_2 中，最後一項則是由於對銀行的「貨幣創造」有重大影響而被包括在 M_2 中。它們沒有被包括在 M_1 中是因為它們不能直接起交換媒介的作用。

3. M_3

M_3 = M_2 + 大額定期儲蓄等流動性較差的金融資產

在上述三種貨幣形式中，M_1 是經濟學家和政府經常使用的貨幣計量形式，各國對 M_1 的內涵定義也都大致相同。至於 M_2 和 M_3 的內涵，不同國家則不盡相同。本書所使用的貨幣概念僅指 M_1。

支票和信用卡是貨幣嗎？都不是。支票使貨幣發生轉移，但本身並不是貨幣；信用卡的使用更像是短期貸款，幫助完成支付，但信用卡本身不是支付手段，也不是貨幣。

（三）商業銀行

你對商業銀行應該不陌生，無論是交學費，還是每個月從父母那裡取得生活費，都可能與商業銀行打交道——父母把錢存進商業銀行，而你把錢取出來花掉。

從家庭或企業吸收存款並向其他家庭和企業提供貸款的企業被稱為金融仲介機構。三種類型的金融仲介機構的存款組成一國的貨幣，包括商業銀行、儲蓄機構和貨幣市場共同基金。其中，儲蓄機構主要指儲蓄銀行、信用社；貨幣市場共同基金指通過出售股份得到資金，並且投資於政府債券這類流動性資產的金融仲介機構。這裡我們主要以商業銀行作為研究對象，考察金融仲介機構的經濟職能。

1. 商業銀行的資產負債

商業銀行的資產負債表列出了它的資產、負債和淨值，其中資產是銀行所擁有的，負債是銀行所欠的，淨值等於資產減去負債，是銀行對股東的價值。

資產 = 負債 + 淨值

如果銀行吸收 1,000 元存款，那麼這就增加了銀行的負債——只要儲戶決定從銀行取出存款，銀行就必須償還。

（1）風險與盈利

商業銀行的經營總是在風險與盈利之間尋求一個平衡。為了實現盈利，銀行的貸款利率必須高於存款利率，但是貸款是有風險的——貸款者可能因破產而還不了貸款。銀行越是把儲戶存款用於高風險、高利率的貸款，它不能償還其儲戶的可能性就越大；若儲戶感到銀行可能償還不了，就更加急於提出自己的資金，並引發銀行危機。

2008 年，美國就發生了「次貸危機」，然後引起連鎖反應，引發了全球性金融危

機。次貸就是次級貸款的意思。美國的金融機構按照貸款者的信用等級將貸款分為不同級別，次級貸款就是還款能力較低、風險較高的貸款。一些低收入者本來並不具有貸款還款的能力，但金融機構在擴張業務的過程中，鼓勵這些人貸款買房——如果房產價格上升，那麼貸款者就可以從中獲利賺取差價，然後還貸。如果房產一直漲價，那麼這個結果是美好的，但當房屋價格不變或者下降時，這些低收入者不能還貸，宣布破產，而商業銀行也收不回貸款，陷入危機。

（2）準備金

如果商業銀行吸收了 1,000 元存款，它能夠把這 1,000 元完全貸出去嗎？答案是不能。銀行需要把這 1,000 元存款分為兩部分，一部分交給中央銀行，滿足儲戶隨時提款的需要，另一部分作為貸款貸出去。

為了降低銀行存款的風險，中央銀行要求商業銀行按照一定比例繳納準備金，這個比例叫作法定準備金率。當然，商業銀行可以根據自己的經營狀況和風險判斷多繳納一些準備金，這多出來的部分就叫作超額準備金。

如果中央銀行規定的法定準備金率為 20%，那麼商業銀行至少需要存 200 元在中央銀行，最多能貸出 800 元。如果商業銀行決定多存一些，比如 300 元，那麼它就只能貸出 700 元——風險降低，盈利也隨之減少。

思考一下：
商業銀行會把所有存款都作為準備金嗎？

（3）銀行的資產

如果商業銀行把所有存款都作為準備金，那麼就賺不到錢，還會虧損。事實上，每個商業銀行都只會把一小部分資金作為準備金，並把其他資金貸出去。商業銀行的資產有三種：

①流動性資產。所謂流動性資產，就是很容易轉變為現金的資產，比如短期債券，尤其是短期政府債券。一旦商業銀行需要現金，那麼就可以沒有什麼損失地賣出這些債券，兌換為現金。流動性資產變現容易，風險低，而風險和盈利是成正比的，這些資產利率（收益率）也非常低。

②投資的有價證券。有一些債券可以迅速出售並換為現金，但價格有波動，因此風險性大於流動性資產，收益率當然也較高，比如政府長期債券和其他一些商業債券。

③貸款。貸款是銀行風險最大的資產，當然利率也是最高的。大多數銀行的貸款提供給企業購買設備和投資，或者為家庭購買汽車這類耐用消費品，信用卡帳戶上未清償的餘額也是銀行貸款。

貸款風險主要在於到還款期之前都不能變為現金，而且一些貸款人可能拖欠，或者因為經營失敗而喪失還款能力。

思考一下：
商業銀行能夠直接投資股票等高風險、高收益的金融產品嗎？

2. 金融仲介機構的經濟職能

所有金融仲介機構都從存款、貸款之間的利率差別中獲取利潤。為什麼人們願意接受金融仲介機構的低存款利率，同時支付高貸款利率呢？

金融仲介機構在四個方面起作用：

（1）創造流動性

人們存錢的時候可能有隨時提款的需要，存款是短期的；而企業貸款的時候往往是半年或者更長期限。金融仲介機構通過吸收短期存款和提供長期貸款，創造了流動性，滿足存貸雙方的需要。

（2）降低借款成本

除了銀行，你還可能向誰借到20萬元購買商品房？

如果沒有銀行，借款將是成本高昂的業務，尤其是對於有著大量資金需求的企業來說。比如企業需要借到100萬元投資一條新的生產線，如果從各個有錢人手裡借錢，可能需要找好幾個甚至幾十個債主，並且分別簽訂借款合同。

而金融仲介機構向大量的人借款（吸收存款），把資金集中起來，然後貸給有需要的企業或家庭，降低了借款者的成本。

（3）降低監督債務人的成本

貸款是一項有風險的業務，如果有剩餘資金的家庭或者企業直接貸款給別的家庭或企業，就需要監督這個家庭或企業的財務狀況——這是一項專業要求很高的工作。

如果無法監督，那麼有錢的家庭和企業也許寧願將資金閒置起來也不借給別人，結果就是喪失了獲得利息的機會。金融仲介機構通過利用專業化資源進行監督，就大大降低了監督成本。

（4）分攤風險

借款是一種有風險的行為——債務人可能拖欠，也可能喪失還款能力。如果是家庭和企業一對一的債權債務關係，那麼一旦發生風險，其影響就是100%。

有了金融仲介機構之後，同樣是100萬元的資金，可能來自於100個儲戶（每個1萬元），貸給了10個家庭或企業（每個10萬元）。其中一個債務人不能還款的時候，其損失是10萬元，由100個儲戶承擔，則每個儲戶損失1,000元，只是所提供資金的10%。這就降低了儲戶提供貸款的風險。

3. 金融管制、金融創新和金融風險

美國金融市場高度發達，我們這裡主要以它為例來簡單討論一下金融市場的發展。

（1）管制

為了控制商業銀行的風險，政府從兩個方面進行管制：金融保險和資產負債表規定。

政府要求商業銀行等金融仲介機構為自己吸收的存款購買強制性保險，一旦金融機構破產，儲戶的資產可以得到保護。但是，這也形成了反向激勵——商業銀行知道自己的資產有保險，就更傾向於開展高風險的投資業務。對於銀行而言，高風險的貸款意味著高收益率，如果貸款得到償還，它賺到更多的利潤；如果貸款不能償還，導致銀行破產，那麼它的債務（對儲戶的義務）由保險公司承擔。

政府對商業銀行資產負債表的規定就主要體現於對銀行的法定資本、法定準備金率和提供不同類型貸款比例的規定。比如1980年以前，美國只有商業銀行可以進行商業貸款，而儲蓄銀行主要提供住房抵押買款。

然而，隨著經濟的發展，強調自由市場的美聯儲主張取消管制，國會立法允許更多的銀行開展同樣的業務，形成競爭，使得銀行業結構發生重大變化，出現了大量銀行合併案件。美國出現了一些重要的國際銀行，比如花旗銀行，使得美國銀行業更有

效率。

(2) 金融創新

新的借款、貸款方式不斷出現，新的金融產品也不斷被開發出來，這就是金融創新。

金融創新的目的是降低存款的成本或增加貸款的收益，其最終目的是增加金融仲介機構的利潤。

比如，20世紀60年代，蘇聯想要安全而方便地以美元持有資金，卻又不願意把錢放在美國的銀行裡，於是主要在歐洲國家持有美元帳戶，產生了「歐洲美元」。隨著信用卡使用範圍的擴大和國際金融市場的發展，「歐洲美元」的重要性加強了。

除了技術和經濟發展的影響，管制也是促使金融創新的一個力量。比如為了逃避Q條例中不允許銀行對支票存款支付利息的管制，金融仲介機構設計了可以開支票和支付利息的新存款類型，從而擺脫了管制。

金融衍生產品主要的積極作用是「對沖」投資損失，或者說規避風險，但並不是消除風險，只不過把一部分人的風險轉移到另一部分人頭上。比如美國商業銀行為居民提供住房貸款，就面臨著居民違約的風險；為了轉移風險，商業銀行將這些貸款合同賣給房地美、房利美和投資銀行等機構；投資銀行當然不能成為最終的風險承擔者。它一方面將貸款處理成債務抵押債券CDO（Collateralized Debt Obligation），賣給包括商業銀行、保險公司、養老金、對沖基金等在內的全球投資者，讓債券持有者來分擔房貸的風險；另一方面，投資銀行創造出「信用違約保險」CDS（Credit Default Swap），讓保險公司如AIG等為這種次級貸款債券提供擔保。

(3) 金融風險

取消管制促進了美國金融市場的發展，湧現出大量金融創新產品，然而在促進效率的同時增大了金融風險。

2008年9月集中爆發了被稱為「華爾街風暴」的金融危機，其影響之大、波及範圍之廣，使得人們將之與1929—1933年的資本主義經濟大蕭條相提並論。

2008年9月7日，曾占據美國房貸市場半壁江山的房利美和房地美被美國政府接管；2008年9月15日，美國第四大投資銀行雷曼兄弟申請破產保護，第三大投資銀行美林被美國銀行收購；2008年9月21日，美國第一大投資銀行高盛和第二大投資銀行摩根士丹利轉型為銀行控股公司，加上2008年3月第五大投資銀行貝爾斯登被摩根大通收購，至此，美國前五大投資銀行已「全軍覆沒」。其他的金融巨頭也未能幸免：2008年9月16日，世界最大保險公司——美國國際集團（AIG）告急；2008年9月25日，美國最大儲蓄銀行華盛頓互惠銀行被美國聯邦監管機構接管；2008年9月29日，美聯銀行被花旗銀行收購……金融機構紛紛倒閉不僅意味著「華爾街模式」的覆滅，而且引發了人們對於金融市場的深刻反思。

「把錢借給能還錢的人」，是世界上第一間銀行大門柱上刻的一句話。可是在高利潤的引誘下，世界頂尖的銀行家們竟然集體把錢借給低收入者（次級貸款），投資銀行把這樣的貸款做成債券（金融創新）並且給予很高的等級，保險公司甚至為這種債券擔保，結果就像一條食物鏈，發生還貸風險之後就波及整個金融市場。

(四) 貨幣創造

如果中央銀行發行50億元人民幣，那麼經濟中的貨幣供給總量就是50億元嗎？

經濟中主要的貨幣是存款而不是通貨，經過商業銀行運轉之後，貨幣總量超過其發行量，這就是商業銀行的貨幣創造職能。

1. 貨幣創造過程

假如張文存了1,000元到銀行，那麼銀行得到1,000元存款，然後拿出一部分作為準備金，另一部分成為貸款。假設法定存款準備金率為10%，而銀行並不準備超額儲備，於是銀行貸出900元。此時的貨幣量是多少？存款和通貨一樣都是貨幣，所以張文的1,000元存款和企業提供的900元貸款都是貨幣，此時的貨幣量為1,900元。

如果得到貸款的李武也把錢存入銀行（當然，現實中沒有人貸款來存，這只是為了簡化而進行的假設），那麼銀行還能夠提供900×（1-10%）=810元貸款，貨幣量增加810元。

這個過程一直進行下去，一筆1,000元的存款就能夠創造出若干倍的貨幣供給。

貨幣總量 = 1,000+1,000×（1-10%）+1,000×（1-10%)^2+⋯+1,000×（1-10%)^n+⋯

$$= 1,000 \times \frac{1}{1-0.9}$$

$$= 10,000 （元）$$

2. 貨幣乘數

如果銀行只按照法定存款準備金率進行儲備，而把其他所有資金用於貸款，並且個人或企業把所有現金都存入銀行，我們把最終增加的貨幣供給量與最初銀行存款增加量的比例叫作貨幣乘數。

$$貨幣乘數 = \frac{1}{法定準備金率}$$

當然，必須滿足的一個條件是所有的貸款都轉化為銀行存款，而沒有變為通貨流出銀行體系。如果存貸款過程中有現金流出，則乘數將縮小。

思考一下：

個人手中現金越多，貨幣供給量越多嗎？

二、貨幣供給量、實際GDP與物價水準

我們已經知道了什麼是貨幣，以及銀行如何創造貨幣，現在我們需要討論貨幣量對現實經濟的影響。一個國家能夠僅僅通過增加貨幣量來增加自己的實際GDP嗎？

（一）貨幣量變動的短期效應

為瞭解釋貨幣在短期中如何影響實際GDP和物價水準，我們可以使用總供求模型來分析這個問題（見圖11.5）。

如圖11.5所示，初始的均衡是AD_0與短期總供給曲線SAS的交點（物價水準為107，而實際GDP是6.8萬億元）。

那麼，當市場上貨幣總量（存款和貸款）更多的時候，人們計劃增加自己的消費支出，企業也計劃增加自己的投資，於是總需求增加了。總需求曲線向右移動到AD_1，新的均衡點出現了，此時物價水準上升到110，而實際GDP水準增加到7.2萬億元。

當然，這個7.2萬億元不能超過整個經濟的最大生產能力，也就是說沒有實現充分就業。

图 11.5 货币量变动的短期影响

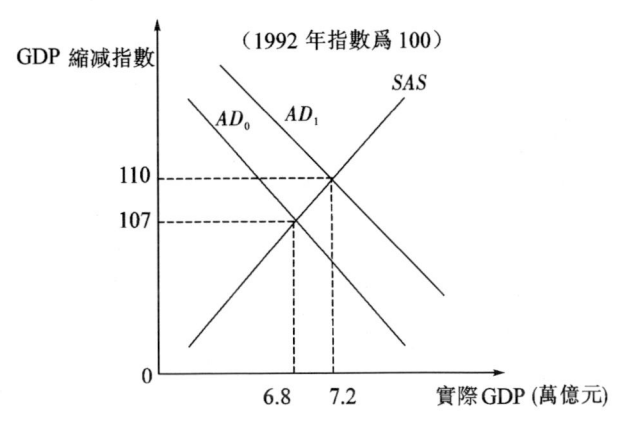

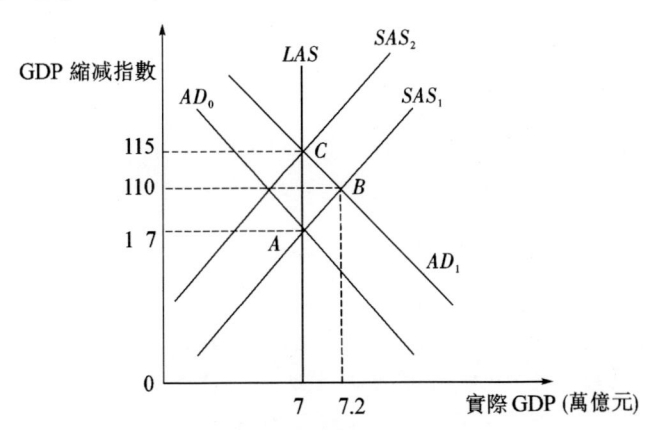

反过来，如果货币量减少，家庭和企业都会减少支出，于是总需求减少，总需求曲线向左移动，导致物价水准下降，而实际 GDP 减少。

(二) 货币量变动的长期效应

在长期，总供给曲线是由充分就业水准决定的潜在 GDP 水準，是一个固定的水準。关於这一点，下一章我们再来分析原因。

此时改变货币量，对经济中的物价水準和实际 GDP 的影响就略有不同。因为短期中均衡的变动只有总需求曲线的移动，供给是相对确定的水準；随著时间延长，企业能够充分调整产量，因此总供给曲线会对物价变化有所反应（见图 11.6）。

图 11.6 货币量变动的长期影响

如图 11.6 所示，如果潜在 GDP 为 7 万亿元，那么当货币供给量增加之后，首先推动总需求曲线向右移动，从 AD_0 移动到 AD_1，均衡点从 A 移动到 B，实际 GDP 从 7 万亿元增加到 7.2 万亿元，而物价水準从 107 上升到 110。

这时由於实际 GDP 高於潜在 GDP（充分就业时的产出），那麼失业率下降到自然失业率以下，劳动短缺会使得货币工资率上升——企业将会减少供给，於是短期总供给曲线从 SAS_1 向左移动到 SAS_2，均衡点也从 B 点移动到 C 点。

随著短期总供给的减少，实际 GDP 回到潜在 GDP 的水準——7 万亿元，而物价水

準進一步上升到 115。

因此，在充分就業水準下，貨幣供給量的增加使得均衡點從一種充分就業均衡 A 點移動到新的充分就業均衡狀態 C 點，只是提高了物價水準，並不影響實際 GDP。

這就是說：貨幣量增長最終導致通貨膨脹。

(三) 貨幣數量論

貨幣數量論提出這樣一種觀點：在長期，貨幣量增加引起物價水準同比例上升。

1. 貨幣流通速度

如果經濟總量是 4 萬億元，那麼需要多少貨幣來完成交易？需要 4 萬億元嗎？事實上 1 元貨幣能夠實現的交易總量並不止 1 元，還與它的流通速度緊密相關。比如這 1 元錢每年完成 4 次交易，那麼它就實現了 4 元的交易量。

如果 GDP 是 4 萬億元，而貨幣量是 2 萬億元，貨幣流通速度就是 2——平均而言，每 1 元錢兩次用於購買 GDP。

2. 交易方程式

在商品交易中，買者支出的貨幣總額總是等於賣者收入的貨幣總額。如果用 M 表示貨幣供應量，以 V 代表貨幣流通速度，以 P 代表物價水準，以 Q 代表交易的商品總量，那麼就有：

$$MV = PQ$$

這就是費雪提出的交易方程式，表明貨幣量乘以貨幣流通速度等於 GDP。當然，在這個式子中我們假設貨幣流通速度不受影響，是一個相對固定的數值，潛在 GDP 即總產品數量 Q 不受貨幣量影響。

如果貨幣供應量為 4 萬元，流通速度為 2，市場上的商品總量為 5,000，那麼物品的價格為：

$$P = \frac{MV}{Q} = \frac{40,000 \times 2}{5,000} = 16$$

如果貨幣供應量變為 5 萬元，那麼新的價格就變為 $P = 20$。

我們發現，貨幣供應量增加了 25%，而總體物價也就上升了 25%——按照相同比例變化。

三、貨幣需求與利率

我們希望得到的貨幣量越多越好，比如工資，這是一種流量。但我們錢包裡或者銀行帳戶上持有的貨幣量（一種存量）是有限制的，也許拿出一部分購買債券或股票，也許投資於住房。

人們選擇持有的貨幣量取決於四個主要因素。

(一) 物價水準

用貨幣衡量的貨幣量稱為名義貨幣量，在其他條件不變的情況下，名義貨幣需求量與物價水準是成比例的。

按照馬歇爾等人提出的劍橋方程式，$M = kPy$。

其中，M 表示人們持有的貨幣量，k 為貨幣量與國民收入或國民生產總值之比，取決於人們的收入和財富，是一個比較固定的比例，P 為最終產品和勞務價格的指數，y 等於為按固定價格計算的國民收入或國民生產總值。

如果 k 為 0.25，實際 GDP 即 y 為 400 萬元，那麼當物價指數 P 為 1 時，貨幣需求量為 100 萬元；如果物價指數上漲 10% 變為 1.1，那麼貨幣需求量就是 110 萬元。

（二）利率

以貨幣形式持有資產，你失去了什麼？如果不是以貨幣而是以債券形式持有 100 萬元資產，那麼在利率 10% 的情況下，債券可以帶來 10 萬元利息，這就是持有貨幣的機會成本。

1. 利率與貨幣需求量

現金能夠帶來的利率為 0，而活期存款利率也非常低，因此持有貨幣的機會成本是債券或者國庫券這些資產能夠帶來的利息。如果債券利率上升，那麼持有貨幣的機會成本就上升，人們會更多地持有債券，而不是貨幣。

2. 利率的決定

利率是債券或者股票這類金融資產收益與價格的百分比，在其他條件不變的情況下，一種金融資產的價格越高，利率就越低。

假如政府出售債券，並承諾每年支付 10 元利息，如果債券的價格是 100 元，那麼利率就是 10%；如果債券的價格是 50 元，利率是 20%。

利率由貨幣的供求決定，而貨幣供給量是由銀行體系和中央銀行的行為共同決定的。在任何一天（極端時期），貨幣供給是一個固定的量，而除利率以外的影響貨幣需求的因素都是不變的，利率越低，實際貨幣需求量（貨幣需求量與物價水準之比）越大。

3. 利率的變動

當實際貨幣供給量等於實際貨幣需求量時，貨幣市場實現均衡（見圖 11.7 中的 A 點），而均衡是通過利率變動實現的。

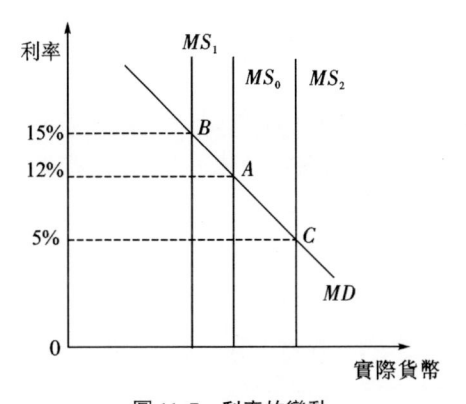

圖 11.7　利率的變動

如果利率較高（見圖 11.7 中的 B 點），表示人們對貨幣的需求小於供給量 MS_0，這時人們發現持有貨幣量太多，於是他們努力通過購買債券來拋出貨幣。如果很多人都拋出債券，那麼債券價格會上升，而利率將下降回到均衡點 A。

相反，如果利率太低（見圖 11.7 中的 C 點），表示人們對貨幣的需求大於供給量 MS_0，持有貨幣太少。同時，利率低時債券價格較高，於是人們賣出債券持有更多貨幣，結果就是債券價格下降，利率將上升回到均衡點 A。

思考一下：
如果預期利率將上升，人們買進還是賣出債券？

（三）實際GDP

人們持有貨幣最根本的原因還是在於滿足支出的需要，包括個人的消費支出和企業的投資支出，因此整個經濟的貨幣需求量取決於總支出——實際GDP。

根據劍橋方程式，$M=kPy$。

如果k為0.25，物價指數P為1，實際GDP即y為400萬元時，貨幣需求量為100萬元；如果實際GDP變為500萬元，那麼貨幣需求量就增加為125萬元。

（四）金融制度

如果可以使用信用卡完成所有必要的支付，你會持有多少現金？相反，如果在偏遠而缺少自動提款機的地區，你一個月持有多少現金？

顯然，金融制度越發達，轉帳和支付越方便，人們為了滿足交易需要而持有的貨幣需求就越小。在劍橋方程式中，金融制度影響了貨幣與收入（或財富）的比例k。

隨著存款種類的增加，自動提款機越來越普及，信用卡支付方式也逐漸深入人心，人們的貨幣需求不斷下降。在微信、支付寶等移動支付方式變得普及後，越來越多的人步入了「無現金交易時代」。

四、中央銀行與貨幣政策

中國的中央銀行是中國人民銀行。美國的中央銀行是聯邦儲備體系，簡稱美聯儲。也許你並不知道，多數西方發達國家的中央銀行都是私人所有的——比如美聯儲、英國的英格蘭銀行。美聯儲由私人銀行擁有股份，而董事由總統任命。

中央銀行被稱為「銀行的銀行」，起著監管一國金融機構與市場的作用。作為公共權力機構，中央銀行向商業銀行及其他金融仲介機構提供銀行服務，比如融資，但並不面向普通民眾提供一般性的銀行服務。

（一）政策目標

中央銀行代表政府制定並執行各種貨幣政策，調節流通中的貨幣量。

中央銀行的目標是維持經濟平穩發展，控制通貨膨脹，追求充分就業，平穩經濟週期和實現經濟長期增長。

追求這些目標的完全成功是不可能的，中央銀行更適當的目標是改善經濟狀況。當然，經濟學家對於中央銀行有沒有發揮這樣的作用仍有異議。

（二）政策工具

中央銀行有許多責任，我們這裡只考察它最重要的任務：調節流通中的貨幣量，主要通過三大政策工具以及道義勸告來實現。

1. 法定準備金率

中央銀行要求所有存款機構都要把存款的一部分作為準備金，這個比例就叫作法定準備金率。法定準備金率對貨幣量的影響是雙方面的。

（1）當中央銀行提高法定準備金率時，商業銀行必須繳納更多的準備金，而另一方面可用於貸款的資金就減少了，於是貨幣量減少。當中央銀行降低法定準備金率時，商業銀行可以減少準備金數額，可用於貸款的資金增加，於是整個社會的貨幣量增加。

（2）法定準備金率的變動改變了貨幣乘數，從而影響貨幣供給量。

2. 再貼現率

再貼現率是商業銀行向中央銀行取得準備金貸款時必須支付的利率。

如果中央銀行提高再貼現率，意味著商業銀行向中央銀行貸款時必須支付更高的價格，銀行會盡量少向中央銀行借錢。為此，商業銀行需要減少貸款，結果就是市場上貨幣供給量減少。

如果中央銀行降低再貼現率，商業銀行可以按較低的價格取得借款，銀行願意借更多的錢，也有能力提供更多的貸款，於是，貨幣供給量增加。

3. 公開市場業務

公開市場業務是指中央銀行在公開市場上買賣政府有價證券，即國債。當中央銀行開展市場業務時，它與商業銀行或者其他企業進行交易，但並不與政府進行交易。

當中央銀行在公開市場上購買有價證券時，如果向商業銀行購買，比如 100 萬元的國債，那麼商業銀行增加了 100 萬元資金。不僅如此，商業銀行獲得資金後可以進行貨幣創造，如果此時貨幣乘數為 4，那麼整個市場上的貨幣供給量會增加 400 萬元。

如果中央銀行向私人購買價值 100 萬元的國債，而私人將這 100 萬元全部存入商業銀行，那麼仍然可以進行貨幣創造，成倍增加貨幣供給量；如果私人完全以現金形式持有這 100 萬元，那麼貨幣供給量增加 100 萬元，沒有貨幣創造。

4. 道義勸告

有時候，中央銀行也會利用自己比較特殊的身分，對商業銀行的信貸規模、信貸方式和風險控制等方面進行權威指導。雖然不具有強制性，但可以算是專業指導。

思考一下：
搜集最近一年中央銀行行使貨幣政策工具的相關內容，分析這些政策的目標是什麼。如果可能，探討一下政策效果如何。

五、貨幣政策與總需求

如果中央銀行增加貨幣供給量，對於實體經濟有什麼影響？這就要同時考慮貨幣市場和商品市場的均衡。

（一）貨幣供給與利率

如果中央銀行在公開市場上買進債券，增加貨幣供給量，那麼貨幣市場上的利率將會發生什麼樣的變動？

如圖 11.8 所示，在一個確定的物價水準下的貨幣需求曲線 MD 比較固定，當貨幣供給量從 MS_1 增加到 MS_2 時，利率水準從 R_1 降低到 R_2。

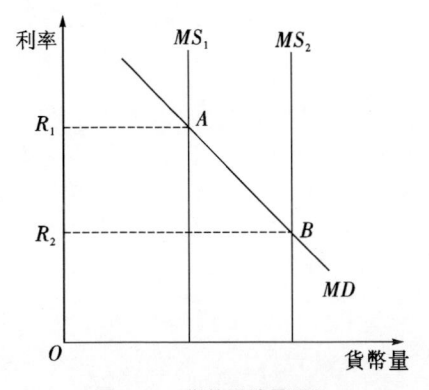

圖 11.8　貨幣供給量增加

(二) 總需求的變動

較低的利率意味著企業投資成本下降、家庭儲蓄收益減少，於是企業會增加計劃投資，而私人減少儲蓄、增加消費支出，於是在既定的價格水準下，社會產出水準增加。

如圖11.9所示，價格水準固定為 P，由於利率下降使得總需求從 Y_1 增加到 Y_2 水準，總需求曲線向右移動（從 AD_1 到 AD_2）。

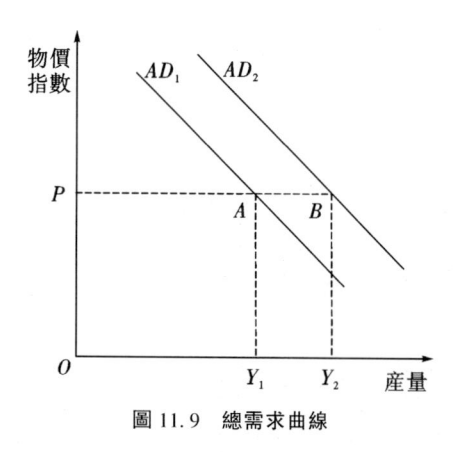

圖11.9　總需求曲線

(三) 貨幣政策的局限

貨幣政策通過調整貨幣供給量影響市場利率，然後通過市場利率的變化來影響儲蓄和投資，最後改變總需求和就業。

1. 時滯

貨幣政策間接作用於總需求，可能需要一個較長時間才能發揮作用，時滯較長，影響了貨幣政策的效果。

2. 政策單向

在通貨膨脹時期，實行緊縮的貨幣政策（提高法定準備金率，賣出國債等）效果比較明顯，但是在經濟衰退時期，實行擴張的貨幣政策效果不明顯。

主要原因在於：經濟衰退時期，家庭和企業對於未來的預期比較悲觀，即使降低利率，也不願意進行投資。

3. 貨幣流通速度

貨幣供給量受到貨幣流通速度的影響，貨幣流通速度是一個常量嗎？

在通貨膨脹時期，貨幣購買力下降，貶值風險較大，人們不願意持有貨幣。於是，在交易時，人們會盡量加快貨幣轉手率，使得貨幣流通速度加快。而反通脹的政策的主要目標在於減少貨幣供給量，結果因為貨幣流通速度加快，政策效果被削弱。

在通貨緊縮時期，中央銀行採取各種措施增加貨幣供給量，但是不能改變貨幣流通速度變慢的事實，結果政策效果也非常有限。

:::資料延伸:::

歷史回顧：貨幣政策十年路[①]

從 1993 年開始，中國經濟出現過熱現象，中央銀行開始採取適度從緊的貨幣政策，嚴重的通貨膨脹由 1995 年開始得到了抑制。

人民幣利率調整表　　　　　　　　　　　　　　　單位：%

	調整前利率	調整後利率
金融機構人民幣存款基準利率		
活期存款	0.72	0.36
三個月	2.88	1.98
半　年	3.24	2.25
一　年	3.6	2.52
二　年	4.14	3.06
三　年	4.77	3.6
五　年	5.13	3.87
金融機構人民幣貸款基準利率		
六個月	6.03	5.04
一　年	6.66	5.58
一年至三年	6.75	5.67
三年至五年	7.02	5.94
五年以上	7.2	6.12
個人住房公積金貸款利率		
五年以下（含）	4.05	3.51
五年以上	4.59	4.05

1998—2002 年

穩健的貨幣政策：1997 年，中國經濟開始出現國內需求不旺的情況，加上受亞洲金融危機爆發的影響，中國形成通貨緊縮的局面。基於此，從 1998 年起開始正式實施穩健的貨幣政策。

2003—2007 年

穩中從緊的貨幣政策：2003 年開始，中國進入新一輪經濟增長週期的上升期。在此期間，貨幣政策雖然名義上仍維持「穩健」的基調，但內涵已逐步表現出適度從緊的趨向。截至 2007 年底一共加息 8 次，上調準備金率 14 次。

2007—2008 年 10 月

從緊的貨幣政策：為防止經濟增長由偏快轉為過熱，防止價格由結構性上漲演變為明顯通貨膨脹，2007 年底的中央經濟工作會議明確提出從 2008 年起貨幣政策由「穩健」改為「從緊」。至此，中國實施 10 年之久的「穩健」貨幣政策正式被「從緊」貨

[①] 資料來源：新華網。

幣政策所取代。

2008年11月以後

適度寬鬆的貨幣政策：11月5日召開的國務院常務會議提出，為抵禦國際經濟環境對中國的不利影響，必須採取靈活審慎的宏觀經濟政策，當前要實行適度寬鬆的貨幣政策。這次也是中國10多年來貨幣政策中首次使用「寬鬆」的說法。適當寬鬆的貨幣政策意在增加貨幣供給，在繼續穩定價格總水準的同時，要在促進經濟增長方面發揮更加積極的作用。

第三節　財政政策與總需求

2007年第二季度以來，中央政府針對經濟增長、資金流動性以及股票市場的調控措施有所加強，先後採取了減少出口退稅、上調印花稅、連續加息、批准發行特別國債、向個人投資者開放「港股直通車」業務、加快H股迴歸等一些措施來進行調控。

2007年第四季度中央銀行對沖基礎貨幣被動性投放的舉措仍會繼續：一方面，中央銀行使用發行定向票據、提高存款準備金率，以及使用手中的特別國債進行公開市場操作等「組合拳」來收緊流動性；另一方面要通過窗口指導、「道義勸說」等行政手段來控制信貸增長。

從現實經濟世界中的例子可以看到，政府不僅使用貨幣政策手段（提高存款準備金率、公開市場操作等），還使用稅收等手段來調節經濟，後者屬於財政政策的內容。

一、有效需求不足

政府為什麼要干預經濟？凱恩斯提出，短期內經濟總是處於有效需求不足的狀態。在資本主義制度下，經濟危機的產生是必然的，為了拯救資本主義制度，政府就有必要採取一些政策手段刺激經濟。

1929—1933年經濟大蕭條

1929年10月初一週之內，美國人在證券交易所內失去的財富高達100億美元；到11月中旬，紐約證券交易所股票價格下降40%以上，證券持有人的損失高達260億美元；三年內，有5,000家銀行倒閉，至少13萬家企業倒閉，汽車工業下降了95%；到1933年，工業總產量和國民收入暴跌了將近一半，商品批發價格下跌了近三分之一，商品貿易下降了三分之二以上；占全國勞工總數四分之一的人口失業。

「羅斯福新政」（復興、改革、救濟）

1933年3月9日，美國國會通過《緊急銀行法》，決定對銀行採取個別審查頒發許可證制度，對有償付能力的銀行，允許盡快復業。

4月5日，宣布禁止私人儲存黃金和黃金證券，美元停止兌換黃金；4月19日，禁止黃金出口，放棄金本位；6月5日，公私債務廢除以黃金償付。

1934年1月10日，宣布發行以國家有價證券為擔保的30億美元紙幣，並使美元貶值40.94%。

先後通過了《農業調整法》和《全國工業復興法》，要求資本家們遵守「公平競爭」的規則，制訂出各企業生產的規模、價格、銷售範圍；給工人們訂出最低工資和

最高工時。

1933年5月，美國國會通過《聯邦緊急救濟法》，成立聯邦緊急救濟署，將各種救濟款物迅速撥往各州，第二年又把單純救濟改為「以工代賑」，給失業者提供從事公共事業的機會。在羅斯福的第二個「百日新政」結束後，政府至少提供了600多萬個工作崗位，失業人數比1933年初減少了400萬。

1935年農民的全部現金收入從1932年的40億美元上升到近70億美元；1936年工商業界倒閉企業數目只有1932年的三分之一；各保險公司資產總額增加了30多億美元，銀行業早已渡過了難關，道·瓊斯股票指數上升了80%。

翻看世界經濟史，1929—1933年這樣的大蕭條雖然並不多見，但危機常常發生，其表現為產品賣不出去，市場有效需求不足。

在不考慮國際經濟交往的情況下，國內有效需求是由投資需求和消費需求共同組成的，因此有效需求不足也就是消費不足和投資不足。

(一) 邊際消費傾向遞減導致消費不足

如果你每個月取得1,000元收入，會拿出多少錢來消費？也許是把1,000元全部花掉，也就是消費占支出的100%。如果你的收入增加到3,000元，是不是還會全部花掉？

凱恩斯提出，由於心理因素的作用，隨著收入的增加，消費支出在收入中所占的比例越來越小——這就是邊際消費傾向遞減。也就是說，收入3,000元的時候，也許你會考慮儲蓄，那麼消費占收入的比例就會下降，比如降為80%。

邊際消費傾向遞減對總需求有什麼影響？由於邊際消費傾向遞減，收入水準越高，消費所占的比例就越小，也就是說富人比窮人的消費傾向小一些。因此，在分配不均的資本主義社會，富人錢越來越多，消費卻越來越少，於是總需求減少，不能自動實現供求均衡。

(二) 資本的邊際收益率下降導致投資不足

只有當投資的邊際收益率 MEC 大於利率 R 時，企業才會進行投資。但是，隨著投資的增加，MEC 是逐漸下降的：一方面，投資增加使得資本品價格上升；另一方面，投資增加製造出更多的產品，產品價格下降，導致收益減少。

MEC 下降要求利率 R 也同時下降，但是由於存在流動性陷阱，所以利率下降是有限的，對投資的鼓勵作用也非常有限。結果就是最終會出現 $MEC<R$，企業不再投資生產，總需求減少。

什麼是流動性陷阱？

當利率降低到一定程度時，貨幣需求就會變得無限大，即人們只願意持有貨幣而不願意持有債券。即使增加貨幣供給量，也全部被人們以現金或活期存款的形式持有，不會用於投資債券改變利率，結果就是無論貨幣供給量增加多少，都不會使利率繼續降低。人們的「流動性偏好」得到最充分的體現，它能最大限度地吸收流通中增加的貨幣量。這種現象被稱為「流動性陷阱」。

於是，在消費傾向遞減和投資不足的雙重作用下，自由的市場經濟只會因為有效需求不足而最終陷入生產過剩、失業增加的危機，因此需要政府干預。

二、財政政策工具

總需求 GDP＝C+I+G+NX，其中，政府購買直接構成了總需求的一部分，可以通過增加或減少政府購買來影響總需求；另一方面，政府還可以通過稅收或轉移支付手段影響家庭和企業的收入，從而影響他們的支出，最後作用於總需求。因此，財政政策主要是調整政府的收入和支出，直接或間接影響總需求。

財政政策工具主要包括稅收、公債、政府購買、轉移支付和其他收入政策。

（一）稅收

政府收入從何而來？稅收是政府最主要的收入來源，也是主要的財政政策工具。

2001—2002年，英國政府共徵收到3,950億英鎊稅收。其中，個人所得稅1,080億英鎊；國民保險分擔額650億英鎊；增值稅610億英鎊；公司稅340億英鎊。其他數目較大的還有燃油稅220億英鎊；酒精菸草稅145億英鎊；營業稅175億英鎊；市政稅150億英鎊。

對照一下，你可能繳了哪些稅？哪些稅是可以避免的？

稅收包括財產稅、所得稅、貨物稅等種類，有時候也分為直接稅、間接稅。稅收來自於家庭和企業的收入，納稅意味著家庭和企業的可支配收入減少；反之，減稅則會增加家庭和企業的可支配收入。

比如，2009年初，為了鼓勵人們購買轎車，政府降低了轎車購置稅——1.6升以下排量的轎車由原來的統一的10％稅率降為5％。比如購買一輛價格6萬元的1.6升的轎車，原來需要繳稅6,000元，現在只需要3,000元，購車總成本降低了3,000元，當然就可能使得轎車消費增加，從而增加總需求。

再比如，鑒於國際經濟形勢並不樂觀，政府提高了一些產品的出口退稅比例，意味著出口貨物收益增加，可能使得出口型企業擴大生產，增加總需求。

（二）公債

當政府支出大於收入時，就產生了預算赤字，預算赤字相當於政府借貸。在中國的傳統觀念裡，借貸消費似乎並不是一種美德。那麼，政府借貸呢？

公債對經濟的影響首先表現在它擠占了私人借貸資金。經濟整體中可借貸資金是有限的，主要來自於儲蓄，如果政府借貸太多，那麼私人就沒有那麼多錢可以借。從這個意義上來說，公債對於經濟長期發展可能有不利影響。

但另一種觀點提出「公債無害論」。因為公債的債權人是公眾，債務人是政府，而政府還債也是通過向公眾徵稅來實現，可以說是自己欠自己的錢，只要作為債務人的政府長期存在，就能確保債務兌現——於是英國發行了「永久公債」，即不還本但保證每年付息的公債。

事實上，公債產生的影響主要在於它的用途。如果政府花錢是為了刺激經濟增長，產生了很高的收益，那麼公債就是安全和值得的；如果政府把錢用於戰爭或者浪費，付出了成本（公債利息、擠占私人投資等）卻沒有取得收益，公債就是不值得的。

思考一下：

搜集中美等國的統計數據，看看各國政府的財政是赤字還是盈餘。

（三）政府購買

除了收入，政府還可以通過調整支出方式和支出額來影響總需求。政府支出有兩

種方式，一種是政府購買，一種是轉移支付。

1. 政府購買的形式

政府購買是政府直接支出，購買某種物品或勞務，主要包括軍需品、警察裝備、機關辦公品和公務員薪金等。

政府購買直接構成總需求的一部分，當政府購買增加時，就增加了總需求。比如隨著辦公自動化的發展，政府需要增加對電腦和網絡設備的購買，增加了這些產品的總需求。或者政府決定雇用更多高素質人才，每年公務員選拔都意味著更多人成為公務員，這部分支出也增加了對於高素質或者高技能人才的需求。

2. 乘數效應

如果政府購買增加1,000萬元，社會總需求會增加多少呢？我們來看一個簡單的例子。

假設國防部門決定向飛機製造商購買價值1,000萬元的飛機，這筆訂貨首先增加了對飛機的需求1,000萬元。

產品需求量增加，於是企業決定雇用更多的工人（或者雇用更多的勞動時間），併購買更多的原材料進行生產。

工人收入增加，於是增加消費——雖然消費傾向遞減意味著消費在支出中所占的比例下降，但消費支出總額卻是增加的。這就增加了對其他產品（轎車、旅遊等）的需求。

1,000萬元的訂單使得企業利潤增加，於是可能購買更多更新的機器設備，形成了對這些產品的需求。

因此，我們看到一筆1,000萬元的政府購買，對總需求的影響可能是成倍的。這就是政府購買的乘數效應。

3. 擠出效應

政府增加了1,000萬元的政府購買，使得企業和工人的收入增加，消費需求增加，因此對貨幣的需求也上升。

由於短期內貨幣供給量是相對固定的，因此在供給不變、需求增加的情況下，市場均衡利率上升。

利率上升意味著家庭和企業的借款成本上升，於是家庭會減少對商品房等投資品的需求，企業也會盡量減少貸款投資的計劃，結果就是整個社會的私人投資都在減少。

因此，政府購買支出增加導致私人投資減少。這就是政府購買的擠出效應。

正是因為政府購買有著擠出效應，所以經濟學家一致認為政府應該謹慎地使用財政政策工具。

（四）政府轉移支付

2009年，中國農民獲得總額867億元的農資補貼，這些錢由誰支付？家庭生活困難的低收入者有可能獲得最低生活補貼，這些錢又從何而來？

政府支出的另一種形式就是政府轉移支付，主要包括社會保障和社會福利支出、政府對農業的補貼、公債利息、中央政府對地方政府的撥款。

政府轉移支付與政府購買有什麼不同呢？政府購買是政府對物品和勞務的直接購買，主要為了提供公共產品；而轉移支付是對企業或家庭的補貼，增加他們的收入，並沒有直接購買產品，主要是為了提供必要的社會保障。

比如中國政府補貼農業，主要就是通過提高農民的收入來實現的。通過提高農民的消費能力，可以間接增加對電視機、洗衣機等產品的需求。

三、財政政策的作用

財政政策是主要的經濟政策手段，它能對經濟產生哪些影響呢？

（一）自動穩定器

自動穩定器，也叫作內在穩定器，即財政制度本身會自動產生緩和經濟波動、維持經濟穩定發展的作用。

自動穩定器制度主要包括三個方面：累進所得稅制度、政府轉移支付制度、農產品價格維持制度。

在經濟蕭條期間，總產出水準較低，實際GDP較低，失業使人們收入減少。那麼，根據財政轉移支付制度，為了維持人們的生活水準，政府轉移支付增加；取得政府的轉移支付之後，家庭的可支配收入增加，提高了消費能力，於是總消費支出增加；消費支出增加的同時也就增加了社會總需求，於是實際GDP將上升——經濟由蕭條走向復甦。

在經濟高漲期間，產出和GDP較高，家庭和企業的名義收入都增加。此時，根據累進的所得稅制度，稅收增長超過GDP增長速度，於是人們要繳更多的稅；由於消費取決於繳稅之後的可支配收入，所以稅收增加導致消費量減少；消費支出減少意味著總需求下降，於是實際GDP水準將下降——遏制經濟高漲。

另一個大多數政府都採用的政策是維持農產品價格。在蕭條期間，所有產品價格都趨於下降，這時候維持農產品的價格就可以增加農民的可支配收入以及農業投資，從而擴大總需求。在經濟高漲期間，所有產品的價格都趨於上升，維持農產品的價格穩定可以幫助降低企業成本（農產品是重要的原料），從而遏制經濟膨脹。

（二）財政政策的局限

在衰退期，政府採用減稅、增加轉移支付等擴張性的財政政策增加實際GDP，並且降低失業率。如果經濟過熱，政府就可以通過增加稅收、減少轉移支付等緊縮性的財政政策降低實際GDP並遏制通貨膨脹。

但是財政政策並不是萬能的，否則宏觀經濟問題就不會如此令人困擾。

1. 政策時滯

稅收等政策工具的使用通常是以立法方式確定下來的，如果要採取財政政策，立法過程是緩慢的，因此政策往往落後於現實經濟的發展。

2. 經濟形勢難以判斷

我們要判斷經濟是低迷還是高漲或許比較容易，比如觀察物價指數、失業率等，但是要確定潛在GDP的水準卻非常困難。因為如果總需求變動使實際GDP有背離潛在GDP的趨勢，比如高於潛在GDP，那麼擴張性的財政政策只會導致通貨膨脹，而不會影響實際GDP的長期變動趨勢。

同時，要確定政策幅度也是困難的。比如，經濟衰退時可以通過增加政府購買來擴大總需求，刺激經濟。但是應該增加多少政府購買呢？應該投資於哪些行業、哪些地區呢？這些都是實際運用中難以迴避的問題。

本章小結

市場經濟是配置資源、組織生產的有效方式，但無法解決供求失衡、收入分配差距、失業這類問題，於是短期內經濟總表現出時而擴張時而收縮的波動，1929—1933年的經濟大蕭條更是促使人們重視生產過剩和失業率上升的經濟危機問題。

我們使用總供求模型來分析短期經濟波動。根據 GDP 的核算，實際 GDP 的需求量由消費 C、投資 I、政府購買 G 和淨出口 NX 組成，即總需求是個人、企業、政府和外國人對本國最終產品的需求決定的。而人們的需求受到許多因素的影響，其中一些主要的因素是物價水準、對未來的預期、政府的政策影響、世界經濟形勢。總需求曲線用來描述物價水準和實際 GDP 之間的關係。

本章主要討論政府的公共政策對總需求的影響，包括貨幣政策和財政政策。

貨幣政策影響貨幣市場上貨幣的供求量和利率水準，從而間接影響總需求；而財政政策是較為直接的需求管理方式，主要包括稅收、轉移支付和公債，直接影響總需求或者人們的收入水準。但政策的效果受到多方面的影響，所以宏觀經濟調控是長期困擾政府的難題。

資料延伸

金融危機衝擊實體經濟，美國、中國制訂刺激經濟計劃

（Ⅰ）美國參眾兩院達成經濟刺激計劃最終文本[①]

美國國會參眾兩院 11 日經過協商，就經濟刺激計劃最終文本達成一致意見，確定該項計劃的總額為 7,890 億美元。

此前，眾議院和參議院各自批准了不同數額的刺激經濟計劃。共和、民主兩黨對有關條款存在極大分歧。共和黨主張救助經濟的主要措施應該是減稅，但執政的民主黨則堅持增加基建方面的投資，刺激經濟復甦。

參眾兩院議員從昨晚便開始磋商，經過激烈的討價還價，現在兩黨在基建投資和減稅等方面達成妥協，保留了參眾兩院不同版本中的主要內容，確定最終文本的資金總額為 7,890 億美元，低於參眾兩院曾經各自批准的資金數額。

根據達成的協議，在 7,890 億美元開支中，35% 用於減稅，65% 用於增加政府投資。據此，每個美國納稅人將可望拿到 400 美元的退稅。按照相關程序，最終文本還將遞交參眾兩院表決、通過後送奧巴馬總統簽字才能成為法律。參議院民主黨領袖里德說，這個法案生效後，將創造 350 萬個就業機會。

美國股市當日對此做出了積極反應，金融類股引領股市反彈，華爾街三大股指收盤各自上揚約 1%。分析師指出，股票市場已感到這項法案將會推動未來的經濟增長，有助於緩解美國經濟的衰退。

[①] 資料來源：光明網，2009 年 2 月 13 日（http://www.gmw.cn/）。

(Ⅱ) 國務院出抬擴大內需十項措施確定 4 萬億元投資計劃①

國務院總理溫家寶 5 日主持召開國務院常務會議，研究部署進一步擴大內需促進經濟平穩較快增長的措施。

會議認為，近兩個月來，世界經濟金融危機日趨嚴峻，為抵禦國際經濟環境對中國的不利影響，必須採取靈活審慎的宏觀經濟政策，以應對複雜多變的形勢。當前要出抬積極的財政政策和適度寬鬆的貨幣政策，實行更加有力擴大國內需求的措施，加快民生工程、基礎設施、生態環境建設和災後重建，提高城鄉居民特別是低收入群體的收入水準，促進經濟平穩較快增長。

會議確定了當前進一步擴大內需、促進經濟增長的十項措施：

一是加快建設保障性安居工程。加大對廉租住房建設支持力度，加快棚戶區改造，實施遊牧民定居工程，擴大農村危房改造試點。

二是加快農村基礎設施建設。加大農村沼氣、飲水安全工程和農村公路建設力度，完善農村電網，加快南水北調等重大水利工程建設和病險水庫除險加固，加強大型灌區節水改造，加大扶貧開發力度。

三是加快鐵路、公路和機場等重大基礎設施建設。重點建設一批客運專線、煤運通道項目和西部干線鐵路，完善高速公路網，安排中西部干線機場和支線機場建設，加快城市電網改造。

四是加快醫療衛生、文化教育事業發展。加強基層醫療衛生服務體系建設，加快中西部農村初中校舍改造，推進中西部地區特殊教育學校和鄉鎮綜合文化站建設。

五是加強生態環境建設。加快城鎮污水、垃圾處理設施建設和重點流域水污染防治，加強重點防護林和天然林資源保護工程建設，支持重點節能減排工程建設。

六是加快自主創新和結構調整。支持高技術產業化建設和產業技術進步，支持服務業發展。

七是加快地震災區災後重建各項工作。

八是提高城鄉居民收入。提高明年糧食最低收購價格，提高農資綜合直補、良種補貼、農機具補貼等標準，增加農民收入。提高低收入群體等社保對象待遇水準，增加城市和農村低保補助，繼續提高企業退休人員基本養老金水準和優撫對象生活補助標準。

九是在全國所有地區、所有行業全面實施增值稅轉型改革，鼓勵企業技術改造，減輕企業負擔 1,200 億元。

十是加大金融對經濟增長的支持力度。取消對商業銀行的信貸規模限制，合理擴大信貸規模，加大對重點工程、「三農」、中小企業和技術改造、兼併重組的信貸支持，有針對性地培育和鞏固消費信貸增長點。

初步匡算，實施上述工程建設，到 2010 年底約需投資 4 萬億元。為加快建設進度，會議決定，今年四季度先增加安排中央投資 1,000 億元，明年災後重建基金提前安排 200 億元，帶動地方和社會投資，總規模達到 4,000 億元。

---

① 引自新浪網新浪財經欄目（http://finance.sina.com.cn/g/20081109/19215484791.shtml）。

第十二章
總供給與經濟增長

「對經濟成長來說，最重要的是如何將自己擁有的資源發揮到極致，外在事件只是次要的因素。」

——阿瑟·劉易斯

內容提要：

對於經濟整體而言，資本與資源總量是有限的，如何充分利用這些資源獲得最大產出，並長期保持下去，是宏觀經濟研究的重要問題。本章研究在資源稀缺的背景下，分析經濟增長的源泉，介紹促進經濟增長的政策和三種主要的經濟增長理論。

重點掌握：

1. 總供給與潛在 GDP 水準；
2. 經濟增長的源泉；
3. 三種主要的經濟增長理論。

導入：

石油衝擊

1973—1975 年，有大量石油儲藏的中東國家組成了卡特爾——歐佩克，決定減少生產以提高石油的價格。結果石油價格幾乎翻了一番，世界石油進口國都經歷了同時出現的通貨膨脹和衰退——總供給曲線向左移動。在美國，按 CPI 衡量的通貨膨脹率幾十年內第一次超過了 10%，失業率從 1973 年的 4.9% 上升到 1975 年的 8.5%。

幾年後又發生了幾乎完全相同的事件。1978—1981 年，歐佩克再次減產，石油價格翻了一番還多，結果又是滯脹。通貨膨脹率再次上升到 10% 以上，失業從 1978 年、1979 年的 6% 左右上升到 10% 左右。

完全相反的情況也不是沒有。1986 年歐佩克成員之間發生了爭執，成員國違約增加石油供給，世界原油市場上價格下降了一半左右。結果減少了美國企業的成本，這又使總供給曲線向右移動，帶來了滯脹的反面：產量迅速增長，失業減少，而通貨膨脹率達到了多年來的最低水準。

從這個意義上說，中東國家的團結對於石油進口國而言似乎並不是一件好事。

第一節　總供給量與 GDP

在第二次世界大戰最激烈的 1943 年，美國的總產量比前四年增加了 83%。什麼原因導致了生產在如此短的時間內有這麼大的提高呢？

美國人有更多的錢，擁有更多的家電、轎車，享受更好的生活環境⋯⋯這是因為美國擁有更高的生產水準。而中國在改革開放以來的 40 年間獲得了飛速發展，雖然仍遠遠落後於美國等發達國家，但是產出和收入都有了快速增長。

為了找到引起經濟增長的原因，我們首先來看看如何描述一國的產出水準。

一、潛在 GDP 水準

在既定的技術狀況和人口規模條件下，一國能夠達到而不至於發生通貨膨脹的產出水準是確定的，這就是潛在 GDP，也叫作充分就業的實際 GDP。也就是說，在最低的可持續失業率下的產出水準。

為了生產出更多的產品，我們必須使用更多的投入要素，可以通過雇用更多的勞動、增加資本量，或者開發出提高勞動生產率的技術來實現實際 GDP 的增長。

在短期分析中，資本量和技術水準都是確定不變的，此時實際 GDP 就取決於所雇用的勞動量——不是勞動人數，而是勞動時間總量。

（一）勞動供給

勞動供給量是經濟中所有家庭計劃工作的勞動時間。在其他條件不變時，我們用勞動供給曲線表示勞動供給量與實際工資率之間的關係。

什麼是實際工資率？2018 年某人的工資是 5,000 元/月，這是直接用貨幣數量表示的貨幣工資率。如果用貨幣工資率除以物價指數再乘以 100，就得到實際工資率。假如以 2018 年為基年，它的物價指數為 100，那麼這個人的實際工資率就是 5,000 元/月。

勞動供給量隨著實際工資率的上升而增加，表現為工人工作更長時間或者勞動力參加工作的比率提高。

（二）勞動需求

勞動需求量是經濟中所有企業雇用的勞動總量。在其他條件不變的情況下，我們用勞動需求曲線來表示勞動需求量與實際工資率之間的關係。

追求利潤最大化的企業會雇用多少勞動取決於勞動邊際產量。當企業支付的實際工資率和勞動的邊際產量值相等時，它的利潤最大。

由於邊際產量遞減，所以隨著勞動數量的增加，實際工資率下降。

（三）勞動市場均衡

當勞動需求曲線與勞動供給曲線相交時，勞動市場實現了均衡（如圖 12.1 所示），表示在實際工資率為 5,000 元/月時，實現了充分就業，整個市場上的勞動總量為 200 萬小時。此時既不存在過剩（更多的失業），也不存在短缺。

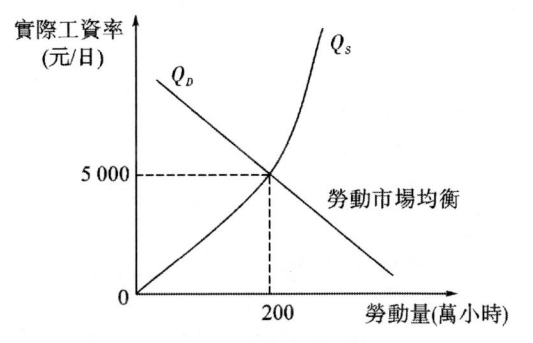

圖 12.1　勞動市場均衡

在短期內產出水準取決於勞動數量，用生產函數可以表示在一定勞動投入下，可以生產出來的最大的產量（如圖 12.2 所示）。

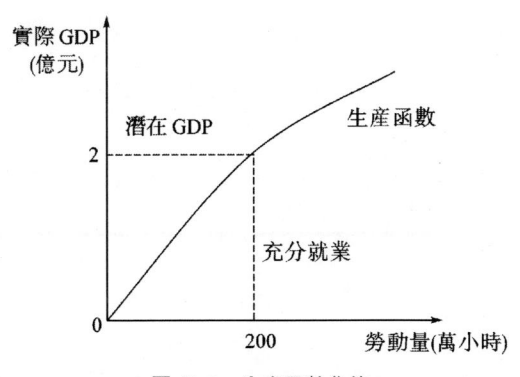

圖 12.2　生產函數曲線

在充分就業的水準下，對應的實際 GDP 是 2 億元，這個實際 GDP 就是潛在 GDP。

(四)　總供給曲線

總供給曲線表示其他條件不變時，實際 GDP 供給量（總產出）與物價水準之間的關係。物價水準與總供給量之間的關係取決於時間的長短（如圖 12.3 所示）。

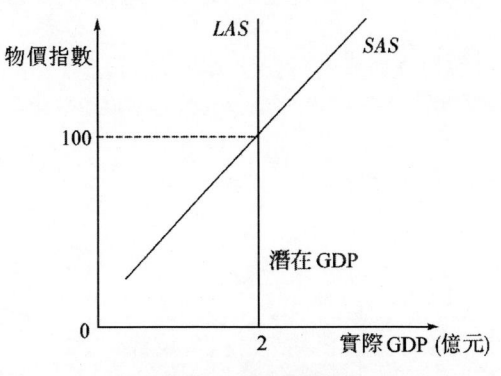

圖 12.3　總供給曲線

用 LAS 表示長期總供給曲線，它是由潛在 GDP 水準決定的一條垂線；用 SAS 表示短期總供給曲線，它是一條向右上方傾斜的直線。

二、長期總供給曲線

在長期，經濟體的生產能力取決於資本、勞動的供給，以及用來把資本和勞動變為產品的生產技術。

（一）為什麼長期總供給曲線保持垂直

隨著物價水準的上升，貨幣工資率上升但實際工資率不變，所以勞動市場的均衡就業水準也不變，總供給由潛在 GDP 決定，是一個固定的數額。

因此，長期總供給曲線不受物價水準變動的影響，是一條垂直的線，並且這個實際 GDP 等於潛在 GDP。

（二）LAS 的移動

如果潛在 GDP 發生變化，那麼長期總供給曲線也會移動（如圖 12.4 所示）。

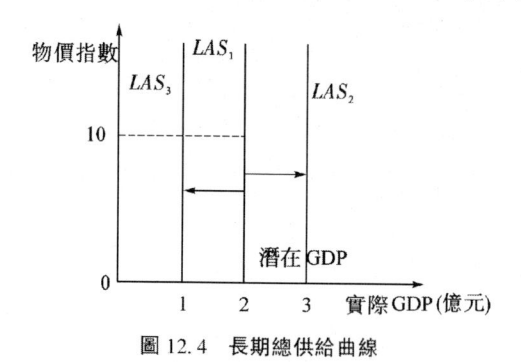

圖 12.4　長期總供給曲線

如果潛在 GDP 從 2 億元增加到 3 億元，那麼長期總供給曲線就向右移動，從 LAS_1 移動到 LAS_2；如果潛在 GDP 從 2 億元減少到 1 億元，那麼長期總供給曲線就向左移動，從 LAS_1 移動到 LAS_3。

潛在 GDP 增加意味著生產能力提高。哪些因素會使潛在 GDP 增加呢？

1. 人口增長

人口增長使勞動供給曲線向右移動，於是實際工資率下降，而就業增加（如圖 12.5 所示）；就業增加又使得潛在 GDP 增加，於是長期供給曲線向右移動。

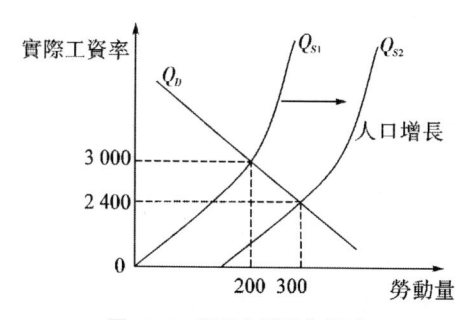

圖 12.5　勞動市場均衡變動

2. 勞動生產率提高

當我們談論勞動生產率時，通常是指每個小時勞動的實際 GDP，主要受到物質資本、人力資本和技術進步的影響。

（1）物質資本。一個使用鐮刀、鋤頭進行耕種的農民可以生產出能夠養活幾個人的穀物；如果他使用無人駕駛機器等智能方式進行生產，也許他就能夠種出養活上百人的穀物。

如果物質資本增加，勞動生產率將會提高，每單位勞動能夠生產的產品更多。

比如電腦的大量使用，替代了原來的打字機等機器，也減少了對打字員這類勞動的需求，但是同時增加了電腦使用、維修和銷售等勞動的需求——勞動需求增加得更多一些。因此，勞動市場上勞動需求曲線向右移動，結果，實際工資率上升、均衡就業量增加（如圖 12.6 所示）。

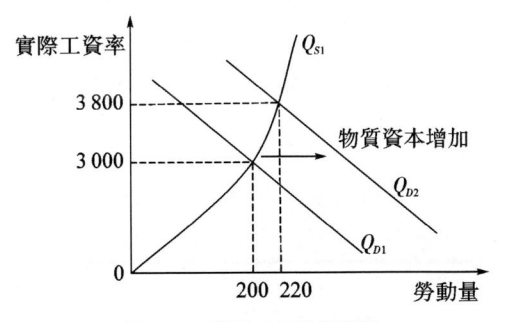

圖 12.6 勞動市場均衡變動

由於潛在 GDP 是由就業量決定的，因此潛在 GDP 增加，長期總供給曲線向右移動。

（2）人力資本。人力資本增加意味著單位時間內勞動的產量增加，因此人力資本增加對均衡就業和實際 GDP 的影響方式相同——生產可能性邊界上升，潛在 GDP 增加，於是長期總供給曲線向右移動（如圖 12.7 所示）。

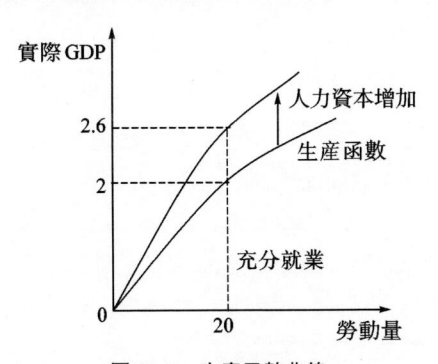

圖 12.7 生產函數曲線

（3）技術進步。隨著技術進步，勞動生產率提高，促使產生了物質資本增加和人力資本增加的效果：一方面，勞動需求增加，實際工資率從 5,000 上升到 6,800，均衡就業從 200 增加到 220；另一方面，生產可能性邊界擴大，潛在 GDP 從 2.6 進一步增加到 2.8（如圖 12.8 所示）。

(a) 勞動市場均衡變動

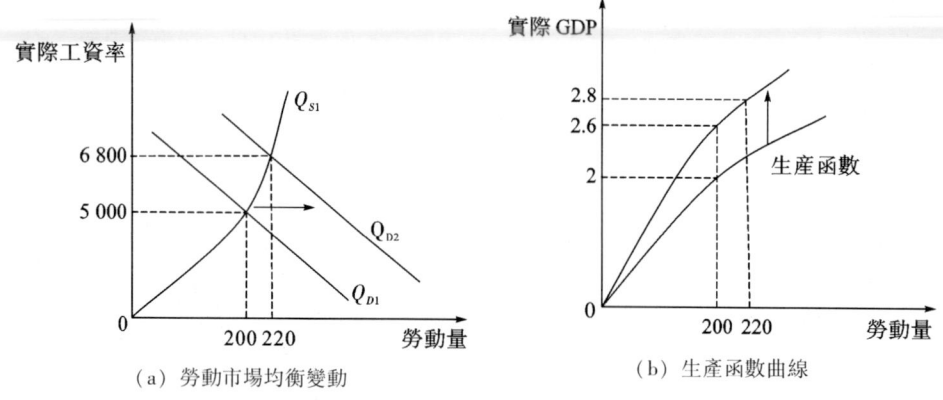

(b) 生產函數曲線

圖 12.8　技術進步

思考一下：
移民會如何影響一國的長期總供給曲線？

三、短期總供給曲線

短期內，人口規模、資本和技術都是不變的，此時潛在 GDP 水準相對固定。為了簡化現實，我們假設貨幣工資率也不變。此時，用短期總供給曲線表示實際 GDP 總供給量和物價水準之間的關係，它是一條向右上方傾斜的直線（如圖 12.9 所示）。

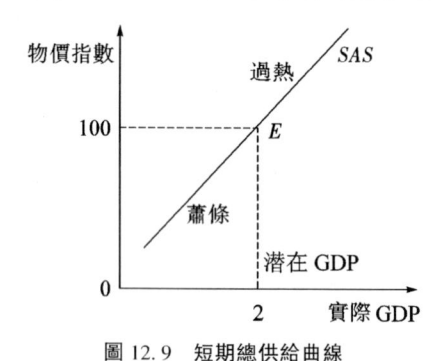

圖 12.9　短期總供給曲線

對於短期總供給與物價水準同向變動的關係，經濟學家提出了三種解釋。

（一）錯覺

一種關於短期總供給曲線的理論是以經濟學家米爾頓·弗里德曼和羅伯特·盧卡斯的著作為基礎的錯覺理論。根據這種理論，物價總水準的變動會在短期內誤導企業對市場價格的判斷，做出調整生產的反應。

比如，假設一個經濟中有麵包和小麥兩種產品，現在麵包和小麥價格同比例下降。但是麵包生產者在認識到小麥價格下降之前，首先瞭解到的是他的產品——麵包的價格下降了，因此會認為生產麵包的成本不變（事實上小麥降價降低了成本），而銷售價格降低，於是判斷生產麵包不那麼有利可圖，減少了麵包的生產。

同樣，小麥的生產者首先注意到他的產品降價了，於是減少了小麥的供給。

這就是說，低物價水準（物價總水準）下降引起生產者的錯覺，然後根據他們錯誤的判斷做出減少產出的反應，於是總供給量減少了。

(二) 粘性工資理論

對短期總供給曲線的另一種解釋是凱恩斯及其追隨者提出的粘性工資理論。根據這種看法，短期總供給曲線向右上方傾斜是因為名義工資的調整緩慢，在短期內是「粘性」的。這主要是因為工會的力量和勞動合同總是有一定期限的，不能隨時調整。

此時，由於名義工資不變，物價水準下降意味著實際工資率上升，於是企業對勞動的需求量減少，結果就是產出減少，總供給量減少。換句話說，由於名義工資不能根據物價水準迅速調整，較低的物價水準就降低了企業的生產積極性，結果使得總供給量減少。

(三) 粘性價格理論

近年來，一些經濟學家提出了第三種解釋：粘性價格理論。根據這種理論，一些物品與勞務的價格對經濟狀況變動的調整也是緩慢的，在短期內是「粘性」的。

比如我們看到餐館的菜單上，各種菜品後面都標明價格，如果面粉、蔬菜的價格發生變化，餐館會隨時更改菜品的價格嗎？不會，因為更改價格會產生印刷和分發目錄的成本，傳遞價格信息需要一段時間。所以，我們也把更改價格產生的成本叫作菜單成本。

如果經濟中發生了沒有預期到的衰退，貨幣緊縮要求所有企業都降低產品價格，但仍然有一些企業不願意調整價格，結果就使得該產品相對較貴，會減少該產品的需求量，銷售減少——企業只好減少生產，社會總供給減少。

無論是因為錯覺、粘性工資還是粘性價格，都強調了總供給的變化是暫時的——短期行為。另一點需要注意的是，它們都強調一點：如果價格水準背離了人們的預期，產出水準就偏離潛在 GDP 的水準，就業也偏離充分就業狀態。

思考一下：

最低工資法的實施對總供給有什麼影響？

四、總供給曲線的移動

2008 年春，一場突如其來的大雪襲擊了中國南方，不僅造成了交通阻斷、旅客滯留及供電設備損壞等問題，而且直接導致了當年油菜產量下降。這對經濟會產生什麼影響？

當美國與伊拉克戰爭爆發時，中東一些原油運輸中斷，生產石油產品的成本上升。這又會產生什麼樣的影響？

當成本上升時，在任何一個價格水準下，企業願意提供的產品數量更少了，因此，短期總供給曲線向左從 SAS_1 移動到 SAS_2（如圖 12.10 所示）。

图 12.10 总供给的变动

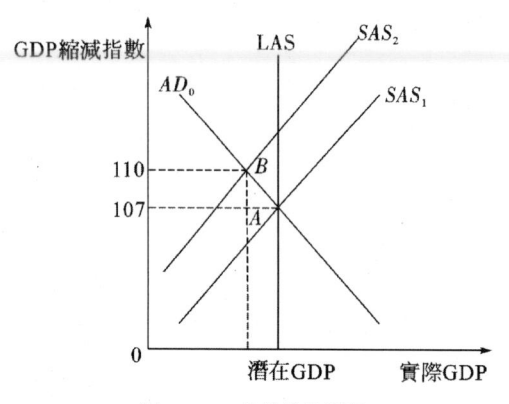

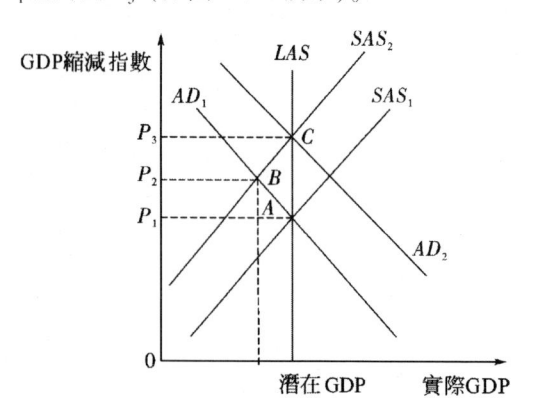

由于短期总供给曲线向左移动，于是物价水平上升，均衡产出水平减少（从 A 移动到 B）。这就是人们常说的「滞胀」——经济停滞（产量下降），同时伴随着通货膨胀。

当总供给曲线从 SAS_1 移动到 SAS_2 时，经济出现了滞胀。政府可能采取政策抵消这种不利影响，常见的做法是扩大总需求，使需求曲线从 AD_1 向右移动到 AD_2，那么均衡产出水平直接从 A 点移动到 C 点，这样保持产量在充分就业的潜在 GDP 水平上，但物价上升更多，从 P_1 上升到 P_3（如图 12.11 所示）。

图 12.11 抵消总供给移动的影响

因此，总供给曲线向左移动可能引起滞胀。政府可以采取一些措施抵消总供给曲线移动的影响，但无法同时消除这两种不利影响。

第二节　经济增长

从 1960 年到 1998 年，美国的人均实际 GDP 增长了两倍多。这个速度快吗？同样的时间段内，亚洲一些国家和地区经历了经济奇迹：中国香港地区和台湾地区，以及韩国的实际 GDP 翻了三番（是原来的 8 倍）。为什么这些国家和地区的经济增长如此

迅速？

一、經濟增長規律

各國和各地區在人均收入上存在巨大差距，其主要原因在於勞動生產率不同。

表 12.1　　　　　　　　世界各國和各地區的收入水準

國家和地區	人均 GDP	單位勞動 GDP	勞動力參與率	年平均增長率	翻番年限
	1990 年美元			1960—1990 年	
富裕國家					
美國	18,073	36,810	0.49	1.4	51
聯邦德國	14,331	29,488	0.49	2.5	28
日本	14,317	22,602	0.63	5.0	14
法國	13,896	30,340	0.46	2.7	26
英國	13,223	26,767	0.49	2.0	35
貧窮國家					
中國	1,324	2,189	0.6	2.4	29
印度	1,262	3,230	0.39	2.0	35
津巴布韋	1,181	2,435	0.49	0.2	281
烏干達	554	1,142	0.49	-0.2	-281
出現「增長奇跡」的國家和地區					
中國香港地區	14,854	22,835	0.65	5.7	12
新加坡	11,698	24,344	0.48	5.3	13
臺灣地區	8,067	18,418	0.44	5.7	12
韓國	6,665	16,003	0.42	6.0	12
出現「增長災難」的國家和地區					
委內瑞拉	6,070	17,469	0.35	-0.5	-136
馬達加斯加	675	1,561	0.43	-1.3	-52
馬里	530	1,105	0.48	-1.0	-70
乍得	400	1,151	0.35	-1.7	-42

經濟增長有規律可循嗎？

（1）觀察表 12.1 中的數據，我們發現世界各國和地區的長期增長率差別很大——從 1960—1990 年的 30 年間，韓國的人均 GDP 平均每年增長 6.0%，而最低的是乍得，人均 GDP 平均每年下降 1.7%。

（2）不同的經濟增長率意味著什麼？韓國的人均 GDP 大概 12 年就翻一番，而津巴布韋需要 281 年。所以，韓國、新加坡、中國的香港和臺灣地區在幾十年間迅速從貧窮國家和地區變為富裕國家和地區，而津巴布韋、烏干達等非洲國家則長期掙扎在貧困的深淵中。

（3）一個國家在世界人均收入分佈中的相對位置並不固定，可能由「窮」變「富」，也可能反向變動——蘇聯解體前後的一段時間內，東歐多數國家都經歷了由「富」變「窮」的過程。

經濟增長問題的提出源於第二次世界大戰之後，大多數國家都面臨著恢復經濟、實現增長的問題。此時，主要資本主義國家都出現了經濟發展停滯的問題，失業嚴重，經濟危機頻頻出現；而以蘇聯為代表的主要社會主義國家都獲得了快速的經濟增長。因此，殖民地、附屬國及剛剛獲得獨立的國家都面臨這樣一個問題：向誰學習以及發達國家有哪些經驗是值得借鑑、能夠借鑑的。

二、長期增長的源泉

　　一個國家的經濟增長，可以定義為給居民提供種類日益繁多的經濟產品的能力的持續上升，這種不斷增加的能力建立在先進技術以及所需要的制度和思想意識相應調整的基礎之上。

——西蒙·庫茲涅茨[1]

　　庫茲涅茨對於經濟增長的定義被認為是經典，經濟增長不僅依賴於資本、勞動和技術，還需要具備一些制度前提。

（一）增長的前提

　　經濟增長最基本的前提就是適當的激勵制度。一個教訓是中國曾經嘗試過的「大鍋飯」制度：所有生產要素都是全民或集體所有，政府或集體直接經營企業，產品平均分配。在這樣的制度下，勞動者的生產積極性很低，中國經濟也陷入低谷。

　　有三種制度對創造激勵是至關重要的，包括市場、產權和自由交易。

1. 市場

　　市場將所有的買者和賣者集中在一起，人們可以更方便地搜集和傳遞信息，然後進行交易。買方和賣方行為決定的需求和供給相互作用，形成均衡價格，而價格作為市場信號，能夠起到引導人們決策以及實現資源優化配置的作用。

　　市場可以方便人們買到自己需要的商品、賣出自己提供的產品，所以每個人都專注於自己擅長的領域，促進了專業化的發展。

　　市場決定了人們能夠得到自己想要的產品，但是只能通過出價購買而不是強取豪奪。這就產生了一個問題：誰來制定規則、維護規則。

　　所以，維持市場運行需要另外兩個制度相輔相成，這就是產權制度和自由交易制度。

2. 產權

　　產權是決定資源和產品被人佔有、使用和處置的社會安排，包括物質財產、金融財產和知識財產的權利。

　　比如土地歸誰所有？在中國，土地歸國家所有，但是農民擁有租用土地並取得收益的權利。最近的土地改革進一步明確了農民對土地的收益權，並且允許特定條件下的土地自由流轉，即土地使用權可以轉讓。

　　產權還決定了擁有債券的人有權向債務人索取利息，擁有股票的人可以獲得股利分紅。

　　如果一個人通過自己的努力發明了新產品，他的權利也將得到保護，可以憑藉專

---

[1] 西蒙·庫茲涅茨（1901—1985），美國經濟學家，1971年諾貝爾經濟學獎獲得者。他建立了現代國民收入核算體系，被稱為「GNP之父」，他對經濟增長的研究為現代經濟增長理論奠定了基礎。

利獲取收益，並且排除他人無償使用的可能。比如網絡小說的版權歸作者所有，其他人不能任意轉載。

建立並且明確實施的產權可以劃分個體的權利範圍，明確人們可以做什麼，不可以做什麼。比如，擁有土地的人可以種糧食或蔬菜，但是不能種大麻；政府可以依據法律收稅，但是不能無故沒收他人財產。

中國國有企業長期存在的一個問題就是產權不明晰。國有企業理論上來說是全民所有，但不可能每個人都參與經營。於是，由政府代表所有個人來實施對國有資產的佔有和管理。這時，政府的利益就一定代表社會全體的利益嗎？另一方面，政府委派的管理者也有自己的利益，企業家負責經營企業，卻並不對收益或虧損負完全責任。如何能夠確保他會努力經營，爭取所有者的利益最大呢？所以，國有資產沒有一個明確的產權主體，導致了一系列管理和效率問題。

3. 自由交易

第三個重要的激勵制度就是自由交易，物品和勞務、產權，都需要在自由交易的前提下有序地從一個人轉移到另一個人。

如果限定產品只能賣給誰，只能向誰買，那麼就可能扭曲價格。只有在自由交易的前提下，每個產品才能得到最高的評價。

比如你有一張周杰倫簽名的 CD，準備轉讓出去，而市場上有 A、B、C、D 四個人，他們願意為這張 CD 支付的價格分別是 100 元、80 元、60 元、10 元——顯然，D 也許並不是周杰倫的歌迷。如果在自由交易的市場上，當然最終由 A 得到這張 CD，因為他的評價最高。如果規定只能賣給 C，那麼你就只能得到 60 元；如果規定只能賣給 D，你就只能得到 10 元。非自由的市場不僅扭曲了價格，讓產品得不到最高評價，而且因此打擊了生產者的積極性——如果 CD 賣到 100 元，你或許會努力去取得另一張簽名 CD；如果只能賣到 10 元，你可能幹脆就不賣了，至少不會再去努力地爭取另一張簽名 CD。

因此，為了給經濟增長創造條件，需要建立起以法治基本原則為基礎的政治制度，它為產權的建立和實施提供了一個堅實的基礎。

當適當的激勵制度存在時，人們開始專門從事自己擅長的活動，然後從專業化和相互交易中獲益，整個社會的生產和消費增長了，人均實際 GDP 也就增長了。

（二）經濟增長的源泉

但是僅有前提是不夠的，要使經濟增長持續下去，人們還必須按照激勵從事相應的活動，這是過去 200 年間世界各國生產率大幅提高的主要源泉。

1. 儲蓄和新資本投資

如果你要投資裝修一個蛋糕店，可能需要 5 萬元，這 5 萬元錢可能來自於你的儲蓄，也可能是你向親朋好友借的，或者向銀行申請短期貸款——不管哪一種，事實上都來自於人們的儲蓄。

因此，儲蓄是進行投資的前提。儲蓄和新資本投資增加了每個工人的資本量，並增加了每小時勞動的實際 GDP——勞動生產率。

紡織廠、鐵礦和鋼鐵廠、建築工地、化工廠、銀行以及航運業等企業的資本累積為提高勞動生產率創造了條件，穩定地提高了人均 GDP。

在看古裝電視劇的時候，仔細觀察一下背景中出現的少量資本，努力設想一下在

這樣的環境中你能生產出什麼，有多高的勞動生產率。

2. 人力資本投資

二十年前，上大學還是少數人能夠實現的夢想，今天，越來越多的人把上大學作為必須接受的教育。

人力資本的累積是經濟增長最基本的源泉，是提高勞動生產率和技術進步的源泉。以文字記錄和傳播技術為例，如果所有文字只存在於記憶中，那麼從事一種商業活動將是多麼困難；假設沒有印刷術，所有書本只能靠手抄流傳，那麼讀書也只能是少數人擁有的權利。

有時候人力資本累積只是通過分工來實現的，數百萬人學習及反覆從事簡單的生產任務，熟能生巧，於是提高了這些任務的生產率。

第二次世界大戰期間，1941—1944 年，美國造船廠生產了一些按照標準化設計的 2,500 噸位的貨船，這些船被稱為「自由之艦」。在 1941 年，生產一艘船需要 120 萬個人工小時，到 1942 年，需要 60 萬個人工小時，到了 1943 年，只需要 50 萬個人工小時。這些年所用的資本並沒有發生多少變化，但數千名工人和管理者從經驗中學習，並累積了人力資本，這使得生產率在兩年中提高了 2 倍多。

3. 發現新技術

科學技術是第一生產力，這句話雖然簡單，但明確指出發現並運用新技術和新物品的技術進步對經濟的貢獻非常大。

只能使用馬車運輸貨物的時代，地區之間的貿易往來非常少，很難想像大多數北京人能夠便宜地買到海南出產的椰子和香蕉。蒸汽機、內燃機的發明，提高了運輸業的勞動生產率。隨著發動機和運輸設備的改進，運輸業也不斷發展，提高了整個社會的生產能力，高鐵就實實在在地縮短了城市之間的距離。

技術進步對經濟增長的另一個貢獻是突破了自然資源的限制，頁岩氣、可燃冰的開採無疑是能源總量提供了新的極限。

4. 自然資源

自然資源是自然界提供的投入，包括土地、河流、礦藏等，分為可再生的自然資源和不可再生的自然資源。河流是可再生的，而石油是不可再生的自然資源。

自然資源的差別導致了世界各國生活水準的一些差別。美國擁有大量適於耕種的土地，農業機械化程度很高；中國很多土地是山坡和丘陵，很難推廣機械化生產，勞動生產率較低；中東多數國家之所以富有，是因為他們正好處於世界石油儲藏豐富的地區。

自然資源是影響經濟增長的重要因素，但並不是決定性的。眾所周知，日本是一個資源貧乏的國家，需要進口許多重要資源，例如石油，但他們對進口原料進行技術加工，並把製成品出口到其他國家。事實上日本是世界上最富有的國家之一，突破了自然資源的限制。在東京，空間的壓力是如此巨大，以至於在一些居民區，一個停車位每個月要 1,700 美元。為了經濟地利用這些昂貴的地段，本田、尼桑和豐田這三家汽車公司開發出了停車機——它可以使兩輛汽車只占用一個停車位。

石油、煤炭等不可再生資源在經濟中起著重要作用。你擔心它們有一天會被消耗殆盡嗎？1980 年，經濟學家朱利安·西蒙與生態學家保羅·艾力克打賭，艾力克認為人口增長會對不可再生的自然資源形成壓力，導致這些資源價格上升；而西蒙認為更

多的人口並不會形成對自然資源的巨大壓力，因為人總會找到更有效的利用自然資源的方法，因此提出五種金屬——銅、鉻、鎳、錫和鎢的價格在 20 世紀 80 年代會下降。結果是西蒙贏了！

與 50 年前相比，今天的汽車油耗更低，而且石油開採技術的進步也減少了石油在採集過程中的浪費。另外，人們不斷開發風能、核能、太陽能等能源，新技術生產出更多的替代能源，減少了對石油的需求。

中國把新能源放在「十一五」規劃中的重要位置，制定了一系列政策，鼓勵生產消費可再生能源，使其在一次能源生產總量中的比例由 2006 年末的 7%，提高到 2010 年的 10%，進而到 2020 年的 16%，14 年內提高 9 個百分點。

總之，維持長期經濟增長並不容易，需要建立適當的激勵制度，並且要求人們在激勵下進行相應的經濟活動，從根本上提高勞動生產率和人均實際 GDP 水準。

(三) 經濟增長的核算

增長核算的目的是考察各個因素對經濟增長的貢獻的大小，計算實際 GDP 增長有多少來自於資本增長，多少來自於勞動增加，多少來自於技術進步。

生產函數是衡量經濟增長的工具，用 Y 表示實際 GDP，L 表示勞動量，K 表示資本量，A 表示技術，N 代表自然資源，這樣可以寫出：

$$Y=AF(L, K, N)$$

需要注意的是，勞動量的增加不一定是因為勞動者數量的增加，還有可能是因為人力資本的累積。

如果投入要素擴大，比如變為原來的兩倍，總產出會變成多少？

麻省理工學院的羅伯特·索洛用美國的數據估算了生產函數。他發現，平均而言，在沒有技術變革時（A 是一個常量），每小時勞動的資本增加百分之一，使得勞動生產率（每小時勞動生產的實際 GDP）提高百分之一的三分之一，這就是「三一規律」。用這個規律，可以計算每小時勞動的資本增加和技術變革對實際 GDP 的貢獻。

假如每小時勞動的資本一年增加了 3%，每小時勞動的實際 GDP（勞動生產率）提高了 2.5%，那麼我們可以計算出技術變革對勞動生產率的貢獻。由「三一規律」可以知道，每小時勞動的資本一年增加 3%，那麼它引起勞動生產率提高 1%，而實際 GDP 增加了 2.5%，說明其中有 1.5% 是由於技術變革引起的。

三、促進經濟增長的政策

生產函數告訴我們，為了實現更快的經濟增長，我們可以從兩個方面著手：一是提高每小時勞動的資本增長率，二是提高技術進步的速度。

(一) 刺激儲蓄

由於資本來自於投資，投資引起資本累積，而儲蓄為投資籌資，因此，刺激儲蓄可以刺激經濟增長。東亞地區經濟增長率和儲蓄率最高，一些非洲國家經濟增長率和儲蓄率最低。當然，對於中國政府而言，面對的問題往往是相反的方面：居民儲蓄率很高，結果導致現期消費需求不足。

如何刺激儲蓄？比如建立個人養老金帳戶，以社會保障方式強制人們為未來消費而儲蓄。還有一些經濟學家主張，對消費徵稅而不對收入徵稅，也能夠鼓勵人們儲蓄——儲蓄等於收入減去現期消費，消費減少則儲蓄會增加。

1960—1991年,新加坡和日本的投資占到GDP的30%以上,而對應的經濟增長為6%~7%;孟加拉國和盧旺達的投資不到GDP的10%,而經濟增長率也在1%上下徘徊。

(二) 鼓勵研究與開發

一百年來,電話、內燃機、電腦等新產品的出現引起了勞動生產率迅速增長。雖然大多數技術進步來自於企業和個人的研究,但所有人都可以利用這些技術知識的結果,並且從中獲利。在很大程度上,技術知識是公共物品,尤其是關於數學、物理等方面的基礎知識。

正如政府在提供國防、治安、法律等公共物品方面起作用一樣,它也應該採取措施鼓勵研究與開發。

政府可以直接贊助研究與開發,比如為大學或者專業研究院提供津貼,或者設立國家獎勵基金。但這種方法並不簡單易行,評定一項具體的研究成果的貢獻並獎勵研究者,是一件困難的事情。

政府還應當建立保護知識產權的制度——專利制度。當企業或個人發明了一種新產品時,可以通過專利制度的保護,在一定年限內享有排他性的生產該產品的權利。在本質上,專利給予發明者的保護,把他的成果從公共物品變成了私人物品,這種制度提高了對私人研究與開發的激勵。當然,這種制度的消極影響就是部分降低了成果對經濟增長的作用。試想一下,如果對袁隆平的水稻雜交技術給予專利,該技術就不能免費推廣到全國甚至全世界,那麼水稻產量的增加就會減少,人們的生活水準當然也會降低。

(三) 鼓勵國際貿易

自由的國際貿易能夠帶來什麼好處?正如本書最後一章將要討論到的,貿易可以改善每個國家的處境。

一些處於成長期的國內企業有時候也宣稱它們需要保護以避開外國企業的競爭,這種幼稚產業保護論與對外國人的普遍不信任結合在一起,有時會使發展中國家決定實行關稅和其他貿易限制措施。

事實上,我們考察中國最近50年的經濟發展歷程,可以看到進出口貿易對經濟增長是多麼重要。中國出口服裝而進口飛機,原因在於中國在生產服裝上具有比較優勢,而生產飛機的技術比不上美國等高科技國家。在國際貿易中處於什麼樣的狀況還受到地理位置的影響:紐約、舊金山和香港都位於海邊,發展國際貿易更加容易。

也許你會覺得生產服裝的利潤率比不上生產飛機的利潤率,中國在這樣的國際貿易中更「吃虧」——這是大多數發展中國家都面臨的問題。但是比較一下中國自己投資於技術研究和開發,然後生產飛機這種方式,我們就會發現國際貿易事實上縮短了中國技術進步的時間,帶來了很高的收益。

思考一下:

如果中國一直依靠「自力更生」的方式生產產品,既不進口也不出口,你的生活會受到什麼影響?

(四) 改善教育質量

人力資本累積主要通過教育來實現,長期中對於經濟增長的影響至少和資本累積同樣重要。在人力資本特別稀缺的發展中國家,受過教育的工人與未受過教育的工人

之間的工資差距很明顯。

由於教育（尤其是基礎教育）具有很強的公共物品的性質，所以政府提高人力資本的一種方法是提供良好的學校，並鼓勵人們利用這些學校。

人力資本投資和物質資本投資一樣也有機會成本，當學生上學時，他就失去了工作取得收入的機會。在中國的一些貧困地區，儘管有九年義務教育的規定，而且人們也能夠認識到接受正規教育的收益非常高，但仍然有很多青少年小小年紀就退學了，這主要是因為家庭需要他們的勞動收入。

發展中國家面臨的另一個問題是人才外流——受過高等教育、具有較高人力資本的人更容易移民到發達國家去，因為發達國家的收入和生活水準都更高。一方面，美國等發達國家有最好的高等教育制度和教育水準，送一些人去國外留學是累積人力資本的一個好辦法；另一方面，這些在國外生活過一段時間的學生可能選擇不回國，這種外流反而進一步減少了發展中國家的人力資本存量。

（五）控制人口增長

世界最貧窮國家經常面臨這樣一個問題：饑荒。饑荒是因為人口過多嗎？

英國經濟學家托馬斯·羅伯特·馬爾薩斯（1766—1834）提出過這樣的觀點，他在1798年出版的《人口學原理》中預言，人口增長將超過食物生產。原因在於人口將按照幾何級數增長（1，2，4，8，16……），而食物產量將按照數學級數增長（1，2，3，4，5……）。當人口增長與食物增長矛盾發展到一定程度時，就可能週期性地爆發戰爭、災難和疾病，強制性減少人口。

然而事實上，非洲的饑荒更多的不是因為人口過多，而是在於政治不穩定和分配不均——食物是有的，但是需要它的人卻無法得到。比如在20世紀90年代初，索馬里的饑荒就主要是因為戰爭，內戰中對立派別之間的戰鬥阻止了運送食物的卡車到達饑荒地區。

中國最能感受到人口過多對經濟增長造成的壓力，即使GDP總量已經達到世界第二的水準，但人均GDP卻使中國仍然只能算是一個低收入國家。為了降低人口增長率，中國實行計劃生育制度，普通家庭只能生育一個小孩——這一點在近年略有放鬆，轉向鼓勵生二胎。另一個影響人口增長的辦法是影響機會成本，鼓勵人們做出期望的反應。一個獲得了良好教育並得到合意的就業機會的婦女傾向於少生孩子——養孩子的機會成本高。因此，鼓勵平等對待婦女的政策是發展中國家降低人口增長率的一種方法。

思考一下：

德國等國家人口增長率降低，甚至是負增長，對經濟產生了什麼影響？政府可能採取什麼樣的措施？

（六）產權和政治穩定

思考一下：

以色列和巴勒斯坦在加沙地區的衝突一直不斷，2009年更是爆發了大規模式裝衝突。在這個地區的巴勒斯坦人會投資興建旅館嗎？

除了中東，另一個常常因為戰爭或政治衝突在新聞中出現的地區是非洲。1978—1987年，非洲人均產量下降了0.7%，1987—1994年又下降了0.6%。

非洲國家更傾向於採取「自給自足」的政策，限制國際貿易，因為這些國家經歷

了長期殖民統治，把對外開放看作對國家主權的威脅。

殖民統治遺留的另一個問題是政治衝突，革命和政變變得很普遍，因此私人產權得不到有效保護，人們也就缺乏投資的激勵。如果政府更替，革命政府可能沒收一些企業的資本，其後果就是國內居民減少儲蓄、投資，傾向於去外國發展。

因此，經濟繁榮部分取決於政治繁榮，「穩定壓倒一切」。一個有著廉潔高效的政府和穩定狀況的國家的生活水準明顯高於戰亂國家。

思考一下：
中國未來的經濟增長會是什麼樣的情形？政府有辦法改進嗎？

第三節　經濟增長理論

經濟增長是經濟學家最關注的問題之一。亞當·斯密在《國富論》中探討國民財富是什麼，以及如何增加國民財富，這就是研究的經濟增長問題。

這裡主要介紹三種主要的增長理論。

一、古典增長理論

古典增長理論由斯密、馬爾薩斯和李嘉圖等古典經濟學家的思想綜合而來，有時被稱為馬爾薩斯主義理論。

（一）基本思想

古典增長理論認為，當人均實際 GDP 增加到高於維持生存的水準時，人口爆炸最終使人均實際 GDP 回到維持生存的水準。因此，有經濟學家提出，如果全球人口從 60 億增加到 110 億（估計在 2200 年達到），我們就將耗盡資源並回到原始生活狀態。

為什麼會產生這樣的結果呢？

我們曾經推導過，經濟中技術進步引起新資本投資，新資本投資使勞動生產率提高；企業雇用生產率更高的勞動；對勞動需求的增加提高了實際工資率水準；實際工資率水準的提高增加了就業和潛在 GDP。

在這個階段，經濟增長了，每個人都從中獲益。但是古典經濟學家認為這個過程不能維持下去，因為它將引起人口爆炸。經濟學家引入維持生存的實際工資率 W_0 的概念來說明這個問題。

如果實際工資率低於 W_0 水準，一些人就無法生存，人口減少；如果實際工資率高於 W_0 這個水準，人口增長——家庭能夠撫養的小孩更多了，而人口增長增加了勞動量，由於勞動的邊際產量遞減，因此勞動生產率最終下降。

這種悲觀的含義使得經濟學被稱為「憂鬱的科學」，認為無論發生多少技術變革，實際工資率總是要被推回到維持生存的水準 W_0。

（二）經驗基礎

當古典經濟學家提出人口爆炸理論時，現實有著相同的趨勢。

在英國和其他西歐國家，營養和衛生條件的改善降低了死亡率，而出生率仍然很高。在幾個世紀的相對穩定之後，英國 1750—1800 年間人口增加了 40%，而 1800—1830 年間又增加了 50%。

同時，估計共有100萬人（1750年總人口大約500萬）在1800年離開英國到美國和澳大利亞，而且在整個19世紀外流的移民一直保持類似規模。

（三）含義

古典增長理論集中於勞動市場和人口增長，認為技術變革和資本累積是經濟增長的「發動機」，但最終卻因為人口增長而使人均GDP回落。

二、新古典增長理論

與古典增長理論不同，新古典增長理論降低了勞動市場的地位，把資本、投資、儲蓄和利率放在中心地位，它揭示了這些資本市場變量與實際GDP水準和增長率之間的相互作用。

（一）基本觀點

新古典增長理論提出人均實際GDP的增長是由於技術變革引起儲蓄和投資水準變化，然後增加人均資本，從而促進經濟增長。

（二）經驗背景

20世紀50年代中期，美國經歷了第二次世界大戰之後的繁榮。美國人口增長為每年1%左右，人們把20%左右的收入用於儲蓄和投資，但人均收入增長並不快。

這一時期技術進步很快：半導體使新興的電子行業發生了革命性變化，噴氣式飛機開始代替螺旋槳發動機飛機，並促進了運輸業的發展。

這樣的技術進步帶來新的利潤機會，企業增加投資擴大生產，經濟享受著繁榮和增長。新古典增長理論認為，繁榮可以持續下去——也就是人們可以持續獲得高收入，除非出現了新的進步，否則增長不能持續。

事實上，美國20世紀60年代經歷了最高的經濟增長，人均實際GDP水準也保持高水準，但之後並沒有維持6%以上的高增長。

（三）索洛模型

索洛在20世紀50年代提出了新古典增長理論最普及的形式：新古典增長模型，也叫索洛模型。這一模型強調了經濟增長取決於三個因素：勞動增長率、資本增長率和技術進步率。

如果生產函數的形式是 $Y=AK^aL^b$，表示技術、資本和勞動對產出 Y 的影響。

用 G 表示經濟增長率，$G=\dfrac{\Delta Y}{Y}$，而資本增長率為 $\dfrac{\Delta K}{K}$，勞動增長率為 $\dfrac{\Delta L}{L}$，技術增長率為 $\dfrac{\Delta A}{A}$。

$$G=a\left(\dfrac{\Delta K}{K}\right)+b\left(\dfrac{\Delta L}{L}\right)+\dfrac{\Delta A}{A}$$

根據這個模型，在長期中實現均衡的條件是儲蓄全部轉化為投資，長期穩定增長的條件就是經濟增長率與資本存量增長率必須相等。

$$\dfrac{\Delta Y}{Y}=\dfrac{\Delta K}{K}$$

（四）關於人口增長的觀點

歐洲18世紀的人口爆炸最終結束了，出生率下降，人口的增長速度也下降了。

现代观点认为，尽管人口增长率与经济因素相关，但主要是影响到妇女的机会成本。随着妇女工资率上升、就业机会增加，抚养小孩的机会成本增加了，于是家庭选择少要孩子，导致出生率下降。

另外，技术进步不仅引起生产率提高和收入增加，而且会降低死亡率，医疗服务水准提高能够延长平均寿命——与出生率降低产生相反的作用，几乎互相抵消。

因此，新古典经济学家认为，经济状况的变化几乎不会改变人口增长率。

（五）含义

新古典增长理论意味着资本将在全球自由流动以寻求可以得到的最高实际利率，结果就是世界各国的经济增长率和人均收入水准趋同。

这一点在富有国家（美国、日本）能够得到证实，但是趋同的过程非常缓慢。而在不同发展水准的国家，这一趋势并不明显。

三、新增长理论

新增长理论试图解释技术进步率是如何决定的。

（一）基本观点

新增长理论认为人均实际GDP增长是因为人们在追求利润中所做出的选择，而且，增长可以无限地持续下去。

斯坦福大学的保罗·罗默在20世纪80年代提出了新增长理论，但其源头要追溯到20世纪30至40年代约瑟夫·熊彼特[①]的经济思想。

1. 发现与选择

当人们发现一种新产品或新技术时，他们是幸运的，但技术进步的速度并不由机遇决定，它取决于激励——激励可以促使更多人寻求新技术并为此努力。机遇不可捉摸，但是是否为寻找新技术而努力是可以选择的。

2. 利润与竞争

技术进步引起了利润，但随之而来的竞争将消灭利润。因此，为了增加利润，人们一直在寻找低成本的生产方法，这种努力将引发下一次的技术进步。

3. 增长的持续

在新古典理论中，资本收益递减，因此随着资本累积增加，实际收益率下降，增长将会停止。但是，在新增长理论中，只要企业追逐利润的行为不停止，技术进步就一定会发生，经济增长会一直持续下去。

新增长理论把经济作为一种永动机制。人的欲望永无止境，这种欲望驱使人们做出寻找创新的努力，结果就能够发现新的更好的生产和管理方式，提供更新更好的产品。

（二）增长率的决定

新增长理论认为，经济增长的速度取决于两个因素：企业的创新能力和资本的实际收益率。

---

① 熊彼特（1883—1950）是发展经济学的先驱。他提出了创新理论，主要贡献在于把经济学家的注意力吸引到长期经济增长的问题上来。他的代表作是《经济发展理论》，着重研究了资本主义经济发展的根本原因及其动态发展的过程，强调创新、企业家等非经济因素对资本主义健康、繁荣和发展的重要性。

比如，對基因的深入瞭解引起發展中的生物技術行業的利潤，各種轉基因產品從實驗室走向生產線、走向市場，引起企業利潤增加。

本章小結

總供給曲線表示其他條件不變時物價水準與實際 GDP 之間的關係。長期總供給曲線是一條垂線，由潛在 GDP 決定，與物價水準無關。短期總供給曲線是一條向右上方傾斜的直線，表示物價水準與總供給量同方向變動。

由於各種原因，不同國家經歷了不同的經濟增長過程。為了實現長期經濟增長，需要建立適當的激勵制度，主要包括市場、產權和自由交易制度。長期經濟增長的主要源泉包括新資本投資、人力資本累積、技術進步和自然資源的廣泛替代。

生產函數是常用的核算經濟增長的工具。根據生產函數，政府可以通過刺激儲蓄、鼓勵研究與開發、鼓勵國際貿易、改善教育質量、控制人口增長、保護產權和維護政治穩定等政策促進增長。

隨著經濟的發展，增長理論也得到了發展，主要有古典增長理論、新古典增長理論和新增長理論，從不同角度解釋增長現實、分析增長原因。

第十三章
失業和通貨膨脹

> 「通貨膨脹與失業之間總存在著暫時的權衡取捨,但並不存在持久的權衡取捨。暫時的權衡取捨並非來自通貨膨脹本身,而是未預期的通貨膨脹。一般而言,這也意味著來自通貨膨脹率上升。通貨膨脹率上升可以減少失業,而高通貨膨脹率並不可行。」
>
> ——米爾頓·弗里德曼

內容提要:

本章主要介紹宏觀經濟運行中難以迴避的兩種現象——失業和通貨膨脹,並通過菲利普斯曲線說明二者之間在短期內存在此消彼長的關係。

重點掌握:

1. 理解失業的定義,並計算失業率;
2. 失業的類型;
3. 奧肯定理;
4. 通貨膨脹的衡量;
5. 通貨膨脹的影響;
6. 短期菲利普斯曲線。

第一節 失業與奧肯定律

即使你並不關心宏觀經濟形勢,也不太可能漠視失業率。每當相關統計結果表明失業率較高的時候,總會引起人們或多或少的憂慮:就業者擔心工資會下降,正在找工作的人或即將找工作的人擔心自己將面臨更加激烈的競爭。

導入:

2009年2月15日,據埃及媒體報導,因經濟不景氣,失業率增加,埃及青年因沒有工作而自殺的人數逐年增加。

埃及《接班人報》引用協商議會議員祖哈蘭的話說:「2005年,埃及有1,160人

自殺，2006 年這一數字增加到 2,355 人，到 2007 年，自殺人數達到了 3,700 人，去年的自殺人數猛增加到 1.2 萬人，而自殺者中絕大多數是年輕人，自殺原因都是沒有工作。」

祖哈蘭還強調，過去政府公布的失業率是不真實的，一些政府機構發布的報告都說埃及失業率沒有超過 9%，而中央統計局發布的數字說是 12%，國際貨幣基金組織發表的有關報告顯示，埃及的失業率是 18%，世界銀行公布的數字是 22%，阿拉伯勞工組織發表的報告說埃及的失業率是 23%，但祖哈蘭堅持認為是 30%。

一、失業的衡量

從本質上來說，失業就是勞動力市場失衡——勞動力供給大於需求。即使是市場實現了均衡，也就是充分就業，也有可能存在失業，因為總勞動人口數量可能超過被雇用的勞動者的數量（如圖 13.1 所示）。

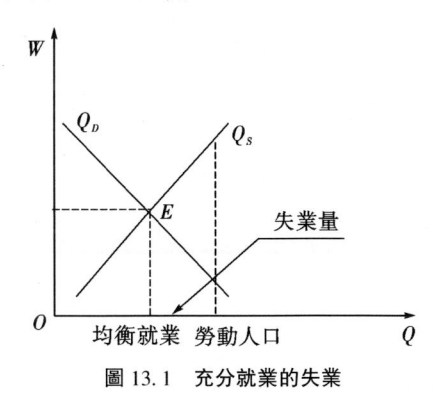

圖 13.1　充分就業的失業

（一）失業的定義

失業主要包括未被雇用而正在主動尋找工作的人，或者正在等待重返工作崗位的人——也許是主動離職換工作，也許是被辭退。

你現在正在大學學習，沒有工作，可並不是失業人口中的一員，因為你並沒有打算進入勞動市場，沒有尋找工作的意願。但是，如果大學畢業後經過一段時間，仍然未能就業，你就會成為失業人口中的一員。

所以，失業一般考慮三個因素：年齡、勞動能力、勞動意願。

國際勞工組織對失業的定義是：16 歲以上，有勞動願望、在調查時點前兩週工作時間少於 1 小時的人員。

美國對失業的定義是：年齡在 16~65 歲，第一次找工作及重新加入勞動力隊伍找工作達四周以上的人、被暫時辭退在等待重返工作崗位而連續 7 天未得到工資的人、被企業雇用而且無法回到原工作崗位的人、為尋找其他工作而離職在找工作期間作為失業者登記註冊的人。

（二）失業率

我們用失業率來衡量勞動市場的就業狀況，失業率 $= \dfrac{\text{失業人口}}{\text{總勞動人口}}$。

失業率越高，表示就業狀況越差，通常認為失業率為 4% 是比較能夠接受的水準。

到目前為止，中國還沒有經濟意義上的失業率統計，政府主要從勞動保障的角度出發，統計城鎮登記失業人口，因為這部分人口主要依靠政府發放的最低生活保障而生活。所謂城鎮登記失業人口，顧名思義，應該是非農人口、16～50（45）歲、有勞動能力、無業而要求工作、在當地就業服務機構登記求職的人。根據統計局的數據，中國城鎮登記失業率長期保持在4%左右。

很明顯，城鎮登記失業率並不能準確反應中國實際的就業狀況，因為農村人口占總人口的大部分，而且隨著城市化進程的推進，失地農民以及外出打工的人口急遽增加，這部分未就業人口不應該被忽視。

為了彌補城鎮登記失業率的不足，2005年年底中國開始統計「城鎮調查失業率」，統計對象包括16歲以上城鎮常住人口（半年以上）、有勞動能力和勞動願望、沒有工作、調查時點前3個月內找過工作、有工作即可上班的人員。

二、不同類型的失業

按照不同的標準，可以將失業分為不同類型，從工作意願來說可分為自願失業和非自願失業。

（一）自願失業

失業的人很多，但並不是所有人都對此感到焦慮，可能有一些人是「自願」失業的。

有的人可能是因為對工資不滿意而沒能找到工作，比如本科畢業要求起薪6,000元，在西部地區就不容易找到工作。這種失業人員就是自願失業。其他失業都是非自願的失業（如圖13.2所示）。

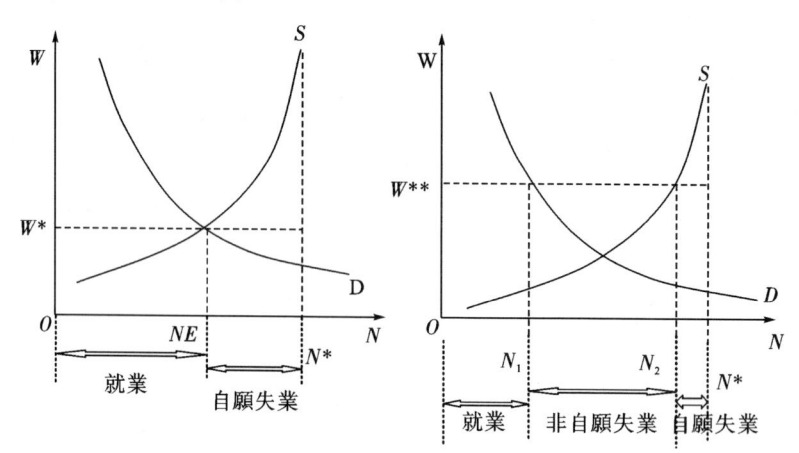

圖13.2　自願失業與非自願失業

（二）非自願失業

1. 摩擦性失業

有一些人為了尋找更好的工作機會而辭職，但是因為信息等原因，找到新工作是需要時間的，在這段時間內的失業叫作摩擦性失業。在中國目前的勞動力市場上，一方面有大量企業急需行銷人才，另一方面有很多大學畢業的行銷專業學生沒有找到工作，即同時存在職位空缺和失業的人。當然，這種摩擦性失業不會持續太久，等信息

傳遞比較充分之後，就能夠使供需雙方達成一致。

自願失業和摩擦性失業合起來就叫作「自然失業」，這是不可避免的，也是必然存在的。但是對於自然失業率是多少，經濟學家沒有形成統一的意見。在第二次世界大戰期間，美國的失業率為1%，因此估計自然失業率為1%；20世紀50年代在1.5%~2%；20世紀60年代估計小於4%；20世紀70年代估計不到5%；20世紀80年代則估計在6%~7%——隨著時間推移，估計的自然失業率水準不斷上升。

2. 季節性失業

新疆大面積種植棉花，在收成季節就需要雇用大量工人幫助採收，但一年中的大部分時間內都沒有棉花可採收，不需要雇用工人。所以，對棉花工人的需求是季節性的，在非收成季節，這些工人就處於失業狀態。

有些行業或部門對勞動力的需求隨季節的變動而波動，如受氣候、產品的式樣、勞務與商品的消費需求等季節性因素的影響，使得某些行業出現勞動力的閒置，從而產生失業，主要表現在農業部門或建築部門，或一些加工業如制糖業。這就叫作季節性失業。

思考一下：
你能夠舉出一些季節性失業的例子嗎？有沒有辦法可以解決？

3. 結構性失業

結構性失業是指由於經濟結構、體制、增長方式等的變動，使勞動力在包括技能、經驗、工種、知識、年齡、性別、主觀意願、地區等方面的供給結構與需求結構不相一致而導致的失業。

結構性失業也是一種摩擦性失業，但並不是出於勞動者的自願。與前面提到的情況不同，結構性失業雖然也是空缺職位與失業者並存，但空缺職位所要求的技能與失業人員具有的技能並不相同。比如企業需要的是高級技術人才，失業人員卻只具備初級技術水準。

為什麼會產生結構性失業呢？原因可能比較多，這裡我們列舉常見的幾種。

（1）經濟結構調整。隨著城市化進程的發展，國家產業結構也迅速調整，第一產業、傳統產業的勞動力需求逐漸減少，而第三產業、新興產業對勞動者的需求增加。但是不同產業對於勞動者本身的能力素質有不同要求，比如一個長期從事農業勞動的人就很難在短期內成為電腦技術人才。

中國現在結構性失業問題就比較突出，據人力資源和社會保障部門提供的數據顯示，2016年中國技能型勞動者數量只占全國就業人員總量的19%左右，高技能人才的數量還不足5%。

資料延伸

從「民工荒」到「失業潮」[1]

無論是對數以萬計的沿海出口企業，還是數以億計離家謀生的農民工，抑或是政府官員或者專家學者，2008年顯然是一個令人難忘的轉折點。

---

[1] 資料來源：《伊犁晚報》，2009.1.22。

2008年年初時，自2003年年初現端倪的「民工荒」還在延續，沿海企業尚在慨嘆「招工難」，新實施的《勞動合同法》更導致用工成本攀升。意想不到的是，一場肇始於大洋彼岸的金融危機，在短短幾個月內，使中國延續幾年的「民工荒」，轉眼之間變為「失業潮」。

美國次貸危機先是變成全球金融危機，再變成全球性的經濟蕭條襲入中國。長三角、珠三角等地大批出口導向型企業訂單驟減。從《財經》記者的調研結果看，最早大約自2008年8月起，企業的用工需求便開始減少；之後，沿海省份的機械製造、服裝紡織、電子電器等行業陸續出現大規模裁員。部分地區企業主逃逸、欠薪事件屢有發生。

隨著企業開工不足蔓延，沿海各地就業市場容量一再收緊。其中，除因企業倒閉或裁員而失業，也有不少工人因工資及福利待遇走低自動辭職，還有不少人被企業以提前放假等方式遣散。年關將至，相當數量失去工作的農民工，很難再找到合適的工作，只得提前返鄉。

在中國第一勞務輸出大省河南省，記者從省勞動保障廳瞭解到，截至2008年12月20日，河南省回流農民工已達377萬人，其中受經濟危機影響回流人數占總數的60%。預計到2009年春節前，河南省將總計有800萬農民工回流，比2007年同期的560萬人，增加了200多萬人。

隨著時間的推移，提前返鄉農民工數量不斷刷新。《財經》記者獲得了人力資源和社會保障部（以下稱人保部）2008年12月初完成的一份《金融危機對就業影響最新數據調查報告》。該報告顯示，截至11月底，十省市返鄉農民工總計485萬人，占2008年9月底外出務工人員的5.4%。這十個省市是四川、重慶、河北、安徽、江西、河南、湖北、湖南、廣西、甘肅勞動力輸出大省（市）。

農業部政策法規司司長張紅宇對《財經》記者透露，這一輪農民工回流的現象明顯比往年要提前兩三個月。往年農民工是春出冬回，2008年則從10月起就開始回流。他說，就農業部門所掌握的情況看，2008年12月底前提前返鄉的農民工，大概占外出農民工總數的10%。農業部農村經濟研究中心課題組根據2008年發布的全國農業普查數據推算，至2008年，全國共有外出農民工約1.37億人。據此，10%接近1,400萬人。

由於缺乏一份完整的全國性統計，《財經》記者只能逐省採訪、調查。通過對14個省、區、市勞動保障部門提供的數據及媒體的公開報導的匯總整理，《財經》記者得出判斷：截至2008年12月底，返鄉農民工數量已超過1,000萬人。

且根據《財經》記者在各地調研所見，尚有大批農民工失業後並不返鄉。由此，農民工失業人數應遠高於返鄉人數。

事實上，自20世紀70年代末以來，隨著農村聯產承包制的實行，加之農業生產資金以及技術投入增加，農村大量「多餘」勞動力的存在已是不容忽視的事實。農業部曾經估算，農業生產率每提高1%，就將有近300萬農村勞動力進入失業大軍。

借助國際市場而發展起來的外向型工業化提供了大量的崗位，這一規模龐大的「多餘」勞動力隱形於城鄉之間不斷地遷徙。此番經濟突然失速，終於使他們以失業者的形象出現在公眾眼前。

（2）技術進步。技術進步對於整個社會而言是好事，但對於個人的影響就很難說了。

技術進步可能導致勞動者的需求結構發生變化，如果供給結構不能相應調整，就會出現結構性失業。

英國《焦點》月刊2004年的一篇文章提出：「在今後的15～20年中，將出現一股巨大的科技浪潮，它將像工業革命給我們的祖先造成的影響那樣對我們的工作方式產生深遠的影響。就像農業工人在工業革命時期曾經從事製造業一樣，那些先前曾經在製造業工作的人員現在正投身到新的服務經濟和科技信息世界中。」「未來經濟將由理念、信息和技術組成，到2015年，據估計大約有多達95%的工作將要求就業者掌握信息技術。」如果不能適應科技革命，無法跟上技術進步，就無法勝任新的工作，這些勞動者必然會被拋入結構性失業隊伍。

舉例來說，隨著自動投幣機以及公交磁卡的普及，公交售票員的主要任務不再是售票，而是為乘客提供必要的服務。如果他們不能迅速改變自身素質和工作態度，就有可能成為失業大軍中的一員。

（3）地區供求不對稱。根據調查分析，上海、北京和廣東是應屆畢業生最願意去工作的地區（地區按省、直轄市、自治區分），其次為浙江省和江蘇省。雖然這些地區經濟發達，勞動力需求較多，但遠遠比不上供給量——不僅有眾多的國內各大高校畢業生，還有一些海外留學生和外國畢業生都到這些地區尋找機會。而廣闊的中西部地區高素質人才極為缺乏，因為供給量小。

這種勞動力的供給與需求在地區上有差異而造成的失業，也是結構性失業。其根本原因在於地區間經濟發展水準存在差距。

在中國，東部地區經濟發達，西部地區較為落後。因此，高素質人才向東部地區流動，造成西部地區人才短缺；另一方面，西部地區勞動力素質相對較低，而低素質人才更容易在經濟發展過程中被淘汰，於是這些地區失業率偏高。

據對1996年失業狀況的調查，高失業率地區均為西部地區，同時西部地區也是城鎮從業人口中不識字率最高的地區。青海、貴州、甘肅、寧夏、陝西的城鎮登記失業率分別為7.2%、6.2%、5.5%、5.2%、5.2%，不識字率高達41.6%、28.7%、30.5%、22.5%、16.3%，均高於全國平均水準（13%）。

另一個引起結構性失業的原因是人口流動的限制，比如戶籍政策，限制著勞動者的自由流動。

4. 週期性失業

週期性失業又稱為總需求不足的失業，是由於有效需求不足而引起的短期失業，它一般出現在經濟週期的蕭條階段。

這種失業與整體經濟水準的週期性波動是一致的——在復甦和繁榮階段，各企業都努力擴大生產，就業人數普遍增加；在衰退和蕭條階段，由於社會有效需求不足，前景暗淡，各企業紛紛壓縮生產，大量裁員，使得失業人口增加。

週期性失業是可以避免的，也是人們不願意看到的一種失業。由於就業水準取決於國內生產總值，而國內生產總值GDP短期內取決於由投資、消費和出口形成的總需求。當總需求不足時，經濟不能達到充分就業水準，因此對勞動力需求不足，導致失業。

2008 年全球性金融危機爆發的時候,世界各國普遍出現了失業率上升的現象,最根本的原因就在於金融危機使實體經濟走向衰退和蕭條,人們的消費減少,企業的投資也下降,於是總需求不足。尤其是汽車行業,據《中國日報》環球在線消息,美國通用汽車公司 2009 年 2 月向美國財政部提交了重組報告,這個在全球擁有 24.4 萬員工的汽車公司將在年底之前裁員 4.7 萬人,其中美國國內共裁員 2 萬人;此外,福特公司也在 2008 年 8 月就開始執行減產、裁員的計劃;日產北美公司 2008 年 6 月宣布,其在密西西比州的坎頓工廠將轉而生產艾爾蒂瑪轎車,並將減少皮卡產量,皮卡和 SUV 生產線的工人將減少 1/2。

三、失業的影響及對策

失業的影響表現在很多方面,一般分為社會影響和經濟影響。

(一)社會影響

失業的社會影響雖然難以準確估計,但容易理解和接受。

1. 家庭不穩定

當戶主失去收入或者收入減少時,家庭的消費需要就得不到滿足,家庭關係就會受到損害。

據調查,未成年犯罪嫌疑人中 30%的父母是無業,33%的父母下崗在家待業,34%的父母在企業工作,只有 3%的父母在國家機關或公司工作。其中 60%以上的父母沒有固定的職業和穩定的收入,為了家庭的生活及孩子的成長,父母承擔著工作和生活的雙重壓力,在壓力下往往忽視了對孩子的思想教育。

2. 喪失信心

哪些人容易失業?一是青年;二是 45 歲以上的低學歷者和長期失業者;三是沒有什麼專業技能的婦女。這些人承擔著失業的損失,而他們本身又是市場上的弱者,失業之後很容易被邊緣化。

心理研究表明,解雇造成的創傷不亞於親友去世或學業失敗,失業者因為失去收入或者收入降低,很容易喪失社會影響力,地位上被邊緣化,最終情感上遭受巨大打擊,對生活失去信心。

英國《每日電訊報》2008 年 10 月 17 日報導,日本是發達國家中自殺率最高的國家之一,每年大約有 3 萬人自殺。由於對全球經濟衰退以及失業率將上升的擔心,自殺率還將繼續攀升。據日本警察廳的統計,1998 年金融危機期間,日本自殺率相比前一年增加了 34%。

根據研究,1997 年亞洲金融危機時,日本、韓國和中國香港地區男性自殺率上升 40%,女性自殺率上升了 20%。

3. 影響社會穩定

在中國經濟體制改革過程中,大量國有企業職工下崗,這些下崗人員由於年齡、知識技能等原因成為就業困難群體。隨著城市化進程的推進,大量農民工出現在城市,從事最基礎的工作,他們也是最容易失業的人群。尤其是大量中年失業,引發了多種社會問題。

(二)經濟影響

失業的經濟影響可以用機會成本的概念來理解。當失業率上升時,原本可以由失

業工人生產出來的產品和勞務就消失了。衰退期間的損失，就好像是將眾多商品——汽車、房屋、衣物和其他物品銷毀掉了。從產出核算的角度看，失業者的收入總損失等於生產的損失。因此，喪失的產量是計量週期性失業損失的主要尺度。

失業的損失＝潛在 GDP－實際 GDP

20 世紀 60 年代，美國經濟學家阿瑟·奧肯根據美國的數據，提出了經濟週期中失業變動與產出變動的經驗關係，這也被稱為奧肯定律。

奧肯定律的內容是：失業率每高於自然失業率 1%，實際 GDP 將低於潛在 GDP 2%。換一種方式說，相對於潛在 GDP，實際 GDP 每下降 2%，實際失業率就會比自然失業率上升 1%。

奧肯定律揭示了產品市場與勞動市場之間極為重要的關係，它描述了實際 GDP 的短期變動與失業率變動的聯繫。根據這個定律，可以通過失業率的變動推測或估計 GDP 的變動，也可以通過 GDP 的變動預測失業率的變動。

例如，實際失業率為 10%，高於 6% 的自然失業率 4 個百分點，則實際 GDP 就將比潛在 GDP 低 8% 左右；如果實際 GDP 比潛在 GDP 低 2%，那麼失業率就會比自然失業率高 1%。當然，確定自然失業率、潛在 GDP 水準本身就是難題，所以這個定律通常是用來估計、表示一種變動趨勢。

（三）擴大就業的措施

1. 建立信息交流平臺

摩擦性失業主要是由於信息傳遞不充分導致的，如果能夠在勞動者和企業之間建立起信息交流平臺，就能夠幫助供需雙方達成一致。

近年來，政府、各大高校還有仲介機構開辦了各種招聘會，為勞動者和企業提供了大量有用的信息。隨著電腦和網絡技術的廣泛應用，教育部每月召開兩場網絡招聘會，不僅能夠有效傳遞信息，而且節省了時間和差旅費用。

2. 加強勞動者技能培訓

針對供需雙方技能不對口引起的結構性失業，可以通過對勞動者的技能培訓來減少。

比如，針對沿海地區加工型企業急需機修工和鉗工的情況，政府和社會開辦了專門的就業培訓機構，通過提高勞動者的勞動技能，適應企業的需要。

3. 逐步消除流動限制

2009 年 1 月，為促進就業，國務院總理溫家寶宣布了七大支持就業的措施，其中一條就是取消四個直轄市以外城市的落戶限制，原本要求本科或專科以上學歷才能落戶，現在則取消了這一限制。

取消落戶限制的政策主要針對地區供求不對稱引起的結構性失業，在沒有流動限制的情況下，勞動者可以在更廣泛的地區範圍內尋找工作，企業也可以招收更廣泛區域內的勞動者。

4. 需求管理政策

針對經濟週期性波動引起的需求不足的失業，最主要的辦法就是通過各種政策擴大有效需求，增加就業。

2009 年，中央經濟工作會議提出，為了應對金融危機以及國內經濟進入下滑週期的影響，政府將實施積極的財政政策，包括擴大政府公共投資，實行結構性減稅，調整

國民收入分配格局，優化財政支出結構，推進財稅制度改革，支持科技創新和節能減排。通過這些措施，力爭促進經濟增長、結構調整和地區協調發展，保障和改善民生。

還有一些相關的措施，比如加強就業指導，鼓勵大學生到基層工作，或者自主創業等。

第二節　通貨膨脹現象

與失業類似，通貨膨脹也是讓政府感到為難的宏觀經濟問題之一。什麼是通貨膨脹？它可能產生哪些影響？我們首先從一些現實的例子來瞭解通貨膨脹現象。

資料延伸

津巴布韋通貨膨脹

上圖中左邊的男子抱著一大摞錢，如果不看說明，你會以為他剛剛中了大獎！不幸的是，他手中的錢的票面價值或許還不如製造這些貨幣的紙的價值。看看右邊，鈔票的面額是多少？10萬、20萬……這就是津巴布韋2004年以來的通貨寫照。

物價越來越高，錢卻越來越貶值，通貨膨脹讓許多人大喊吃不消。一張面額1,000萬津巴布韋幣的紙鈔，只能換到美金1.5元，而在津巴布韋買一只雞要1,300萬津巴布韋幣，遊民至少要撿兩個月的垃圾，加上不吃不喝才能買到一只雞。2008年8月，津巴布韋中央銀行宣布去掉鈔票後的10個零，但由於惡性通貨膨脹又漲了回來。

2009年1月16日，津巴布韋發行了一套世界上最大面額的新鈔，這套面額在萬億以上的新鈔包括10萬億、20萬億、50萬億和100萬億津元四種。而100萬億津元甚至不夠買一個麵包！2月2日，津巴布韋中央銀行決定，從其發行的巨額鈔票上去掉12

個零，這樣一來，原來的 1 萬億津巴布韋鈔票現在相當於 1 元。現階段，津巴布韋通貨膨脹率已經達到百分之十億，1 美元可兌換 250 萬億津巴布韋元。該國中央銀行行長迪恩·戈諾（Gideon Gono）正要求印刷廠生產 7 套面額不同的新津元，面值自 1 至 500 津元不等。外界廣泛認為，津巴布韋中央銀行行長戈諾是目前最倒霉的行長。

（資料來源：《津巴布韋通貨膨脹率已達 100500%》，網易新聞中心，2008 年 3 月 7 日。）

一、基本概念

（一）什麼是通貨膨脹

通貨膨脹（Inflation）一般是指一段時間內價格總水準持續而普遍上漲的現象。其實質是過多的貨幣追求少量商品，因此一般歸結為一個貨幣現象。

通貨膨脹只有在紙幣流通的條件下才會出現，如果是在足值的金銀貨幣流通的條件下，就不會出現這種現象。因為金銀貨幣本身具有價值，擁有作為貯藏手段的職能，可以自發地調節流通中的貨幣量，使它同商品流通所需要的貨幣量相適應。而在紙幣流通的條件下，因為紙幣本身不具有價值，只是代表金銀貨幣的符號，不能作為貯藏手段，因此，紙幣的發行量如果超過了商品流通所需要的數量，就會貶值。

例如，商品流通中所需要的金銀貨幣量不變，為 500 萬元，而紙幣發行量超過了金銀貨幣量的一倍，是 1,000 萬元。單位紙幣就只能代表單位金銀貨幣價值量的 1/2。在這種情況下，如果用紙幣來計量物價，物價就變成原來的兩倍，這就是通常所說的貨幣貶值。此時，流通中的紙幣量比流通中所需要的金銀貨幣量增加了一倍，這就是通貨膨脹。

通貨膨脹，是指經濟運行中出現的全面、持續的物價上漲的現象。紙幣發行量超過流通中實際需要的貨幣量，是導致通貨膨脹的主要原因之一。在宏觀經濟學中，通貨膨脹主要表現為價格和工資普遍上漲。

需要注意的是，通貨膨脹並不一定意味著生活水準下降，如果收入和物價成比例增加，那麼物價上漲就不會對人們的生活造成太大的影響。

（二）通貨膨脹的衡量

人們通過觀察經濟中大量的物品和勞務的價格變化來衡量通貨膨脹。這些數據通常是基於統計部門調查搜集的信息，一些研究機構也會做類似的調查。

1. 消費者物價指數（CPI，即 Consumer Price Index）

CPI 主要考察普通消費者購買的物品和勞務的價格變動。

如果上個月需要花 100 元購買的物品，在這個月需要花 105 元去購買，我們就說物價水準上升了 5%，即 CPI 等於 5%。雖然考察對象並沒有囊括所有的物品和勞務，我們仍然常常直接用 CPI 來表示通貨膨脹率。

統計局通常會定期發布 CPI 的信息，這個指標可以用在員工與雇主的工資談判上，因為雇員通常要求名義收入（工資）的增長幅度能等於或高於 CPI。有時雙方簽訂的合同中會包含按生活指數調整的條款，表示名義工資會隨 CPI 的升高自動調整，當然，這個調整通常都是在通貨膨脹發生之後進行，調整幅度也會比實際通貨膨脹率更低一些。

CPI 並不是一個準確的衡量通貨膨脹的指標，但它便於統計，因此 CPI 是關於通貨膨脹率的重要的政策參考指標。

CPI 考察哪些物品和勞務的價格變動呢？見圖 13.3 所示。

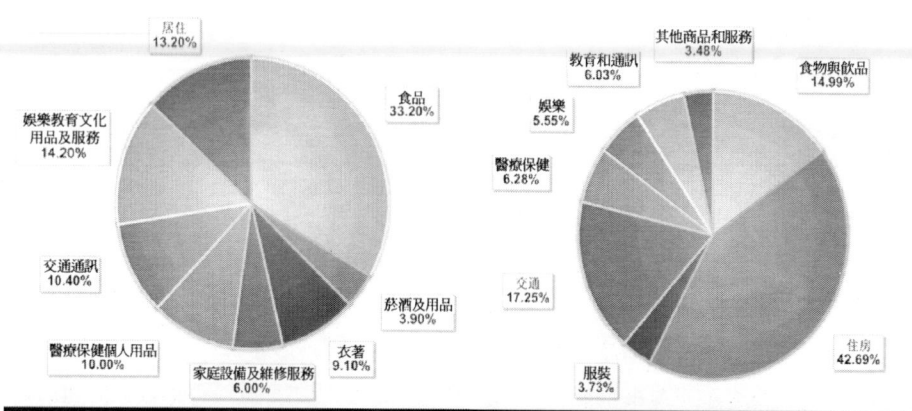

圖 13.3　消費者物價指數的權數構成

思考一下：
波音公司決定對其生產的飛機提價 20%，會影響美國的 CPI 嗎？

2. 生產者價格指數（PPI，即 Producer Price Indexes）

另一個受到關注的指標是生產者價格指數，即 PPI。它測量生產者購買原料或中間產品的價格變化，導致企業成本發生變化。一般來說，如果 PPI 上升，那麼遲早會反應在企業產品的價格上，最終影響 CPI。

PPI 的變動通常領先於 CPI，所以人們常常把 PPI 看作價格變動的一個風向標。

3. GDP 縮減指數（GDP deflator）

衡量通貨膨脹率最全面的指標是 GDP 縮減指數，表示相對於基年的物價，當年物價變動對 GDP 數值產生的影響。如果名義 GDP 是 1.09 億元，實際 GDP 是 1 億元，那麼：

$$\text{GDP 縮減指數} = \frac{\text{名義 GDP}}{\text{實際 GDP}} \times 100 = \frac{1.09}{1} \times 100 = 109$$

由此可以得到與基年相比，當年的通貨膨脹率是 9%。

GDP 縮減指數的優點是能夠衡量出總體物價水準的變動，貼近通貨膨脹率的本意，但缺點是必須依賴於對實際 GDP 的準確計算，每年統計一次，難以用於短期政策指導。

多數時候，CPI 和 GDP 縮減指數具有類似的變化趨勢，但也可能並不完全相同。GDP 縮減指數包括了經濟中所有物品和勞務的價格變動，不同產品比例不同；而 CPI 考察的是選定的一些產品——主要是普通消費者消費的產品，並且按照固定比例計算。

假如一個經濟 2005 年和 2006 年生產的物品只有麵包和牛奶，產量和價格見表 13.1 所示。

表 13.1　　　　　　　　　　不同年份的產量和價格

年份	麵包 產量	麵包 價格	牛奶 產量	牛奶 價格
2005	5	1	3	2
2006	6	1.5	4	2.5

首先，計算 CPI。

先確定消費者購買的產品以及不同產品的數量。假如消費者購買 2 個麵包和 1 單位牛奶——這是一個確定的消費組合，我們把它叫作消費的一籃子物品。同時，以 2005 年作為基年，它的物價指數為 100。

2005 年，購買一籃子物品需要支付 2×1+1×2＝4

2006 年，購買一籃子物品需要支付 2×1.5+1×2.5＝5.5

2005 年物價指數為 100，則 2006 年物價指數為 $\frac{5.5}{4} \times 100 = 137.5$

$$CPI = \frac{137.5 - 100}{100} \times 100\% = 37.5\%$$

其次，計算 GDP 縮減指數。

2005 年名義 GDP＝5×1+3×2＝11

2006 年名義 GDP＝6×1.5+4×2.5＝19

以 2005 年為基年，那麼：

2005 年實際 GDP＝5×1+3×2＝11，GDP 縮減指數＝$\frac{11}{11} \times 100 = 100$

2006 年實際 GDP＝6×1+4×2＝14，GDP 縮減指數＝$\frac{19}{14} \times 100 = 135.7$

據此，2006 年物價水準上升了 35.7%。

比較之下可以發現，由於考察物品的數量比例不同（CPI 考察固定比例，GDP 縮減指數考察的是實際比例），對物價上升程度的判斷也不同——CPI 得到的結果是物價上升了 37.5%，而根據 GDP 縮減指數得到的結果是上升了 35.7%。

很難說哪一個指標更好，政府在制定政策的時候通常只能綜合考慮多種指標來對物價水準的變動進行評判。

(三) 通貨膨脹的類型

根據不同標準，我們可以將通貨膨脹分為不同種類。

1. 按照嚴重程度

我們可以根據通貨膨脹率的大小不同，把通貨膨脹分為三類。

(1) 溫和的通貨膨脹。通常是指低於每年 10% 的通貨膨脹，貨幣流通速度大致穩定，整個貨幣體系尚能正常運行。特別是在通貨膨脹率低於每年 4% 的水準上時，人們一般並不太關注物價上漲。

(2) 奔騰式的通貨膨脹。通常是指兩位數的通貨膨脹，貨幣流通速度明顯加快，貨幣體系已經被扭曲。

人們在簽訂契約的時候，通常會根據通貨膨脹進行矯正，比如工資與通貨膨脹率掛勾、產品價格與通貨膨脹率掛勾，結果就導致整個經濟形成通貨膨脹慣性，更加難以停止。

(3) 超速通貨膨脹。貨幣流通速度極快，相對價格極不穩定，通常是通貨膨脹率超過三位數，比如本章開頭提到的津巴布韋的通貨膨脹。

超速通貨膨脹通常與政治鬥爭、戰亂等聯繫在一起，經濟難以正常運轉，低收入者生活更加困難。

2. 按照人們的預料程度

如果經濟長期處於一個相對穩定的通貨膨脹水準，人們可能預期到通貨膨脹率，因此叫作預期的通貨膨脹。如果是沒有預料到的，就叫作未預期的通貨膨脹。

3. 按對價格的影響

有時候所有商品的價格都按照差不多的比例上升，這就是平衡的通貨膨脹。如果不同產品價格變化的幅度差距較大，就是非平衡的通貨膨脹。

4. 按照表現形式

在價格機制能夠充分發揮作用的經濟中，物價上升，這是公開的通貨膨脹；在價格傳導存在某種障礙的時候，可能就不會完全以官方物價指數上漲，是隱蔽的通貨膨脹；在有政府干預的時候，雖然有通貨膨脹壓力，但是因為有價格管制，物價沒有上升，這就叫作抑制的通貨膨脹。

在中國，由於受到政府干預的價格還比較多，比如電力、土地等的價格，因此通貨膨脹不一定是以公開的官方數據表現出來的。

二、通貨膨脹的原因

（一）需求拉動的通貨膨脹

需求拉動的通貨膨脹是指總需求過度增長所引起的通貨膨脹，即「太多的貨幣追逐太少的貨物」。按照凱恩斯的解釋，如果總需求上升到大於總供給的地步，此時由於勞動和設備已經充分利用，要使產量再增加已經不可能，過度的需求只會引起物價水準普遍上升，而不會引起產出的增加。

如圖 13.4 所示，原來的均衡在總需求曲線 AD_1 與總供給曲線的交點 A 點，此時物價水準為 P_1，而實際 GDP 等於潛在 GDP，生產要素——機器和勞動力都已經得到充分利用。當總需求由 AD_1 增加到 AD_2 水準時，由於生產能力不能擴大，總供給量不變，仍然是潛在 GDP 水準，所以新的均衡在 B 點實現，此時物價水準上升為 P_2。

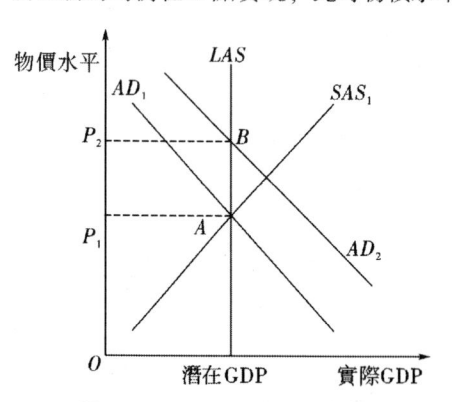

圖 13.4 需求拉上型通貨膨脹

因此，當需求增加時，由於生產能力有限，流通中貨幣量過多的結果就是一般物價水準上升，即出現需求拉動型通貨膨脹。

(二) 成本推進的通貨膨脹

成本或其他供給方面的因素變動也可能形成通貨膨脹，這就是成本推進的通貨膨脹，又稱為供給型通貨膨脹。這種通貨膨脹主要是由企業生產成本增加而引起的一般物價水準的上漲，造成成本向上移動的原因包括工資過度上漲、利潤過度增加、進口原材料價格上漲。

1. 工資推進的通貨膨脹

工資推動通貨膨脹是因為工資過度上漲引起成本增加，進而推動價格總水準上漲。因為大多數企業的工資都是生產成本的主要部分，工資上漲使得生產成本增加，在既定的價格水準下，廠商願意並且能夠供給的數量減少，從而使得總供給曲線向左上方移動。

在完全競爭的勞動市場上，工資率完全由勞動的供求均衡所決定，但是在現實經濟中，勞動市場往往是不完全的，存在各部門互相攀比的現象。

當個別企業（比如高科技產業）因為勞動生產率提高而工資上漲的時候，其他行業也會要求提高工資待遇，但並沒有相應提高勞動生產率。因此，從社會整體來說，工資增加（全面上升）超過了勞動生產率的提高（部分行業），提高工資就會導致成本增加，從而導致一般價格總水準上漲。

而且，這種通貨膨脹一旦開始，還會引起「工資—物價螺旋式上升」，工資、物價互相推動，形成嚴重的通貨膨脹。

在圖 13.5 中，原來的均衡點 A 處，物價指數為 100，實際 GDP 等於潛在 GDP 為 20。現在因為工資上升導致企業成本增加，短期總供給曲線向左上方移動，從 SAS_1 移動到 SAS_2，物價指數上升到 115，而實際 GDP 減少到 16——滯脹出現了。為了刺激經濟，中央銀行可能增加貨幣供給量，結果總需求曲線向右移動，實際 GDP 回到原來的水準，但是物價指數繼續上升到了 120。隨著這樣的螺旋式上漲的過程持續下去，物價不斷上升，最終導致嚴重的通貨膨脹。

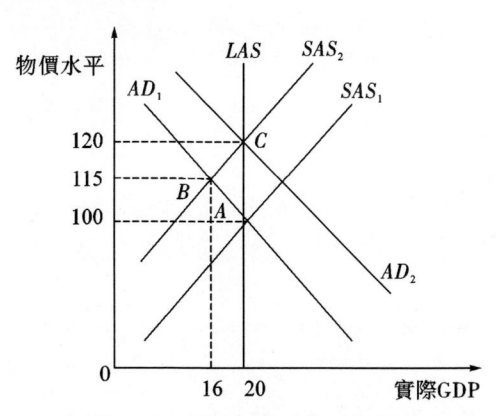

圖 13.5　工資推進螺旋式通貨膨脹

2. 利潤推進的通貨膨脹

利潤推進的通貨膨脹是指企業為謀求更大的利潤導致的一般價格總水準的上漲。一般而言，只有壟斷企業或者具有市場勢力的企業才有可能按照自己的利潤要求來定價，最終通過價格傳導機制導致物價總水準上升。

通常認為，利潤推進的通貨膨脹比工資推進的通貨膨脹要弱。原因在於，企業由於面臨著市場需求的制約，提高價格會受到自身要求最大利潤的限制，而工會推進貨幣工資上漲則是越多越好。

3. 進口成本推進的通貨膨脹

造成成本推進的通貨膨脹的另一個重要原因是進口商品的價格上升。如果一個國家生產所需要的原材料主要依賴於進口，那麼進口商品的價格上升就會造成成本推進的通貨膨脹，其形成的過程與工資推進的通貨膨脹是一樣的。

典型的例子是20世紀70年代的石油危機。由於OPEC組織的成立和影響，石油價格急遽上漲，以進口石油為原料的大量企業的生產成本也大幅度上升，從而引起嚴重的通貨膨脹。

(三) 供求混合推進的通貨膨脹

在實際中，造成通貨膨脹的原因並不是單一的，因各種原因同時推進的價格水準上漲，就是供求混合推進的通貨膨脹。

情形類似於我們前面講到的工資推動的螺旋式通貨膨脹——首先是工資上升導致總供給曲線移動，然後政策干預，總需求對此做出反應，結果就是物價不斷上升。

(四) 預期和通貨膨脹慣性

在實際中，一旦形成通貨膨脹，便會持續一段時期，這種現象被稱為通貨膨脹慣性，對通貨膨脹慣性的一種解釋是人們會對通貨膨脹做出的相應預期。

預期是人們對未來經濟變量進行估計，預期往往會根據過去的通貨膨脹的經驗和對未來經濟形勢的判斷，做出對未來通貨膨脹走勢的判斷和估計，從而形成對通脹的預期。

預期對人們的經濟行為有重要的影響，人們對通貨膨脹的預期會導致通貨膨脹具有慣性。如人們預期的通脹率為10%，在訂立有關合同時，廠商會要求價格上漲10%，而工人與廠商簽訂的合同中也會要求增加10%的工資，在其他條件不變的情況下，每單位產品的成本會增加10%，從而使通貨膨脹率按10%持續下去，必然形成通貨膨脹慣性。

三、通貨膨脹的影響

(一) 通貨膨脹的經濟效應

溫和的通貨膨脹影響不大，超速通貨膨脹則必然產生巨大的破壞，因為急遽變化的物價水準會扭曲資源配置——企業不知道該不該投資生產，因為不知道將來的產品價格。

預期的通貨膨脹不會影響分配，因為個人和企業都會根據通貨膨脹率做出調整，比如約定工資隨著通貨膨脹率自動調整。未預期到的通貨膨脹則必然要影響分配格局，一些人受損，另一些人受益。

1. 財富再分配效應

(1) 在債權人和債務人之間，如果是按照貨幣量約定債務，那麼通貨膨脹有利於債務人而不利於債權人。因為同樣數量的貨幣購買力下降，也就沒那麼值錢了。因此，在通貨膨脹率較高的時候，儲蓄者（債權人）可能得到負利率，存款的實際收益小於0。

（2）在雇主與工人之間，有利於雇主而不利於工人。因為通貨膨脹首先表現為價格上升，只有當雇主出售產品的收入增加、利潤增加之後，才可能考慮擴大生產、調整工資，而工人已經因為所購買生活物品的價格上升而受到了損害。

（3）在政府與公眾之間，有利於政府而不利於公眾。因為在通貨膨脹時，人們名義收入增加，稅收也就增加；而另一方面，按照固定數額領取養老金、撫恤金的人受到損害。

總的來說，未預期到的通貨膨脹不利於固定貨幣收入者、債權人和貨幣資產持有者。

2. 產出（就業）效應

需求拉動的通貨膨脹使產出（實際GDP）水準上升，就業增加；成本推進的通貨膨脹則可能導致滯脹——產出下降，失業增加；超速通貨膨脹則可能導致經濟崩潰。

思考一下：
你認為通貨膨脹還有哪些影響？對你來說是有利的還是不利的？

（二）對於通貨膨脹的評價

不同類型的通貨膨脹所造成的影響是不同的，通貨膨脹對經濟整體是有利還是不利的爭論並沒有停止。

1. 有利論

由於通貨膨脹通常是有利於雇主而不利於工人，因此會增加利潤，刺激投資，最終推動整個經濟的發展。

另外，通貨膨脹可以增加稅收，增加政府支出，從而刺激經濟發展。

即使通貨膨脹可能加劇收入分配不平等，但是因為富人比窮人的儲蓄傾向高（消費傾向低），更有可能進行投資，因此對於資金缺乏的發展中國家，利用適度的通貨膨脹來發展經濟是比較有利的做法。

2. 不利論

無論是有沒有預期到的通貨膨脹，隨著通貨膨脹率的上升，其負面作用都會不斷擴大。

（1）菜單成本。

在餐館裡，菜單上列出所有菜品對應的價格，如果他想要改變其中幾種菜品的價格，就需要重新印菜單——這就是菜單成本最基本的含義。

菜單成本不僅包括印刷新菜單的成本、討論決定新價格的成本、傳遞新價格信息的成本，還包括廣告宣傳，以及處理顧客怨言的成本，甚至還有可能因此失去一部分顧客。

思考一下：
當面粉漲價的時候，餐館的老闆會立即改變拉面的價格嗎？為什麼？他可能如何抵消這種價格上升的影響？

（2）皮鞋成本。通貨膨脹不利於貨幣持有者，因此人們拿到貨幣的時候首先就會想辦法把它換成價值更穩定的美元或者黃金，為此需要更頻繁地去銀行或者交易所。這種為了減少貨幣持有量而產生的成本被稱為通貨膨脹的皮鞋成本。

一般情況下，通貨膨脹的皮鞋成本基本上可以忽略不計，但是在超速通貨膨脹期間則非常明顯。

比如，在物價穩定時，你每月去一次超市購買日用品。如果通貨膨脹率達到每週100%，那麼你每次取得收入後都會首先根據最新的物價購買物品，然後立刻把所有的貨幣換成黃金。不僅如此，你可能還會經常奔波於各種商店，只為了獲取最新的價格信息，結果產生大量皮鞋成本。

（3）稅收扭曲。稅收會改變人們的行為，並且產生福利損失，通貨膨脹會強化這種扭曲。

在通貨膨脹為 0 時，如果你在銀行存了 10 萬元。在名義利率 10% 的情況下，實際利率也是 10%，你每年得到 1 萬元利息，按照 20% 的稅率繳稅之後，你實際得到 8,000 元利息，即稅後實際利率變為 8%。

如果通貨膨脹率為 5%，那麼為了彌補通貨膨脹的影響，銀行的名義利率變為 15%（實際利率 10% 加上通貨膨脹率 5%），你得到的利息為 15,000 元，同樣按照 20% 的稅率繳稅，最後實際得到 12,000 元，那麼稅後名義利率為 12%，稅後實際利率為 7%。

比較之下，我們可以看到，通貨膨脹使得儲蓄的收益下降，因為稅收針對的是名義收入。與此類似的還有股票和債券投資，比如經過 5 年，微軟公司的股票上升了 20 美元，當你出售股票時就取得了 20 美元的收益——這是徵稅對象；但事實上，考慮到不同年份的物價指數，可能實際價格只上升了 15 美元，這才是你的實際收益，以及應當繳稅的基礎。所以，通貨膨脹擴大了投資的收益規模，增加了稅收負擔，結果就可能抑制投資。

為了抵抗通貨膨脹抑制投資積極性的影響，美國財政部 1997 年初就第一次發行了收益水準根據物價指數調整的債券，以保證債券的利息和本金都能夠保證未來的實際購買力。

當然，超速通貨膨脹還可能導致經濟混亂，最終破壞一國的經濟基礎。比如在亞洲金融危機期間，由於物價迅速上漲，金融體系遭到破壞，許多亞洲國家幾十年的經濟努力都付之東流。

四、抑制通貨膨脹的政策

針對不同類型的通貨膨脹，政府可以採取不同的措施。

（一）緊縮的財政政策

針對需求拉動的通貨膨脹，常用的措施是採取緊縮的政策，包括緊縮的財政政策和貨幣政策，可以通過提高稅率、減少政府購買等政策減少總需求，從而抑制物價上漲。

當然，緊縮性財政政策的消極影響也非常明顯，抑制總需求的做法會降低產出水準，並且增加失業。

（二）收入政策

收入政策是指政府直接控制物價和工資水準，從而影響人們的收入。

通過抑制總供給曲線的移動，使之不能上升甚至下降，可以抑制成本推進的通貨膨脹。但這類政策只能短期使用，副作用明顯——比如價格上限管制可能導致短缺，最後產生一系列消極影響。

美國尼克松時代曾經採用過這種做法，另外在戰爭時期採取這類措施也是非常必要的。

(三) 利率政策

中央銀行，如美聯儲，可以通過設定利率及其他貨幣政策來有力地影響通貨膨脹率。高利率是中央銀行反通脹的典型手法，以降低就業及生產來抑制物價上漲。

然而，不同國家的中央銀行對控制通貨膨脹有不同的觀點。例如，有些中央銀行密切注意對稱性通貨膨脹目標，而有些僅在通貨膨脹率過高時加以控制——歐洲中央銀行就是這樣。

第三節　菲利普斯曲線

在前兩章的內容中，我們談到失業主要受到實際工資率、勞動生產率等因素的影響，而通貨膨脹率主要由貨幣供給量決定，兩者似乎並不相關。但是在短期中，它們息息相關：減少失業的政策往往導致物價上升，而抑制通貨膨脹的政策通常會使失業率上升。

因此，短期失業率與通貨膨脹率存在著交替關係，可以用一條曲線來表示這種關係，這就是菲利普斯曲線。

一、短期菲利普斯曲線

菲利普斯曲線由英國經濟學家 W. 菲利普斯於 1958 年在《1861—1957 年英國失業和貨幣工資變動率之間的關係》一文中最先提出。此後，經濟學家對此進行了大量的理論解釋，尤其是薩繆爾森和索洛將原來表示失業率與貨幣工資率之間交替關係的菲利普斯曲線發展成為用來表示失業率與通貨膨脹率之間交替關係的曲線。

1958 年，菲利普斯根據英國 1861—1957 年的統計資料發現，失業率和貨幣工資變動率之間存在交替關係：當失業率較低時，貨幣工資增長率較高；反之，當失業率較高時，貨幣工資增長率較低，甚至是負數。

根據成本推動的通貨膨脹理論，貨幣工資變動率可以表示通貨膨脹率。因此，這條曲線就可以表示失業率與通貨膨脹率之間的交替關係。即：失業率高表明經濟處於蕭條階段，這時工資與物價水準都較低，從而通貨膨脹率也就低；反之，失業率低，表明經濟處於繁榮階段，這時工資與物價水準都較高，從而通貨膨脹率也就高。失業率和通貨膨脹率之間存在著反方向變動的關係（如圖 13.6 所示）。

菲利普斯曲線提出了如下幾個重要的觀點：

第一，通貨膨脹是由工資成本推動所引起的，這就是成本推動通貨膨脹理論。正是根據這一理論，把貨幣工資增長率同通貨膨脹率聯繫了起來。

第二，失業率和通貨膨脹存在著交替的關係，它們是可能並存的，這就提出了政府宏觀調控可能產生的後果。

第三，當失業率為自然失業率時通貨膨脹率為 0，因此可以把自然失業率定義為通貨膨脹為 0 時的失業率。

第四，由於失業率和通貨膨脹率之間存在著交替關係，因此可以運用擴張性的宏

图 13.6 菲利普斯曲線

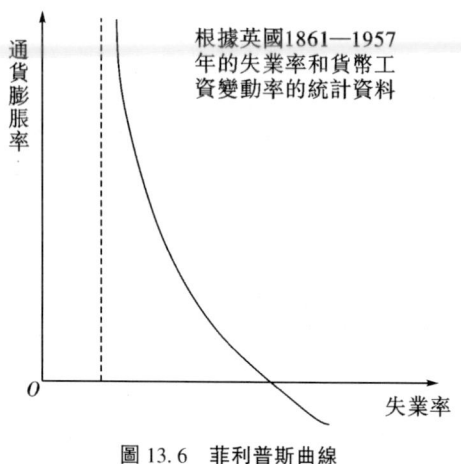

觀經濟政策，用較高的通貨膨脹率來換取較低的失業率，也可以運用緊縮性的宏觀經濟政策，以較高的失業率來換取較低的通貨膨脹率。這就為宏觀經濟政策的選擇提供了理論依據。

二、自然率假說——長期菲利普斯曲線

我們知道，長期中失業率並不取決於通貨膨脹率，而是由實際工資率等因素決定的。那麼，它和失業率還有這種相互交替的關係嗎？

1968年，經濟學家米爾頓·弗里德曼在《美國經濟評論》上發表了一篇文章《貨幣政策的作用》。他認為，在長期，貨幣政策不能在菲利普斯曲線上實現通貨膨脹與失業的一種組合，即增加貨幣供給量在短期內能夠通過提高通貨膨脹率來增加就業，但長期，失業率將回到自然失業率水準，並不能實現交替。

因此，長期菲利普斯曲線是一條垂直的線（見圖 13.7）。

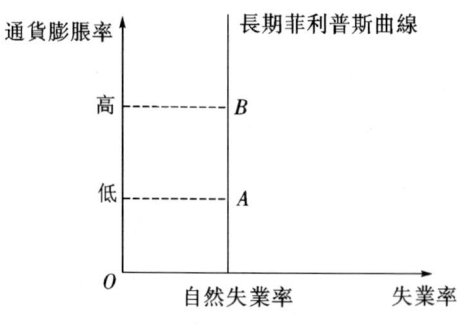

圖 13.7 貨幣政策的長期影響

如圖 13.7 所示，如果中央銀行緩慢地增加貨幣供給量，經濟在 A 點，通貨膨脹率較低；如果中央銀行迅速地增加貨幣供給量，短期內或許會降低失業率，但長期只會導致物價上升，即經濟在 B 點——失業率不變，通貨膨脹率高。

因此，弗里德曼提出了自然率假說，無論通貨膨脹率如何，失業率最終要回到自然失業率水準。如果政府想要通過增加貨幣供給量，以高通貨膨脹率為代價來換取失

業率降低，只可能在短期內取得成功，長期則不可能。

根據美國 20 世紀 60 年代初到 70 年代初的數據（如圖 13.8 所示），弗里德曼等人的假說得到了驗證。

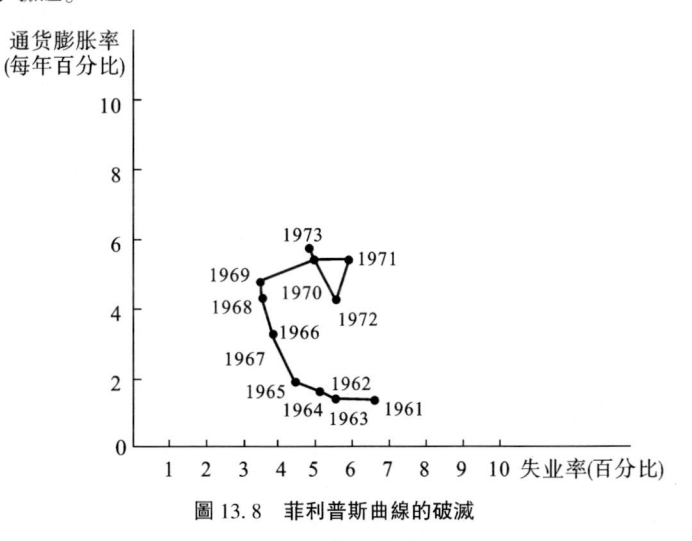

图 13.8 菲利普斯曲線的破滅

從這個圖形中看到，在 1961—1969 年間，美國的失業率和通貨膨脹率還是比較符合短期菲利普斯曲線的，但到了 20 世紀 70 年代初，就可以發現失業率和通貨膨脹率不再具有交替關係。

從 20 世紀 60 年代末，美國政府開始實行擴大物品與勞務的總需求的政策，因為在越戰期間，政府支出增加。而美聯儲希望在實行擴張性財政政策的時候同時壓低利率，貨幣量迅速增加——每年 13%，結果通貨膨脹率一直高達每年 5%～6%（對比於 20 世紀 60 年代初的 1%～2%），按照短期菲利普斯曲線的預測，失業率應當較低，但事實是這一時期的失業率也很高。菲利普斯曲線破滅，弗里德曼等人的預言是正確的。

本章小結

失業率是那些想要工作而又沒有工作的人在總勞動人口中所占的比例。不同國家對於失業的定義有所不同。失業的類型和原因多種多樣，其中非自然失業包括摩擦性失業、季節性失業、結構性失業和週期性失業。其中，週期性失業與經濟週期緊密相關，是可以避免的，也是政府宏觀政策的主要調控對象。失業的經濟影響可以用奧肯定律來表示。

通貨膨脹是物價水準持續上漲、貨幣價值不斷下降的過程，通常使用 CPI、PPI 和 GDP 縮減指數等指標來間接衡量通貨膨脹率。產生通貨膨脹的原因多種多樣，主要考察的是需求拉動的通貨膨脹、成本推動的通貨膨脹以及兩者相互作用產生的通貨膨脹。當通貨膨脹不可預期時，通貨膨脹會產生消極影響，可能引起財富再分配和稅收扭曲，以及增加菜單成本和皮鞋成本，嚴重的通貨膨脹甚至會引起混亂。

短期菲利普斯曲線表示當預期的通貨膨脹率和自然失業率不變時，通貨膨脹與失

業之間存在著交替關係。垂直的長期菲利普斯曲線表示，隨著時間的推移，通過提高通貨膨脹率來降低失業率的政策可能難以達到目的，因為失業率最終會回到自然失業率水準，不受通貨膨脹率的影響。菲利普斯曲線表明政府干預經濟的政策努力同時帶來了不可避免的負面影響。

資料延伸

宏觀經濟政策的挑戰

人們對宏觀經濟學總是存有敬畏之心，不僅很難制定出行之有效的宏觀政策，而且也很難對宏觀經濟形勢進行準確判斷。

20世紀美國最偉大的經濟學家之一——阿爾文·費雪對貨幣數量論、利率和通貨膨脹有深刻的研究，但是他在20世紀20年代末美國股市上揚的時候，通過大量借債購買股票，結果在1929年的崩潰中損失了大約1,000萬美元！

無論是否具有專業的經濟學知識，人們常常對宏觀經濟發表看法：政府應該增加或減少政府支出以影響總需求，中央銀行應該放鬆或緊縮銀根，政府應當促進財富更平等分配等。但事實上，宏觀經濟政策並不像表面上那麼簡單。

①政府應當努力穩定經濟嗎？

當經濟處於衰退或蕭條時，普遍認為應當採取擴張性政策刺激需求，比如增加政府支出、減稅或者降低利率等。

問題在於：政策並不能立即影響經濟，其作用需要一個很長的時滯。決策者需要準確把握經濟形勢，並根據不同的原因來制定針對性的政策。現實問題是很難對經濟有一個準確的預期，因為經濟隨時都在發生變動，人們只能使用各種方法來加以猜測，結果可能使得政策起到相反的作用。

②中央銀行應該追求零通貨膨脹率嗎？

一般情況下，通貨膨脹帶來的負面影響遠遠大於正面影響，那麼中央銀行就應當追求零通貨膨脹率嗎？

支持者認為，從長期來看，通貨膨脹率與失業率無關，因此降低通貨膨脹率並不會導致產出下降、失業率上升，因此是一項長期有利的政策。

反對者認為，即使零通貨膨脹不會影響就業，降低通貨膨脹率的政策也會產生成本，會降低產出。通過估算表明，放棄1%的通貨膨脹率要求放棄一年產量的5%左右。

從這個角度看，反通貨膨脹成本高昂，而且降低通貨膨脹導致產出減少時，這種損失並不是平均分攤在每個人身上，因此會加劇不平等。

其他引起爭論的宏觀經濟問題還有：應該以什麼作為貨幣政策的目標，如何對待財政赤字，是否應當為了長期增長而鼓勵儲蓄等。

就像治療疾病需要對症下藥一樣，制定宏觀經濟政策也需要對經濟形勢有準確的把握，而這正好是困難的甚至是不可能的，因此宏觀經濟學中充滿了爭議和話題。

第十四章 開放經濟

與在荒島漂流的魯賓遜不同，現實中的人們生活在不同國家和地區，彼此之間通過貿易互通有無。從古至今，人類總是在技術允許的範圍內盡可能擴大交往的範圍——早在13世紀，歐洲和中國就通過絲綢之路聯繫在一起。今天，美國和其他國家的人消費越來越多的「Made in China」的產品，同時中國人在沃爾瑪購物、吃著肯德基快餐、用著微軟的操作系統……不僅如此，我們還關注人民幣對美元、歐元、日元等主要貨幣的匯率，美國等國家不斷提出人民幣升值的要求。

內容提要：

經濟學意義上的開放經濟是與封閉經濟相對立的概念，它是指一國經濟與外國經濟之間存在著密切的經濟往來關係。在開放經濟條件下，要素、商品和服務可以比較自由地跨國界流動，從而實現資源的最優配置和較高的經濟效率。本章主要介紹了開放經濟中兩種重要的經濟往來形式，即國際貿易與國際金融以及開放經濟條件下經濟全球化這一當代世界經濟發展的明顯特徵。

重點掌握：

1. 國際貿易理論基礎知識；
2. 國際金融理論的基礎知識；
3. 經濟全球化的含義。

第一節 國際貿易理論

在商業完全自由的制度下，各國都必然把它的資本和勞動用在最有利於本國的用途上。這種個體利益的追求很好地和整體的普遍幸福結合在一起。由於鼓勵勤勉、獎勵智巧並最有效地利用自然所賦予的各種特殊力量，它使勞動得到最有效和最經濟的分配；同時，由於增加生產總額，它使人們都得到好處，並以利害關係和相互交往的共同紐帶把文明世界各民族結合成一個統一的社會。正是這一原理，決定葡萄酒應在

法國和葡萄牙釀製，穀物應在美國和波蘭種植，金屬製品及其他商品則應在英國製造。

——大衛·李嘉圖①

李嘉圖的這一段話論述了著名的比較優勢理論，這個原理奠定了國際貿易自由化的理論基礎，促進了世界經濟的繁榮。世界正是沿著李嘉圖指出的這一道路實現著全球經濟一體化，也就是我們常說的經濟全球化。

在日益開放的今天，經濟學當然要走出一國的界限，研究各種國際經濟問題，而各國經濟的聯繫是通過商品市場、勞務市場和資本市場的相互交往來實現的。我們首先來討論商品和勞務市場，即國際貿易的問題。

一、國際貿易理論的發展

第二次世界大戰之後，國際貿易有了突飛猛進的發展，在過去的七十多年間，世界貿易總額增長了幾十倍——中國的出口總額增長得更快。現在，已經很難找到真正意義上的民族工業產品了，比如一直強調民族品牌的聯想電腦，不僅主要硬件之一的芯片由英特爾等外國企業生產，軟件方面也大量使用進口產品——微軟操作系統、office 辦公軟件等。

國際貿易理論的發展大致經歷了古典、新古典、新貿易理論和新興古典國際貿易理論四大階段。

（一）古典國際貿易理論

古典國際貿易理論產生於 18 世紀中葉，是在批判重商主義的基礎上發展起來的，主要包括亞當·斯密的絕對優勢理論和大衛·李嘉圖的比較優勢理論。古典貿易理論從勞動生產率的角度，說明了國際貿易產生的原因、結構和利益分配。

1. 絕對優勢理論

18 世紀末，重商主義一味追求順差以及金銀流入的貿易觀點受到古典經濟學派的挑戰，亞當·斯密在生產分工理論的基礎上提出了國際貿易的絕對優勢理論。

在《國民財富的性質及原因的研究》中，斯密指出，國際貿易的基礎在於各國商品之間存在勞動生產率和生產成本的絕對差異，而這種差異來源於自然稟賦和後天的生產條件。比如，由於美國和中國工人勞動生產率的差距，在同樣花費 300 小時的情況下，美國能夠生產 3 輛汽車，而中國只能生產 2 輛汽車；如果耗費同樣的要素和時間，美國可以生產 6,000 件襯衣，而中國能夠生產 10,000 件襯衣。那麼，美國生產汽車就具有絕對優勢，而中國生產襯衣具有絕對優勢（如表 14.1 所示）。

表 14.1　　　　　　　　　　　　　　絕對優勢

	汽車（輛）	襯衣（件）
美國	3	6,000
中國	2	10,000

---

① 李嘉圖發展了斯密的國際分工和自由貿易學說，提出獨創性的國際貿易學說，即比較優勢理論。該理論是圍繞當時英國議會是否取消穀物法的爭論形成的，中心是要求取消穀物法，實行自由貿易。比較優勢理論現在仍然是國際貿易理論的基礎。

亞當·斯密認為在國際分工中,每個國家應該專門生產自己具有絕對優勢的產品,並用其中一部分交換其具有絕對劣勢的產品,這樣就會使各國的資源得到最有效率的利用,更好地促進分工和交換,使每個國家都獲得最大利益。在這個例子中,美國應當生產汽車,而中國生產襯衣,然後美國出口汽車,與中國出口的襯衣進行交換。

然而在現實中,很可能一國具有生產兩種以上產品的絕對優勢,比如美國既擅長生產汽車,也擅長生產電腦、飛機等,那麼它是不是就不必再和其他國家進行交易了呢?這是絕對優勢理論的局限。

2. 比較優勢理論

鑒於絕對優勢理論的局限性,李嘉圖在《政治經濟學及賦稅原理》中繼承和發展了斯密的理論,提出了比較優勢理論。

李嘉圖認為國際貿易分工的基礎不限於絕對成本差異,即使一國在所有產品的生產中勞動生產率都處於全面優勢或全面劣勢的地位,只要有利或不利的程度有所不同,該國就可以通過生產勞動生產率差異較小的產品參與國際貿易,從而獲得比較利益。

如表 14.2 所示,在這個例子中,美國無論生產汽車還是生產襯衣,都具有絕對優勢,但差異不同:生產汽車,美國的勞動生產率是中國的 1.5 倍,而生產襯衣則是 1.2 倍——在生產汽車方面的優勢更大,因此美國應該集中精力生產汽車,而讓中國生產襯衣。

表 14.2　　　　　　　　　　　　　　比較優勢

	汽車（輛）	襯衣（件）
美國	3	6,000
中國	2	5,000

關於這一點,也可以用機會成本的概念來理解。對美國而言,生產一輛汽車需要放棄 2,000 件襯衣,即生產汽車的機會成本是 2,000 件襯衣;對中國而言,生產一輛汽車的機會成本是 2,500 件襯衣。因此,美國具有生產汽車的比較優勢。另一方面,美國生產 1,000 件襯衣的機會成本是 0.5 輛汽車,中國生產 1,000 件襯衣的機會成本是 0.4 輛汽車,因此中國生產襯衣的機會成本更低,具有比較優勢。

思考一下:

什麼原因導致美國擅長生產汽車,而中國擅長生產襯衣呢?

(二) 新古典國際貿易理論

19 世紀末 20 世紀初,新古典經濟學逐漸形成,在新古典經濟學框架下對國際貿易進行分析的新古典貿易理論也隨之產生。

1. 要素稟賦理論

1919 年,瑞典經濟學家埃利·赫克歇爾提出了要素稟賦論的基本觀點;1930 年,這一論點被他的學生伯爾蒂爾·俄林所充實、論證,其代表作《地區間貿易和國際貿易》進一步發展了生產要素稟賦理論,因而這一理論又被稱為 H-O 理論,即赫克歇爾—俄林理論。

根據該理論,國家之間進行貿易的根本原因在於商品的價格差異,比如汽車在中國價格高,而在美國價格低,那麼中國進口汽車;同理,襯衣在中國價格低,而在美

國價格高,那麼中國出口襯衣。

導致同類商品(汽車、襯衣)出現價格差異的原因是多方面的,但關鍵因素在於各國生產要素充裕度不同,使得要素相對價格不同。比較而言,美國擁有大量資本和技術,而中國的資本和技術較少,物以稀為貴,所以資本和技術在美國的價格相對較低,而在中國的價格相對較高。由於生產汽車需要更多的資本、技術,因此美國生產汽車的成本更低,價格也較低。

各國應該集中生產並出口那些充分利用本國充裕要素的產品,以換取那些密集使用其稀缺要素的產品。這樣的貿易模式使參與國的福利都得到改善。

2. 列昂惕夫之謎

按照要素禀賦論,美國是一個資本豐裕而勞動力相對稀缺的國家,其對外貿易結構應該是出口資本、技術密集型產品,進口勞動密集型產品。事實果真如此嗎?

20世紀50年代初,美籍蘇聯經濟學家列昂惕夫根據H-O理論,用美國1947年200個行業的統計數據對其進出口貿易結構進行驗證,結果卻得出了與H-O理論完全相反的結論——美國大量進口資本、技術密集型產品,出口的是勞動密集型產品。這一結果被稱為列昂惕夫之謎,也叫列昂惕夫悖論。

列昂惕夫悖論雖沒有形成系統的理論觀點,但它對原有國際分工和貿易理論提出了嚴峻的挑戰,引發了對國際貿易主流思想的反思,推動了第二次世界大戰後新的國際貿易理論的誕生,包括不完全競爭市場理論、人力資本說等。

(三)國際貿易的當代理論——新貿易理論

第二次世界大戰結束以後,國際貿易的產品結構和地理結構出現了一系列變化,發達工業國家之間的貿易量大大增加,而且同類製成品貿易量大大增加。歐盟成員國的外貿在這方面表現得最為突出。1960年,歐盟成員國相互貿易以及與其他發達國家間的貿易佔其外貿總額的79%,1980年為78%,1986年為70.7%。美國的這一比重也一直保持在60%~70%。

比如,日本、歐洲和美國在汽車生產領域展開了激烈角逐。一方面,美國向歐洲和日本大量出口汽車;另一方面,美國也從這些國家大量進口汽車。在這樣的經濟環境下,傳統的國際貿易理論受到挑戰,新貿易理論應運而生。

1. 新生產要素理論

新生產要素理論擴大了生產要素的內涵,除了土地、勞動和資本以外,還包括自然資源、技術、人力資本、研究與開發、信息、管理等新型生產要素,從新要素的角度說明國際貿易的基礎和貿易格局的變化。

比如,1959年美國學者凡涅克提出了以自然資源的稀缺解釋列昂惕夫悖論的觀點,認為美國進口的自然資源在開發或提煉過程中已經耗費了大量資本,使得進口產品中的資本密集度上升。扣除資源的影響,美國資本密集型產品的進口就會小於其出口。

2. 偏好相似理論

1961年林德在《論貿易和轉變》一書中提出了偏好相似理論,第一次從需求方面尋找貿易的原因。

他認為,要素禀賦學說只適用於解釋初級產品貿易,工業品雙向貿易的發生是由相互重疊的需求決定的。無論是在美國、日本還是歐洲,都有一些人喜歡豪華漂亮的跑車,而另一些人喜歡經濟實用的節油車,因此各國對於汽車有相似的需求結構,需

要生產出不同類型的汽車。

但另一方面,在汽車市場上,只有具備一定規模才能具有研發創新的能力,實現成本最低的生產,並運用各種手段加強競爭——簡言之,在這種市場上規模經濟特別重要。

同時,考慮需求的多樣性以及規模經濟,發達國家同類製成品之間大量進行貿易:美國和歐洲生產更多跑車和豪華型轎車,而日本主要生產節油型轎車,然後三個國家之間進行相互貿易,以滿足國內消費者的不同需求。

3. 產品生命週期理論

雷蒙德‧弗農(Raymond Vernon)將市場行銷學中的產品生命週期理論與技術進步結合起來闡述國際貿易的形成和發展。1966 年他在《產品週期中的國際投資與國際貿易》一文中指出,美國企業對外直接投資與產品生命週期有密切關係。

這一產品生產的國家轉移理論,假設國家間信息傳遞受到一定的限制、生產函數可變以及各國的消費結構不同,指出產品在其生命週期的不同階段對生產要素的需要是不同的,而不同國家具有的生產要素富饒程度決定了該國的產品生產階段和出口狀況。以移動電話為例,在產品引入階段,由於顧客瞭解少,需要大量行銷廣告配合宣傳,同時前期研發投入很高,此時該產品的生產需要大量資金和技術,主要在最發達的國家進行生產,比如美國;但是隨著推廣成功,產品進入成長期,需求量和銷售量大幅度上升,生產成本下降,對資本和技術的要求逐步降低,可以擴大到其他發達國家生產,比如歐洲;然後產品進入成熟期,走上大批量生產的道路,就可以在原材料或者勞動力豐富的國家進行生產,比如中國。於是,在產品生命週期的不同階段,移動電話的產地由美國擴大到歐洲,然後由摩托羅拉、諾基亞等跨國公司將其轉移到中國。

產品生命週期理論將比較優勢論與資源稟賦論動態化,很好地解釋了戰後一些國家從某些產品的出口國變為進口國的現象。

4. 動態比較優勢理論

動態比較優勢理論就是指在全球化的發展戰略下重新配置資源,國際化和主導產業協調發展,充分利用跨國公司的科技條件和自身的市場條件和資源優勢,實現產業結構升級。

林毅夫等經濟學家提出,一個國家的產業和技術結構從根本上取決於國內要素稟賦,通過發揮比較優勢能夠較快地實現資源結構的升級,可以加快產業結構升級。

(四)新興古典貿易理論

20 世紀 80 年代以來,以楊小凱為代表的一批經濟學家用超邊際分析法將古典經濟學中關於分工和專業化的經濟思想形式化,將消費者和生產者合二為一,發展成新興古典貿易理論。

該理論使研究對象由給定經濟組織結構下的最優資源配置問題,轉向技術與經濟組織的互動關係及其演進過程,力圖將外生的比較利益因素引入基於規模報酬遞增的新興古典經濟學的貿易理論模型中,把傳統貿易理論和新貿易理論統一在新興古典貿易理論框架之內。

此理論的內生分工和專業化新興古典貿易模型(Sachs, Yang and Zhang, 1999)表明,隨著交易效率從一個很低的水準提高到一個很高的水準,均衡的國際和國內分工

水準從兩國都完全自給自足增加到兩國均完全分工，在轉型階段，兩種類型的二元結構可能出現。

經濟發展、貿易和市場結構變化等現象都是勞動分工演進過程的不同側面，貿易在交易效率的改進過程中產生並從國內貿易發展到國際貿易，兩者之間有一個內在一致的核心。

綜合起來看，古典和新古典國際貿易理論以完全競爭市場等假設為前提，強調貿易的互利性，主要解釋了產業間貿易；第二次世界大戰後，新貿易理論從新生產要素、偏好相似、產品的生命週期等角度解釋了新的產業內貿易現象；新興古典國際貿易理論則以專業化分工來解釋貿易，力圖將傳統貿易理論和新貿易理論統一在新興古典國際貿易理論的框架之內。

二、國際貿易的形式

（一）物品和勞務的進出口

當我們購買韓國的手機或者法國的紅酒時，就是在消費外國產品，它們來自於中國的進口——當然，對於韓國和法國來說，這是它們的出口。

也許人們不太容易理解如何進口或出口「勞務」。當你在法國旅遊時，乘坐法航的飛機，住法國的酒店，為法國大廚的廚藝付錢……這一系列行為都是在購買法國的勞務，產生了勞務的進口。反過來，當法國人在北京奧運會期間來觀看比賽、到名勝古跡遊玩時，他需要為此支付，由此產生了中國對法國的勞務出口。

中國向其他國家的人購買的物品與勞務稱為進口，我們賣到其他國家的物品與勞務稱為出口，而淨出口就是出口減去進口。如果淨出口為正數，表示出口額比進口額更大，意味著我們在國際市場上更多的是一個賣方——中國是典型的賣方，所以淨出口又叫作貿易餘額；如果淨出口為負數，則表示出口額小於進口額，這意味著一國在國際市場上更多的是一個買方，這時可以說它有貿易赤字——美國在與中國的貿易交往中長期處於赤字狀態；如果淨出口為零，表示出口額與進口額完全相等，可以說這個國家有平衡的貿易。

（二）資本流動

英特爾公司一方面通過出口把芯片賣到世界各地去，另一方面也在各處建立自己的分公司和生產基地，以直接投資的方式來追逐利潤。前一種方式代表物品流動，後一種方式代表資本流動。

本國居民購買的外國資產減去外國人購買的國內資產，就得到國外淨投資。與淨出口一樣，國外淨投資可能為正，也可能為負，或者等於零。比如中國企業購買美國國債，就增加了國外淨投資；如果麥當勞在中國新開一些快餐店，就減少了中國的國外淨投資。

隨著經濟的發展，中國不再只是單方面吸收外資的資本流入國，開始向其他國家和地區輸出資本，比如購買美國債券，截至 2008 年底，中國政府和企業購買的美元債券估計達到了 1.2 萬億美元之多。

目前，以中國、俄羅斯、巴西和印度為代表的新興經濟體，受到了國際資本的青睞，吸引到大量外國資本。哪些因素會影響一國的國外淨投資呢？主要的因素包括：

1. 國外資產支付的實際利率與國內資產支付的實際利率比較

比如 1996 年，俄羅斯政府發行政府債券的時候，由於利率高達 9.25%，而同時期美國政府債券支付的利率不到 6%，結果當然是大量美國投資者選擇購買俄羅斯的債券（購買了當時俄羅斯政府發行債券的 41%）。

2. 政治與經濟風險

當人們考慮購買哪種債券的時候，由於債券事實上是發行者的借據，所以與收益率同樣重要的問題是發行者的信用以及償債能力。如果在政局不穩的國家，投資者抱有政權能否持久的疑慮，顯然會對購買債券持更加謹慎的態度。

另一種風險是經濟上的。當 2009 年深受金融危機影響的美國政府向其他國家推銷自己的政府債券時，由於存在大幅度貶值的風險，投資者都不得不小心翼翼地加以權衡。

(三) 淨出口與國外淨投資相等

對外經濟交往同時存在於兩個不同的市場上：一個是物品和勞務市場，另一個是金融市場。淨出口和國外淨投資分別衡量這兩個市場上的不平衡狀態。

然而對整個經濟而言，這兩種不平衡將會相互抵消，即淨出口總是等於國外淨投資。

舉例來說，海爾集團向一家美國企業出售了一些洗衣機，作為交換，這家美國企業向海爾集團支付美元——這兩件事情同時進行。出售洗衣機使得中國的淨出口增加了，同時中國獲得了一些美國資產（美元），於是國外淨投資也相應增加，並且與淨出口增加相等。

所以，國際物品與勞務的貿易和資本流動是同一枚硬幣的兩面，都是國際經濟交往的常見模式。

三、國際貿易的收益

國際貿易對交易雙方有什麼影響呢？能夠帶來什麼好處？

考慮前面提到的比較優勢的例子，美國和中國都能生產汽車和襯衣這兩種物品，美國生產 1,000 件襯衣的機會成本是 0.5 輛汽車，如果它能夠以中國的價格買到襯衣——每 1,000 件襯衣的價格是 0.4 輛汽車，它就能夠從這樣的交易中獲得好處，因此美國有進口襯衣的需求。

與此同時，中國生產 1 輛汽車的機會成本是 2,500 件襯衣，如果能夠以美國的價格買到汽車——每輛汽車 2,000 件襯衣，那麼就能從交易中得到好處，因此中國有進口汽車的需求。

那麼，美國和中國會按照什麼樣的價格進行國際貿易呢？

(一) 貿易條件

以汽車為例，中國向美國進口 1 輛汽車必須支付的襯衣數量就是中國的貿易條件，這個條件就是不會高於中國自己生產汽車的成本——2,500 件襯衣。當然，中國能夠進口到汽車的前提是美國有出口汽車的供給。那麼美國供給的條件是什麼呢？最後達成的交易價格是多少呢？

和一般商品的價格相同，國際貿易中商品的價格也取決於供求。

價格
（1 000 件襯衣/1 輛汽車）

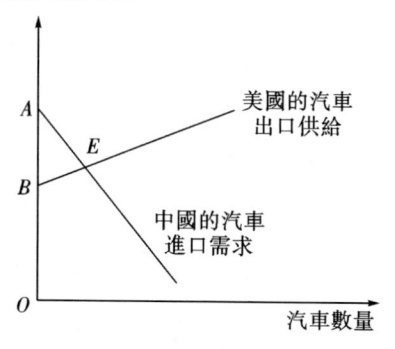

圖 14.1　國際貿易條件

在無貿易時，中國的汽車價格為 2,500 件襯衣/1 輛汽車（圖 14.1 中的 A 點），如果國際市場上汽車價格低於這個水準，中國就存在進口汽車的需求；無貿易時，美國的汽車價格為 2,000 件襯衣/1 輛汽車（圖 14.1 中的 B 點），如果國際市場上汽車的交易價格高於這個水準，美國就願意出口汽車，並且價格越高，供給量越大。

當國際市場上汽車供求實現均衡時（圖 14.1 中的 E 點），就決定了國際貿易中汽車的價格，假定為 2,300 件襯衣/1 輛汽車，此時汽車貿易量為 1 輛。

很容易發現，貿易條件（為每 1 輛汽車支付 2,300 件襯衣）低於中國的最初水準，但高於美國的最初水準。

（二）生產和消費的變動

在沒有貿易的情況下，中國生產 2 輛汽車，或者 5,000 件襯衣，或者 1 輛汽車和 2,500 件襯衣；美國生產 3 輛汽車，或者 6,000 件襯衣，或者 1 輛汽車加 4,000 件襯衣，或者 2 輛汽車加 2,000 件襯衣。

按照比較優勢理論，中國生產 5,000 件襯衣而美國生產 3 輛汽車。在國際貿易過程中，中國用 2,300 件襯衣與美國的 1 輛汽車進行交換，結果就是中國可以消費 1 輛汽車加 2,700 件襯衣（比自己生產的所有可能都更高），而美國可以消費 2 輛汽車加 2,300 件襯衣（比自己生產的更多）。

（三）貿易的收益

從中國和美國的消費變動來看，中國和美國能夠消費的產品都更多，都從國際貿易中獲益了：中國能夠多消費 200 件襯衣，而美國可以多消費 300 件襯衣（與自己生產相比）。

所以，在國際貿易中，沒有贏家和輸家的區別，可以說是實現了「雙贏」。

思考一下：

為什麼國際貿易可以實現「雙贏」？

四、國際貿易的限制

雖然從理論上來說自由化的國際貿易可以實現最大可能的收益，但世界各國的政府都或多或少的採取了貿易限制的措施，這些工具包括關稅和非關稅壁壘。

(一) 關稅

關稅 (Tariff) 是政府對進口物品或勞務徵收的稅。政府徵收關稅的誘惑是巨大的，一方面，關稅給政府帶來收入；另一方面，關稅可以給一些特定集團帶來減少競爭的好處。比如對進口汽車徵收較高的關稅，那麼國內汽車企業面臨的競爭壓力減小，需求增加。

但徵收關稅的負面影響也很明顯，它將減少國際貿易帶來的好處。

關稅的影響與國內稅收的影響類似（如圖 14.2 所示），不僅會減少市場交易量，而且會導致無謂損失。

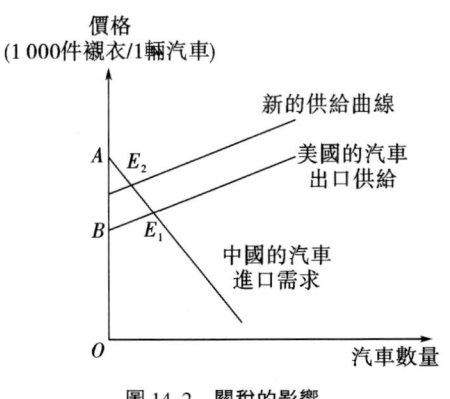

圖 14.2 關稅的影響

1. 汽車的進口數量減少

在徵收關稅的情況下，中國市場上汽車供給曲線向上平移，移動的垂直距離就是關稅額。此時市場均衡點由 E_1 移動到 E_2，汽車價格上升，而交易數量減少。

當然，這一點對中國國內汽車企業是有利的，進口汽車相對更加昂貴了，人們就可能轉而選擇國產汽車，於是國內企業汽車的生產規模擴大。

2. 關稅收入

中國消費者為美國汽車支付的價格分成了兩部分，一部分歸美國企業，另一部分作為關稅由政府獲得。

3. 市場效率

存在關稅的情況下，中國消費者只能消費更少的汽車，使得貿易的收益減少。

限制進口汽車雖然減少了消費者的收益，但是明顯對中國的汽車企業有利。所以應該支持這一政策嗎？我們還需要考慮中國的襯衣生產。

事實上，對進口汽車徵收關稅會傷害到中國自己的襯衣生產。首先，中國襯衣的生產和銷售依賴於美國的進口，關稅減少了美國的汽車出口，它的收入減少，自然也會減少對襯衣的進口；其次，中國的汽車企業不斷擴張，對生產襯衣的企業形成了資源的競爭——比如導致更高的工資水準和更高的資本價格等。

因此，設立關稅或者提高關稅不一定能夠增加貿易餘額，因為關稅雖然減少了進口，但也會同時減少出口。

(二) 非關稅壁壘

非關稅壁壘 (Nontariff Barrier) 是除了關稅以外，限制國際貿易的任何一種行為，

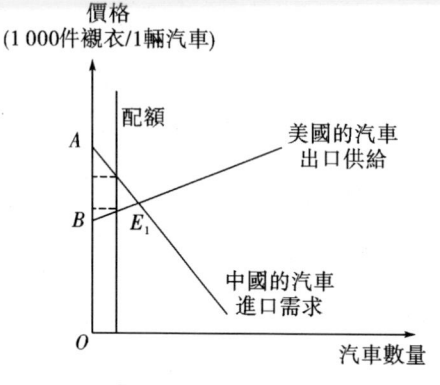

典型的例子是配額和自願出口限額（如圖 14.3 所示）。

圖 14.3 配額的影響

配額（Quota）是對某種物品的進口數量的限制，它規定某一時期內可以進口的這種物品的最大數量。

自願出口限額（Voluntary Export Restraint，VER）是兩國政府之間的協定，根據這個協定出口國自願限制自己的出口數量。

配額是強制性減少進口產品的數量，結果就是供不應求，市場價格遠遠高於供給價格，因此取得進口權的企業可以從中獲利——以較低的價格買到美國的汽車，然後以高得多的價格在中國市場上出售。

因此，自願出口限額、配額與關稅的影響類似，差別在於由誰得到需求與供給之間的價格差額。在徵收關稅時，進口國政府得到這部分價值；存在配額限制時，取得進口權的企業或集團得到這部分價值；而存在自願出口限額的情況下，出口者佔有這部分價值。因此，出口國政府需要在眾多的出口者之間制定相應的程序進行分配。

（三）貿易限制的理由

即使限制貿易的消極影響非常明顯，人們仍然常常提出各種限制貿易的政策，主要的理由包括國家安全論、幼稚產業論和反傾銷。

1. 國家安全論

考慮到國家安全，許多人提出應當保護具有戰略意義的產業，比如國防工業依賴的原料和技術，以及農業等。

當然，關係到國家安全的產業數量較少，而且可以改用財政補貼的方式來支持其發展，所以這並不是設立關稅或者非關稅壁壘的有力支撐。

2. 幼稚產業論

所謂幼稚產業論，指的是必須保護新興行業，以使它能成長為一個可以參與激烈國際競爭的成熟行業。這種觀點主要根據動態比較優勢理論而形成。

比如，中國的金融產業起步晚，遠遠落後於美歐等發達國家，金融機構的管理水準也比較低。如果直接與經驗豐富的國際金融寡頭競爭，就像小孩與大人比拳擊，結果可能是不堪一擊。因此，中國政府的態度是逐漸放開金融市場，而不是全面開放——正是因為這樣的政策，中國的金融機構才幸運地避開了 2008 年國際金融危機的直接衝擊。

當然，保護幼稚產業只是暫時的，最終仍然不可避免地要參與國際競爭。因此，關鍵在於如何讓幼稚產業發展壯大，而不是一味地為它遮風擋雨。

3. 反傾銷

當外國企業以低於生產成本的價格在本國市場上出售產品時，就出現了傾銷，這是一種不正當的競爭手段。

為了獲得壟斷地位，企業有時候會以低於成本的價格出售產品，依靠雄厚的實力將本國企業趕出市場，然後依據壟斷地位收取高價。

反傾銷常常被用來證明暫時徵收關稅的正確性，但也存在問題——傾銷的判斷非常困難。中國企業在國際市場上經常遭到反傾銷投訴，並且敗多勝少。難道真的有那麼多中國企業企圖謀取壟斷地位而以低於成本的價格出售產品嗎？其實不然。事實上，企業的生產成本是難以核算的，於是歐美國家往往以中國產品在不同市場上的價格不同為由，或者根據自己對產品成本的「估計」來判斷是否傾銷。但我們知道，企業在需求彈性較大的市場上收取低價、在需求彈性比較小的市場上收取高價是合理的，而且中國勞動成本、銷售環境與歐美國家不同，產品成本怎麼能夠直接比較呢？

所以，反傾銷常常並不是貿易限制的好理由，因為傾銷本身難以判斷，而且採用貿易限制的手段更容易導致國家之間的貿易摩擦，甚至引發關稅報復。

4. 其他理由

還有一些支持貿易保護的理由，比如減少失業、保護本國文化、防止被發達國家剝削等。

貿易保護並不能實現這些目標，相反貿易保護容易引起報復並引發貿易戰。典型的例子發生在 20 世紀 30 年代大蕭條時期，美國通過了哈里關稅法案，歐洲、日本等主要國家都先後提高關稅進行報復，在短期中，世界貿易幾乎消失了，所有國家都喪失了國際貿易和參與國際分工可能帶來的收益。

第二節　國際金融理論

國際金融（International Finance）是指國家和地區之間由於經濟、政治、文化等聯繫而產生的貨幣資金的週轉和運動。

國際金融與一國的國內金融既有密切聯繫，又有很大區別。國內金融主要受一國金融法令、條例和規章制度的約束，而國際金融則受到各個國家互不相同的法令、條例以及國際通用的慣例和通過各國協商制訂的各種條約或協定的約束。由於各國的歷史、社會制度、經濟發展水準各不相同，它們在對外經濟、金融領域採取的方針政策有很大差異，這些差異有時會導致十分激烈的矛盾和衝突。

一、國際金融的構成

國際金融由國際收支、國際匯兌、國際結算、國際信用、國際投資和國際貨幣體系構成，它們之間相互影響，相互制約——國際收支必然產生國際匯兌和國際結算，國際匯兌中的貨幣匯率對國際收支有著重大影響，國際收支的許多重要項目同國際信用和國際投資直接相關，等等。

（一）國際收支

按照國際貨幣基金組織的定義，國際收支即一國和其他國家之間的商品、債務和收益的交易以及債權債務的變化。

一國的國際收支不但反應它的國際經濟關係，而且反應它的經濟結構和經濟發展水準。

長期以來，國際收支的主要問題是：許多國家國際收支不平衡。

一國國際收支不平衡是經常現象，要做到收支相抵、完全平衡十分困難。但是，無論是逆差還是順差，如果數額巨大且又長期持續存在，都會引起一系列不良後果。因此，各國政府大都會採取各種干預措施，力求改善國際收支不平衡狀況。然而，一國採取措施往往會引起其他有關國家相應採取對抗和報復行動，從而減弱或抵消該國調節措施的作用，而且有時調節國際收支的辦法又同發展國內經濟的要求背道而馳。比如提高利率，負面影響是提高了國內融資成本，降低了投資積極性，可能還會影響國際貿易的增長。

（二）國際匯兌

國際匯兌是指因辦理國際支付而產生的外匯匯率、外匯市場、外匯管制等安排和活動的總和。

外匯一般是指充當國際支付手段、國際流通手段和購買手段的外國貨幣以及外幣支付憑證。金銀成為貨幣後，作為國際支付的主要手段是貴金屬。票據出現後，作為信用工具也可用來辦理國際支付。

匯率是以一國貨幣表示的另一國貨幣的價格。實行金本位制時，各國貨幣匯率波動不大，處於相對穩定狀態。

1929—1933年世界經濟危機後，金本位制徹底崩潰，從此開始實行不能兌換黃金的紙幣制度。由於通貨膨脹長期存在，紙幣不斷貶值，各國匯率不穩定的狀態日趨嚴重。第二次世界大戰後，主要資本主義國家建立了以美元為中心的國際貨幣體系，美元與黃金掛勾，各國貨幣與美元掛勾，據此訂出各國貨幣的固定匯率。固定匯率制對戰後世界經濟的發展起到了一定的積極作用。

1973年，以美元為中心的固定匯率制完全解體，各國紛紛實行浮動匯率制。此後，由於不再有固定匯率制的限制，匯率波動頻繁，對各國的對外貿易影響極大。為此，世界各國均對本國匯率的動態實行某種程度的控制或干預。

外匯管制是一個國家為維護本國經濟權益和改善國際收支，對本國與外國的國際匯兌、國際結算等實施的限制和管理。當代幾乎所有國家都不同程度地實行有利於本國的外匯制度，只是方式、方法和具體內容有所不同而已。

（三）國際結算

國際結算是指國際辦理貨幣收支調撥，以結清不同國家中兩個當事人之間的交易活動的行為。它主要包括支付方式、支付條件和結算方法等。

國際結算所採用的方式方法是在各國經濟交往中自發產生的，匯款、托收、信用證等主要國際結算方式都是歷史的產物。20世紀60年代以後，由於電子計算機的廣泛應用，現代化手段不斷出現，結算的技術水準大大提高。

國際結算是一項技術性很強的國際金融業務，且涉及許多複雜的社會、經濟問題。為了採取對本國最為有利的結算方式，各國之間還經常發生各種矛盾和衝突。

(四) 國際信用

國際信用是國際貨幣資金的借貸行為。

最早的票據結算就是國際上貨幣資金借貸行為的開始，經過幾個世紀的發展，現代國際金融領域內的各種活動幾乎都同國際信用有著緊密聯繫。沒有國際借貸資金不停地週轉運動，國際經濟、貿易往來就無法順利進行。

國際信用有國際商業信用和國際銀行信用兩種形式。

國際信用同國際金融市場關係密切。國際金融市場是國際信用賴以發展的重要條件，國際信用的擴大反過來又推動國際金融市場發展。

(五) 國際投資

各國政府和私人對外國進行的投資都屬於國際投資的範疇。

國際投資是貨幣資本從一國轉移到另一國，以獲取更多利潤為目的的活動。第二次世界大戰前，國際投資幾乎全都是發達資本主義國家的資本輸出。戰後，蘇聯、東歐國家開始對發展中國家進行投資。與此同時，一些發展中國家也開始參加對外投資活動，其中主要是石油輸出國。到20世紀80年代初，對外投資較多的發展中國家已有40餘個。中國也抓住一切機會向非洲和南美等國家進行投資。

(六) 國際貨幣體系

國際貨幣體系是自發或協商形成的有關國際交往中所使用的貨幣以及各國貨幣之間匯率安排的國際制度。這是國際金融領域的重要組成部分。

20世紀60年代以來，國際社會多次討論國際貨幣體系的改革問題，並於1969年和1978年兩次修改國際貨幣基金協定。但由於各國間的矛盾和衝突，國際貨幣制度存在的困難和缺陷始終未能得到解決。

二、匯率

當我們在歐洲旅遊時，需要用歐元去購買商品和服務，為此必須首先用一些人民幣交換歐元，交換的比率就叫作匯率，是由外匯市場決定的。

匯率就是一種通貨與另一種通貨進行交換的價格。例如，2009年的某一天，美元對人民幣的匯率為1美元對6.9元，表示1美元的價格是6.9元人民幣。

當用人民幣表示的美元價格由8元人民幣下降到7元，那麼就出現了通貨貶值，美元對人民幣貶值了12.5%。反過來，如果用人民幣表示的美元價值上升了，就出現了美元對人民幣的通貨升值。

作為被普遍接受的國際貨幣，美元在大蕭條之後出現了第一次大幅貶值，在石油危機之後出現了第二次貶值，而2008年金融危機之後將有可能再次大幅度貶值。

(一) 匯率的決定

經濟學家建立了許多模型來解釋匯率的決定，這裡我們介紹最簡單的一種：購買力平價。

根據購買力平價理論，一定數量的通貨應該在所有國家買到等量的物品，這一觀點主要應用於理解長期中匯率的決定。

1. 購買力平價的含義

如果1千克大米在中國的價格是3.5元錢，而在美國價值0.5美元，那麼名義匯率就是3.5元人民幣=0.5美元，即1美元兌換7元人民幣。

假設中國物價水準是 P_1，那麼 1 元人民幣的購買力就是 $1/P_1$；而美國物價水準是 P_2，那麼 1 美元的購買力是 $1/P_2$。為了保持貨幣購買力不變，1 元人民幣等於 e 美元，其購買力在中國為 $1/P_1$，在美國是 $e \times 1/P_2$，則 $1/P_1 = e \times 1/P_2$，即 $e = P_2/P_1$。

因此，名義匯率（用外國通貨表示的本國通貨的價格）等於外國物價水準（用外國通貨表示）與本國物價水準（用本國通貨表示）之比。

從這一點我們可以得到的啟示是：如果一國物價水準上升（存在通貨膨脹現象），那麼該國通貨的名義匯率將下降，即出現通貨貶值。因此，如果一國中央銀行大量發行貨幣，引起了通貨膨脹，無論是從貨幣能夠買到的物品來看，還是從它能夠換到的外國通貨來看，它的價值都下降了。

2. 購買力平價的局限

購買力平價理論為我們理解匯率的長期變動趨勢是有幫助的，但並不總能成立。

一個原因是不同國家生產的同類物品並不能完全互相替代，即使不同國家存在價格差，也很難通過國際貿易來形成一致的價格。比如，地道的中國菜在美國比在中國更貴，雖然國際旅遊者可以盡量減少在美國消費中國菜，或者中國廚師可以更多地到美國開店，但這種流動畢竟是有限的，難以完全消除價格差。

因此，雖然有購買力平價的力量，但匯率仍然會因為各種原因產生波動。

(二) 匯率的變動

1. 物價水準

根據購買力平價，如果本國或者外國的物價水準發生了變動，那麼匯率也將相應發生變動。如果中國的物價相對於美國物價上升得更快，那麼匯率就會下降；如果中國物價相對於美國的物價上升得更慢，那麼匯率就將上升。

2. 利率

除了作為流通手段和支付手段，貨幣還是一種重要的資產，可以用來投資。因此，貨幣價值與它能夠賺到的東西相符，即匯率與利率水準相關。

假如把美元存入美國的銀行，每年得到 4% 的利率，而把人民幣存到中國的銀行，每年可以得到 6% 的利率。那麼是什麼原因阻止一些人把美元換成人民幣存到中國的銀行呢？因為匯率預期，假如人民幣每年貶值 2%，那麼在中國存錢的實際利率就要從 6% 中扣除通貨膨脹的影響，實際利率是 4%。換句話說，無論把錢存在美國的銀行還是中國的銀行，其收益都是相同的，這就是利率平價。

根據風險調整之後，利率平價總是存在的，因為資本總是盡可能流向收益最高的地方。如果在中國的收益率（實際利率）更高，人們就會向中國註資，人民幣的需求增加，匯率（以外幣表示的人民幣的價格）也就上升，直到各國預期利率相等為止。

3. 外匯市場的干預

匯率與利率相關，一國通貨的利率是由貨幣供求決定的，而中央銀行可以通過貨幣政策調整供求，因此匯率最終與一國的貨幣政策相關。

當中國貨幣的實際利率相對於其他國家的利率水準上升得更快時，對人民幣的需求增加，而供給減少，於是匯率上升。

由於匯率上升不利於出口，中央銀行可以通過買賣人民幣，直接干預外匯市場，從而平穩匯率的波動。如果人們拋售美元資產，轉而以人民幣形式持有貨幣，那麼人民幣需求增加，結果就是人民幣相對於美元的匯率上升。此時，中央銀行可以在外匯

市場上賣出人民幣，增加供給，從而保持原來的匯率。

當然，中央銀行賣出人民幣的時候，就增加了持有美元的數量，如果美元貶值，就有可能承擔更大的風險。

第三節　經濟全球化

一、經濟全球化的內涵

什麼是經濟全球化？

經濟全球化出現於20世紀80年代中期，20世紀90年代得到認可，但目前沒有統一概念。國際貨幣基金組織（IMF）在1997年5月發表的一份報告中指出：「經濟全球化是指跨國商品與服務貿易及資本流動規模和形式的增加，以及技術的廣泛迅速傳播使世界各國經濟的相互依賴性增強。」而經濟合作與發展組織（OECD）認為：「經濟全球化可以被看作一種過程，在這個過程中，經濟、市場、技術與通信形式都越來越具有全球特徵，民族性和地方性在減少。」

我們可以從三個方面理解經濟全球化：

一是世界各國經濟聯繫的加強和相互依賴程度日益提高；

二是各國國內經濟規則不斷趨於一致；

三是國際經濟協調機制強化，即各種多邊或區域組織對世界經濟的協調和約束作用越來越強。

總的來講，經濟全球化是指以市場經濟為基礎，以先進科技和生產力為手段，以發達國家為主導，以最大利潤和經濟效益為目標，通過分工、貿易、投資、跨國公司和要素流動等，實現各國市場分工與協作，相互融合的過程。

目前，經濟全球化已顯示出強大的生命力，並對世界各國的各個方面，甚至包括思維方式，都產生了巨大的衝擊。這是一場深刻的革命，任何國家也無法迴避，唯一的辦法是去適應它，積極參與經濟全球化，在歷史大潮中接受檢驗。

二、經濟全球化的表現

（一）貿易自由化

隨著全球貨物貿易、服務貿易、技術貿易的加速發展，經濟全球化促進了世界多邊貿易體制的形成，從而加快了國際貿易的增長速度，促進了全球貿易自由化的發展，也使得加入到WTO組織的成員以統一的國際準則來規範自己的行為。

（二）生產國際化

生產力作為人類社會發展的根本動力，極大地推動著世界市場的擴大。以互聯網為標誌的科技革命，從時間和空間上縮小了各國之間的距離，促使世界貿易結構發生巨大變化，促使生產要素跨國流動。它不僅對生產超越國界提出了內在要求，也為全球化生產準備了條件，是推動經濟全球化的根本動力。

（三）金融全球化

世界性的金融機構網絡，大量的金融業務跨國界開展，跨國貸款、跨國證券發行和跨國併購體系已經形成。世界各主要金融市場在時間上相互接續、價格上相互聯動，

幾秒鐘內就能實現上千萬億美元的交易，尤其是外匯市場已經成為世界上最具流動性和全天候的市場。

（四）科技全球化

它是指各國科技資源在全球範圍內的優化配置，這是經濟全球化最新拓展和進展迅速的領域，主要表現為先進技術和研發能力的大規模跨國界轉移，跨國界聯合研發廣泛存在。以信息技術產業為典型代表，各國的技術標準越來越趨於一致，跨國公司巨頭通過壟斷技術標準的使用，控制了行業的發展，獲取了大量的超額利潤。

經濟全球化的四個主要載體都與跨國公司密切相關，或者說跨國公司就是經濟全球化及其載體的推動者與擔當者。

三、經濟全球化的發展

經濟全球化是第二次世界大戰以來，特別是20世紀90年代以來，世界經濟發展的重要趨勢。

經濟全球化是一個歷史的過程，其萌芽可以追溯到17世紀中葉。工業革命以後，資本主義商品經濟和現代工業、交通運輸業迅速發展，世界市場加速擴大，世界各國間的貿易往來大大超過歷代水準。

20世紀90年代以來，經濟全球化得到了迅速發展，現已發展成為以科技革命和信息技術發展為先導，涵蓋了生產、貿易、金融和投資各個領域，囊括了世界經濟和與世界經濟相聯繫的各個方面及全部過程。其主要表現為：國際分工從過去以垂直分工為主發展到以水準分工為主的一個新階段；世界貿易增長迅猛和多邊貿易體制開始形成；國際資本流動達到空前規模，金融國際化的進程加快；跨國公司對世界經濟的影響日增；國際經濟協調的作用日益加強。

經濟全球化的形成和發展有其客觀必然性。這是因為：

第一，新科技革命和生產的高度社會化為經濟全球化提供了物質條件；

第二，國際貿易的高度發展為經濟全球化提供了現實基礎；

第三，國際金融的迅速發展成為經濟全球化的重要推動力；

第四，國際相互投資的發展加速了經濟全球化的進程。

四、經濟全球化對中國經濟的影響

經濟全球化這一不可阻擋的歷史浪潮，到底能給我們帶來什麼？衡量經濟全球化的利弊與得失，最關鍵的問題是要研究經濟全球化給中國提供了哪些機遇，帶來了哪些風險和挑戰。

經濟全球化給中國帶來的機遇主要表現在以下幾個方面：

第一，有利於吸引和利用外資，引進世界先進管理理論和經驗並實現管理的創新。在過去20年，中國吸引的外國直接投資，占所有發展中國家吸引外國直接投資的30%。由於經濟全球化實現了人才、資本、信息、知識和物質在全球範圍內的流動，中國能夠引進、吸收世界上的先進管理理論和經驗，並根據中國的國情進行管理創新。事實上，進入中國的跨國公司在經營管理方面已經給了我們很多啟迪和借鑑。

第二，有利於加快中國工業化進程，提升產業結構。經濟全球化使中國能更快地納入世界經濟體系之中，充分利用發達國家進行產業結構調整的機會，將其技術相對

先進的勞動密集型產業或生產環節轉移過來，加快中國工業化進程。根據國內和國際市場的需要，不斷調整和優化產業結構及出口商品結構，增強經濟競爭力。

第三，有利於深入參與國際分工，發揮本國現實和潛在的比較優勢，拓展海外市場。經濟全球化為中國企業提供了在更廣泛的領域內積極參與國際競爭的機會，可以通過發揮比較優勢實現資源配置效率的提高，拓展海外市場，增強企業的競爭力。

第四，可以抓住新技術革命帶來的機遇，發揮後發優勢，發展高新技術產業，實現經濟的跨越式發展。經濟全球化使各國科技人才、跨國公司、國家之間以及民間的全球性科技活動日趨活躍，如能加以有效利用和積極參與，就能有效地促進中國技術水準的提高。中國企業可以利用國外的技術或在外國產品的技術基礎上進行創新，建立和發展高新技術產業，實現經濟的跨越式發展。

但是，經濟全球化是在不公平、不合理的國際經濟舊秩序沒有得到根本改變的條件下形成和發展起來的。在經濟全球化中佔據主導地位和絕對優勢的是西方發達資本主義國家，在經濟全球化中資本主義的內在本質和規律性特徵會得到充分體現；資本主義發展不平衡規律的作用會更加突出，使國家之間的市場競爭和民族衝突更加激烈和尖銳；少數大國一手操縱世界經濟事務，使平等互利原則和國際的合作屢遭破壞；局部地區的民族摩擦、經濟危機以及政治經濟的震盪也極易在全球範圍內傳播和擴展，增加了國際政治經濟的不穩定性和不確定性。

本章小結

自20世紀80年代回到國際市場，中國逐漸成為主要的製成品出口國，與其他國家的經濟交往越來越緊密。

一個共識是自由化的國際貿易讓雙方都獲益，然而人們仍然提出了諸多限制貿易的政策。原因在於貿易限制雖然造成了許多人的少量損失，但是由於分散並不會造成太大的抵抗，而保護帶來的少量利益集中在少數人手中，因此總能找到支持者。

國際金融市場越來越活躍，瞭解一些匯率的基本知識是必要的。理解匯率長期變動趨勢的簡單理論是購買力平價。由於金融危機的影響，人們對外匯市場投入了前所未有的關注，很容易理解匯率並不只是通貨之間的交換比例，還受到很多其他因素的影響。政府的政策將對匯率產生明顯的作用，各國都採取各種手段或多或少地干預外匯市場和匯率的波動。

經濟全球化是世界經濟發展的重大趨勢，我們應當瞭解經濟全球化的表現和帶來的影響，在全球化浪潮中抓住機遇，爭取實現追趕式發展。

{ 資料延伸 }

金融危機引發新一輪貿易保護

2009年，國際金融危機不僅讓人們意識到金融風險規制的必要性，而且引發了新一輪的貿易保護高潮：

①「義大利人吃義大利食品」運動已從小城盧卡蔓延到了米蘭等大城市；

②俄羅斯自 2008 年 11 月至 2009 年 2 月上旬已推出近 30 項保護主義性質措施，從提高汽車等多種商品進口關稅到補貼本國出口，不一而足；

③繼提高部分種類豆油進口關稅之後，印度又於近期沒有任何理由地宣布限制進口中國玩具；

④美國各地政府機構銷售的「中國製造」紀念品和國旗已被指為「不愛美國」之舉，美國眾議院通過的《2009 美國復甦與再投資議案》設立「購買美國貨」（Buy American）條款，要求這項議案計劃的 900 億美元基建投資受益項目不得使用美國之外生產的鋼鐵材料。

國家圖書館出版品預行編目（CIP）資料

經濟學基礎：包含美中貿易衝突案例解析 / 吳伶 主編. -- 第二版.
-- 臺北市：崧博出版：崧燁文化發行, 2019.05
　　面；　公分
POD版

ISBN 978-957-735-833-2(平裝)

1.經濟學

550　　　　　　　　　　　　　　　　108006391

書　　名：經濟學基礎：包含美中貿易衝突案例解析（第二版）

作　　者：吳伶 主編

發 行 人：黃振庭

出 版 者：崧博出版事業有限公司

發 行 者：崧燁文化事業有限公司

E - m a i l：sonbookservice@gmail.com

粉 絲 頁：　　　　　　網　址：

地　　址：台北市中正區重慶南路一段六十一號八樓 815 室
8F.-815, No.61, Sec. 1, Chongqing S. Rd., Zhongzheng Dist., Taipei City 100, Taiwan (R.O.C.)

電　　話：(02)2370-3310　傳　真：(02) 2370-3210

總 經 銷：紅螞蟻圖書有限公司

地　　址：台北市內湖區舊宗路二段 121 巷 19 號

電　　話：02-2795-3656　傳真：02-2795-4100　網址：

印　　刷：京峯彩色印刷有限公司（京峰數位）

　　本書版權為西南財經大學出版社所有授權崧博出版事業股份有限公司獨家發行電子書及繁體書繁體字版。若有其他相關權利及授權需求請與本公司聯繫。

定　　價：450元

發行日期：2019 年 05 月第二版

◎ 本書以 POD 印製發行